方集出版社

古籍之美

古籍文獻典藏與管理

中國古代的藏書機構，因藏書活動而發展出書籍保存與管理的方法。

古籍從歷史的脈絡來說，一直都是多災多難，遇禁毀，藏宅壁已流傳，遭世變以石倉得保存，情況如何，答案就在本書中。

張圍東——著

自　序

　　文獻是文化學術的載體，也是文化學術發展的基礎。重視文獻，擁有文獻，學術即走向興盛；忽視文獻，文獻匱乏，學術則必然衰退。文獻是學術研究的重要基礎，也是社會資訊的主要來源之一。因此，人們對文獻的需求與日俱增，學術界逐步重視對文獻的搜集、整理和利用，這在客觀上促進了文獻的發展。

　　古籍文獻作為承載中華文明的記憶，具有珍貴的史料價值、文物價值和藝術價值，是不可再生的珍貴遺產。如此宏富的古代珍貴典籍，其實只是祖先創造的全部文化財富的一小部分，由於人為破壞和自然災害，許多典籍早已蕩然無存。

　　歷代學者多有研究書害者，故有隋牛弘的五厄、明胡應麟的續五厄、近人祝文白的再續五厄之說，以為藏書之鑒。造成書厄的方式，多為水、火、蟲、兵。故圖書館書籍保護的方式，針對上述災害，體現在從環境、建築、設施、用具、管理、制度、修復、檢測，到書籍本身的書衣、包角、護葉、裝幀等各個方面。古人有許多保存書籍的方法，至今仍在採用，非常值得借鑒。

　　中國古代藏書系統，大致可分為公藏與私藏兩部分，一為國家藏書、地方政府藏書、書院藏書、佛寺道觀等的公家藏書，收集依靠官司。二為私家藏書，其雖自古有之，然自錄的傳世，則始於宋。私家藏書大抵僅將自己收藏的書籍作編目，不可能憑它來看一代學術的全貌，即便它對於考徵古文獻的存佚、真偽等，很有參考價值，然現代的私家自錄已不如前，收藏有多少，無從得知。

　　然中國古代許多地方缺乏類似現代博物館性質的機構，於是歷代文物的收藏大部分都集中於宮廷。在春秋戰國以前，只有君王才有能力擁有藏書，所謂「學在官府」、「官守其書」，天下的典籍、檔案和文物，一併

收存在王宮皇室中。東周以後,私人藏書漸漸出現,但真正較豐富的收藏,還是在官府。雖然後來秦始皇統一六國,焚書坑儒,仍保存許多經典在宮廷。西漢繼承了秦代的宮廷藏書又廣收各地遺書,建立了石渠閣、天祿閣、麒麟閣等收藏典籍之所。隋朝宮廷藏書則以秘閣、觀文殿和嘉則殿最為著名。唐朝初年,接收了隋代宮廷舊藏,建立了唐朝宮廷藏書,始設集賢殿書院、麗正書院等。

我國雕版印刷事業肇始於唐代,奠基於五代,到了兩宋才得到長足發展的機會。唐及五代的印本圖書,成品少,時間邈遠,後世傳存絕少,因此宋版書遂成為流傳較早的古書。宋太祖在位期間,前朝皇家書室的珍本古籍都成了宋朝宮廷藏書的基礎,又接收了五代十國的宮廷藏書及廣徵天下遺書後,藏書更是加倍突增。

位於元朝興盛宮大殿的奎章閣及崇文閣,是元代著名的皇家書室。明代建立了文淵閣,閣中藏書承自宋、遼、金、元的宮廷藏書。清朝入主中原後,全盤接受了明朝宮廷的藏書,成為歷代皇宮藏書的繼承者,並將內府書藏分別置於昭仁、養心諸殿,景福、乾清諸宮以及文淵閣、摛藻堂、皇史宬等多處。縱使經歷改朝換代、燒書搶奪,造成古籍的失佚,然在各朝帝王努力廣求各地遺書下,仍有不少重要的古籍留存下來,並具有強烈鮮明的宮廷特色。

中國古代雖無圖書館學之名,但就前人對書籍的蒐集、整理、分類、編目、校讎、庋藏及利用的工作和理論來看,確已具有圖書館學之實。惟自清中葉以來,目錄版本學已自成一家,校勘學也成獨立學問,而少數中國圖書館史的著述,大體只是史料的搜集排比,或僅可稱為藏書史而已。然而「歷史學是建立在對史料的疏解分析,而重建並解釋人類過去的一門學問。」圖書館史當不例外。因此史料的搜集排比,應是圖書館史研究的第一步,如何經由疏解分析,綜合歸納,以期重現中國圖書館學的歷史軌跡和淵源背景,建立完整的圖書館史研究,以作為現今發展的基礎。

我國歷史上有數以萬計的珍貴書籍文獻,因種種書厄而湮滅不傳,遂使後人不能在已有的基礎上繼續努力;此種損失對民族與文化發展的影響

是何其鉅大。如今具有前人所無的優良條件與技術，更當承襲先人維護學術文化資產的精神，做好書籍文獻的典藏與利用工作，達到知識傳播，資源共用的目的。

藏書樓與私人藏書有密切的關係，然而古代藏書樓的歷史使命在現代圖書館崛起以後逐漸宣告結束，但藏書樓所蘊涵的文化精神和文化遺產，卻因融入現代圖書館而得以永續流傳。梳理私人藏書發展的歷史脈絡，可以很清楚地看到歷史發展、社會變革對藏書行為的深切影響。中國私人藏書家對中華典籍保存、護惜、流傳的功德，是現代圖書館賴以生存和發展的基礎，私人藏書對現代圖書館的貢獻，不僅加厚了現代圖書館事業的文化底蘊，而且還在緩解經費緊張、保護傳統文化遺產方面做出了巨大貢獻。

本書分為八章二十五節，內容包括我國歷代政府與民間的書籍收藏情形，以及各種自然與人為書害發生的原因與防治方法、藏書環境的控制、書籍的整理與利用和污損殘缺圖書的修補復原技術等。時間上，以宋元明清四朝為主，但在此時期前後有關的史料，一併加以蒐集論證，同時有關於本題的現代圖書館學資料與科技資料，亦參考引用且相互比較說明。由於我國自東漢以後，紙張逐漸成為主要的書寫記錄材料，而書籍的質料對圖書的保存又有直接的影響，因此，應用古代圖書典藏的方法與原則，配合現代圖書館典藏管理工作中的實用性，希望能使本書有具體的實用價值。

本書的內容，可以提供古籍研究者參考，惟因本書撰稿時間倉促，且筆者學識有限，見聞狹隘，恐多有疏誤之處，尚祈同道，不吝賜正，無紉感謝。

張圍東 識於新北中和
2021.09.28

目　次

圖表目次

第一章　導論

　　中國文獻一詞起源極早，最早見於《論語·八佾篇》記載孔子的話：「夏禮，吾能言之，杞，不足徵也；殷禮，吾能言之，宋，不足徵也；文獻不足故也，足，則吾能徵之矣[1]」。「禮」是人類文明的表徵。

　　然而用「文獻」二字自名其著述，起於宋元初的馬端臨。他寫了一部貫通歷代典章制度的《文獻通考》，自敘指出：

　　　　凡敘事，則本之經史，而考之以歷代會要，以及百家傳記之書，信而有徵者從之，乖異傳疑者不錄，所謂文也。凡論事，則先取當時臣僚之奏疏，次及近代諸儒之評論，以至名流之燕談、碑官之紀錄，凡一語一言，可以訂典故之得失，證史傳之是非者，則采而錄之，所謂獻也[2]。

　　這很明顯地談到他編寫這部書的取材，不外有兩個來源：一是書本的記載，一是學士名流的議論。使他的書充分體現了「文」和「獻」相互依倚的作用。明、清之際，「文獻」的意涵偏向於專指「書籍資料」之代稱，例如：明成祖編《永樂大典》，初名《文獻大成》，即取義於包含各類書籍大在內的意思。

　　古代藏書，歷史悠遠流長，最早自商周冊簡產生開始，迄今超過二千多年的歷史。藏書的產生，最初源於人類運用圖繪與文字，將先前經驗、意念表達，及種種事物，透過不同的文獻載體記錄下來，並將這些文獻載體予以保存與儲存想法或概念之形成。

---

[1]　（宋）朱熹集注，《論語·八佾篇》，明蘇州翻刻司禮監本。

[2]　（元）馬端臨撰，《文獻通考·自序》，明嘉靖三年（1524）司禮監刊本。

　　雖然早在商、周時期便有藏書概念的產生，然將藏字與書字二字連用，並當成專有名詞使用，卻是到了春秋戰國以後才正式出現於文獻之中。從古至今，我們多習慣以「藏書」二字泛指圖書冊籍的保存與庋藏。

　　藏書一詞，最早是出現在春秋戰國之際的典冊之中。根據《莊子》一書中的記載：「孔子西藏書於周室。子路謀曰：由聞周之徵藏史有老聃者，免而歸居，夫子欲藏書，則試往因焉[3]。」句中的徵，為典的意思，所謂徵藏，即指典藏，而這裡的「藏書」，係指藏放圖書之意。另外，《韓非子》一書中也提到王壽負書而行，遇徐馮於周塗一事。徐馮對王壽說道：「書者，言也。言生於知，知者不藏書，今子何獨負之而行，於是王壽因焚書而儛之[4]。」這裡的藏書，則指懷藏書籍之意。雖皆稱藏書，詞義上則略有分別。然不論上述藏書所指何義，藏書二字出現的時間最遲不會晚於戰國末期，則是肯定的。

　　既然藏書一詞出現甚早，從各種史載資料中，也可看出藏書二字隨時代進步所產生出來不同程度的解析。根據《周禮》〈天官·塚宰〉記載：「五曰府，掌官契以治藏。」鄭玄注：「治藏，藏文書及器物[5]。」此處藏字，為收存儲藏。治藏二字，係指治理收藏之意，鄭玄還進一步說明，治理收藏的對象包括了文書及器物。另外，藏字還有匿藏之意。據《說文新附》〈艸部〉對藏字的解釋：「藏，匿也[6]。」所謂匿，有私下收藏的意味。《史記》〈秦始皇本紀〉提到：「天下敢有藏《詩》、《書》、百家語者，悉詣守尉雜燒之[7]。」這裡的藏字，即指私下匿藏。至於匿藏對象，雖未將藏字與書字連用，然從字句中得知匿藏對象係指《詩》、《書》、百家語

3　（周）莊周撰，（晉）郭象註，《莊子》外篇、第五卷〈天道第十三〉，清光緒二年（1876）浙江書局刊二十二子本。

4　（清）王先慎，《韓非子集解》第七卷〈喻老第二十一〉，清光緒二十一年（1895）長沙思賢講舍刊本。

5　（漢）鄭玄注，《周禮》卷第一〈天官·塚宰第一〉，明嘉靖間東吳徐氏覆宋刊三禮本。

6　漢語大字典編輯委員會編纂，《漢語大字典》，湖北、四川：湖北辭書出版社，四川辭書出版社，1986.10，頁331。

7　（漢）司馬遷撰，《史記》卷六〈秦始皇本紀〉，明正德戊寅十三年（1518）建陽令邵宗週刊本十六年（1521）劉氏慎獨齋校訂本。

等特定圖書而言，此處藏書之意，不言而喻。

　　早期的藏書一般為官府（王室）的典籍收藏。典籍的產生為古代藏書提供了基本條件。隨著王室政事日益紛繁複雜，必須查考以前頒佈施行的政令與檔案，這樣就必須保存積累典籍。這種典籍包括本朝保存的、先朝積累遺留的、本國與鄰國的各種檔案、條約，構成了王室藏書的多樣性。因此，從這些典籍的時間範圍來看，跨越了一定的年代；從空間範圍來看，已包括當時的統治領域或相鄰屬國；從內容上來看，涉及到政治、軍事、宗教和商業活動各方面。這些王室典藏已遠遠超越了作為文字資料的概念，已是各種典籍的積累與保存，藏書的意義十分明確。

　　中國古代藏書樓的歷史可以追溯到商周時期，到了漢代，中國古代藏書樓已初具雛形。所以說，古代藏書樓是現代圖書館的濫觴，它泛指我國古代的官方機構、民間團體和私人收藏圖書文獻典籍的建築物。中國古代藏書樓主要以收藏圖書文獻典籍為根本目的，與現代圖書館相比，古代藏書樓的一個顯著特點就是其宗旨為以藏為主。頗具特色的古代藏書樓有官府藏書樓、私家藏書樓、寺院藏書樓和書院藏書樓四大類別。中國歷史上頗具規模的藏書樓曾有千餘座，而現存於世的尚不足 120 座[8]。在古代訊息傳播條件十分落後的情況下，大量的文化典籍能夠一代代傳承下來，古代藏書樓起到了功不可沒的作用。

　　古籍文獻作為承載中華文明的記憶，具有珍貴的史料價值、文物價值和藝術價值，是不可再生的珍貴遺產。如此宏富的古代珍貴典籍其實只是祖先創造的全部文化財富的一小部分，由於人為破壞和自然災害，許多典籍早已蕩然無存。明葉盛說：「夫天地閒物，以餘觀之，難聚而易散者，莫書若也[9]。」歷代學者多有研究書厄者，故有五厄（隋牛弘）、續五厄（明胡應麟）、再續五厄（近人祝文白）之說，以為藏書之鑒。造成書厄的方式，多為水、火、蟲、兵。故圖書館書籍保護的方式，針對上述災害，體

8　馮愛國、崔小倫〈現代圖書館之濫觴——淺談古代藏書樓〉，《網路財富》2008 年 5 期，頁175。

9　（明）葉盛撰，《菉竹堂書目‧自序》，清咸豐四年（1854）南海伍氏刊本。

現在從環境、建築、設施、用具、管理、制度、修復、檢測，到書籍本身的書衣、包角、護葉、裝幀等各個方面。古人有許多保存書籍的好方法，非常值得借鑒，有些方法至今仍在採用。古籍屬不可再生之文化資源，如果不能妥善保存，及時搶救，則終不免隨歲月流逝而歸於漸滅。保證這些珍貴典籍的絕對安全，使之永久流傳，為學界所用，為大眾所享，古籍透過我們這一代人的手延續下去，圖書館應將自己保護範圍之內的古籍，透過制度和技術手段保護好、整理好，使每一本古籍都能得到保存的價值。

第二章　古籍文獻的散佚

　　古代文獻資料，雖然隨著日月的增長，不斷的增多，卻也隨著時光的消逝，大量的流失。一個國家的典籍，是全民族經驗與智慧表現於文字的結晶。隨著文化的進步，文字語彙越來越多，圖書的數量也越來越增加[1]。

　　歷朝官府藏書自萬卷至數十萬卷不等，每為一時之盛，但因接近政治權力中心，遇有變亂兵禍，動輒遭劫，以國家之力多年蒐集聚積的珍貴典籍，往往不堪兵火等厄而盡付淪喪。歷史上著名的典籍災厄有：

（1）秦始皇三十四年（西元前 213 年）下詔焚書。

（2）王莽之亂，長安民兵焚未央宮，宮室書藏，化為灰燼。

（3）東漢末年，董卓之亂，典籍蕩然無存。

（4）西晉秘閣藏書達二萬九千餘卷，盡毀於八王之亂。

（5）南北朝時永嘉亂後，宮中珍貴收藏，先毀於侯景之亂，再毀於蕭繹之手，七萬卷圖籍，十不及一倖存。

（6）隋代大量的豐富書藏，全部毀於楊廣之手。

（7）唐代藏書，至開元始盛，不久毀於安史之亂。

（8）唐朝後期，肅宗、代宗又大量收集圖書，後來也全毀於黃巢之亂。

（9）北宋圖書，一盛於慶曆，再盛於宣和，後來都斷送於女真「靖康之災」。

（10）南宋辛勤蒐訪的宮中藏書，遭蒙古騎兵「紹定之禍」，毀棄至為嚴重。

　　此即中國文獻史上著名的「圖書十厄」[2]。每次遭毀佚的書即多達數萬

1　梁容若〈中國歷代典及的總合觀察〉，《東海學報》9 卷 2 期，民國 57 年 7 月，頁 19。

2　前五厄由隋牛弘提出，見《隋書》卷四九〈牛弘傳〉；後五厄由明胡應麟補述，見胡著《少室山房筆叢》卷一。

卷或十數萬卷。而宋以後至清末，因為政治因素或戰亂造成的書厄又有：

（1）明崇真甲申之亂，李自成入北京，明內府秘閣藏圖書六萬餘冊皆付於火。

（2）清入主中原，先後禁毀書籍近四千餘種，另妄刪妄改之書亦難計數。

（3）歷代官府藏書最盛的清代，經太平天國、英法聯軍及八國聯軍諸事變，四庫七閣三毀一殘缺，《永樂大典》散毀殆盡，內府所藏書及檔案亦遭嚴重波及[3]。

以上這些書厄，主要是由大規模的兵燹或查禁等因素，造成官府藏書的散失，但是私家藏書因為子孫步肖，管理不善或水火兵盜，經年累月積少成多，散失的數量也是相當驚人，這也是古籍流傳至今甚為稀少的另一主要原因。

其實，以我國疆域之遼闊，民間藏書之廣豐，內府藏書受到兵燹之摧毀，就整體文獻資料而言，應甚有限。在歷史巨河中，造成文獻資料大量散亡，實應歸諸人為及自然因素的災害，才屬公允。明周嘉冑《裝潢志》的書前序文，即曾說：

> 聖人立言教化，後人鈔卷雕版，家戶頌習，以至萬世泯。上士人才竭精靈於書畫，僅賴楮素以傳，而楮質素絲之力有限，其經傳接非人，至兵火喪亂，黴爛蠹蝕，豪奪計賺，種種萬劫，百不傳一[4]。

這是對古文獻散亡相當客觀的看法。然而古人對於古籍的散失，往往歸咎於天命。故黃宗羲於《南雷文定》中說：「造物之所甚忌也，不特不覆護之，又從而災害之如此[5]。」

---

[3] 李孟晉〈中國歷代書厄概觀〉，*HKLA Journal* 5 期，1980 年 5 月，頁 77-87。

[4] （明）周嘉冑撰，《裝潢志·序》，清道光辛卯（11 年）六安晁氏活字印本。

[5] （清）黃宗羲撰，《南雷文定》卷四，舊抄本。

分析古今書害，不外乎是自然和人為兩種因素所造成的。自然的書害，包括火災、水災和環境中的溫度、濕度、光線和有害氣體，以及蠹蟲鼠蟻和書黴之類的生物性書害。人為的書害有盜賣、兵禍禁毀和管理不善所造成的損傷。綜而言之，中國歷代公私藏書的散佚，可歸納為以下四點：

（1）受厄於獨夫之專斷而成其聚散；

（2）受厄於人事之不臧而成其聚散；

（3）受厄於兵匪之擾亂而成其聚散；

（4）受厄於藏棄者之鮮克有終，而成其聚散[6]。

比較而言，陳登原先生總結得最有深度和普遍意義。

第一節　自然環境因素

文獻資料絕大部分是寫或印在脆弱的紙質上面，經過長時間的保存以後，自然會受到外界環境的影響，產生老化，甚至於毀壞等現象；而傳存久遠的文獻，本身具有獨特的價值，難免引起俗人覬覦之心，豪奪偷盜，損傷散亡；又文獻內容，往往涉及人間的是非恩怨，常引起權貴們查禁竄改，毀棄焚燒。以上種種的自然和人為的兩大迫害，有時卻相互影響。例如人為管理的不善，便容易滋生黴傷、蟲蛀等不幸的結果。

自然環境造成文獻資料的傷害，包括了自然環境中殺傷力最大的火災、水患，以及比較不容易察覺的溫濕度、光線、有害氣體、各類生物性所導致的破壞。

6　陳登原著，《古今典籍聚散考》，上海市：商務印書館，民國 25 年，頁 16。

一、火災

　　脆弱又乾燥的紙張，最易燃燒。燃燒之後，一切化為灰燼，變成烏有，最令痛心。陳登原先生在其《古今典籍聚散考》中說：「其破壞力之強有力者，實莫火[7]。」即感受到火災是威脅文獻資料傳存的最大阻力。歷史上官私文獻資料的收藏，不慎為焚毀或人為故意放火破壞的例子，真是記不勝記。宋洪邁《容齋續筆》卷十五記載：「梁元帝在江陵，蓄古今圖書十四萬卷，將亡之夕盡焚之[8]。」梁元帝特別喜愛書藏，在討平侯景之亂以後，命令王僧辯將建鄴文德殿的藏書及其他公私收藏，全部運到江陵儲存。後來西魏的部隊南下，攻入江陵，梁元帝兵敗之餘，無奈的攜帶寶劍進入書庫，舉火自焚，口中還喊道：「文武之道，今夜窮矣！」這次焚去十餘萬卷的古書，被視為是我國圖書史上的一次大災厄。

　　又如北宋初年，承繼了五代三館的書藏，以後收取吳越各地的大量圖書，並於太宗太平興國二年（977）建崇文閣予以庋藏。這些大量的珍貴文獻資料，卻不幸在真宗大中祥符八年（1015），因榮王宮失火，延燒了一日兩夜，焚去屋宇二千餘間，崇文院也在其中，藏書幾乎全部化為烏有[9]。可見此次大火是後世難見北宋以前傳本的關鍵所在。

　　而歷史上民間的著名藏書家如宋代的宋敏求、尤袤，元代的莊肅、王昌世，明代的祁承爜、邊貢，清代的錢謙益、黃宗羲等人，家中都有極豐富的收藏也都曾經受過祝融的肆虐，損失慘重。

　　北宋宋綬及子敏求藏書三萬餘卷，所藏之富與秘閣相埒，校讎尤精。士大夫喜讀書者多居其側，以便借閱，致其宅旁之房價高於他處一倍，可見其盛。不幸兩遭回祿之禍，而方策掃地矣[10]。

7　　陳登原著，《古今典籍聚散考》，上海市：商務印書館，民國 25 年，頁 454。

8　　（宋）洪邁撰，《容齋續筆》卷十五〈書籍之厄〉，明弘治間活字印本。

9　　陳登原著，《古今典籍聚散考》，上海市：商務印書館，民國 25 年，頁 454-455。

10　（宋）陸游著，《渭南文集》卷二八〈跋京本家語〉，明末虞山毛氏汲古閣刊本。陳登原著，《古今典籍聚散考》，上海市：商務印書館，民國 25 年，頁 456。

「高宗渡江，書籍散佚，獻書有賞，或以官。故家藏者，咸命就錄，鬻者皆市之。……自紹興至紹定承平百載，遺書十出八九，著書立言之士又眾，往往多充秘府。」可惜至理宗紹定四年（1231），「臨安火，秘書省藏書盡煨[11]。」

南宋葉夢得藏書逾十萬卷，建書樓貯之。即歿，守者不謹，紹興十七年（1147），屋與書俱燼於火[12]。

南宋尤袤，藏書至多，法書尤富，自云：「家有遂初堂藏書，為近世冠。」著有《遂初堂書目》，為賞鑑書志之濫觴，後亦燼於火，其存無幾矣[13]。

兩宋時期這些重大的火災，加上邊族屢次入侵的兵燹，不但使得宋以前的冊籍幾至盡毀，應該也是許多校刊精良的宋本圖書流傳稀罕的主要原因。

元初莊肅，原任宋，性嗜書，聚至八萬卷。歿後子孫不守，編帙散亂，所存無幾。至正年間詔求遺書，其家恐所藏中兵遁圖讖之書遭禁，悉付祝融。其孫群玉收拾餘燼，覬領恩澤，僅得五百卷[14]。

元初王昌世，於名理經制治道之體統，古今禮典之因革，靡不究悉。蓄書萬於卷，毀於火[15]。

明代官書分藏南北二京，南京文淵閣於英宗正統十四年遭焚，所藏者悉為灰燼。北京文淵閣於世宗嘉靖四十一年（1562），因禁中失火波及，除救出《永樂大典》外，其餘三萬餘冊藏書大多焚毀[16]。

明初浦陽鄭氏藏書八萬卷，家有藏書樓，建文君為書擘，窠大字作扁。後毀於火，八萬卷無存矣[17]。

11　（宋）馬端臨著，《文獻通考》〈經籍考〉卷一七四，明嘉靖三年（1524）司禮監刊本。

12　（宋）陳振孫撰，《直齋書錄解題》卷一八，清光緒九年（1883）江蘇書局刊本。

13　（宋）陳振孫撰，《直齋書錄解題》卷八，清光緒九年（1883）江蘇書局刊本。

14　（清）葉昌熾撰，《藏書紀事詩》卷二，臺北市：世界，民國 69 年，頁 60。

15　吳晗著，《兩浙藏書家史略》，臺北市：文史哲，民國 71 年，頁 11。

16　陳登原著，《古今典籍聚散考》，上海市：商務印書館，民國 25 年，頁 458。

17　（清）葉昌熾撰，《藏書紀事詩》卷二，臺北市：世界，民國 69 年，頁 76。

　　明代大藏書家祁承爜，一生嗜書至篤，嘗以其妻陪嫁衣物兌換書籍，並「手錄古今四部，卷以千計」，而至「十指為裂」。其後家遭火災，半生所蓄萬卷藏書，片楮無存[18]。

　　明人邊貢，癖於求書，搜訪金石古文甚富，所蓄不啻數萬卷。一夕毀於火，仰天大哭曰：「嗟乎，甚於喪我也。」遂病卒[19]。

　　明王文祿，少舉鄉薦，性嗜書，遇有異書輒傾囊購之，得必手校。縹湘萬軸，貯一樓，毀於火[20]。

　　清代內府藏書極富，又因敕編《康熙字典》、《古今圖書集成》及《四庫全書》，多次詔求天下圖書，故其禁中所藏為歷代之冠。嘉慶二年（1797）十月，乾清宮失火，殃其昭仁殿「天錄琳瑯」藏書，《永樂大典》正本亦被焚毀。十年三月，江寧學宮火，其尊經閣中所藏南監本《二十一史》、《玉海》及《江南通志》等宋元明所傳槧版，亦並從燼矣[21]。

　　清徐與參、介壽父子分仕南北，每致異書，至除夕父子計書之所入，歲增若干卷，角多少以為樂。如是七載，藏書達十萬卷。壬中大火化為飛塵，全目亦焚去[22]。

　　清唐堯臣，為開建尹，築別業萬竹山房，構樓五間，藏書萬卷。書上有印曰：「借書不孝」。自鈔書目以貽子孫，中葉式微，悉付於火[23]。

　　清錢謙益藏書幾埒內府，晚年築絳雲樓貯之，樓上大櫥七十有三，顧之自喜曰：「我晚而貧，書則可云富矣。」甫十餘日，其幼女中夜與乳媼嬉樓上，翦燭炧落故紙堆中，遂燧，宗伯樓下驚起，欲已張天，不及救，倉皇出走，俄頃樓與書俱盡[24]。

18　（明）祁承爜撰，《澹生堂藏書約》，光緒二十二年（1896）刊本。

19　（清）葉昌熾撰，《藏書紀事詩》卷二，臺北市：世界，民國 69 年，頁 92。

20　吳晗著，《兩浙藏書家史略》，臺北市：文史哲，民國 71 年，頁 10。

21　陳登原著，《古今典籍聚散考》，上海市：商務印書館，民國 25 年，頁 462-465。

22　吳晗著，《兩浙藏書家史略》，臺北市：文史哲，民國 71 年，頁 59-60。

23　鄭員慶著，《吳興藏書錄》，臺北市：世界，民國 69 年，頁 12。

24　（清）曹溶《絳雲樓書目題辭》，（清）錢謙益，《絳雲樓書目》，臺北市：廣文，1983。

　　清黃宗羲最喜收書，其蒐羅大江以南諸家殆遍，垂老遭大水，卷軸盡壞。身後一火失其大半，僅存五分之一，鄭南溪出而理之，猶得三萬卷。鄭氏家藏亦其半，乃於所居之旁，築二老閣以貯之，身後子孫累增之，與范氏天一閣並稱。嘉慶之初，一火盡成煙灰[25]。

　　藏書最忌火，而古代照明又不能不用燈燭，藏書家雖然訂有火禁之例，家人僕役卻不免有所疏失，鄰舍失火又不免波及，實在是防不勝防，數十年的辛苦訪求蒐集的珍善秘本，不敵一時的祝融肆虐。散佚的書總還有再聚的可能，水淹蟲蝕只要不曾盡毀，也還有修復的方法，只有火焚之後，化為片片煙灰，永遠不可復得。

二、水患

　　紙張怕火又怕水。因為紙葉裡的植物纖維所含的氫鍵一經與水分子結合後，即變成氫氧鍵，乾燥後便結成硬塊，不易揭開。而且水中所含的大量泥沙及各種雜質，更會汙損書冊，使之變得面目全非，所以也是破壞文獻資料的大敵。

　　自然界的水患之外，許多沉船的事件，也殃及不少圖書，例如董卓脅迫漢室遷都長安，載蘭臺石室諸藏書載舟西上，不幸沉船，圖書都付諸東流[26]。

　　隋煬帝即位後廣蒐秘笈，限寫五十副本，合原內外閣所藏，達數十萬卷之多。分為三品，上品洪琉璃軸，中品紺琉璃軸，下品漆軸。於東都觀文殿東西廂構屋以儲之。隋末大亂，藏書十萬餘卷輾轉歸於唐。武德五年（622），帝命司農少卿宋遵貴，用船運到長安，船行到砥柱翻覆，倖存的圖書，不到十分之一、二，且目錄為所漸濡，時有殘缺[27]。可見此次典

---

[25]　陳登原著，《古今典籍聚散考》，上海市：商務印書館，民國 25 年，頁 471-475。

[26]　（五代）劉昫撰，《舊唐書》卷六四〈經籍志〉，明嘉靖十七年（1538）閩人詮吳郡刊本。

[27]　（唐）魏徵撰，《隋書·經籍志》，元大德間（1297-1307）饒州路儒學刊明印本。

籍受創之鉅。

宋名相富弼，家中藏書萬卷，甲子歲洛陽大水，大都漂流放失，市人得兒鬻之[28]。

宋代的劉歆美，宦遊他鄉致力於圖書的收藏，同書必錄三本，雖數百卷未依不者亦然。出局則杜門笑讎，不與客接。當載運回蜀時，考慮到船運的危險，分成三船，運到秭歸新灘處，有一條船沈沒，圖書漂散不少[29]。

明宗室朱睦，幼端穎，及長被服儒素，覃精經學，號為西亭先生，有西亭中尉萬卷堂藏書。崇禎末年，流寇決河隄，萬流奔騰，萬卷堂付之巨浸，徒存其目[30]。

清黃宗羲，生平最喜收書，其蒐羅大江以南諸家殆遍，所得最多者，為祁氏澹生堂及徐氏傳是樓。其藏書雖經兵火，仍然保全不毀，卻於垂老之時，家遭大水，卷軸盡壞，身後一火，又失去大半。後人就其殘餘整理編次，尚得三萬卷，可見原藏書之富[31]。清徐與參，官跡半天下，無他嗜好，惟有書淫，至撫閩候代，止以圖書自隨。乃嗜天暴漲，數萬卷俱沈[32]。

清孫星衍，勤於著述，性好聚書，聞人家藏有善本者，借鈔無虛日。金石文字搨本古鼎書畫，無不考其源委。攜書過南陽湖，舟覆，書數十簏盡沈濕[33]。

近人沈宗濤先生研易樓藏書，為逃避匪禍，有六箱珍貴圖書，交付太平輪運送到自由基地，船不幸被擊沉，六箱圖書都沉入臺灣海峽。似這些覆舟沉船的事件，雖也屬於水害，但此起大規模的水患，真是小之又小了。

明胡應麟先生於《少室山房筆叢》中說：「古今書籍，人知其所厄於火，而不知其厄於水者二焉[34]。」史書上對水患破壞文獻資料記述不及於

---

28 （清）葉昌熾撰，《藏書紀事詩》卷一，臺北市：世界，民國 69 年，頁 17。

29 （宋）陸游撰，《老學庵筆記》，明虞山毛氏汲古閣刊津逮秘書本。

30 （清）葉昌熾撰，《藏書紀事詩》卷二，臺北市：世界，民國 69 年，頁 70。

31 陳登原著，《古今典籍聚散考》，上海市：商務印書館，民國 25 年，頁 471-475。

32 吳晗著，《兩浙藏書家史略》，臺北市：文史哲，民國 71 年，頁 59。

33 陳登原著，《古今典籍聚散考》，上海市：商務印書館，民國 25 年，頁 45。

34 （明）胡應麟撰，《少室山房筆叢》卷一，明崇禎壬申（五年，1632）延陵吳國琦重刊本。

火災之多，是因為火之摧毀圖書，至速且鉅，極為驚人，而水患一旦發生，越州跨縣，對廣大地區的公私藏書予全面性摧殘。故在史料中見到的破壞文獻資料，水患似乎遠不及回祿災害，不難想見其對圖書典藏與善本傳世的影響。

三、環境

　　除了水火災害能在短時間中，對書籍造成重大損害外，還有一些環境上的問題，像是溫度與濕度的變化，光線的照射和空氣中的有害氣體等，都會使書籍的質料受損，縮短保存年限。這些環境因素的影響，通常都是緩慢進行，所以不容易察覺，但是若不注意防範，卻常使書籍毀之於無形。不良的典藏環境，更會促成不同書害原因的相互作用，加速書籍的毀佚。此種書害，由於古代缺乏有效的環境控制設備，只能在書材質料與藏書地點的選擇上作改進，雖然得到若干效果，但仍然有不少書籍因為典藏環境的不良，而逐漸變質黴爛不得傳世。

　　環境之影響文獻資料，包括溫度、濕度、光線及空氣等多種。不良的濕度，不僅容易引起生物性的書害，並且給予脆弱的紙張直接的損傷。因為紙質在高溫的環境裡，會加速酸化反應，造成紙張的破壞。而不穩定的溫濕度，也會使紙張纖維擴張及收縮，增加其結構的損壞機率。紙張在濕度過低的環境中，容易碎裂；在過高的濕度下，則又會因含水分過量，造成紙張化學性的惡化，或變色、或腐爛。至於自然環境中的光線所含的紫外線，對紙張材質也具有破壞力量。如果紙葉長期曝曬在光線下，會加速纖維質的氧化，引起褪色、變黑、變黃或碎裂等現象。

　　又空氣中的一些有害氣體，如二氧化硫、硫化氫、二氧化氮和臭氧等過量，即會加速紙張的老化，影響文獻資料材質的壽命。而空氣中各種游離物質，也是書害的原因之一種。由於古代空氣污染的情形較少，且以上所述及的各項影響紙張不良環境因素，對文獻資料的損害，甚為緩慢，甚至在於短時期內，肉眼也不容易察覺，所以被載述的文字，少之又少，因

而一般人往往加以漠視。但清蒲松齡於《聊齋志異外集》中，卻有這樣的
一段記載：

　　　　陽城煤炭賤且美，故有香煤細米之謠，然亦有害。記余初至陽
　　城，所收舊家書，多觸手而碎，然余家所藏宋版書不如是。後在陽
　　城得二十年前刻版書，其中紙雖不恙，皮面一礎即碎矣，乃悟煤煙
　　所致，偶記於此，凡陽城藏書畫者，冬月宜置無火之室方妙也[35]。

　　蒲氏已注意到煤煙對書籍的影響，並建議將紙質之類的文物，遠離不
良環境處所，足見古人對典藏環境，已列入考慮範圍了。孫從添《藏書紀
要》中有「接連內室廚灶厠署之地，則不可藏書[36]。」確有其道理。
　　各種自然環境的因素，對於書籍典藏的影響雖然有限，但不可忽視的
是，如果各種不利因素同時存在，彼此作用結果，仍然會造成相當的損害。
良好環境對書籍保存的益處，最明顯具體的例證，就是清光緒二十六年
（1900）所發現的敦煌石窟經卷[37]，當地位於黃土高原河西走廊，低溫少
雨，石窟掘於乾燥的黃土山中，深入數十公尺，陰涼乾爽，溫濕度變化極
微，少生黴菌蠹魚，洞口密封，隔絕光線、空氣和蟲鼠，所以能夠歷千年
而完好如新。當然這是一個極端的例子，任何書籍如果如此長期密封，而
無法供人閱讀，則已失去書籍的價值。不過也由此可以看出，良好的典藏
環境，實在可以使書益壽延年，永為後人參考利用。

四、生物性書害

　　陳登原先生在其《古今典籍聚散考》書中又曾說：「火固足以厄書矣，

---

[35]　（清）蒲松齡撰，《聊齋志異外集》，上海：大達圖書供應社，1935 版。

[36]　（清）孫添從著，《藏書紀要》〈收藏篇〉，清道光十三年（1833）刊本。

[37]　蘇瑩輝〈談敦煌學〉，《中國圖書文獻學論集》，臺北市：明文，民國 72 年，頁 186。

其次則有慢性病之蛀與黴爛焉。其為禍之烈，雖不及火之促遍，然往往毀壞典籍於不易覺察之間，則其害可謂烈於火歟[38]。」蟲蛀與黴害，都屬於生物性對文獻資料的破壞。由於這方面的破壞緩慢溫和，不容易察覺，所以常被忽視，但生物性的書害，幾乎無時空的限制，經年累月的進行，為害之烈，不下於水火。

書籍等文獻資料，多為紙張，而其裝潢，又常利用漿糊等材料，既有植物性纖維，又有澱粉成分，最為雜食類昆蟲所喜愛。如果書冊管理不善，在濕度高、光線陰暗的環境下，那些昆蟲繁殖迅速，食量又驚人，對書籍之危害是可以想見的。

圖書蟲害係指昆蟲對圖書造成的損害。可能對圖書造成傷害的昆蟲種類很多，並且有地域性的差異，不過整體而言，它們可分為衣魚、白蟻、書蝨、衣蛾、書蟲以及蟑螂等六大類。

（一）衣魚

衣魚（學名：Lepisma saccharina），是最著名的蛀書蟲。《古今圖書集成》衣魚部彙考中又有蟫、白魚、蛃魚、壁魚、蠹等別名[39]。它也是住家中常見的害蟲，尤其是普通衣魚（臺灣衣魚）和斑衣魚，更是廣泛分佈於全世界。

衣魚的成長，按不同生活環境而定，衣魚的個體發育過程經過卵、若蟲和成蟲三個時期，屬於表變態（昆蟲不完全變態的一個類型）。衣魚從幼蟲變成蟲需要至少四個月的時間，有時候發育期會長達三年。在室溫環境下，大概一年就發育為成蟲，壽命約為兩到八年。一條衣魚的一生裡會經歷大約八次脫皮；不過衣魚不斷生長，一年脫皮四次也不足為奇。當溫度在攝氏 25 至 30 度，雌蟲就會在物件的裂縫裡產大約一百顆卵，當溫度過高，衣魚也無法存活；在寒冷或乾燥的環境下，衣魚是不會交配的，衣魚較喜好於潮濕的環境下生殖。經常出現在塗過糨糊的舊書堆、字畫、毛

[38] 陳登原著，《古今典籍聚散考》，上海市：商務印書館，民國 25 年，頁 487。

[39] （清）蔣廷錫奉敕撰，《欽定古今圖書集成》卷一七九〈蟲魚典〉，清光緒十六年（1890）北京總理衙門石印本。

料衣服和紙糊的箱盒中，甚至冰箱底部、開暖氣的浴室、地磚的裂縫裡、廚房牆壁縫內都可能會有衣魚的蹤影。

衣魚外部形態，身體細長而扁平，上有銀灰色細鱗，長約 4～20mm。觸角呈長絲狀，腹部末端有 2 條等長的尾須和 1 條較長的中尾須，咀嚼式口器。

衣魚愛好富含澱粉或多糖的食物，如：膠裡的葡聚糖、糨糊、書籍裝訂物、照片、糖、毛髮、泥土等。衣魚吃紙的規律，大抵是由外而內，多吃空白紙面，而較少吃印字之處，因為墨字具有苦味[40]，也會將書葉啃食成碎片。在不常翻動的紙箱角落、衣物或書籍中，都可能發現它們的踪跡。它們的食物以碳水化合物為主，也包括部分蛋白質。受害的圖書內頁會被磨損、咬穿，出現形狀不規則的蟲孔，用於裝訂的紡織品、化學漿糊和膠水也可能受損。

（二）人參蟲與粉囊蟲

人參蟲（Sitodrepa panicca L.）日本稱為人參死番蟲，俗名書蠹[41]。粉囊蟲（Lyctus brunneus Stephens），又名竹囊蟲，日名扁蠹蟲[42]。二者皆屬於鞘翅目，形狀及生態類似。

人參蟲害書之烈，僅次於衣魚，因為又稱書蠹，所以常和衣魚混淆，其實是兩種不同的蟲類。衣魚的幼蟲與成蟲外形相似，而人參蟲的幼蟲長約三、四公釐，無觸角亦無尾毛，呈白色條形，頭部有一黑點為其口器[43]，大陸南方最為常見。書葉之中數十隻群聚的白色蠕動小蟲，即位人參蟲的幼蟲，其蛀書的特徵是將書葉啃食成直徑約五公釐貫穿全書的小洞。人參蟲一年可繁殖三、四個世代，每次產卵二十至六十個，壽命約三個月到半年，性喜低溫，是其習性中比較特殊的地方，因此在陰涼濕暗的書庫中，時常可以發現其踪跡。

---

[40] 郭玉吉著，《臺灣昆蟲生態大覽》，臺北市：印刷，民國 72 年，頁 16-17。

[41] 郭玉吉著，《臺灣昆蟲生態大覽》，臺北市：印刷，民國 72 年，頁 17。

[42] 澤田兼吉著，《書病考》，臺北：臺灣三省堂，昭和 17 年，頁 21。

[43] 澤田兼吉著，《書病考》，臺北：臺灣三省堂，昭和 17 年，頁 27。

　　粉囊蟲主要以竹藤類植物為食物，因此又稱竹粉蠹或竹蠹蟲，由於古書許多是由竹、藤紙製成，家戶中也多竹製傢俱，因此粉囊蟲對書籍的危害也是相當大的。

（三）其他書蟲

　　除了人參蟲和粉囊蟲外，粉蠹科所屬的各種昆蟲也會啃食書葉，或產卵其中，作為幼蟲的食物來源和孵化地點。此外嚙蟲目（Descoptera）中的書蝨，也是以書籍為主食，其外形與人參蟲的成蟲相似，但身長僅及其半，約二至四公釐，覓食時數十隻成群結隊，是其特徵。幼蟲和成蟲外形相近，翅已退化，只能疾走或跳躍，是書蝨與人參蟲的主要差別[44]。翻開被蛀的書，四散逃逸的黑色小蟲即為書蝨，而在書葉中蠕動的白色小蟲，則為人參蟲或粉蠹蟲的幼蟲，至於人參蟲的成蟲，因為具有翅膀，所以四處飛翔，不一定群居一處。

　　書蝨以真菌、枯萎或腐爛的植物等，蟲卵在 6-21 天內可孵化為幼蟲，再經四次蛻皮後變為成蟲，可自體繁殖平均壽命 175 天。它們喜愛黑暗潮濕的場所，進入室內後，常吃食發潮的食品以及各種物品上長出的黴，此外，也有人認為，它們會以書上的漿糊和膠水為食。書蝨對於圖書的危害，其實並不大，不過，如果室內出現書蝨，就表示周圍的環境過於潮濕，必須立刻加以處理，以免孳生其他更具危險性的害蟲。

　　書蟲是指約 160 種甲蟲的幼蟲，其中屬於番死蟲科、鰹節蟲科以及蛛甲科的種類，最具代表性，而在圖書蟲害中，尤其佔有重要的地位。這些幼蟲為害的對象，包括裝訂用的皮革、毛料、絹絲、漿糊以及紙張等。以紙為食的種類，可貫穿整本書，挖出類似隧道的破洞，並分泌膠狀物質，使書頁黏結，為害相當明顯。

　　一般說來，以木竹植物的莖桿、果實和種子為食物的昆蟲，都會造成書害，只是輕重程度的不同。而各種農業害蟲多以澱粉類為食物，所以一

---

[44]　李清志〈善本圖書的保管方法〉，《教育資料科學月刊》一七卷一期，民國 69 年 3 月，頁 16。

且侵入屋舍中，也會啃食書籍造成書害。

（四）書黴

　　藏書另外一種生物性的書害是黴菌的寄生。黴菌孢子遍佈於空氣中四處飛散，落在書葉上。如遇溫溼度適宜，就會開始發育生長，而以紙張為寄主，以其中的澱粉和膠質為食物，使書籍腐爛損壞。

　　寄生於書籍上的黴菌，主要為曲黴（Aspergillus），或稱麴黴，共有十多種，以顏色來分，有綠色的煙曲黴；灰綠曲黴和匍匐曲黴；白色的曲黴；黃色的小蠟葉散囊菌；咖啡色的溫特曲黴等[45]。其生態與習性類似，也常常聚在一處。黴菌在環境不利於生存時，會變化成為孢子，成為類似休眠的狀態，而其孢子防禦性極強，很難完全撲滅，要防止黴菌的滋生，只能從過濾空氣和控制溫濕度著手，使其孢子無法變化滋生。

（五）白蟻

　　白蟻俗稱白螞蟻，大水蟻，漲水蟻，白蟻為群體生活，少則幾百隻，多的可達百萬以上，喜歡潮濕怕光的地方。分佈於熱帶、亞熱帶和某些較暖和的溫帶地方。在臺灣造成危害的大致有臺灣家白蟻，黃肢散白蟻，黑翅土白蟻，乾木白蟻，為最常見。生活史為卵→若蟲→成蟲，屬於漸進變態昆蟲。白蟻類群，其中危害最嚴重的是家白蟻及黃肢散白蟻。尤以臺灣家白蟻破壞最強，食物主要以木材和含纖維素的物質，白蟻中之蟻後產卵數量每日最高可產 1500~3000 顆的卵，群體龐大，破壞迅速，短期內就能造成嚴重損壞，加上白蟻習性[46]。大部分在木材內層蛀食，外層觀察無異狀，等嚴重到一定程度時才會發覺，此時已造成難以挽回的損傷。除了啃蝕木材，某些種類的白蟻也會侵犯紙張、紡織品和皮革等，圖書受損的程度，輕者在書頁上留下彈坑形的大洞，重則整本書完全毀損。

---

[45]　楊世平著，《臺灣常見昆蟲》，臺北市：渡假，民國 69 年，頁 37。

[46]　澤田兼吉著，《書病考》，臺北：臺灣三省堂，昭和 17 年，頁 94-105。

（六）衣蛾

衣蛾（學名：Tinea pellionella）的分佈極廣，屬於鱗翅目的蕈蛾科。外觀類似幾何圖形的菱形，常出現於潮濕的牆壁上，以及衣物上。衣蛾如果在城市的話，它一般都會生長在最下面一樓。衣蛾幼蟲是一個小型白色的毛蟲，藏在一個絲質的袋狀物或網狀物（稱為筒巢）內，在牆壁上可見到一個黏著水泥的紡錘形絲袋，內有一深褐色頭的幼蟲。成蟲為淺黃色的蟲，懼光。它有時候會爬出來，可是我們一般看不到。衣蛾的幼蟲會啃蝕用來裝裱圖書的材料，使封面上留下小孔。目前已知網衣蛾和袋衣蛾的幼蟲會破壞毛料、絲織品，臺灣衣蛾則除了毛、絲之外，還會侵犯棉製品。

（七）蟑螂

蟑螂是一種有著數億年演化歷史的雜食性昆蟲。過往泛指所有屬於「蜚蠊目」（Blattodea）的昆蟲，亦稱蜚蠊。

蟑螂是繁殖力很強的昆蟲，一對德國蟑螂一年可繁殖成為十萬隻後代。平常其卵在卵莢內需要 15 天才能孵化出來，剛剛孵化的蟑螂是乳白色（某些種類蟑螂剛孵化出來時的幼蟲則是透明或半透明的）的無翅若蟲。若蟲取食不久，因昆蟲是外骨骼的動物，要長大就必須要脫皮，一齡若蟲大概 1 至 2 星期後再行第二次脫皮，等到第 3 次或者 4 次脫皮以後，就可以看見翅芽，但要達到性成熟之成蟲階段，平均德國蟑螂都要經過 6-7 次脫皮。而美國蟑螂則要脫皮 10-12 次才行。蟑螂的生長、脫皮次數和氣候因素、食物的獲得，有著密切的關係，一般德國蟑螂可在 2-3 個月內完成生活週期，是屬於不完全變態或稱漸進變態的昆蟲。

棲息在住家內的蟑螂喜食人類的食品、廚餘，也時常破壞衣物和書籍，其中最常為害圖書的是美洲蟑螂、澳洲蟑螂、德國蟑螂和東方蟑螂，它們會破壞書籍的紙張及裝訂，有時還會留下粒狀或液狀的排泄物，使書頁汙損。

（八）老鼠

老鼠亦為藏書大敵，其是哺乳綱、嚙齒目、鼠科的齧齒類動物，俗稱

「耗子」，門牙不斷成長，必須時時啃物磨牙，以避免門牙太長影響咀嚼，所以即使並非飢餓也會啃齧物品，其對藏書的危害與書蟲不相上下，古人往往以「蟲蠹鼠齧」並稱。鼠類又會築窩於函套之中，以咬碎的書葉腐爛，危害與書黴類似。繁殖方式是胎生，是哺乳動物中繁殖最快、生存能力很強的動物。全世界有鼠類大約 480 種，無論室內、野外都可以看到它們的足跡。

　　以上介紹的各種圖書害蟲，除蟑螂、老鼠外，體積都很小，但是它們對於書籍的破壞力，卻不容忽視，因此職司圖書管理者，必須慎重其事，以防圖書蟲害之發生。

　　總而言之，最常見的蛀書蟲，有衣魚、人參蟲（俗名書蠹）、竹囊蟲、書蝨等，都是以食植物性纖維類為習性，只要生活在藏書處所，便常將書葉啃成碎片。此外，白蟻、老鼠、蟑螂等生物，也以啃食為習性，而其排泄物又容易汙損書葉，也是危害文獻資料的重要角色。

　　宋葉夢得，藏書三萬餘卷，因兵亂所亡幾半，避居於弁山之石林谷，山居狹隘，餘地至於書囊無幾，雨漏鼠竊，日復蟲敗[47]。

　　宋陳振孫先生《直齋書錄解題》中的吳氏書目條下即曾說：「吳與可權，藏書甚富，有吳氏書目一卷，閩中不經兵火，故家文籍多完具，然地經苦蟲損[48]。」

　　清汪韓門，雍正癸丑進士，在外居官十數年始環故居，啟塵篋檢故籍，則其為鼠齧黴蝕者十之三四[49]。

　　清全祖望先生《鮚埼亭集外編》天一閣碑目記文中也曾提到：「未及裝為軸，如棼絲之難理，抑亦鼠傷蟲蝕，幾十之五[50]。」這些記載，都證明瞭古書確曾受到生物性破壞的嚴重威脅。

---

[47]　（清）葉夢得撰，《避暑錄話》卷上，明萬曆間（1573-1620）會稽商氏刊本。

[48]　（宋）陳振孫撰，《直齋書錄解題》卷八，臺北市：商務，民國 67 年，頁 228-229。

[49]　（清）丁申撰，《武林藏書錄》卷下，書目類編九（一），頁 63。

[50]　（清）全祖望撰，《鮚埼亭集外編》卷十七〈天一閣碑目記〉，見百家諸子中國哲學電子化計畫 https://ctext.org/library.pl?if=gb&file=38585&page=66

表 1 常見的文物蟲害之特性

中文名稱	危害文物種類	危害時期	檢測
蟑螂	含漿糊之書籍、書畫裝裱、紙張、織品、皮製品等	幼蟲期及成蟲期	排遺、卵鞘、幼蟲或成蟲、文物上的污痕、食痕
衣魚			排遺、幼蟲或成蟲、文物上的污痕
書蝨	紙張、潮濕的書籍或已發黴的書籍		幼蟲或成蟲
煙甲蟲	紙張、書籍、木質、昆蟲標本、皮製品、植物標本、絲質	幼蟲期	文物上的污痕、食痕
藥材甲蟲	植物標本、昆蟲標本、革製品、書籍等	幼蟲期及成蟲期	蛀孔、排遺、幼蟲或成蟲
檔案竊蠹	紙質、合板、纖維板、紙箱		
白蟻	木質、竹材、書籍等		蛀洞、蟻土、排遺、工蟻或生殖蟻、脫落翅膀
竹粉蠹粉蠹蟲	竹材 木質、竹材等		蛀孔、木粉、幼蟲或成蟲
衣蛾	動物性纖維、植物性纖維、毛織、羽毛、羊毛等	幼蟲期	織品纖維上取時文物或蛀洞、筒巢、幼蟲、脫落的毛髮

參考資料：

郭玉吉著，《臺灣昆蟲生態大覽》，臺北市：印刷，民國 72 年。

澤田兼吉著，《書病考》，臺北：臺灣三省堂，昭和 17 年。

楊世平著，《臺灣常見昆蟲》，臺北市：渡假，民國 69 年。

生物性書害除以上各種昆蟲之外，還有一種肉眼不易察見的細菌類生物。空氣中一種結核菌在溫度適宜的環境下，常在書葉上寄生，使書葉腐爛。另外一種黴菌，其孢子散佈於空氣中，便開始生長，並使書葉黴爛損傷，造成佚亡。

第二節　人為因素

一、戰亂

世間俗人對名利富貴，常常特別鍾愛．因而名利權貴之所在，便是追逐的目標，而為達到目的，乃不惜兵戈相向，無所不用其極。文獻資料既有其本身珍貴的價值，且其具有豐富的知識資源，最為權貴們所嗜收藏，於是「牙籤飄帙，連屋百城」，大量集中於豪門巨室。權貴華屋既是覬覦的對象，寇匪盜賊便運用而生，時常禍起倉皇，戰亂迭生。戰火波及的結果，便成為歷代文獻資料損失的主因。

歷代公私收藏，遭受戰亂，頃刻間付之一炬，化為烏有的例子最多。蓋因大量辛勤累積的知識寶庫，瞬息間為烽火摧毀殆盡，最令讀書人惋惜痛心，所以史料中對兵燹人禍產生的書害，記述最多。一般人所熟知的「圖書十大災厄」中，除秦始皇焚書一厄外，幾乎全都是戰亂所造成，也難怪會有「書籍之劫，莫大於兵禍[51]。」的說法。

自秦漢以來，歷代中秘所藏圖籍因兵燹散佚，見諸史料文獻記載的不乏其例。據《隋書·經籍志》記載：

> 武帝置太史公，命天下計書，先上太史，副上丞相，開獻書之路，置寫書之官，外有太常、太史、博士之藏，內有延閣、廣內、

秘室之府。……至於孝成，秘藏之書，頗有亡散，乃使謁者陳農，
求遺書於天下。……大凡三萬三千九十卷。王莽之末，又被焚燒。
光武中興，篤好文雅，明、章繼軌，尤重經術。四方鴻生鉅儒，負
袠自遠而至者，不可勝算。石室、蘭臺，彌以充積。又於東觀及仁
壽閣集新書，校書郎班固、傅毅等典掌焉。……董卓之亂，獻帝西
遷，圖書縑帛，軍人皆取為帷囊。所收而西，猶七十餘載。兩京大
亂，掃地皆盡[52]。

　　西漢自「武帝廣開獻書之路，百年之間，書積如丘山[53]。」而東漢「自
光武聚書以後，及漢之盛積書三倍，以其數計之，當為六千餘兩[54]。」可
見兩漢藏書之富。然皆因兵禍「掃蕩於一時矣」。

　　《文獻通考》記載：

　　　　魏氏代漢，采摭遺亡，藏在秘書中、外三閣。……大凡四部，
　　　　合二萬九千九百四十五卷。晉惠、懷之亂，京華蕩覆，石渠閣文籍，
　　　　靡有孑遺[55]。

　　《古今典籍聚散考》記載：

　　　　宋元嘉八年，秘書監謝靈運造《四部目錄》，大凡六萬四千五
　　　　百八十二卷。……齊永明中，秘書丞王亮、監謝朏，又造《四部書
　　　　目》，大凡一萬八千一十卷。齊末兵火，延燒秘閣，經籍遺散。……

---

[52]　（唐）魏徵撰，《隋書》卷三十二〈經籍一〉，元大德間（1297-1307）饒州路儒學刊明嘉靖
　　　間南監修補本。

[53]　陳登原著，《古今典籍聚散考》，上海市：商務印書館，民國 25 年，頁 159。

[54]　（南北朝）范曄撰，《後漢書》七九〈儒林傳〉，明崇禎十六年（1643）虞山毛氏汲古閣刊
　　　本。

[55]　（宋）馬端臨著，《文獻通考》卷一七四〈經籍考〉，明嘉靖三年（1524）司禮監刊本。

> 梁武敦悅詩書，下化其上，四境之內，家有文史。元帝克平侯景，
> 收文德之書及公私經歸於江陵，大凡七萬餘卷。周師入郢，咸自焚
> 之。……孝文徙都洛邑，借書於齊，秘府之中，稍以充實。暨於爾
> 硃之亂，散落人間[56]。

　　兩晉南北朝三百餘年間，戰亂不已，典籍零落殆盡。隋有天下，重拾典籍，文帝開皇三年，牛弘表請求書天下，民間異書往往而出。至煬帝大業初年，嘉則殿藏書已達三十七萬卷。而皆焚於廣陵，其目中蓋無一帙傳於後代[57]。

　　唐玄宗開元三年，詔褚無量、馬懷素校書補緝。至七年詔公卿士庶之家，所有異書，官借繕寫。及四部書成，大凡五萬一千八百五十二卷。天寶末年，安祿山之亂，兩都覆沒，乾元舊籍亡散殆盡。安史之亂平，肅代二宗尚儒術，重整圖書，收集散落，四庫所藏又增至五萬六千四百七十六卷，五十年後黃巢干紀，再陷兩京，宮廟寺署，焚掠殆盡，曩時遺籍，尺簡無存[58]。

　　五代十國，文物不興，各朝所藏圖書僅數櫃而已，然其時刻板之術興，書籍驟增，流傳亦廣。宋初有天下時，三館藏書一萬二千餘卷。太宗以後，校寫不輟，苦心聚書，仁宗時輯錄《崇文總目》，已達三萬六百六十九卷。至北宋末，秘府所藏已達七萬三千八百七十七卷，靖康之變，金人大舉入侵，秘閣圖書狼藉泥中，二百年之積蓄，蕩然無遺。高宗南渡，復建秘書省，四方求訪遺書，紹興之末，秘府所藏累至四萬四千四百八十六卷，其後又增加一萬四千九百四十三卷。至寧宗時，書籍之多達於頂，計九千八百十九部，十一萬九千九百七十二卷。[59]藏書之富，猶勝於北宋。殆元兵

56　陳登原著，《古今典籍聚散考》，上海市：商務印書館，民國 25 年，頁 169。

57　（宋）王明清撰，《揮麈錄》卷七，見百家諸子中國哲學電子化計畫 https://ctext.org/wiki.pl?if=gb&chapter=598976

58　（五代）劉昫撰，《舊唐書》四六〈經籍上〉，明嘉靖十七年（1538）聞人詮吳郡刊本。

59　（元）脫脫撰，《宋史》卷二○二〈藝文一〉，明成化十六年（1480）兩廣巡撫朱英刊嘉靖間南監修補本。

南渡，所存館閣之書，又為之焚毀。

　　元初兵亂連年，元末烽火又起，其中承平不及七十年，內府藏書有限，惟刻書成績頗為可觀。明太祖破燕京，令徐達封其庫府圖籍寶物歸南京，復詔求四方遺書，永樂時採訪更勤，並照取文淵閣書一部至百部，各擇其一，得百櫃，運至北京。宣宗時，秘閣貯書約二萬餘部，近百萬卷。英宗正統六年，輯成《文淵閣書目》，凡四萬三千二百餘冊，其中《永樂大典》一書，即多至二萬二千九百三十七卷，囊箱之富，可謂上接宋元，下啟有清。及甲深之變，李自成入北京，內府秘閣所藏之書，皆付於火。宋以來雕版書籍之厄，以此為最大[60]。

　　清初康雍乾三朝，搜求遺書，修纂典籍，其中禁毀雖烈，勘刻亦勤。中葉以後，迭經太平天國、英法聯軍及八國聯軍諸事變，四庫七閣僅存其半，永樂大典大部散佚，內廷秘笈遭兵禍毀趣者，不知凡幾。

　　歷代中央政府的藏書聚散與兵燹的關係，考其史實似乎成一循環定律，陳登原先生論此現象說：

　　　　大抵新朝之興，必承兵燹以後，其時為粉飾昇平計，乃廣開獻書之路，盛置中秘之藏。然一至王朝顛覆，亂者四起，兵戈水火之餘，中秘所藏，民間所度，必又大受損害。必至繼此而起之新朝，始為收羅，以為綴點昇平之計，如是循環淘汰，而典籍之受災日甚，其失傳也亦速[61]。

　　內府藏書既多於政權爭奪中化為灰燼，而大亂之中烽火遍地，盜匪亦乘機而起，地方及私人藏書原就缺乏有力保護，兵戈一至，個人倉皇保命尚且不及，自無暇顧及藏書。何況藏書之家，大多家中富有餘財，正式兵卒盜賊覬覦之所，劫掠之後，書籍或三棄遍地，或縱火焚之，一夕之間，數十年積聚之功；往往化為煙燼。

[60]　（清）張廷玉等撰，《明史》卷九六〈藝文一〉，清乾隆四年（1739）武英殿刻本。

[61]　陳登原著，《古今典籍聚散考》，上海市：商務印書館，民國 25 年，頁 157。

　　北宋靖康之難，著名私人藏書幾乎全部遭劫，如晁公武《郡齋讀書志》序中自稱：「公武家自文元公來，以翰墨為業者七世，故家多書。至於是正之功，世無與讓焉。然自中原無事時，已有火厄，及兵戈之後，尺素不存也[62]。」

　　王明清在《揮塵錄》也說：「承平時士大夫家，如南都戚氏，歷陽沈氏、盧山李氏、九江陳氏、番陽吳氏，俱有藏書之名，今皆散逸[63]。」

　　其他如葉夢得「舊藏書三萬餘卷，喪亂以來，所亡幾半[64]。」李常藏書亦不減三萬卷，收書之富，獨稱江浙，蘇軾曾撰〈李氏山房藏書記〉，推崇其將藏書公於天下，可惜卻遭靖康之劫而毀於兵火[65]。趙明誠、李清照夫婦，好藏書化器物，建炎年間南下奔喪，以旅途不便，先去書之重大印本者，又去畫之多幅者，再去古器之無款識者，後又去書之監本者，畫之平常者，器之重大者，凡屢減去，尚載書十五車。其青州故居尚有書冊什物十餘間，本期此年春天再舟運南下。然金人陷青州，十餘間屋皆煨燼，而渡江之二萬餘卷書，二千卷金石刻，又於金人陷洪州時，散為雲煙[66]。

　　元末大亂，群雄並起，江南一帶淪為戰場，民間藏書再度遭劫，代表事例如杭人魏一愚，自號青門處士，所蓄書數萬卷，歿後三月，而紅巾寇杭，處是盧與堞舍同毀，藏書亦燼[67]。孫道明藏書萬卷，遇秘本輒手自鈔錄，築映雪齋以延四方名人，校閱藏書為榮。至正年間，烽火四起，威燼之餘僅存數百卷[68]。又如明代名臣楊士奇稱其：「先世藏書數萬卷，元季悉毀於兵[69]。」

---

[62]　（宋）晁公武撰，《昭德先生郡齋讀書志》序，清光緒甲申（十年;1884）長沙王先謙校刊本。

[63]　（宋）王明清撰，《揮塵錄》卷一，清順治丁亥（4年）兩浙督學李際期刊本。

[64]　（清）葉夢得撰，《避暑錄話》卷上，明萬曆間（1573-1620）會稽商氏刊本。

[65]　（清）葉昌熾撰，《藏書紀事詩》卷一，臺北市：世界，民國69年，頁22-23。

[66]　（清）葉昌熾撰，《藏書紀事詩》卷一，臺北市：世界，民國69年，頁31。

[67]　（清）丁申撰，《武林藏書錄》卷中，書目類編九（一），頁83。

[68]　（清）葉昌熾撰，《藏書紀事詩》卷二，臺北市：世界，民國69年，頁67。

[69]　（明）楊士奇撰，《文籍志》序，四部備要本。

明代私家藏書受兵匪劫難，則先有倭寇後有闖賊。顧炎武《亭林文集》鈔書自序云：「炎武之先家海上，世為儒。當正德之末，而寒家已有書六七千卷。嘉靖中家道中落，而書尚無恙。……而倭闌入江東郡邑，所藏之書，與其室廬，俱焚無孑遺焉[70]。」又如何元朗，其人好讀書，遇有異書必厚資購之，藏書幾達四萬卷，後皆毀於倭夷[71]。而明末流賊之亂遍及全國，繼之清兵入關，藏書遭毀者如陳宏緒，所藏書不下數萬卷，鐵騎一來，悉被割剝撏扯，裂作指甲數千，煤痕丹點，離離駃騠之背，餘以支枕籍地，數萬縹緗淪為一旦[72]。全祖望先世有阿育王山房，藏書頗盛，遇國難作，避之山中，藏書多而難挈行，留貯里第則為營將所據，方突入時，見有巨庫以為貨也，發則皆古書，大怒，付之一炬[73]。

又如潘曾紘，有意汲古，廣儲縹緗，視學中州，羅致尤夥。鼎革之時遭劫，士兵以書於溪中，疊橋為渡，以搬運雜物，其書受厄如是[74]。項元汴，以善生產而富，好積書，海內珍異十九多歸之。乙酉大兵至，項氏累世之藏，為千夫長汪六水所掠，蕩然無存[75]。茅坤子孫三世藏書甲海內，書樓凡數十間，至於充棟不能容，清兵入關亦遭喪亂散去[76]。

清代藏書刻書風氣極盛，國內承平又近二百年，是以名家輩出。而自南宋以後，私人藏書多集中於江南，五、六百年間雖屢遭書厄，但因學術發達，新著源源而出，書籍聚散分合之中，雖佚去不少，總數仍為可觀，乾嘉之時藏書數萬卷者，比比皆是。惟自太平軍起，十五年間擾及十六省，又以江浙兩地為害最甚，江南藏書幾無不遭劫，其事例如兩浙收藏第一的

70　（清）顧炎武撰，《亭林文集》卷三，臺北市：中華，民國 58 年，頁 5-6。

71　陳登原著，《古今典籍聚散考》上海市：商務印書館，民國 25 年，頁 304。

72　（清）葉昌熾撰，《藏書紀事詩》卷四，臺北市：世界，民國 69 年，頁 199。

73　（清）全祖望撰，《鮚埼亭集外編》卷十七〈雙韮山房藏書記〉，見百家諸子中國哲學電子化計畫 https://ctext.org/library.pl?if=gb&file=38585&page=62

74　陳登原著，《古今典籍聚散考》，上海市：商務印書館，民國 25 年，頁 230。

75　（清）葉昌熾撰，《藏書紀事詩》卷三，臺北市：世界，民國 69 年，頁 119。

76　陳登原著，《古今典籍聚散考》，上海市：商務印書館，民國 25 年，頁 235-236。

范氏天一閣，同治元年遭兵劫後，見存者不及舊目十之四[77]。汪氏振綺堂藏書三千三百餘種，六萬五千餘卷，號稱浙右之甲，辛酉亂後藏書盡散[78]。孫氏壽松堂藏書多得自於趙氏小山堂及祁氏澹生堂，亦累至數萬卷，咸豐辛酉，寇煙再熾，所藏圖書，盡付雲煙[79]。又如松江韓對虞，所積約十萬卷。太平軍陷松江，所藏書籍、板本、古器、書畫，與所居俱毀[80]。其在南京，則有朱緒曾聞有益齋，藏書十數萬卷，太平軍據南京，清人環攻之，其書皆化為灰燼[81]。

此外，江北其時尚有撚匪之亂，明列四大藏書家之一的山東聊城楊氏海源閣亦遭劫，晝夜之間毀去閣書十之三四，約六七萬卷，而宋元舊槧，所焚獨多，且經部尤甚[82]。

綜觀歷代兵匪書厄，所毀去的圖籍，總在數百萬卷以上，其中若干雖在承平時重新再聚，但屢經變亂從此佚失的仍佔多數，因此愈近今世古本愈稀。今以宋本最為珍貴，僅數百種而已，然宋以前，典籍著述至少已有兩千年之久，今所能見者僅一、二殘片，其間最大書厄，應為兵燹無疑。

二、禁毀與竄改

文獻資料內容，或抒情、或記事、或說理，往往是為是非褒貶寄存之地，因而難免受到各人主客觀因素的影響，對其內容產生喜愛與憎惡不同觀念。而文獻又是人類思想傳布的主要媒體，以是常成為掌握政權者，利用作為統治天下的工具。遂對於既有之文獻資料內容，予以嚴苛的審查，

[77] 陳登原著，《古今典籍聚散考》，上海市：商務印書館，民國25年，頁235-236。
[78] 陳登原著，《古今典籍聚散考》，上海市：商務印書館，民國25年，頁238-239。
[79] 陳登原著，《古今典籍聚散考》，上海市：商務印書館，民國25年，頁239-240。
[80] 陳登原著，《古今典籍聚散考》，上海市：商務印書館，民國25年，頁244。
[81] 陳登原著，《古今典籍聚散考》，上海市：商務印書館，民國25年，頁245。
[82] 高禩熹〈清季藏書四大家考（一）〉，《教育資料科學月刊》九卷二期，民國65年2月，頁35。

凡利於己者用之，不利於統治的文字，則盡加以禁毀或改易，這種消除異端，防微杜漸的激烈手段，也肇致了不少歷史珍貴文獻的散亡。

　　歷史上禁書運動起源甚早，孟子即曾說過：「諸侯惡其害己者，而皆去其籍[83]。」秦始皇三十四年（西元前二一三）從宰相李斯的建議，所領布的焚書令，更為古今知識界所周知。

　　秦始皇下詔禁書焚書，是歷史上唯一一次的全面禁書，但官方藏書仍得保全，若有欲學法令，仍可以吏為師。漢興代秦，高祖劉邦仍有顧忌，挾書之律至惠帝始除，可見在位者，總不免恐人恣意批評，以古非今，而影響到政權的穩固。

　　秦以後的另一次大規模禁書，則始於隋煬帝，所禁的是有關陰陽五行讖緯之書，依據《隋書》〈經籍一〉也曾載及：「煬帝即位，乃發使四出，搜天下書籍與讖緯相涉者，比焚之。」其所持的理由是「文字淺俗，顛倒舛謬，不類聖人之旨相傳，疑後世人造偽之，或者又加點竄，並非實錄。[84]」實際上則是因為西漢以後，有心奪權之士每每以迷信方術惑眾，以讖緯天命位號朝起事，如王莽、劉秀及黃巾賊等皆是。此種學說流行，自然對當政者不利，於是自劉宋大明年間始禁圖讖之書，梁天監年以後又重其制，隋高祖禁之愈切，「煬帝即位，乃發使四出，搜天下書籍與讖緯相涉者，皆焚之。為吏所糾者，至死。自是吳復其學，秘府之內亦多散亡[85]。」此次禁書，使得許多具有價值的天文地理典籍亡佚，後人也因容易干犯忌諱多避而不談，使古代自然科學的發展為之一挫。若干未被禁覺得圖讖之學，反而流為民間迷信，間接造成以後歷朝的教亂。

　　唐宋元明四朝，雖然沒有大規模禁書事件，但帝王挾其淫威，毀滅文獻之外，民間也常因恩怨是非，有互相銷毀作品的情形。例如北宋新舊黨

---

[83]　（宋）蘇洵批點，《孟子》〈萬章篇下〉，明萬曆丁巳（四十五年，1617）吳興閔氏刊朱墨藍三色套印三經評註本。

[84]　（唐）魏徵撰，《隋書》卷三十二〈經籍一〉，元大德間（1297-1307）饒州路儒學刊明嘉靖間南監修補本。

[85]　（唐）魏徵撰，《隋書》卷三十二〈經籍一〉，元大德間（1297-1307）饒州路儒學刊明嘉靖間南監修補本。

爭，蔡京即曾議毀《資治通鑑》書版。又王安石先生晚年曾「悔其所作實錄，令從子防焚之[86]。」有時由於著書的人犯了罪，為人所不齒，於是疏遠其書，導致淪失的情況，也不鮮其例。如范曄的《後漢書》，原來有志十篇，託付好友謝儼代為整理，後來范氏因犯罪被殺，謝氏深怕禍延自己，乃將范曄的全部稿件毀棄。

元代有名的道教經典《玄都寶藏》，因僧道交惡，元朝政府偏袒僧人，於至元十八年（1281）下令焚毀其藏於平陽永樂鎮純陽萬壽宮的書版，這部《玄都寶藏》後世遂不得見其全貌。至於歷史上焚書最為酷烈的，則莫過於清乾隆朝。乾隆三十七年（1772）藉修纂四庫全書的機會，進行大規模的蒐訪圖書工作，並加以嚴厲的檢查，凡不利於清人統治的一切著作，均加以焚毀或竄改。伴著嚴厲政策下的挾怨誣告，或藏書人懼怕觸及禁忌而自己焚燒的文獻資料，更不計其數。帝王為箝制思想，滿足私欲心所造成的圖書損失，實不下於戰火。

歷代書禁及文字獄最酷烈的，當以清朝為第一。陳登原《古今典籍聚散考》論其原因為：

> 清代異族入主中國，深恐明季遺臣之友反動心理，故努力於禁絕明季史料，違之者即得罪。此其一也。其次，清以東胡蠻族，入主中國，雖欲自炫其文化，勢亦有所不能。因而深恐漢人之或議其後，於是凡涉胡、狄字樣，即疑其賤視清人，猜疑之興，大獄以成，此其二也[87]。

縱觀清二百六十六年間，可考的大小文字獄即達八十四案之多，士人學子往往因遣辭用字遭人牽強解釋挾怨告奸而致禍。其中如查嗣庭案、呂留良案牽連之廣，堪稱古今第一。歷次大獄中，牽涉入內的有關文獻著作，

---

[86]　（元）脫脫撰，《宋史》卷四七二〈蔡卞傳〉，明成化十六年（1480）兩廣巡撫朱英刊嘉靖間南監修補本。

[87]　陳登原著，《古今典籍聚散考》，上海市：商務，1936，頁 68-69。

也無不遭抽毀刪改或是禁焚。此文獻之禍，於乾隆四庫開館，詔求天下書以彙編四庫全書時達於最盛，修書十年間，總計有十一起大規模的文字獄發生，圖書遭焚毀者二十四次，計五百三十八種，一萬三千八百六十二卷，挖改者亦達二千餘種。而清一代，所盡毀之書共近四千種之多，部分內容被竄改刪除的，當數倍於此[88]。

　　書籍遭禁毀竄改，其害雖不如兵燹之深，影響確十分重大，因為此類文獻多與歷史事實有關，禁焚之後後人即難知當時的實況為何；橫遭增刪竄改的史料，更會誤導後世的記述研究，使歷史的真相永遠不為人知。從書籍保存的觀點來看，此種作法不但使得原已多災多難的藏書，厄上加厄，更會使有心藏書以傳承學術文化的有志之士，心生畏懼，惟恐干忌而導致家破人亡，因此其潛在的影響力量，或遠大於實際所遭禁焚的部冊數字。

三、私慾

　　許多古代文獻資料，傳存既久，常變成奇貨可居的傳家寶貝，不肯輕易借人。近人梁星海先生曾說：「藏書家，每不肯借書，其故有六：一、汙損。二、失落。三、據為己有。四、日久忘記。五、人又副鈔，不能傳美。六、昨借今還，疲於書箚[89]。」

　　文獻資料借人，既有種種壞處，所以代收藏者，往往立下嚴規，不得私下示人。例如明代金華人氏虞守愚，在藏書樓前即有標示寫道「樓不延客，書不借人[90]。」清阮元在其《寧波范氏天一閣書目》序文中，引述范氏藏書家規是：「司馬歿後，封閉甚嚴。繼乃子孫各房相約為例，凡閣廚鎖鑰，分房掌之。禁以書下閣梯，非各房子弟齊至，不得開鎖。子孫無故

88　吳哲夫撰，《清代禁毀書目研究》，國立政治大學中文研究所碩士論文，頁 80-86。

89　〈淺析梁鼎芬在豐湖書院的作為〉摘錄自〈永哲論文〉，2020.05.20，https://www.yzthesis.com/lunwen/lishi/jindaishirenwu/2020-05-20/24908.html

90　（明）謝肇淛撰，《五雜組》卷十三〈事部一〉，見百家諸子中國哲學電子化計畫 https://ctext.org/wiki.pl?if=gb&chapter=65316

開門入閣者，罰不與祭三次。私領親友入閣，及擅開廚者，罰不與祭一年。擅將書借出者，罰不與祭三年，因而典鬻者，永儐逐不與祭[91]。」這樣嚴厲的家規，難免造成一些孤本秘笈，在外人無法傳抄、傳刻下，如不幸遇到不測，便永遠湮沒散佚了。例如一部宋代宋伯仁的《梅花喜神譜》，常久以來，僅知只存一部宋刊本。它輾轉由明代文徵明及清代錢遵王、黃丕烈所收藏。咸豐元年（1851）被斥山於昌遂君買去。於氏以此書為人間至寶，仍不隨便借人，規定「至今伊始，非交深十年者，不得閱此書也。」後來這部書又落入大藏書家潘祖蔭之手，再歸到潘氏姪女攀樹春處。民國十五年（1926）五月，上虞羅振玉還曾見到，現在就不知藏身何處了。

　　此外，許多藏書家因所傳非人，其不肖家人，往往也肇致古文獻散亡流失。如孔子第五十五世孫孔克齊，嗜藏書，多達萬卷，後因任職外鄉，家中藏書竟遭奴婢用作剪裁衣物、襯鞋底、蓋醬甕，不知毀棄了多少[92]。

　　宋人李光無書不讀，蓄書數萬卷。子孫不肖，且粗率鄙俗，不能保守，藏書散於鄉里之豪民家矣[93]。

　　元莊肅，原仕宋，宋亡，棄官浪跡海上。性嗜書，聚至八萬卷。歿後，子孫不知愛惜，或為蟲鼠蝕齧，或為鄰識盜竊，或供飲博之需，或應糊覆之用，編帙散亂，所存無幾[94]。

　　又如元虞堪，家藏書甚富，多手自編輯。其曾孫全以家貧，斥賣先人物，全死後，曾祖遺文及所藏詞翰無慮數篋，妻子以魚罾置屋樑，久之並其罾亡矣[95]。

　　再如元代的袁桷，繼承祖父的收藏，並不斷的再蒐購，藏書因而冠於浙東地區，可惜歿後子孫不肖，不是被僕役盜賣，就是遭婢妾毀壞，藏書

---

[91] （明）范欽、（清）阮元編，《天一閣書目》序，見百家諸子中國哲學電子化計畫 https://ctext.org/library.pl?if=gb&file=107060&page=4

[92] （清）葉昌熾撰，《藏書紀事詩》卷二，臺北市：世界，民國69年，頁65。

[93] （清）葉昌熾撰，《藏書紀事詩》卷一，臺北市：世界，民國69年，頁29。

[94] （清）葉昌熾撰，《藏書紀事詩》卷二，臺北市：世界，民國69年，頁60。

[95] 吳晗著，《江蘇藏書家小史》，臺北市：文史哲，民國71年，頁204。

幾至蕩然[96]。

　　明王世貞，藏書三萬卷，二典不噢，構藏經樓儲之。歿後不及五十年，盡歸他姓[97]。

　　明豐道生，家傳數代藏書。晚得心疾，潦倒於書淫墨癖之中，喪失其家殆盡，而樓上之書，凡宋槧與寫本，為門生輩竊去者幾十之六，其後又遭大火，所存無幾[98]。

　　清吳允嘉，生平愛藏書，蒐討不遺餘力，晚年嗜好尤篤。其歿時，口占一絕示兒輩云：「幾卷殘書幾畝田，祖宗相守已多年，後人窮死休相棄，免教而翁恨九泉。」然其身後，藏書依然散落，書賈求售者，不知凡幾[99]。

　　清福建連江陳氏世善堂，藏棄二百餘年，自明至清，不下數萬卷，而後嗣不能守，至乾隆初年已散佚無疑矣[100]。

　　清吳用儀，承父舊藏，復益購數萬卷，多宋元善本。既而諸子爭產，出藏書而貨之[101]。

　　清李誠，生平喜蓄書，建敦說樓貯之。子孫不肖，散鬻他人。初鬻時每本書僅錢十文，後購者稍多，增至三十文，甚有稿本購去，反嫌字跡模糊，覆瓿糊壁或付火者所在多有[102]。

　　管理不善所造成的書害還有閱讀時不知愛惜，任意摺角、撕裂或是汙損書葉；閱後不妥善收藏，隨意棄置也會使書籍編次錯亂裝線脫落，或是混於雜物之中而遺失。此外，借予他人的書籍，如果沒有登錄追討，也常常一去不回；書樓管制不嚴，更難免遭人竊出。如此種種，經年累月，積少成多，即使倖免於水火，萬卷藏書也不免散佚的命運。

---

[96]　（清）葉昌熾撰，《藏書紀事詩》卷二，臺北市：世界，民國 69 年，頁 62。

[97]　陳登原著，《古今典籍聚散考》，上海市：商務，1936，頁 424。

[98]　（清）全祖望撰，《鮚埼亭集外編》卷十七〈天一閣藏書記〉，見百家諸子中國哲學電子化計畫 https://ctext.org/library.pl?if=gb&file=38585&page=51

[99]　（清）丁申撰，《武林藏書錄》卷中，書目類編九（一），頁 60。

[100]　陳登原著，《古今典籍聚散考》，上海市：商務，1936，頁 430。

[101]　吳晗著，《江蘇藏書家小史》，臺北市：文史哲，民國 71 年，頁 142。

[102]　吳晗著，《兩浙藏書家史略》，臺北市：文史哲，民國 71 年，頁 30。

第三章　官府藏書

　　藏書，顧名思義就是收藏圖書典籍。它是人類為了閱讀、欣賞、校勘、研究和利用的目的，而進行的收集、典藏、整理圖書的活動。藏書作為一個術語，至戰國末年開始出現[1]。隨著文字的產生與成熟，承載文字的典籍數量不斷增加，促進了典籍收藏事業的產生與發展，最終形成了中國古代以官府、寺院、私人、書院為主體的四大藏書體系。在這四大藏書體系中，尤其以官府藏書體系發展時間最久、規模最大，貫穿於我國古代藏書事業的始終。這是由於自上古時期開始，文字和文化的持有者一般是國家統治者及其輔佐人員，如國君、巫祝、史官等人，這些人將君主在治理國家過程中產生的各類文書保存下來並藏於官府，從而形成了最早的官府藏書。對此，《文史通義》曾云：「古未嘗著述之事也，官師守其典章，史臣錄其職載。文字之道，百官以之治，而萬民以之察，而其用已備矣[2]。」可見，文字作為統治階級掌控社會的工具，是國家思想統治之基礎，因而歷朝歷代官府無不重視國家的藏書。

　　歷代使用者不同的名稱，然而卻有藏書之實，如漢代的東觀、隋代的嘉則殿、唐代的集賢院、宋代的館閣等，便是明顯的例子。由於藏書的所在地，沒有統一的名稱，因此有人以為我國沒有圖書館史。其實不然，明代胡應麟對於古代的藏書，有深刻的認識及解釋，他在《經籍會通》卷一中說：

　　　　墳籍之始，肇自羲、黃，盛於周、漢，衍於梁、晉，極於隋唐。……歷朝諸史，志藝文者五家：前漢也，舊唐也，新唐也，隋也，宋也。

1　余建紅，〈論官府藏書起源及文化特徵〉，《江西社會科學》2012（2）。

2　（清）章學誠撰，《文史通義》〈內篇一〉，清咸豐元年（1851）南海伍氏刊本。

班氏規模七略，劉昫沿襲隋書，新唐校益舊唐，而宋史所因，則崇文四庫等目也[3]。

案《漢書・藝文志》、《隋書・經籍志》、《舊唐書・經籍志》、《新唐書・藝文志》、《宋史・藝文志》，乃東觀、嘉則殿、集賢院、崇文院等藏書的著錄，此係事實，史有明文。中國的藏書，正史記載側重朝廷典藏，其實私家所藏，往往有超過朝廷的，亦有與之相等的，不過正史缺錄罷了。

以皇家藏書為主的官府藏書體系濫觴於商周，成型於漢代，發展於隋唐及宋，鼎盛於明清。西漢在藏書方面做了許多具有開創性的工作，並為其後歷朝繼承和仿效，最終演化為藏書制度。一是建立國家藏書處，如石渠閣、天祿閣等，收藏管理圖書；二是在全國範圍內訪書、徵書，力圖使國家藏書齊全完備；三是選派專人對藏書進行整理校勘，編製國家藏書目錄。此後，歷代皇家藏書在更替、繼承中有發展，形成各自特色。如隋代皇家秘閣按圖書內容分庫管理，煬帝令在東都洛陽觀文殿東西廂建造書屋「東屋藏甲乙，西屋藏丙丁[4]」；在觀文殿後設立二臺典藏魏晉以來的古跡名畫，「東曰妙楷臺，藏古跡；西曰寶臺，藏古畫[5]」。此外還在東都內道設立了佛道典籍專藏。西京長安嘉則殿藏書三十七萬卷，這個數字及設立專藏的做法都是空前的。

唐代藏書之盛，莫盛於開元。開元十二年，玄宗在東都設置麗正書院，次年改為集賢殿書院，不僅設置了較完善的職官機構，而且在藏書的數量和品質上也十分可觀。可惜安史之亂使唐代官藏由極盛而劇衰。宋代官藏以崇文院規模最大，此外還有太清樓及龍圖閣、天章閣、寶文閣、顯謨閣、

---

[3] （明）胡應麟，《少室山房筆叢》〈經籍會通〉卷一，明崇禎壬申（五年，1632）延陵吳國琦重刊本。

[4] （唐）魏徵撰，《隋書》卷三十二〈經籍一〉，元大德間（1297-1307）饒州路儒學刊明嘉靖間南監修補本。

[5] （唐）魏徵撰，《隋書》卷三十二〈經籍一〉，元大德間（1297-1307）饒州路儒學刊明嘉靖間南監修補本。

徽猷閣、敷文閣等六閣。宋代館閣藏書，允許朝廷高級官僚、殿試科舉考生等借閱，為公私著述提供參考，在印刷術業已發達的情況下，也為官府刻書提供校印底本。

明代開國之初，官府藏書迅速增多，在編修《永樂大典》時曾發揮不小的作用。至明宣宗時「秘閣貯書約二萬餘部，近百萬卷，刻本十三，抄本十七[6]。」其數量已至古代官藏之頂峰。但中後期由於缺乏嚴格的管理制度，甚至典司者監守自盜，致使精善本散失嚴重。

清初康熙年間，開始注重文治，為編纂多種大部頭典籍，屢次搜訪民間遺書。乾隆時編《四庫全書》，建七閣，南北分設，使官府藏書在建築、組織、管理等方面更加規範和完善。清末京師圖書館及江南圖書館等的建立，標誌著官府藏書系統從中央到地方的全面轉型，古代藏書樓的終結與更生亦同時完成。

縱觀歷代官府藏書，不難發現其有如下特點：

一、歷史悠久。官藏是我國古代發育最早的古代藏書體系，不僅商周朝代的中央政府設有藏書室，各諸侯國也藏典設史。以後的秦、楚、魯、宋、晉等國皆然。

二、皇帝高度重視，親自過問，直接參與其事。從中國歷史上第一次大規模的皇家徵書——漢武帝劉徹開獻書之路開始，到清乾隆為修《四庫全書》而在全國大規模徵書，大約有 57 位皇帝直接過問並參與徵書、藏書事宜，從人員選派、下詔徵書、經費來源、優惠政策、機構設置，到整理編目、圈定流通範圍等，常常是由皇帝親自頒發敕令，作為一種國家政府行為而實施的。

三、歷代官府藏書因有政府權力與國庫資財的強力支援而藏書豐厚、設施完善。隋開皇三年（533），牛弘在《請開獻書之路表》中，奏請朝廷狠發明詔，兼開購賞，收集典籍，必須勒之以天威，引之以微利，凡獻出異本書一卷者，就賞賜一匹絹作為報酬，待朝廷校定繕寫之後，仍將舊

6　（清）張廷玉等撰，《明史》卷九十六〈藝文一〉，清乾隆四年（1739）武英殿刻本。

本歸還原主[7]。這種權力加賞賜的徵書辦法，不但在當時取得了明顯效果，而且對後世也產生了積極的影響。

四、官府藏書既網羅人才，又培養造就人才，推出一批學術成果。由於官府藏書常作為中央決策的依據，並作為科舉考試的教科書及抄寫和印刷的底本，所以朝廷往往集中一批當時學術界的權威和專門人才，以及一定數量的博士儒徒，以加強對國家藏書的校勘、整理和編目工作。這些人不負眾望，在整理藏書的同時，利用藏書編出了一批在學術史上具有開創性的成果和國家書目。到宋明兩代，利用國家藏書培養人才的思想更為明確。宋仁宗曾說：「設三館以育才，館職所以待英俊[8]」。宋英宗也說過：「館職所以育俊才[9]」。明代大本堂是培養太子和諸王的重要課堂，文淵閣也是禮部和翰林院選拔官員的儲才重地，利用藏書進修結業後，升任朝廷重要職務或外放高位地方官。此時的國家藏書館閣，已成為培養和儲備統治階級高級人才的基地。

五、藏書紙墨精良，裝幀豪華，建築富麗堂皇，體現皇家氣派。歷代官府藏書要在全國範圍內招集工書之士抄補秘書。寫書用的各種材料也都由全國最著名的產地提供。隋唐兩代用不同顏色的琉璃、瑪瑙、象牙製作書軸、書籤，以區分書的上、中、下三品及經、史、子、集四庫。至於藏書樓的建築，更是地方私家藏書樓不可比及的。據《文獻通考‧經籍考》載，隋代觀文殿不僅陳設珍麗，還設計有自啟機器人，極為精巧[10]。

但官府藏書普遍存在著兩大缺陷：一是深藏秘閣，基本不對社會開放，因而極大地削弱了藏書功能的發揮。並且由於其所處的中心地位，它對歷代各類藏書樓長期、總體的封閉性、保守性，起著不容忽視的示範作用，進而對中國典籍與文化的傳播產生負面影響。二是由於集中庋藏、地

---

7 （唐）魏徵撰，《隋書》卷三十二〈經籍一〉，元大德間（1297-1307）饒州路儒學刊明嘉靖間南監修補本。

8 （宋）程俱撰，《麟臺故事》〈選任〉，清琴川張氏小琅嬛福地影宋鈔本。

9 （宋）程俱撰，《麟臺故事》〈選任〉，清琴川張氏小琅嬛福地影宋鈔本。

10 （宋）馬端臨著，《文獻通考》卷一七四〈經籍考〉，明嘉靖三年（1524）司禮監刊本。

處政治中心的特點，使其極易遭受毀滅性災難。歷史上幾乎每一次的改朝換代及內亂外侮，都使官府藏書嚴重受損。

第一節　先秦藏書探原

中國的歷史悠久綿長，在幾千年的豐富文化的傳承中，我們的祖先很早就開始重視圖書典籍的收藏與整理。胡應麟認為我國有書籍，是始於伏羲及黃帝時代，這是本漢人杜子春之說[11]。先秦時代我國的藏書，就文獻資料中的傳說藏書來說，文獻資料當然以《周禮》、《左傳》等書為主，《周禮·春官》中列有五史，即大史、小史、內史、外史、御史；其中大史、小史、外史三職，與典藏古代書籍，關係最為密切。左昭公二年傳曾述大史職掌書籍說：「晉侯使韓宣子來聘，……觀書於大史氏，見易象與魯春秋，曰：周禮盡在魯矣。」唐孔穎達正義：「太史之官，職掌書籍，必有藏書之處，若今之秘閣也。觀書於大史氏者，氏猶家也。就其所司之處，觀其書也。」

案《周禮·春官·宗伯下》亦敘及大史藏約劑之事，與此相合[12]。是大史典藏約章契據之事，很為明顯。

小史亦典司書籍，《周禮·春官·宗伯下》又說：「小史掌邦國之志，奠系世。」鄭玄注：「鄭司農云：志謂記也；春秋傳所謂周志，國語所謂鄭書之屬是也。史官主書，故韓宣子聘予魯，觀書大史氏。系世謂帝系、世本之屬是也。小史主定（奠讀為定）之。」

案周志見《左傳》文公二年，鄭書見《左傳》襄公三十年及昭公二十

11　《周禮·春官·宗伯下》，鄭玄注引杜子春云：「連山，宓戲（即伏羲）；歸藏，黃帝。」是胡氏以三《易》為中國書之最早者。

12　《周禮·春官·宗伯下》：「大史：掌建邦之六典，以逆邦國之治。掌法以逆官府之治，掌則以逆都鄙之治。凡辨法者考焉，不信者刑之。凡邦國都鄙及萬民之有約劑者藏焉。」鄭玄注：「約劑，要盟之載辭及券書也。」古今圖書集成理學彙編經籍典總部引令解：「大史，史官之長，主藏書者，……約，盟劑也；劑，券書也，皆藏其書於大史也。」

八年[13]，帝系見《大戴禮記》卷七，世本今存輯本[14]。是鄭氏所言者，今人猶見其殘存，此小史乃掌國史及皇族譜系的明證。

再次為外史，《周禮‧春官‧宗伯下》說：「外史掌書外令，掌四方之志，掌三皇五帝之書。」鄭玄注：「志，記也。謂若魯之春秋，晉之乘，楚之檮杌。……楚靈王所謂三墳五典。」

案晉之乘、楚之檮杌見《孟子‧離婁下》，楚靈王事見《左傳》召公十二年及偽孔安國尚書序。此乃外史掌列國之史及古史的記載。

上述三史所掌書籍及檔案，大抵皆為史家所公認，雖然有懷疑這些文獻資料是後人偽作[15]，但是我們可以將這些文獻資料看作傳說的藏書資料，大概是無人反對及否認。

秦始皇統一全國以後，設御史一職管理圖書，為了妥善保管，他還下令建成石室、金匱等多處藏書機構。唐司馬貞《史記索隱》曾有過記載：「石室、金匱皆國家藏書之所。」御史大夫其實是皇帝的秘書，也掌管國家的圖書。西元前二一三年，秦始皇採納了李斯「焚書坑儒」的建議，除了醫藥、卜筮和種樹的書籍不在禁毀之例外，對於歷代官藏和私藏圖書進行了一次大規模清洗。據載，諸子百家幾乎所有的竹木簡書都化為灰燼。只有收藏在石室、金匱的圖書得以倖免。由此看來，秦朝對於國家藏書還是比較重視的。

依照時代先後，應先殷後周，但傳說的藏書，若干資料涉及三皇五帝之書，故以傳說的藏書冠先。周代藏書，是由李耳主其事，魯、晉二國也有典藏之跡可考[16]，其於漢代藏書頗有密切關係。

---

[13] 《漢書‧司馬遷傳贊》：「孔子因魯史記而作《春秋》，而左丘明論輯其本事以為之傳，又纂異同為《國語》。」按《漢書‧律歷志》引《國語》文作《春秋外傳》，疑鄭氏所云春秋傳包括《國語》在內，故以《左傳》閫證之。

[14] 世本八種，（漢）宋衷注、（清）秦嘉謨等輯，民國四十八年商務版。

[15] 《周禮》是偽書，說詳康有為，《新學偽經考漢書藝文志辨偽上》；廖平《古學考周禮刪劉敍例》。《左傳》是偽書，亦見康氏《漢書藝文志辨偽上》及（清）劉逢祿、《左氏春秋考證》。

[16] 周氏藏書是周代的藏書處所，詳見周駿富〈老子為周守藏室史考〉，《圖書館學報》9期（1968年5月），頁145-170。

第二節　漢代藏書

　　周代的守藏室為古代典藏圖籍之所，《史記‧老莊申韓列傳》，唐、司馬貞索隱：「按藏室史，周藏書室之史也。又張蒼傳：老子為柱下史，蓋即藏室支柱下，因以為官名。」由此看來，周末李耳是典司書籍的官吏，故被後人稱老聃為我國國家圖書館館長[17]。不過守藏室史之名，或稱柱下史，或稱御史。《史記‧張蒼傳》曾說：

　　　　張丞相蒼者，陽武人也。好書律曆。秦時為御史，主柱下方書……是時蕭何為相國，而張蒼乃自秦時為柱下史，明習天下圖書計籍。宋裴駰集解引滴曰：方，版也，謂書事在版上者也。秦以上置柱下史，蒼為御史主其事。又索隱：周、秦皆有柱下史，謂御史也，所掌及侍立，恒在殿柱之下，故老子為周柱下史，今蒼在秦代，亦居斯職。方書者，如滴以為方版，謂小事書之於方也[18]。

　　案職名雖異，而其典司書籍則同。漢人因秦人之制，秦人襲州人之就，張蒼主柱下方書，秦亡後，蕭何仍留其居斯職，殆因蕭珍惜律令圖書之故[19]。由於蕭何重視律令圖書，漢定天下後，藏書處所的建立，亦隨著而發展起來。以下的藏書處所，是代表漢代藏書的一部分。

17　說詳梁任公著老孔墨以後學派概觀附老子哲學，又見蔣慰堂著珍帚集、漢代的圖書館。

18　（漢）司馬遷撰，《史記》卷九十六〈張丞相列傳第三十六〉，明嘉靖四年（1525）金臺汪諒刊本。

19　《史記‧蕭相國世家》：「沛公至咸陽，諸將皆爭走金帛財物之府分之，何獨先入，收秦丞相御史律令圖書藏之。」據此，則張蒼任御史主柱下方書，與蕭何得書頗有關係，史不明言，然其端倪自明。

一、石渠閣、天祿、麒麟三閣

蕭何是我國古代倡導圖書館的先驅，他不僅重視圖書的收集，且能建立館舍。石渠、天祿、麒麟三閣，俱為西漢時宮中藏有之處，在未央宮內。宋·徐天麟《西漢會要》卷二六引《三輔黃圖》載：「未央官有石渠閣，蕭何所造·其下龍石為渠以導水，若今御溝，因為閣名。所藏入關所得秦之圖籍，至成帝，又於此藏書焉。」

案古今逸史本三輔黃圖卷六「焉」字下注：「三輔故事曰：石渠閣在未央宮殿北，藏秘書之所[20]。」《文選》班固東都賦李注所引及宋程大昌、雍祿卷二所引病同。元·王應麟《困學紀聞》卷十六引此全祖望注：「古人藏圖籍之地，必穿池沼，蓋亦以五行之運為制火也。」是石渠閣藏書為後世所公認，故范氏天一閣，清文淵閣等，相繼模仿建造。

天祿閣，亦蕭何所造，西漢會要卷二引《三輔黃圖》說：「天祿閣藏典籍之所，漢宮殿疏雲，天祿、麒麟閣，蕭何造，以藏書，處賢才也。」可知，除藏書外，天祿、麒麟兩閣並兼有「處賢才」之功能。

案《文選》班固〈西都賦〉：「又有天祿、石渠，典籍之府。」李注：「三輔故事曰：天祿閣在大殿北，以閣秘書。」古今逸史本《三輔黃圖》卷六所言與此同。庸錄卷二：「天祿，異獸也，即揚雄校處。」是天錄像獸形，與麒麟閣相類，至新莽時代猶存。《唐六典》卷十：「未央宮中有麒麟閣、天祿閣，亦藏書。劉向、揚雄典校，皆在禁中，謂之中書，猶今言內庫書也[21]。」是唐人確認天祿為宮內藏書之所，當非虛構。

---

[20]　《三輔黃圖》係六朝人舊笈，唐人刪補，共六卷，說詳《四庫全書提要·地理類》。三輔故事文選東都賦李注、《文獻通考·經籍考》卷一並同，惟《漢書·劉向傳贊》顏注故事作舊事，疑為一書，此書久佚，（清）張澍有輯本。

[21]　案禁中，《三輔黃圖》卷六：「漢宮中謂之禁中，謂宮中門闥有禁，非侍衛通籍之臣，不得妄入。行道豹尾中，亦視禁中。」中書，《後漢書·伏湛傳》李注：中書，內中之書也。即《漢書·藝文志》顏注：「中者，天子之書也。」

二、東觀

　　東觀是東漢的主要藏書處所，位於洛陽南宮。《宋書・百官志下》曾肯定的敘說：「漢東京圖即在東觀。」案梁・沈約之說頗是，《後漢書・黃香傳》：「元和（章帝）元年肅宗詔黃香詣東觀，讀所未嘗見書。」又〈和帝紀〉：「永元十三年正月，帝幸東觀，覽書林，閱篇籍，博選術藝之士，以充其官。」儒林傳序也所記略同，此東觀為王室藏書之證。

　　章帝和帝以後，圖籍盛於東觀[22]。因此，東觀的建築，也極巍峨。元《河南志》卷二引陸機洛陽記說：「東觀在南宮，高閣十二間。」案東漢和帝時人李尤〈東觀賦〉：「東觀之藝，孿孿洋洋，上承重閣，下屬周廊，……道無隱而不顯，書無缺而不陳。覽三代而采宜，包鬱鬱之周文[23]。」又〈東觀銘〉：「升級三條，貫啟七門[24]。」據此，則東觀不僅富於藏書，且有高大的建築。由於東觀藏書豐富，當時學者皆在其中利用所藏，而從事於史籍撰述及校書。故《後漢書・竇張傳》：「東觀，學者稱為老氏藏室，道家蓬萊山。」是東觀之藏，似發揮瞭圖書館藏書的效用及其功能。

　　漢代諸帝十分重視東觀所藏典籍、檔案的校閱和整理，明、章二朝，班固、賈逵、傅毅於此共典校書。和帝劉肇親往東觀覽書林、閱篇籍。鄧太后控制朝政時，下令中官近臣到東觀去學習經傳，許多聞名當代的學者都曾進入東觀。黃香到東觀閱讀他未見書籍；曹襃詣東觀秩序禮事；班固在東觀補續《漢書》；孔僖、馬融在東觀校書。其中最大規模的一次是在永初四年（110）安帝詔令謁者劉珍及五經博士校定東觀所藏國家藏書，主管多為重臣。

---

[22] 語本四庫全書《東觀漢記》提要。

[23] 見（清）嚴可均輯，《全上古三代秦漢三國六朝文・全後漢文》卷五十，原文見《藝文類聚》卷六十三。

[24] 見同註23，原文見《文選・陸機贈顏彥先詩》李注。

三、蘭臺、石室

　　蘭臺的藏書，也是後漢的主要典藏之所，《漢書・百官公卿表》說：「有兩丞，秩千石，一曰中丞，在殿中蘭臺掌圖及秘書。」

　　案蘭臺之名，據此則始於西漢。但其典藏之富，似不及東漢之多。《漢書・王莽傳》：「讖書藏蘭臺。」顏師古注：「蘭臺掌圖輯之所。」《隋書・經籍志》：「漢明帝……得佛經四十二章……，其經緘於蘭臺、石室。」《後漢書・李循傳》：「有私行金貨定蘭臺黍書經字，以合私文。」考《後漢書・方術傳》序稱：「自王莽矯用符命及光武尤信讖言，自是習為內學」，李注：「內學謂圖讖之書也，其是秘密，故稱內。」是蘭臺所藏者為圖讖、佛經、五經等書，故後世目為蘭臺秘書，與在西漢時代所藏者有異。

　　蘭臺為石室建築，修造年代不可考，隸屬於御史府，由御史丞一員兼領，置蘭臺令史，負責典校秘書。漢成帝以後，蘭臺令史達 18 人，東漢明帝永樂五年（62），班固任蘭臺令史，奉昭撰《世祖本記》，完成了《本記》和列傳，載記二十八篇。章帝、和帝以後，東觀藏書漸盛於蘭臺，修史即移人東觀，東漢末年，蘭臺典籍受到很大損失。迄至魏晉，御史中丞掌蘭臺秘書圖籍之制猶存。唐高宗龍朔二年（662）曾改秘書省為蘭臺，武后垂拱元年（685）又為麟臺，咸亨初復舊。

　　石室，也是漢儲藏圖書檔案庫建在宗廟內，以石砌成。司馬遷為太史令時，採用石室金匱之書，撰寫出被譽為千古之絕唱、無韻之離騷的紀傳體史書──《史記》。東漢所建石室在洛陽漢高祖劉邦廟內。石室所藏圖書檔案皆為秘藏，不得隨便查閱。石室還藏有甕緯書籍和一些自然界出現的異常現象的記錄。

　　根據上述所言，石渠、東觀係外府之藏，天祿、蘭臺則屬於內禁之藏。兩漢藏書，有禁中外臺之別，雖同屬「王者之藏」，但其內容，仍有差異。

第三節　隋唐藏書

　　三國六朝等各代，雖有藏書，供人編製書目，開四分法之先河；但由於變制無常，終不能與隋、唐相比。

　　魏秘書、中、外三閣是三國時期曹魏政權的國家藏書處。初自充當中書之位的秘書令兼管，秘書丞協理，魏文帝曹丕即位後，設中書書令典尚書奏事，改秘書令為秘書監，專掌藝文圖籍，中書與秘書分開。秘書監管居三品，屬官有左、右丞各一人，秘書郎中四人。秘書丞協助秘書監統領官府藏有機構中的各項事務，官居六品，秘書郎中又秘書郎，掌管官藏圖書的收藏及分判校勘抄寫事務，職務雖低於秘書丞，但官位相當，同為六品。後隨著藏書的增加，又增設秘書校書郎，專掌校勘殘缺，正定脫誤。秘書監原隸屬少府，後獨立，擔任此職的官員多為當時名震一時的學者，如經學大師王肅、號稱「儒宗」的王象及博學有才的薛夏等[25]。

　　西晉掌管圖書的機構，基本上沿襲漢魏舊制，以蘭臺為外台，以秘閣為內閣，並保留了御史中丞掌蘭臺圖籍的傳統，固營造都邑，設置府寺時，仍以秘書與御史台為鄰。晉武帝甫一即位，便將秘閣、蘭臺、崇文院作為政府圖書收藏處，太康二年（281）後又建石渠閣共儲典籍。晉初，武帝將秘書併入中書省，其執掌圖書和著作的職能不變，長官稱為併入中書省，下設中書秘書郎中四人。此外，還設中書著作郎若干人，並規定「著作郎始到職，必撰名臣一人」。永平元年（291），晉惠帝以中書省為中樞要職，兼管圖書著述於事不專為由，復置秘書監，掌管三閣藏書並負責國史修撰，次年，又改中書著作郎為秘書著作郎。至此，秘書監就成為一個獨立的政府機構，其下設秘書丞、秘書郎、秘書著作郎、秘書佐著作郎等[26]。由此可見，晉代的圖書管理機構已較前代更為完備。

---

[25]　柴美麗著，《中國古代藏書事業》，乎何浩特市：遠方，2016 年 12 月，頁 51-53。

[26]　柴美麗著，《中國古代藏書事業》，乎何浩特市：遠方，2016 年 12 月，頁 56-57

一、隋代藏書

自隋開皇三年秘書監牛弘上表請開獻書之路後，於是民間異書，即時而出。至煬帝即位，藏書之數，雖多為複本，但其數量，實能超越前代。《隋書》〈經籍一〉說：

> 煬帝即位，秘閣之書，限寫五十副本，分為三品：上品紅琉璃軸，中品紺琉璃軸，下品漆軸。於東都觀文殿東西廂構屋以貯之，東屋藏甲乙，西屋藏丙丁。又聚魏已來古跡名畫，於殿後起二臺，東曰妙楷臺，藏古跡；西曰寶蹟臺，藏古畫。又於內道場集道、佛經，別撰目錄[27]。

案隋平陳得書一萬五千餘卷，見牛弘表；開皇四年四部目錄四卷，據《舊唐書‧經籍上》後序，為三萬餘卷。煬帝時，西京嘉則殿有書三十七萬卷，命秘書監柳顧言等詮次，是煬帝入藏數字，實較前代為多[28]，這數字當然是隋文父子共同的經營，不過就其副本籠統言之罷了。

二、唐代藏書

李唐初期，也重視書籍的收藏，據《唐會要》卷六四載：「宏文殿聚四部群書二十餘萬卷。於殿側置宏文館[29]。」此為宏文館所藏，殆即包括

---

[27]　（唐）魏徵撰，《隋書》卷三十二、〈經籍一〉，元大德間（1297-1307）饒州路儒學刊明嘉靖間南修補本。

[28]　嘉則殿書三十七萬卷，見《玉海》卷五二引北史，《新唐志》及《文獻通考‧經籍考一》從其說。但宋王明清《揮塵後錄》卷七：「煬帝聚書至三十七萬卷，皆焚於廣陵。」此言廣陵（江都）而不及西京，可疑。

[29]　宏文館名沿革：高祖武德四年置修文館，九年改為宏文館，中宗神龍元年因避高宗太子弘諱，改為昭文館，二年又改為修文館，睿宗景雲二年又改名昭文館，玄宗開元七年復從宏文館之名。

副本在內。弘文館屬門下省，而中書省的集賢殿書院，亦已藏書著名。開元初乾元殿寫四不，由褚無量、馬懷素等主其事。至開元十三年改為集賢殿書院，簡名集賢院。唐六典卷九敘其所藏說：

> 集賢所寫，皆禦本也。書有四部：一曰甲，為經；二曰乙，為史；三曰景，為子；四曰丁，為集。故分為四庫，每庫二人，知寫書、出納、名目、次序，以備檢討焉。四庫之書，兩京各二本，共二萬五千九百六十卷，皆以益州麻紙寫。其經庫書鈿白牙軸、黃帶、紅牙籤，史庫書鈿青牙軸、縹帶、綠牙籤，子庫書雕紫檀軸、紫帶、碧牙籤，集庫書綠牙軸、朱帶、白牙籤，以為分別[30]。

案《舊唐志》後序作「凡四部庫書，兩京各一本，共一十二萬五千九百六十卷。」疑《唐六典》「二萬」上脫「一十」二字。《舊唐志》後序上文言「國家平王世充，收其圖籍，泝河西上，多有沈沒，存者重複八萬卷。」唐初至開元，帝王皆有經營，數字不宜下降，故應以《舊唐志》說較宜。

（一）秘書省

秘書省既是唐王朝主持圖書事業的學術行政部門，同時也是官府藏書的收藏處所之一。此後這一名稱及其職官稱謂曾多次變更，如秘書省先後改為蘭臺、麟臺、秘書監、秘書少監，則相應稱為蘭臺、蘭臺侍郎和麟臺監、麟臺侍郎，最終又均恢復原名。唐初，政府藏書多儲於秘書省。此後，隨著藏書規模的不斷擴大，藏書處所也日益增多。然而，秘書省作為掌管文化的機構，其藏書在整個唐代官府藏書體系中始終佔有舉足輕重的地位。自唐初收隋圖籍及高祖令人徵購典籍以後，秘書省群籍大備。武德九年（626）李世民登基即派人開始了藏書的整理校寫工作。貞觀年間，校書的領導軸心是魏徵、虞世甫、顏師古，主要進行了整理、抄寫、著作序、

30　唐玄宗撰，《大唐六典》卷九，明嘉靖甲辰（二十三年，1544）浙江按察司刊本。

校勘文字，尤其是考訂儒家經典的工作。從貞觀三年（629）到七年（633），魏徵任秘書監，領導並親自參加了校書和撰寫書錄工作。貞觀七年虞世南由秘書少監轉秘書監，繼續領導秘閣藏書整理工作。虞世南卒後，顏師古繼而領導此項工作。顏是唐初經掌大師，他上任後，秘閣藏書整理重點轉為考定《五經》。

（二）集賢院

　　唐時開始設立的文學三館之一，掌理秘書圖籍等事。開元五年（717）玄宗派褚無量等 4 人於東都乾元殿校書。置乾元院使，有刊正官 4 人。次年底，更名為麗正殿書院，有學士、直學士、檢討官等。開元十三年（725）四月，詔改麗正殿為集賢院，成為唐代最大的從事圖書校勘機構，集賢院雖專為校書而設，但亦兼有修撰、侍讀、侍詔等職任，並有一整套職官。集賢院學士的主要職責是文獻管理、撰述文章、校理經籍。五代及南唐均設有三官，即集賢院、弘文館和史館。後唐集賢院設有寫真官、畫真官。宋沿唐制設三館，後寓崇文院，元豐改制後，集賢院並歸秘書省。元初，集賢院與翰林國史院同一官署。至元二十一年（1284）分置兩院掌提學校、徵求隱逸，召集賢良及道教、陰陽、祭記、占卜等事。明清不設集賢院，其職歸入翰林院。

　　開元藏書之盛，見《新唐書・藝文志》及《宋史・藝文志》，但各書著錄不同數字，令人費解。《通鑑》言：「開元八年十一月丙辰，國子祭酒元行沖上羣書四錄，凡書四萬八千一百六十九卷。」係本宋、王溥《唐會要》卷三六說。《羣書四錄》乃集賢院等所藏，《唐會要》卷三六謂羣書四錄住錄凡二千六百五十五部、四萬八千一百六十九卷。《舊唐書》韋述傳言總目二百卷，今其書雖佚，此僅可考見者。又據《舊唐志》言毋煚本羣書四錄，增損為古今書錄四十卷，三千六十部、五萬一千八百五十二卷。五代時劉昫等修《舊唐志》，以毋氏書錄卷帙繁多，更加節略成編，各類小序，全皆刪去。此事所本源流，亦即開元集賢院等所藏的概略。

第四節　宋代藏書

　　北宋藏書的處所，當然以崇文院為主要者。院中有三館一閣，世所謂「北宋館閣」是也。三館之名，係襲五代舊名，而五代則本之唐人。五代時期，雖有書藏之設，但十國忙於兵戎之事[31]，除孟蜀、李唐、吳越等稍足記述外，其餘諸國，亦不過點綴而已。兩宋藏書，北宋有崇文院，南宋有秘書省，二者均可代表王者之藏，分述如下：

一、崇文院

　　北宋平定諸國後，至太宗、太平興國三年始修建崇文院[32]，《文獻通考・經籍考》一述其藏書說：

> 　　院之東廊為昭文書庫，南廊為集賢書庫，西廊有四庫，分經、史、子、集四部，為史館書庫。六庫書籍正副本，凡八萬卷，策府之文，煥乎一變矣。

　　案王應麟《玉海》卷五二所言與此文合，註引或云：「秘閣，藏圖書；……三館，藏史傳。」所謂三館者，即此昭文館、集賢院、史館也。所謂秘閣，亦太宗時藏書處所，係建於太宗雍熙中[33]，其典藏情形，《宋會要輯稿》第七十冊曾記載其事說：「雍熙五年五月辛酉，置秘閣於崇文院，

---

[31] 五代位後梁、後唐、後晉、後漢、後周，起後梁太祖開平元年（907），終後周世宗顯德六年（959）。十國為吳、吳越、前蜀、楚、閩、南漢、荊南（北楚）、後蜀、南唐、北漢等，共四十二君主，起吳太祖天復元年（902），終北漢英武帝廣運六年（979），共七十八年。

[32] 說本《文獻通考・經籍考》一及《玉海》卷五二。

[33] 《宋會要輯稿》七十冊、《玉海》卷一六三、《續資治通鑑》卷二九、《經籍考》一並作端拱元年，案雍熙只四年，作五年者即端拱元年而言。

分三館之書萬餘卷，以實其中。」

　　案《玉海》卷一六三作「取四庫書四萬卷藏之」，與此稍異。《經籍考》一謂「淳化二年五月，以史館所藏天文、曆算、陰陽、術數、兵法之書，凡五千十二卷，天文圖畫一百十四卷，悉付秘閣。」是秘閣所藏，除圖書外，尚有天文、術數等書。

　　北宋王室之藏，尚有真宗年間建立的龍圖閣及太清樓等[34]，其盛況不減於崇文院。

二、太清樓

　　太清樓建於太平興國四年（979），原藏太宗御制、墨跡、石本、真石本等[35]。真宗咸年三年（1000）詔三館寫四部書各一本，置太清樓中，始有四部書，共計 25,000 餘卷。大中祥符八年（1015）榮王宮失火，延及崇文、秘閣，書多焚毀，五代以來辛勤收集的圖籍，賴龍圖閣、太清樓等內府藏書得以保存流傳下來，此後補輯校勘館閣藏書所用的底本即太清樓本。經過十年補寫，仁宗天聖三年（1025）新寫成書目 17600 卷，入藏於太清樓，而將原太清樓書留作三館正本，至徽宗始代有寫本入藏。

三、龍圖閣

　　龍圖閣係真宗為紀念太宗皇帝而設。閣名龍圖，取龍馬負圖之意。建於宋真宗景德元年（1004）十月。閣內收藏的圖書甚為豐富，有太宗御制文集和珍貴書畫，以及宗正寺所進的屬籍、世譜，特別是繕寫三館所藏四

---

[34] 關於北宋館閣藏書概略，請詳見周駿富〈北宋館閣典校圖籍考〉，《國立臺灣大學文史哲學報》第二十二期，1973 年 9 月，頁 305-347。

[35] （宋）王應麟撰，《玉海》卷五二（收入《景印文淵閣四庫全書》第九四四冊，臺北市：臺灣商務，民國 72 年），頁 410。

部書復複本有數萬卷之多，分為經典、史傳、子書、文集、天文、圖畫六閣保管[36]。這些藏書由學士、直學士、待制、直閣等官共同負責，下設若干官員具體管理。大中祥符元年（1008）撰有《龍圖閣書目》七卷。總計龍圖閣藏書 34575 卷，瑞物 347 件。龍圖閣和太清樓是殿閣藏書中規模最大的兩處，與三館秘閣不相上下。龍圖閣的藏書特色是校勘精詳，管理有序。

四、秘書省

北宋自靖康之難後，館閣之藏，大都被金人掠去[37]。高宗渡江，雖屢詔求天下遺書[38]，但至紹興十三年十二月始置秘書省[39]。秘書省之稱，當然是本於北宋元豐舊制[40]。而其藏書概略，至孝宗時始有稱述，《玉海》卷五二說：

> 淳熙四年，陳騤編館閣錄載秘閣諸庫書目：御劄六百七軸三十五冊五道，太上聖政六十一冊，日曆一千二冊，並藏閣上。經、史、子、集四類，一萬三千五百六卷，三千九百五十八冊，分兩庫。御前書經、史、子、集四類，二千五百二卷，六百十四冊。四庫書經、史、子、集，二萬三千五百八十三卷，六千五百十二冊。續搜訪庫

36　（宋）王應麟撰，《玉海》卷一六三，頁 272～273。

37　《宋史・欽宗本紀》：「靖康二年四月庚申朔，金人以帝及皇后、皇太子北歸。……凡太清樓秘閣三館書，……府庫畜積，為之一空。」

38　高宗紹興二年二月、三年四月、十三年七月並詔求遺書，見《玉海》卷四三「乾德求書」條，九年九月詔索善本校對鏤板，見《玉海》卷四三「景德羣書漆板」條。

39　此本《宋史・高宗本紀》，但《宋史・職官志》謂紹興元年始置秘書省，同一《宋史》，互相矛盾。竊疑紹興元年設省，或有其虛名，但十三年復言之，或舉其實。

40　《經籍考》一：「（神宗）元豐三年，改官制廢館職，以崇文院為秘書省。」又見《宋史・藝文志》。

經、史、子、集，二萬三千一百四十五卷，七千四百五十六冊。諸
州印版書，六千九十八卷，一千七百二十一冊。

案《經籍考》一稱此年「秘書少監陳騤等言中興館閣藏書，前後搜訪，
部帙漸廣，乞倣《崇文總目》類次，五年書目成。」據此，則《中興館閣
書目》七十卷，當為南宋藏書的概略[41]。

第五節　元明藏書

元、明兩代藏書，大底以前代舊藏轉移為主，其書藏可以稱道者，列
舉於下：

一、秘書監

元世祖至元十六年始入中原，但於至元十年正月已立秘書監，秘書監
是元代中央政府最重要的藏書機構，掌圖書經籍。十三年二月詔收臨安圖
籍，十二月焦友直以臨安經籍來上，十五年四月從許衡言，遣使取杭州等
處凡在官書籍板刻至京師[42]。南宋經百餘年來的收葺，至此由南而北，集
中於大都燕京了。據王士點、商企翁等所撰元秘書監志敘述元時藏書說：

　　至正二年五月，準監丞王道關奏：竊謂古之書庫有目，圖畫有
　　題，所以謹儲藏而便披玩也。伏觀本監所藏，多係金、宋流傳及四

---

[41] 《玉海》卷五二：「五年六月九日上《中興館閣書目》七十卷，序列一卷，凡五十二門計見
　　在書四萬四千四百八十六卷。」此後寧宗嘉定間雖有張攀等續書目之作，得一萬四千九百四
　　十三卷，然理宗紹定辛卯之火，南宋書藏，遂一蹶不振。

[42] 詳見（明）宋濂撰，《元史·世祖本紀》，明洪武三年（1370）刊嘉靖間南監修補本。

方購納古書名畫，不為少矣，專以祇備御覽也。然自至元迄今，庫無定數，題目簡秩，寧無紊亂，應預將經史子集及歷代圖畫，隨時分科，品類成號，他時奉旨，庶乎供奉有倫，因得盡其職也。合無行下秘書，庫依上編類成號，置簿繕寫，凡在庫書……先次送庫書一十二部，四百七十八冊，……後次發下書一千一百五十四部，一萬六百三十四冊，……續發下書六百四十二部、七千五百一十冊[43]。

案清、魏源《元史・新編藝文志》：「至正儒臣撰秘書監志，謹紀先後送庫若干部若干冊[44]。」但《續文獻通考・經籍考》撰人「僅案元代藏書可考者，此秘書監志書目一卷，今撮錄於此。」以後雖有片段記載，然官府者以此為最詳。

秘書監對於元朝列帝的著述、聖訓，各種科學技術方面的著作，以及各種法帖，字畫，圖像，碑誌，釋、道二教書等。可以說是網羅四部，不遺釋、道。元代諸帝對於秘書監的工作較為關心，下達過許多聖旨，就秘書監的具體事務進行指導，盡量從人力、財力方面保證秘書監妥善完成國家圖書的收藏任務。

二、奎章閣

奎章閣，設於元文宗天歷二年（1329），聚集蒙古、色目及漢人、南人文士，為皇帝講說古代治亂的歷史和元朝的祖宗明訓。這裡也是藏書之地。由耶律楚材保存的耶律璹所修遼代實錄，後來即交此處保存。「脫卜察安」係用蒙文寫成的記述蒙古時期歷史的秘史。此書保管極嚴，輕易不許外人閱讀。據《元史・文宗紀》：「命朵末續為脫蔔赤顏一書，置之奎章閣」來看，此神秘史也藏於奎章閣。除藏書外，這裡也有編纂的職能。

---

[43] 此文所引係本（清）高宗敕撰《續文獻通考・經籍考》一，但其注文則略之。

[44] 原始新編藝文志係本錢大昕《元史・藝文志》成書，但稍有補充。

由奎章閣學士院負責編撰的綜錄元代典章制度的《經世大典》，就完成於
奎章閣。順帝至元六年（1340），罷奎章閣，改置宣文閣，後又改為端本
堂。

三、藝文監

藝文監，設於文宗天曆二年（1329），掌校刊圖書、翻譯典籍及鑒審
文物之職。所屬有監書博士及藝林庫、廣成局各官。後改稱崇文監。《元
史・百官志四》：「藝文監，專以國語敷譯儒書，及儒書之合校讎者俾兼
治之。」專以國語敷譯儒書，也校讎朝廷認為值得校讎的儒書。下設藝林
庫，掌收貯書籍。

四、翰林國史院

翰林兼國史院由元世祖中統元年（1260）設立的翰林學士承旨一職演
變而來，至元四年（1267）正式出現這一名稱，它主要掌管擬寫詔令、纂
修因史及應答諮詢諸項事務。

前身是唐朝玄宗開元初年設立的翰林院。開元二十六年（738）另建
翰林學士院。宋沿唐製，設翰林學士院，多數宰相從中選拔。元世祖中統
二年（1261）先設翰林院，後立國史院。至元元年（1264）兩者合併，建
翰林學士院，秩正三品。至元四年改立翰林兼國史院。至元八年升從二品。
至元二十年與集賢院合併為翰林國史集賢院。至元二十二年與集賢院分
立，復為翰林國史院。大德九年（1305）升正二品。皇慶元年（1312）升
從一品。翰林國史院主要掌管纂修國史、典制誥、備顧問三項職責，設承
旨 6 員，學士、侍讀學士、侍講學士、直學士各 2 員，屬於富有待制、修
撰、應奉翰林文字、編修官等。

元代知名儒臣多在此院任職。此地藏書甚多，可能主要為了方便修史

需要。元代曾在此處完成了《遼史》、《金史》和《宋史》這一大型的修史工程。現存元刻本《夢溪筆談》，就鈐有元代「翰林國史院」印章，自是此院的藏品。

五、文淵閣

明初洪武元年八月，大將軍徐達入元都，即收其圖籍。洪武三年設秘書監、丞，典司經籍。十三年七月以翰林院典籍司藏書[45]。彼時藏書之所為文淵閣，《明內廷規制考》卷二說：

> 文淵閣係中秘藏書之所，國初伐燕，詔大將軍收秘書監圖書典籍，……永樂辛丑（十九年）命修撰陳循，將南內文淵閣書，各取一部至京，計取書一百櫃，載以十艘。又遣官四出購買，故閣中所積書，二萬餘部，近百萬卷，刻本十三，抄本十七，蓄積之富，前古所未有野。嘉靖中閣災，移通集庫及皇史宬[46]。

案明、朱國禎《湧幢小品》卷二所敘與此同。考明、王鏊《震澤長語摘抄》官制篇：「文淵閣在奉天殿東廡之東，文華殿之前。前對皇城，深嚴禁密。百官莫敢望焉，吏人無敢至其地[47]。」此是文淵閣處所，至其典藏書籍，有明、正統間楊士奇等編《文淵閣書目》行世，可知當時入藏輪廓。至於皇史宬，則為藏永樂大典、實錄、寶訓，亦為明代官府藏書的重要處所。

---

[45]　詳《續文獻通考‧經籍考》一。

[46]　《明內廷規制考》三卷，不著撰人，此據借《月山房彙鈔》第十集本。

[47]　（明）王鏊撰，《震澤長語摘抄》官制篇，明萬曆丁巳（45 年，1617）江西巡按陳於庭刊本。

六、皇史宬

　　建於明嘉靖十三年（1534），十五年（1536）七月二十五日全部完工，在重華殿西門額題字為嘉靖自製之字且手書而成，是貯列朝實錄及寶訓。明劉若愚《酌中志・大內規制紀略》：「（永泰門）再南街東則皇史宬，珍藏明太祖以來御筆實錄、要緊典籍、石室金匱之書。」清顧炎武《書吳潘二子事》：「先朝之史，皆天子之大臣與侍從之官承命為之，而世莫得見。其藏書之所曰皇史宬。」《清一統志・京師四・官署》：「皇史宬在東華門外東南，實錄、玉牒、起居注藏焉。」亦省作「皇宬」。清黃宗羲《談儒木墓表》：「皇宬烈焰，國滅而史亦滅。」

　　明嘉靖四十一年（1562）重錄《永樂大典》，以副本貯皇史宬。清定國後，仍襲明制，收列朝實錄、玉牘、聖訓，由旗員年長者 8 人保管。殿中每行南北 7 櫃，東西 23 行，共 161 櫃，每櫃中收藏漢文、滿文及蒙文的聖訓和實錄，均以經綾包裹，不易受潮遭蟲蛀。殿東北角有碑亭，碑為乾隆十五年御製詩。

七、大本堂

　　作為明王朝開國皇帝，朱元璋深知奪取天下之不易。君主賢明與否決定著國之興亡，皇太子乃國之根本，對太子的教育更是馬虎不得。因此，洪武元年（1368）十一月，即於宮中修建大本堂，「取古今圖籍充其中，延四方名儒教太子諸王[48]」。太祖也常常親臨堂中，充當太子講師。並與東宮各官員商榷古今，評論文學。太祖曉諭臣下「古人已行之事，可謂鑒戒者，采撮編次」，作為太子諸王的教材。大本堂只是明代初期太子的讀書處，後來文華殿成為太子進講之所[49]，大本堂被移作他用。它的結局也

---

[48] 明郭正域撰，《皇明典禮志》，明萬曆間刻本。

[49] （明）王泌撰，《東朝記》，清順治丁亥（4 年）兩浙督學李際期刊本。

許同文淵閣一樣是毀於正統十四年（1449）的那場大火。

第六節 清代藏書

清代藏書與以前各朝代相較，似乎是後來居上。清代的王者之藏，至乾隆時期，幾乎達到了登峰造極的地步。其重要者分述其情形：

一、昭仁殿

昭仁殿原為康熙帝寢宮的溫室，名弘德殿。至乾隆時乃改貯宋鐫本渝內。《國朝宮史續編》卷七九說：「溯自乾隆甲子歲，敕檢內府書善本，進呈覽定，列架度置昭仁殿，御題《天祿琳琅》為額。」

案乾清宮廣九楹，深五楹；昭仁殿廣三楹，在乾清宮之東跨院內，為宮之東暖殿。所藏善本，見乾隆四十年由於敏中等所編《天祿琳琅書目》。該目列有：宋版書七十一部，金版書一部，影宋鈔書二十部，元版書八十五部，明版書二百五十二部。至嘉慶二年十月，彭元瑞等仿前編體例，重輯《天祿琳琅書目續編》，彭氏識語：「前編十卷，後編則二十卷，前編四百部，後滿則六百六十三部，萬有二千二百五十八冊。視四庫全書逾三之一，前編宋、明外，僅金刻一種，後編則宋、遼、金、元、明五朝俱全[50]」。

據此，則昭仁殿所藏者，純屬前朝善本。至於昭仁殿後廡的五經萃室，彙貯宋、岳珂校刻五經全編凡九十卷，更為士林罕覯的希世之珍了。

---

[50] 案前編、後編數字，與現存者頗有出入，詳見施廷鏞〈天祿琳琅查存書目〉，《圖書館學季刊》，1：3，1926.9。

二、文淵閣

　　文淵閣為清內廷四閣之一，建於乾隆四十年，地在文華殿之後。四庫全書第一分全書之成，在乾隆四十六年冬，而裝潢貯閣，則在四十七年春，第一分四庫全書寫成後，即貯於文淵閣[51]。至於文淵閣典藏的情形，施廷鏞〈故宮圖書記〉說：

　　　　閣內上下，均儲書籍。下層中三楹，兩旁儲圖書集成十二架。左右二楹，儲經部二十架。中層儲史部三十三架。上層中儲子部二十二架，兩旁儲集部二十八架。經、史架高七尺四寸，寬四尺，深二尺；每架四槅，各十二函。子、集架高十尺八寸，每架則為六槅，亦各十二函。總百有三架，六千一百十四函，三萬六千二百七十五冊，二百二十九萬九百十六頁[52]。

　　案清陸以湉《冷廬雜識》卷一所記與此略同。（清）平步青《霞外攟屑》卷一曾述七閣藏書說：

　　　　乾隆三十八年癸巳，奉旨開四庫全書館，翰林院為辦理處，武英殿為繕寫處。自殿版館書外，詔徵天下遺書，凡三萬三千七百二十五種，舊存明代永樂大典殘缺幾半，命詞臣分類纂書，……經部十類，六百九十五種，一萬二百十四卷，二十架，九百六十函。……史部十五類，五百六十三部，二萬一千三百五十九卷，三十三架，一千百八十四函。……子部十五類，九百三十部，一萬七千六百六十六卷，二十二架，一千五百八十四函。……集部五類，一千二百

---

[51]　見高宗御製詩四集（編年壬寅卷八十七葉八）仲春經筵有述注云：「文淵閣落成已久，而四庫全書第一部，昨歲冬始得告成，今排列架上，古今美富，畢聚於此，實為慶幸。」又見經筵畢文淵閣賜宴以四庫全書第一部告成庋閣內用翰林院例得近體四律首章即疊去歲詩韻。

[52]　施廷鏞〈故宮圖書記〉，圖書館學季刊 1（1），1926，03，頁 53-59。

八十二部，二萬六千七百五十七卷，二十八架，二千十六函。……
四庫共存書三千四百六十種，計七萬五千八百五十四卷。又輯簡明
目錄，以便觀覽。底本仍存翰林院，已庫書成，繕寫七分。仿浙江
范氏天一閣式，建閣藏庋。大內曰文淵，在文華殿後，甲午（三十
九年）建，藏寺庫書第一分，壬寅（四十七年）成，凡三萬六千冊。
又薈要一萬二千冊，凡兩部二萬四千冊，共六萬冊。圓明園曰文源，
藏全書第四分。熱何避暑山莊曰文津，藏全書第三分。盛京曰文溯，
藏全書第二分。並於瓜洲行宮大觀堂之文匯閣，金山寺行宮之文宗
閣，杭州西湖聖因寺行宮之文瀾閣，亦各庋一分，皆寫本。咸豐癸
丑（三年），髮逆陷鎮江、揚州，文匯、文宗二閣毀。庚申（十年）
九月，澱園不戒，文源閣毀。辛酉（十二年）十一月，杭州再失，
西湖瓜山為賊踞焚，文瀾閣亦毀，七閣僅存三矣[53]。

　　案平氏為光緒中葉人，其所記述，當屬光緒以前的見聞；施氏所記，
則屬民國以後的實地調查。二氏所述的架述是相同，而函數則異，至其冊
數，則施氏所記多二百七十五冊。此或後人所增添者，疑屏市所記，係傳
聞之詞。但據平氏所記，可窺文淵閣藏書的輪廓。

　　揚州大觀堂的文匯閣、鎮江金山寺的文宗閣、杭州聖因寺的文瀾閣，
世稱江浙三閣，三閣皆毀於太平天國兵燹之手，但文瀾閣並為全毀，後有
丁氏兄弟等，續為修復，故應視為殘本。文宗、文匯，擇一劫而竟不可復，
身為可惜。圓明園的文源閣，咸豐十年英、法聯軍飽掠圓明園之後，舉全
園焚燒，故閣與書同為灰燼。文津閣今存北平圖書館，文溯閣今存於瀋陽
故宮內，文淵閣本金存於臺北國立故宮博物院內，是七閣之書，三存三毀，
一殘缺。至於其他六閣所藏，大抵類同。

53　（清）平步青撰，《霞外攟屑》卷一〈七閣〉，見百家諸子中國哲學電子化計畫 https://ctext.org/
　　library.pl?if=gb&file=36297&page=3

三、內閣大庫

內閣大庫位於紫金城東華門內華文殿南,隸屬於內閣,是內閣存貯檔案冊籍的處所。是江本庫、實錄書籍表章庫兩個書庫的總稱。內閣大庫建在明代,也曾人藏過明文淵閣的殘餘書籍,但清代用大庫時,明代所藏已經一無所有。清時內閣大庫舊稱秘藏,所藏歷代冊籍及封貯存案之件、漢票簽之內外,均記載百餘年詔令存奏事宜,九卿翰林部員有終身不得窺見一示者。

內閣大庫收藏的不同來源,大致可歸納為:盛京舊檔、清代國家機器運轉中由內閣承辦的上呈下行文件、內閣與各衙門及其所屬各機關日行公事所形成的檔案、官修書籍及其底稿、為修書徵集的參考史籍等。

四、國史館

國史館是清代修書館中時間最長的,從康熙二十九年設立,至民國三年改稱清史館,達二百餘年,所採編的史料、書籍、纂稿、巨編零簡化淵藪,為清王朝文化的發展起到了重要的作用。

五、實錄館

是清政府為編纂《實錄》、《訓錄》等檔案史料匯編而開放的修書機構,隸屬於內閣。

六、方略館

方略館為清朝為纂修方略而設置的機構,位於北京紫禁城隆宗門外、

咸安宮左側，隸屬軍機處。清康熙二十一年（1682），為纂修《平定三逆方略》而設，書成即撤。乾隆十四年（1749），為纂修《平定金川方略》而重開，此後遂成為常設機構。方略館除纂修方略外，亦奉旨纂修其他書籍，如《大清一統志》、《西域圖志》、《明紀綱目》、《明史本紀》等即其所纂[54]。

　　方略館與軍機處關係極為密切，方略館的總裁、提調及收掌等主要官員皆為軍機處人員；軍機處人員在這裡食宿、值班；軍機處辦理硃批奏摺的錄副及其謄寫文牘事務多為方略館供事所做；軍機處與各部院等衙門之間的一般性文書往來也常用「軍機處方略館」的名義；方略館大庫也是軍機處的檔案庫。因此，方略館漸而成為軍機處日常工作的辦事機構。凡遇修方略時，則另選人員及辦公處所辦理。宣統三年（1911）四月隨軍機處一並撤銷。

　　方略館內部組織機構有，文移處、謄錄處、纂修處、校對處及紙庫、大庫（檔案庫）。設總裁為最高官員，由軍機大臣兼任。下設提調官，滿漢各二人；收掌官，滿漢各二人；均由軍機大臣於滿漢軍機章京內派充，負責方略館的具體領導工作。還設纂修官，滿三人，漢六人（分總纂、纂修、協修等名目），除漢纂官一人由翰林院諮送外，其餘各官皆由軍機章京兼充，分掌編纂具體事宜；校對官，無定額（分總校官、校對官、複校官、詳校官等名目），由軍機大臣諮取內閣中書兼充，掌校勘之事；譯漢官，無定額，均由吏部調用；各處、庫還設有總承發、幫承發及常川供事若干人，由內閣翰林院、詹事府等衙門調充，負責謄寫等事。此外，方略館中的藏書大致可分為以下幾類：

（一）檔案

　　在方略館大庫保存的檔案中，僅有一小部分是方略館自身形成的檔案和方略館為編纂方略、紀略而從京內外個衙門徵調來的檔案，相當大的部分是軍機處的檔案。

54　李楠、李傑編著，《中國古代藏書》，北京：中國商業，2015 年 1 月，頁 44。

（二）書籍

方略館大庫保存的書籍主要有兩類：其一是方略館編纂的欽定方略、紀略；其二是欽定方略、紀略以外的其他書籍（以清代官修的各種書籍）。

（三）輿圖

方略館大庫保存的輿圖，絕大多數是京內外官員隨折進呈的，主要分輿地、河道堤工、軍務道路、行宮、壇廟、陵墓、建築、其他等類別。

（四）其他

主要包括：皇帝御筆、墨拓片、功臣像、其他雜物。如銅印、石戳記、錫筆架、錫硯、經卷、銅佛、泥佛等[55]。

---

[55] 李楠、李傑編著，《中國古代藏書》，北京：中國商業，2015 年 1 月，頁 45-46。

第四章 私家藏書

　　我國私人藏書的出現稍晚於官府藏書。春秋戰國時期，隨學術下移民間，百家爭鳴、諸子競說的較為自由、開放的社會氛圍，為早期私人藏書的產生提供了合適的土壤，惠施、墨子、蘇秦等便是私人藏書的早期代表。其時，私人藏書規模既小，又普遍無專門的藏書建築，處於較為原始的簡陋狀態。

　　漢代，大一統的安定環境及允許民間藏書的寬鬆政策，使私家藏書迎來了第一個黃金時期。洛陽槐市等民間書肆的出現及大量傭書人以抄書為業的事實，即是當時民間藏書蓬勃發展的有力佐證。這一時期，皇帝開始以賜書的形式褒獎臣屬，表明了對私人藏書的實質性鼓勵與支援，如蔡邕曾得到朝廷賜書四千餘卷。這一做法也為歷代君主所仿效，至清代乾隆年間朝廷賞賜臣民《古今圖書集成》等巨帙而達到巔峰。儘管就總體而言漢代的私家藏書規模仍不大，但個別的藏書大家已嶄露頭角，如河間獻王劉德，其專門的民間徵書措施及富比朝廷的藏書規模，既是當時私家藏書的一杆旗幟，也有力地說明私家藏書系統的主幹已逐漸形成。

　　唐代，科舉制度的實施，刺激了民間讀書應試的積極性，而當時教育事業的不發達，又促使稍具條件的家庭熱衷投資藏書以供自學，由此便有了私人藏書的又一個黃金時期。

　　宋代藏書事業得益於雕板印刷的初興和加速發展。這一時期私人藏書有兩點值得一提：一是隨南宋建都臨安，私家藏書中心偕官府藏書中心正式南移，並由此奠定其後六七百年間江南地區私人藏書事業長期發達的局面。二是私家藏書目錄的編製取得一系列突破性進展，如晁公武的《郡齋讀書志》先開提要之例，陳振孫的《直齋書錄解題》首創解題一體，尤袤的《遂初堂書目》獨擅版本記載等，改變了私家藏書系統長期以來有藏書而無學術的簡陋形象。由此發端，其後之私家藏書編目遂形成制度，書目

成果多若繁星，官、私藏書目錄形成並駕齊驅各領風騷的格局。

　　明清時期的私人藏書事業呈現持續發展、漸趨鼎盛的態勢，期間雖有明末清初的曲折，但長期積累形成的堅實藏書基礎以及業已紮根民間的藏書傳統，使私家藏書事業於戰亂後迅速恢復元氣，並以更猛的發展勢頭由東南而遍及全國。這一時期私家藏書事業不僅表現為藏書家人數空前增多，藏書中心地域色彩愈顯突出，而且更有以下幾個特徵引人注目。

　　一、藏書樓規模普遍擴大，藏書大戶群雄並起。明代的毛氏汲古閣、祁氏澹生堂、范氏天一閣，清代的錢氏絳雲樓、朱氏曝書亭等均稱盛一時。清代中、晚期，更分別有四大藏書樓鶴立雞群，乾嘉四大家有吳縣黃丕烈、袁又愷和長沙周仲連、元和顧抱沖，晚清四大家有聊城楊紹和海源閣、常熟瞿鏞鐵琴銅劍樓、吳興陸心源皕宋樓、杭州丁丙八千卷樓。這些藏書巨擘均以藏書量多（十幾至二十餘萬卷）、藏書品質高（宋元珍本數以百計）著稱當時後世。

　　二、藏書學術的總結與研究逐漸活躍，學術大家輩出，學術成果斐然。從明代胡應麟到清代錢曾、洪亮吉等人，競相嘗試對藏書家種類進行劃分。明祁承爜之《澹生堂藏書約》與清孫從添之《上善堂藏書紀要》皆以實用為要旨，分別對藏書技術的方面作了詳解，可視作歷代藏書技術的歸納與集成。至清末，葉昌熾的《藏書紀事詩》、葉德輝的《書林清話》相繼問世，則標誌著我國古代藏書學研究的開始。

　　三、藏書家中有越來越多的人具有開放思想，藏書貴流通、藏書惠士林的意識日趨自覺、濃厚，且更多見諸行動。如周永年的《儒藏說》與徐樹蘭的古越藏書樓，可視為藏書向公眾開放的理論與實踐的兩個典型。

　　四、私家藏書樓的發展並未隨封建王朝的終結而戛然停止。巨大的歷史慣性使私家藏書樓在進入民國時期後又滑行了一段路程，並出現迴光返照式的短期繁榮。傅增湘之藏園、劉承幹之嘉業堂、李盛鐸之本犀軒等，無論藏書規模與品質，均顯後來居上之勢，然多來去匆匆，壽限短促。

　　歷代私家藏書系統的發展呈現以下幾個明顯的特徵：

　　一、私家藏書是所有藏書系統中發展最快、規模最大的系統，時代越

後，藏書家數量越多，藏書樓規模越大。並且，藏書家的身份由早期的以貴戚大僚為主，越來越多地下移至普通士人布衣，藏書總量與朝廷藏書相比越來越占壓倒優勢。

二、私家藏書的發達與地域的經濟、文化發展水準及出版業發達程度密切相關，而與國家的政治中心關係相對薄弱，唐以後這種現象表現得尤為顯著。明清時期，江南地區私家藏書事業持續繁榮的事實，就能說明這一點。

三、個體地看，私家藏書樓的壽限普遍較短，少則十幾年，多則數十年，鮮有超過三代百年者。天一閣的著名，正可證明其是古代藏書樓中極少長壽的鳳毛麟角。但宏觀地看，私家藏書系統的生存機制極強，其分散零藏、彼此散聚、頻繁兼併的特色，使其具有堅強韌性的廣泛可適性。

四、私家藏書因其立足民間，為數不少的藏書傢俱有開明見識，使其較之官府藏書具有更大的開放性和公益性。

第一節　私家藏書來源

私人藏書家非常重視對藏書的收集過程，因為它決定了藏書家的藏書規模以及藏書品質。我國古代私家藏書的來源多種多樣，主要的藏書收集方式有抄錄、購買、家傳繼承和饋贈。

一、抄錄

抄錄是古代私人藏書家收集圖書的主要來源之一。究其藏書家抄書的原因，最根本的問題莫過於是家庭條件不夠支持藏書家去購買藏書，除此之外，根據不同時期的經濟發展、文化發展以及科學技術對私家藏書事業的影響，將其分類歸納總結後，得出以下四個方面的原因：一是在雕版印

刷術發明之前，書籍作為高消費產品，價格昂貴，一般的士大夫藏書家沒有能力去購買圖書，只能自己用單紙抄寫再合錄成冊；二是在雕版印刷術普及之後，雖然大多數的藏書家能在書肆、刻坊購買到各種圖書，但是一些真善異本以及偏冷門的圖書，市場沒有條件進行大量的刊印，還需要藏書家自己搜尋抄錄獲得；三是藏書家將抄錄圖書作為讀書治學的一個方法，在抄書的過程中，加強對書籍內容的理解，起到了事半功倍的效果；四是抄錄是藏書家對書籍進行整理校勘的有效方法，藏書家在抄錄的過程中對書籍進行校對，遇到錯訛立即糾正，提高自己收藏的品質。

抄錄圖書作為一種非常普遍的藏書活動，在古代私人藏書家中沒有人不去進行此活動的。不管是自己抄寫，還是家境殷實者找人代抄，都通過抄錄獲得大量的圖書充實了自己的典藏（詳見表2）。

表2 古代典型的藏書家抄錄的具體事實

時代	藏書家	具體事實	資料出處
梁	袁峻	從人假借，皆抄寫，日課五十紙	《南史・文學》卷七十二
唐	李襲譽	嗜書，餘資寫書數萬卷	《大唐新語》
宋	周啟明	家藏多親手抄錄，常能誦讀	《宋史・卷四五八・隱逸中》
元	王昌世	萬卷毀於火，露鈔雪纂以複完	《黃文獻集・王公墓誌銘》卷八下
明	何喬新	聞異書輒借抄，積三萬餘帙	《明史・何喬新傳》卷一百八十三
明	顧德育	家貧好學，手錄幾數千卷	《江浙藏書家史略》
明	錢允治	隆冬病瘍，映日抄書，薄暮不止	《中國藏書家考略》

| 清 | 梅文鼎 | 手抄雜帙不下數萬卷 | 《清史稿・疇人傳》卷五百零六 |
| 清 | 全祖望 | 予家藏書，大半鈔之城西豐氏 | 《鮚埼亭文集外編》卷十七 |

二、購買

　　書籍作為商品流通最早始於西漢末期，書肆的出現標誌著圖書以一種專門貨物的方式出現在人們的日常生活中，讀書人可以透過購買的方式獲取圖書。隨著經濟的發展，雕版印刷術的發明，刻坊繼於書肆出現，圖書大批量的生產成為可能，書籍的採購更為便利，藏書家往往攜錢貨入市，得數捆而歸。當然，並不是所有的藏書家都家資富裕，對於那些家裡條件不太好的藏書家，出於對書籍的嗜愛，也會典當衣物、首飾購買愛書。書籍的購買方式多種多樣，最主要有三種途徑：一是藏書家於書肆、刻坊以及市集搜購圖書，這是藏書家最基本的圖書購買途徑，也是眾多藏書家典藏來源的基礎；二是士大夫藏書家宦遊四方，利用地域優勢，留心典籍，廣采博收，尤其是一些平時不易得到的珍貴善書，往往能在宦遊途中不經意獲取，這對於嗜書如命的藏書家來說，堪比登科之喜；三是收購舊家之書，舊家既指朝代更迭之際，在戰亂中敗落的藏書之家，也指子孫不能世守，變賣先輩典藏的藏書之家，這種購書途徑能使藏書家在短時間內獲得大批量的圖書，使典藏劇增，其付出的錢貨也是遠遠少於圖書應有的價值，對於家資雄厚的藏書大家來說，是最優的購買途徑。

　　古代私人藏書家對書籍的喜愛程度遠大於金銀財寶，以至於為了搜集珍貴書籍，不惜花掉所有家財，有的藏書家為得到苦苦所求的愛書，不惜用一座莊園替換，更有甚者拿身邊的侍妾換取（見表3）。

表 3　古代典型的藏書家購書的具體事實

時代	藏書家	具體事實	資料出處
西漢	劉德	遇善書，加金帛賜以招之	《漢書》卷四十四
南齊	崔祖思	家無餘財，有書八千卷	《記纂淵海》卷八十三
唐	朱慶餘	黃金都散盡，購得鄴侯書	《中國圖書館史・古代藏書卷》
後唐	丁顗	盡其家資聚書至八千卷	《涑水紀聞》卷十
北宋	趙明誠	質衣取半千錢，市碑文果實歸	《金石錄後序》
南宋	陸遊	出峽不載一物，盡買蜀書以歸	《嘉泰會稽志》卷十六
明	楊士奇	節縮百費，日月積之，盡為收書	《文籍志序》
明	陳第	遇書即買，惟恐不及，無暇議價	《世善堂書目題詞》
清	朱彝尊	凡束修之入，悉以買書	《曝書亭集》卷三五

三、家傳繼承

　　家傳繼承是藏書家獲取藏書的一種特殊的途徑，它的特殊性在於藏書被先輩作為遺產留給後世子孫，與「遺金滿籝」的觀念相比，這種思想實為一種文化理念的進步。雖然有「耕讀傳家，詩書繼世」傳統觀念的影響，但更多的是因為藏書家自身對圖書的嗜愛之情，希望自己的子孫可以保護自己費盡千辛萬苦搜集的藏書。如唐代的杜暹，辛苦聚書數萬卷，為了警示子孫保護藏書，他在每一本書的尾頁都寫上了「清俸買來手自校，子孫

讀之知聖道，鬻及借人皆不孝[1]」。更有甚者，希望後世子孫通過學習遺留的書籍達到「修身」、「治國」，維持家族興旺的目的。如唐代的李襲譽，用節約的錢貲抄錄書籍數萬卷，對子弟說：「江東所寫之書，讀之可以求官，何羨於人[2]」。

　　藏書世家作為私家藏書事業中的中流砥柱，不論是父子藏書家、祖孫三代藏書世家以及多代相傳的藏書世家，他們都有著傳承藏書文化的高度自覺性，用畢生的精力搜討經史文籍，並將珍藏一代代傳接下去（見表4）。

表4　古代典型的藏書世家

時代	傳世代數	藏書世家
唐	四世藏書	江夏李氏家族（始於李廓）
宋	六世藏書	新喻劉氏家族（始於劉式）
宋	七世藏書	鉅野晁氏家族（始於晁迥）
宋	十世藏書	安陽韓氏家族（始於韓琦）
明	傳世至今	寧波范氏家族（始於范欽）
明	七世藏書	常熟孫氏家族（始於孫艾）
清	九世藏書	海鹽張氏家族（始於張惟赤）
清	八世藏書	常熟張氏家族（始於張超績）
清	六世藏書	吳縣潘氏家族（始於潘奕雋）

[1]　周少川著，《藏書與文化：古代私家藏書文化研究》，北京：北京師範大學出版社，1999，頁33。

[2]　范鳳書著，《中國私家藏書史》，武漢：武漢大學出版社，2013，頁46。

四、饋贈

　　饋贈作為收集圖書的一種途徑，雖然具有一定的偶然性和局限性，但不失為補充圖書資源的有效方法。饋贈有兩種方式：一是統治者對於有功之臣的賞賜；二是來自親朋好友的贈送。對於藏書頗豐的藏書家來說，饋贈的圖書無疑是「錦上添花」，對於家境貧寒，無多餘資產購買書籍的藏書家來說，饋贈的圖書更多的是「雪中送炭」，有時候甚至作為藏書家藏書的初始資本，比如漢成帝時期的班斿，在跟隨劉向校勘圖書期間，深受成帝寵信，「上器其能，賜以秘書之副[3]」，從此斿家始有藏書，並開藏書家風。統治者的賜書大多是真善秘本，即使在圖書市場上花重金也購買不到，這部分藏書往往被藏書家當作一種榮譽的標誌，激勵藏書家從事更多的圖書收集及治學活動。

　　在眾多的圖書獲取方式中，饋贈圖書的方式雖然不如之前三種得書機會大，但也是不可小視的收書管道（見表 5）。

表 5　古代典型的藏書家饋贈的具體事實

時代	藏書家	具體事實	資料出處
魏	王粲	蔡邕有書萬卷，載數車與王粲	《博物志》卷六
晉	王弼	得仲宣家書，幾將萬卷	《列子序》
晉	皇甫謐	耽玩典籍，帝送一車書與之	《晉書・皇甫謐傳》卷五十
梁	劉顯	所藏書籍，悉付孔奐	《陳書・孔奐傳》卷二十一
唐	柳宗元	家有賜書三千卷	《柳河東集・寄許孟容書》卷三十

---

[3]　（漢）班固撰，《漢書》〈敘傳七十上〉，清同治八年（1869）金陵書局刊本。

宋	張泊	得後主賜書萬餘卷	《宋史‧張泊傳》卷二百六十七
宋	晁公武	井度舉平生所藏，悉以付公武	《郡齋讀書志》自序
宋	宋綬	與父同在館閣，賜書必得二本	《研北雜誌》卷下
明	李敏	得賜書一櫝，構屋貯之	《中州文征》卷二十五

　　除了以上四種圖書收藏方法之外，還有一種透過戰爭獲取圖書的方法，這種圖書獲取法主要針對的是武將藏書家，他們在帶兵作戰之餘喜讀聖賢之書，在攻佔城池之後，無視金銀財物，惟取圖書而歸。如晉代應詹攻佔長沙後，面對庫中的金玉珠寶，詹一無所取，唯收圖書。元代譚澄，軍中得書，則馳送之，故其家多積至萬卷[4]。

第二節　私家藏書發展過程

　　從歷史的發展過程，每一階段所體現的不同特徵，私家藏書作為古代藏書事業的第二大系統，在不同的歷史時期，私家藏書呈現出了不同的發展特徵。縱觀古代私家藏書的發展過程，總共經歷了四個時期，它們分別是私家藏書的形成期、發展期、成熟期以及最終的鼎盛期。

一、形成期的私家藏書：先秦兩漢

　　春秋戰國時期，周王室衰落，諸侯失禮於天子，戰爭連綿不斷。隨著

4　（元）姚燧撰，《牧庵集》‧卷二十四〈譚公神道碑〉，烏絲欄鈔本。

政治、經濟的下落，學在官府、官守其書的局面被打破，圖書逐漸散落於民間，形成了天子失官，學在四夷的新景象。同時，文化的下移使得士階層蓬勃興起。各諸侯國為了在征戰中取得霸主地位，便在民間招攬賢士，希望透過不同的思想學說讓自己的國家變得富足強大。因此，出現了一大批學術思想不同的學派，他們議論時事、闡述哲理、各成一家之言，一時間講學之風盛行。諸子為了宣傳自己的學說主張，遊說諸侯，開始藏書著述。至此，出現了早期的私家藏書。孔子為該時期藏書家的第一人，他一生以講學為己任，為教育子弟，編修了六藝作為教材。其他的藏書家雖然藏書規模不大，但也擁有較多書籍，如《莊子·天下篇》記載：「惠施多方，其書五車[5]」。後世誇示學高書多的成語「學富五車」，就典出於此。

漢初，為維護社會穩定，鞏固統治，制定了一系列扶持文化事業發展的政策。漢高祖劉邦取消前朝禁止私學的規定，允許私人授徒講學。漢惠帝時期，廢除禁書令，使民間藏書合法化，前朝的民間遺書逐漸出於世，私家藏書事業日益發展起來。

東漢時期，造紙術的發明改變的圖書的載體，使得文字的記載方式從簡牘、縑帛慢慢轉移到紙張上。紙質書的出現，使得圖書的閱讀和攜帶更加便利。隨著人們對圖書需求量的增加，社會上出現了專門用於圖書交易場所的書肆，圖書作為商品開始流通，為私人藏書提供了重要的來源。楊雄在其所著《法言·吾子》中說，「好書而不要諸仲尼，書肆也[6]」，這是最早提書肆這一名詞。《後漢書·王充傳》：「家貧無書，常遊洛陽市肆，閱所賣書，一見輒能誦憶，遂博通眾流百家之言[7]。」記錄了王充關於書肆的故事。

所以，兩漢時期私家藏書得以較快發展，無論是藏書家人數，還是藏書規模都有所增加，甚至出現了萬卷藏書大家。此時，在藏書家中已經出

5　（周）莊周撰，《莊子》卷十〈天下篇〉，清光緒二年（1876）浙江書局刊二十二子本。

6　（漢）揚雄撰，《法言》卷二〈吾子篇〉，明末武林何氏刊本配補清刊本。

7　（南北朝）范曄撰，《後漢書》列傳三十九〈王充〉，明嘉靖八至九年（1529-1530）南京國子監刊本。

現了較為先進的藏書思想，他們不僅築石室保護圖書，而且將藏書贈與人，還為貧困學子提供衣食。如曹曾，聚徒講學，學徒有貧者皆給食，並慮先文湮沒，乃積石為倉以藏書。蔡邕，家藏書萬卷，漢末年，載數車與王粲[8]。

綜觀先秦兩漢時期的私家藏書，雖然紙的發明、書肆的出現在一定程度上促進了私家藏書事業的發展，但由於經濟因素的制約，社會文化教育普及程度很低，私人藏書只存在於少數士大夫手中，沒有形成一種比較廣泛的社會現象。因此，這一階段為私家藏書的形成時期。

二、發展期的私家藏書：隋唐

隋朝結束了長期分裂動亂的局面，取得了短暫的和平統一。朝廷建立之初，統治者頒佈了均田制和租庸調制等經濟政策，對社會生產力的恢復和發展起到了重要的作用。手工業生產水準顯著提高，造紙技術日臻完善。政治上，為了選拔賢能之才，取消了前朝任人唯親、任人為族的九品中正制，開設科舉制，為社會中下層的知識份子改變自身的家境情況提供了方便的道路，對當時讀書、藏書風氣的形成，產生了深刻的影響。文化事業上，隋文帝在鞏固統治之後，加強文治，注重藏書制度建設，接受朝臣牛弘的建議，廣開獻書之路。朝廷在建設國家藏書的同時，帶動了整個社會藏書風氣的良性發展。因為隋朝僅存世三十餘年便被唐朝取代，所以私家藏書沒有很大的發展，藏書家數量不多，著名的藏書家更少，如許善心，家藏書萬餘卷，利用藏書編撰了《七林》書目；張琚，有書千卷，教訓子姪，皆以明經自達[9]。

唐朝時期的私家藏書在隋朝的基礎上進一步發展。統治者在延續前朝經濟制度的基礎上，增加了府兵制，使得社會經濟迅猛發展，為私家藏書

8　范鳳書著，《中國私家藏書史》，武漢：武漢大學出版社，2013，頁 16、19。

9　范鳳書著，《中國私家藏書史》，武漢：武漢大學出版社，2013，頁 38-39。

的發展提供了經濟基礎。科舉制度也得到進一步完善，並增開了明經科，採用考試和舉薦相結合的選士方法，給平民百姓充足的入仕機會。文化事業的改革，大大推動了社會教育的發展，上學與讀書的風氣極盛，人們對圖書的需求程度變大。

　　此時，雕版印刷術的發明改變了書籍的製作方式，為圖書的生產提供了新的技術手段，使得市場上圖書的流通量有所增加。這一系列因素促進了私家藏書事業的發展，不僅使得藏書家人數和藏書數量大幅度增加，還出現了新型的藏書活動。在文獻典籍的收藏類型上，有的藏書家開啟了專藏收集。如顏師古「家多藏古圖畫、器物」；魏徵「家富圖籍，多有虞、褚舊跡」。在私家藏書管理方面，有的藏書家開始對家藏進行分類整理，有順序的存放圖書；有的藏書家因為藏書太多，便另建書樓貯藏圖書，如田弘正「於府舍起書樓，聚書萬餘卷」；李泌「構築書樓，積至三萬餘卷」[10]。

　　綜觀隋唐時期的私家藏書，雖然中間經受著戰亂的破壞，但總體依然呈現不斷前進發展的趨勢。不僅私人藏書家和藏書數量增多，而且藏書家開始注重對藏書的管理和保護，使藏書活動的內容逐漸豐富，為宋代私家藏書的勃興奠定了堅實的基礎。

三、成熟期的私家藏書：宋元

　　兩宋時期為我國歷史上繼唐朝後又一個經濟與文化教育繁榮的朝代。統治者採取崇文抑武的政策，提倡尊孔尊儒，社會文化氣息十分濃厚。在此環境下，社會文化教育事業得到充分的發展。科舉制度在前代的基礎上也進行了革新，取消了門第的限制，規定了只要是讀書人都可以參加考試。這種改變，強化了普通民眾藏書、讀書的觀念，讀書人的數量得到前所未有的增長，圖書變成了士子生活的必需品。

---

[10]　范鳳書著，《中國私家藏書史》，武漢：武漢大學出版社，2013，頁41。

　　雕版印刷術在手工業技術的進步下已經比較成熟，在此影響下，出現了新的圖書交易場所——坊刻。坊刻，指書坊刻書。書坊是古代買書兼刻書的店鋪，是一種具有商業性質的私人出版發行單位，由書坊刻印的書稱為坊刻本、書坊本或書棚本。書坊刻書在刻書業中開始得最早，地域分佈最廣，其印刷量也最大。最先採用雕版印刷的就是民間書坊，而官刻和私刻都是在坊刻的基礎上發展起來的。

　　坊刻的出現使得書籍製作基本上擺脫了手寫本的模式開始進入到印刷本模式，這提高了書籍的市場流通率，再加上活字印刷術帶來排版效率的提升，生產圖書的數量成倍的增長。圖書開始作為一種普通的商品在市場上流通，家資稍富饒的平民百姓也開始加入藏書家的行列。宋代的藏書家人數已超過歷代的總和，萬卷以上的藏書大家也有二百餘人。此時，家藏宏富的藏書家在注重藏書管理與保護的同時，開始對藏書進行校勘和編目，並將前人的藏書經驗與自身的實踐進行了理論昇華，形成一本本對後世影響深遠的藏書著作，如鄭樵的《通志‧校讎略》、晁公武的《郡齋讀書志》以及陳振孫的《直齋書錄解題》。

　　元朝是我國第一個由少數民族建立的封建制國家，採取了尊經崇儒、興學重教的文治措施，有力地促進了文化事業的發展和繁榮。不同民族間文化的交流和融合，給文學藝術發展注入了新的活力，開創了元曲這一新的文學形式，為藏書家的收藏類型增添了新的內容。木活字和活字版韻輪法的發明，進一步改良了圖書生產技術，提高了活字印刷術的效率，圖書的生產量在原有的基礎上得到大幅度的提高，促進了元代藏書文化事業的發展。因此，元朝的私人藏書發展雖然不及宋朝時那樣繁榮，但藏書家仍有條件在戰亂後，一邊保存舊書，一邊不斷購置新的圖書，並湧現出一批少數民族藏書家，如闊裡居思，獨嗜儒術，「築萬卷堂於私第，納置圖書」；千奴，聚書萬卷，延聘名儒教其鄉里子弟，出私田百畝以給養之[11]。

　　綜觀宋元時期的私家藏書，由於市場上圖書的大量生產，使得平民百姓藏書家大量湧現，藏書家主體結構開始發生變化。藏書家利用藏書所進

---

[11]　范鳳書著，《中國私家藏書史》，武漢：武漢大學出版社，2013，頁 163-164。

行的藏書活動，內容也更為豐富。此時，私家藏書的發展已經進入到成熟
階段。

四、鼎盛期的私家藏書：明清

　　明朝是我國封建社會制度的成熟期，私家藏書活動在繼承宋元私人藏
書風氣的基礎上，不斷向前發展。明初統治者意識到天下初定，百姓財力
俱疲的現實情況，採取了休養生息的方針政策，使得社會生產力得到快速
恢復。經濟的發展，使得人們在生活溫飽之餘，有錢貨去購置圖書。因此，
普通老百姓家裡幾乎都有一定數量的藏書。

　　文化事業作為國家強盛穩定的基礎，為了促進學術文化的發展，明統
治者在全國興建府學，使各地的讀書人都有獲得教育的機會，而大型類書
《永樂大典》的編撰，也使得社會的讀書、藏書風氣大漲。科技上，印刷
技術不斷提高，套版印刷被廣泛的應用到圖書的生產上，使得市場上圖書
不僅數量劇增，而且裝裱更精緻，內容更準確。典籍生產的進步，為藏書
家提供了豐富的、高品質的藏書來源。文化教育的發展與經濟、科技的興
盛，為明代私人藏書事業的發展奠定了堅實的基礎。這一時期，私家藏書
之風大熾，不管是藏書家數量，還是藏書規模，前朝均不能與之相比。處
於私家藏書事業繁盛期的藏書家們，將他們的視線從注重藏書的收集規模
徹底轉移到藏書的保護與管理上來，並利用家藏進行了藏書理論的研究。

　　在藏書保護方面，藏書家們不僅建立了大量的藏書樓保藏圖書，而且
普遍重視到藏書樓防火、防潮的結構建築。如范欽的天一閣，在書樓前開
鑿一水池，以備滅火之用；胡應麟的二酉山房「屋凡三楹，上固而下隆其
址，使避濕，而四敞之可就日[12]」。

　　在藏書管理方面，藏書家不僅精益求精地校讎勘定，而且編撰了大量
的藏書目錄，如黃虞稷的《千頃堂書目》、葉盛的《菉竹堂書目》等。在

---

[12]　范鳳書著，《中國私家藏書史》，武漢：武漢大學出版社，2013，頁 168。

藏書理論方面，《澹生堂藏書約》，總結了祁氏一生讀書、聚書、藏書的經驗和心得，很有勸學教育意義。聚書訓中引錄古代藏書故實三十則，是匯集私家藏書史最早之資料。購書訓提出了「眼界欲寬，精神欲注，心思欲巧」的購書三術。特別提出了「輯纂眾集以求佚亡」的輯佚法，對後世輯佚群書有先導啟發之功[13]。總之，明朝藏書家們一系列豐富的藏書活動，不但保護了典籍、傳播了文化，而且為清代私家藏書事業的鼎盛奠定了基礎。

　　私家藏書事業發展到清代，已為鼎盛時期。在建國之初，深刻地吸取了前朝滅亡的各種教訓，不僅大量實施有利於恢復生產的經濟政策，而且十分注重文化事業的建設。為了鞏固統治，統治者大量翻譯漢文書籍，並開展了大型史書、類書和叢書的編修工作，形成了有利於圖書事業發展的社會氛圍。

　　圖書的生產技術到了清代已經十分成熟，刻書業在商品經濟的推動下也迅速發展。除了官刻外，社會上出現了大量的坊刻和私刻。長期穩定的社會經濟環境為私家藏書的發展提供了雄厚的經濟支援，再加上濃厚的社會藏書風氣的引導，使得私家藏書在該時期走向藏書事業的巔峰，遠遠超過了同時期的官府藏書，這種現象在之前是不可見的。這一時期的藏書規模、藏書理念以及藏書理論建設都有了突破性的發展，尤其是藏書理念和藏書理論建設，已相當成熟。在藏書理念方面，清代周永年，在繼承明代開放藏書理念的基礎上，進一步提出了化私藏為公藏的藏書思想，約同鄉藏書家桂馥共建借書園，聚書近十萬，使善讀者學於其中，以資鄉邦教育。這種為供他人使用而創建藏書樓，實際上已經具備公共圖書館的部分性質。在藏書理論建設方面，孫從添編撰的《藏書紀要》充分展示了當時的藏書建築、編目和藏書保管水準，全面總結了私人藏書的技術經驗，其寫作的宗旨和闡述的高度遠超過明代的《澹生堂藏書約》，實為私家藏書事業中藏書理論建設的一部重要著作。

　　綜觀明清時期的私家藏書，經過先秦兩漢、隋唐、宋元近兩千年的悠

13　范鳳書著，《中國私家藏書史》，武漢：武漢大學出版社，2013，頁167。

久歷史，到該階段已經積累了豐富的藏書經驗並形成了濃厚的藏書風氣。因此，明清時期的私家藏書發展能達到古代私家藏書事業的鼎盛階段，是歷史發展的必然結果。

第三節　私家藏書的貢獻

中國古代私家藏書是一種內涵豐富的文化現象，它作為文化圖書事業的一個重要組成部分，在歷史上長期擔負著類似於公共圖書館的部分功能。書籍，作為這種藏書文化的客體，自古以來在士大夫藏書家心目中占有著重要的地位。為了對書籍進行保護及傳佈下去，藏書家進行了一系列圖書收集、整理與管理的藏書活動，這種活動在有形或無形之中對中國傳統文化的發展做出了巨大的貢獻，其集中體現在對歷代典籍的保存、傳播以及推動學術發展等方面。

一、保存古籍文獻

保存古籍、傳承文化是古代文獻收藏最基本的職能。在漫長的藏書過程中，可能會遭遇戰亂、朝代更迭、火災等因素使藏書旋聚旋散，但是由於私人藏書家的分散性特點，使一個收藏家的藏書流散了，別的藏書家以抄印和刊錄的方式使他的藏書流傳下來，避免遇到兵燹烽火及其他天災人禍時全部毀失。很多珍貴書籍都是有賴於對中華文化懷有深厚感情並無比珍愛的藏書家才得以流傳至今。各個私人藏書家都以一己的力量保存了民族的文獻，也保存了我們民族的歷史，文化的命脈。如秦始皇「焚書坑儒」時，許多藏書家冒著生命危險將大批經典書籍保存下來，為中華文化保存了珍貴的火種。另外，藏書家不僅保存抄寫典籍、校刻叢書，還利用自己的藏書著書立說，從而使很多古本文獻因為著作、叢書而保存下來。

二、促進文獻管理技術的發展

　　目錄學、版本學、校勘學等藏書管理活動，是在對私人藏書的管理中逐漸形成並發展完善的。我國第一部私人藏書目錄，最早始於南朝齊王儉的《七志》，其書將圖書分為經典、諸子、文翰、軍書、陰陽、術藝、圖譜七類。南朝梁阮孝緒總結了前代目錄學的成就，編製了《七錄》，在我國目錄學史上佔有重要地位。南宋晁公武的《郡齋讀書志》開提要之先例，該書目每部都有總論，即大序，每類有小序，每書有提要，題要包括書名釋義，篇目、篇數及編次，成書原委，序跋或附錄，體例、特點和內容介紹，辨偽與考訂，前代書目的著錄，版本情況，撰者的生平事蹟，是後世整理古籍、考釋亡佚的重要依據。南宋陳振孫的《直齋書錄解題》創立了解題和記錄版本的先例，尤袤的《遂初堂書目》為第一部版本目錄。到了清代，私家藏書目錄和研究藏書的學術成果不勝枚舉，錢曾撰寫《讀書敏求記》是我國第一部研究版本目錄的專著，清朱彝尊《經義考》是我國專科目錄中空前的一部巨著。藏書家們透過這些書目著錄家藏、傳遞書訊，並使其方便利用，時至今日仍是查考中國文化學術盛況和典籍版本源流及存軼情況的重要工具。

　　另外，私家藏書者在長期的藏書活動中，為了減少天災人禍對藏書造成的損失，在總結民間智慧和學習官府藏書經驗的基礎上，形成了一整套行之有效的圖書典籍保護管理措施，甚至一些辦法直到今天仍然被沿用著，為現代圖書館的發展奠定了一定的基礎。

三、推動學術研究

　　我國古代私人藏書家聚書、藏書的首要目的是為了自己讀書的需要，很多私人藏書樓主人都利用藏書取得許多學術成就。有的還公開私藏，使很多古代學者從私人收藏家處獲得學術研究所需要的文獻資料，造就了少

數精英學者，從而推動了古代學術研究。王安石長期借閱宋敏求所藏的唐人詩集，編成《唐百家詩選》一書，《歐陽文忠全集》卷一四八記載歐陽修曾多次向宋敏求借書，其信中言「欲告借少書籍，承不為難，今先欲借九國史，或逐時得三兩國，亦善。」紅雨樓主人徐𤊹用紅雨樓藏書編著《徐氏紅雨樓家藏書目》和《紅雨樓題跋》兩部藏書方面的著作。《徐氏紅雨樓家藏書目》是目錄學史上的重要著作之一，收明代集部書較多，其中「明詩選」部分對作者簡歷著錄頗詳，所收版本又多系善本，是關於明代藝文的寶貴資料。徐氏利用藏書勤於著述，著有《筆精》以及編有《雪峰志》、《武夷志》等數種方志。清代思想家、歷史學家黃宗羲曾獲准在天一閣翻閱了全部藏書，把其中流通未廣者編為書目，另撰《天一閣藏書記》留世。

四、促進文化傳播

藏而不用、重藏輕用是古代私家藏書的主要特徵。但仍有部分藏書家通過提供借讀來共用私藏、通過編印家藏書目來傳播藏書資訊，或以刻書為己任來廣傳秘笈。三國時期，私人藏書家中第一位將自藏圖書對外開放閱覽、熱心接待讀者的向朗，史稱他「開門接賓，誘納後進」。西晉藏書家范蔚，藏書 7,000 卷，向社會公眾開放，「遠近來讀者恒有百餘人。」進入南北朝後，借書已成為時尚，參與借書活動可考者南有崔慰祖、袁峻，北有元晏、裴漢。宋代宋敏求藏書三萬多卷，以慷慨借書於他人聞名一時。明末清初，曹溶提出《流通古書約》，為流通古書創一良法。隨後，清代丁雄飛、黃虞稷訂立《古觀社約》，互借圖書；周永年撰寫《儒藏說》，建立藉書園，提出藏書公開；國英撰寫《共讀樓條約》，宣導藏書公開。

在許多藏書家心目中，刊刻古籍是流布藏書的最佳形式，也是服務社會、留芳百世的至高境界。正如張海鵬所說：「藏書不如讀書，讀書不如刻書，讀書只以為己，刻書可以澤人。」明清以後，更多的藏書家認識到刊刻更能使善本化身千萬，流布世間，因此紛紛加入刻書行列。這種開放藏書的做法，以及他們在藏書理論、典籍保護和利用等方面做出的重要貢

獻，都為後人留下了寶貴的精神財富，特別是藏讀精神、開放思想，至今
為現當代圖書館所繼承和發揚。

五、成就學術名家

　　私家藏書最首要的目的就是為了滿足自己讀書的需要。於是在自己藏
書的基礎上通過刻苦攻讀成就了劉向、劉歆、班固、鄭樵、歐陽修等一代
大家。其次，將私家藏書用於傳教子孫。在我國私人藏書史上，父子、父
女、兄弟、祖孫均成績卓著、身居要職的並不少見。另外，將自己的藏書
開放於友人、鄉里，與人共讀。元代賈輔在自己萬卷樓內築一室，以供郝
經閱讀藏書，從而使郝經成為元代著名學者。

第四節　藏書家與藏書樓

　　寫本書籍的盛行和印刷術的推廣，學術文化的繁榮，促使私家藏書連
綿不斷。隋唐時期，私家藏書多集中京都等大城市。北宋著名文學家、史
學家、文獻學家皆以藏書輔助寫作活動，如李昉、宋敏求、王欽臣等。明
清兩代是古代藏書事業最為繁榮的時期。嘉興項元汴的天籟閣、鄞縣（今
浙江寧波市）范欽的天一閣均為明代江南較大的私家藏書樓。明末清初，
江浙繼起的私家藏書樓有錢謙益的絳雲樓、徐乾學的傳是樓等，皆名重一
時。清代出現了嗜書成癖的收藏家，黃丕烈、周仲漣、顧之逵、吳又愷，
被稱為乾嘉四大藏書家。錢塘丁氏八千卷樓、常熟瞿氏鐵琴銅劍樓、聊城
楊氏海源閣、歸安陸氏皕宋樓，被稱為清末四大藏書樓。藏書樓是文人學
士、藏書家放置藏書的具體處所，又多是其讀書勤學、著書立說之地，是
藏書家的精神歸宿，寄命殿堂，與其一生相處相隨，對它的特別命名不僅
表露出藏書家的一般情思，甚而透顯出其心靈最深處埋藏著的不易看出的

隱影。中國藏書樓的規模、歷史和功績在世界文明史上都是獨具特色的，它們對於中國古代典籍的收藏、保護，乃至古文獻的研究、校勘、刊佈發行等方面，都作出不可磨滅的貢獻。

一、趙明誠、李清照與歸來堂

趙明誠（1081-1129），字德甫，山東諸城人，歷官秘書少監，知萊州、淄州、江寧、湖州軍州事。自幼喜愛金石碑刻，仿歐陽修《集古錄》體例，輯為《金石錄》三十卷，書前十卷以時代為序，收錄金石銘文刻詞二千條，並著錄年月及撰書人；後二十卷為辨證，共計五百零二篇[14]。它是《集古錄》之後又一部有重要價值的金石學著作。

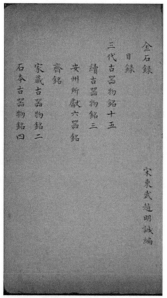

圖 1　趙明誠《金石錄》

（圖片來源：國家圖書館藏品）

14　梁戰、郭群一編著，《歷代藏書家辭典》，西安：陝西人民出版社，1991，頁 312-313。

　　李清照（1084-1155），自號易安居士。濟南人，禮部員外郎李格非之
女，善屬文，工詩詞，尤以詞作之清遠俊逸，成為宋代婉約詞派的代表[15]。
於十八歲嫁趙明誠後，夫婦靜好異常，志同道合，收藏金石圖書，共同摩
挲玩賞，「窮遐方絕域，盡天下古文奇字之志」[16]。中年遭遇金人入侵的
戰亂，物散人亡，悲傷而終。她把自己的居室稱「易安室」，把他們存放
書籍和研討學問的地方叫「歸來堂」。晚年所作《金石錄．後序》一文，
詳述夫婦二人收藏金石圖聚散始末及玩文之樂與喪夫之痛，茲節錄以知大
概：

　　　　余建中辛巳始歸趙氏。趙、李族寒，素貧儉。每朔望謁告出，
　　　質衣，取半千錢，步入相國寺，市碑文果實，歸，相對展玩咀嚼，
　　　自謂葛天氏之民也。後二年，出仕宦，便有飯蔬衣練，窮遐方絕域，
　　　盡天下古文奇字之志。日就月將，漸益堆積。丞相居政府，親舊或
　　　在館閣，多有亡詩、逸史、魯壁、汲塚所未見之書，遂力傳寫，浸
　　　覺有味，不能自已。後或見古今名人書畫，三代奇器，亦復脫衣市
　　　易，連守兩郡，竭其俸入，以事鉛槧。每獲一書即共同勘校，正集
　　　籤題。得書畫彝鼎，亦摩玩舒卷，指摘疵病，夜盡一燭為率。……
　　　收書既成，歸來堂起書庫，大櫥，簿甲乙，置書冊。如要講讀，即
　　　請鑰上簿，關出卷帙。……於是几案羅列，枕席枕籍，意會心謀，
　　　目往神授，樂在聲色狗馬之上。至靖康丙午歲，侯守淄川，聞金人
　　　犯京師，四顧茫然，盈箱溢篋，且戀戀，且悵悵，知其必不為己物
　　　矣。建炎丁未春三月，奔太夫人喪南來，既長物不能盡載，乃先去
　　　書之重大印本者，又去畫之多幅者，又去古器之無款識者，後又去
　　　書之監本者，畫之平常者，器之重大者，凡屢減去，尚載書十五車。
　　　至東海連艫渡淮，又渡江至建康，青州故地尚鎖書冊什物，用屋十

15　梁戰、郭群一編著，《歷代藏書家辭典》，西安：陝西人民出版社，1991，頁168。

16　（宋）趙明誠撰，《金石錄》後序，欽定四庫全書本。見百家諸子中國哲學書電子化計劃
　　　https://ctext.org/library.pl?if=gb&file=2022&page=61

餘間。期明年春再具舟載之。十二月，金人陷青州，凡所謂十餘屋者，已皆為煨燼矣。……建炎巳酉八月十八……時猶有書二萬卷，金石刻二千卷。……冬十二月，金人陷洪州，遂盡委棄。所謂連艫渡江之書，又散為雲煙矣。獨餘少輕小卷軸書帖，寫本李、杜、韓、柳集，《世說》、《鹽鐵論》、漢唐石刻副本數十軸，三代鼎鼐數十事，南唐寫本書數篋，偶病中把玩，搬在臥內者，巋然獨存。……所謂巋然獨存者，無慮十去五六矣。惟有書畫筆硯可五七篋，更不忍置他所，常在臥榻下，手自開闔。在會稽卜居土民鐘氏舍。忽一夕，穴壁負五篋去。……或者天意以餘菲薄，不足以享此尤物耶。抑亦死者有知，猶斤斤愛惜，不肯留在人間耶。何得之艱而失之易也。……然有有必有無，有聚必有散，乃理之常。人亡弓，人得之，又胡足道。所以區區記其終始者，亦欲為後世好古博雅者之戒云[17]。

　　宋代趙明誠與李清照夫婦愛書如命，常去大相國寺的書肆購書。為了買書，趙明誠還典當過自己的衣服。每得一部書便夫婦共同校勘，整理題簽，每夜一支蠟燭點完才休息。他們常在飯後休息時，指著書堆講某件事情在某書某卷某頁某行，以正確與否決勝負。夫婦二人如此愛書，可稱得上夫婦藏書家。

　　據說趙明誠嗜好學術、清照熱愛文學，因此兩人常節衣縮食，蒐求天下的古文奇字、鐘鼎彝器。由於明誠的父親位居要津，一時親戚朋友都在朝為官，常藏有世所罕見的古籍，夫婦倆借來日夜不休地抄寫。又常典當衣物，購買古今名人的書畫及三代古器。因為他們對藝術如此投注心力，使得趙明誠在中國學術史的金石章中占了一個極重要的地位。

　　歸來堂：典出陶淵明《歸去來兮辭》：「歸去來兮，請息交以絕遊，世與我而相違，複駕言兮焉求？悅親戚之情話，樂琴書以消憂。」意在謝

17　（宋）趙明誠撰，《金石錄》後序，欽定四庫全書本。見百家諸子中國哲學書電子化計劃 https://ctext.org/library.pl?if=gb&file=2022&page=60

絕世務，追求安逸的書齋生活[18]。

二、楊士奇與東里草堂

　　楊士奇（1356-1444），本名寓，以字行，號東里，江西泰和人。早孤
力學，授徒自給。官至禮部侍郎兼華蓋殿大學士，兼兵部尚書，歷五朝，
在內閣為輔臣四十餘年，首輔二十一年。與楊榮、楊溥同輔政，並稱「三
楊」，因其居地所處，時人稱之為「西楊」。三楊中，楊士奇以學行見長，
先後擔任《明太宗實錄》、《明仁宗實錄》、《明宣宗實錄》總裁[19]。
　　平生淡無他嗜，獨好文籍及古法書。其《文籍志》序，敘其生平事蹟
甚詳，云：

> 　　吾先世藏書數萬卷，元季悉毀於兵。吾早有志於學，而孤貧不
> 能得書。稍長事抄錄，無以為楮筆之費。則往往從人借讀，不能數
> 得。年十四五，出為教童蒙，頗有收入，以供養，不暇市書也。弱
> 冠，稍遠出授徒，所入頗厚，始蓄書，不能多也。及仕于朝，有常
> 祿，又時有賜賚，節縮百費，日月積之，以為收書之資。歷十餘年，
> 經史子集雖不能備，視吾先世所藏千百之什一；視吾少之時，可謂
> 富矣[20]。

藏書處曰「東里草堂」。
　　元末明初的賢士楊士奇，雖家道貧寒，但愛書成癖。一天，他為買《史
略》一書，賣掉家中正下蛋的母雞，湊足一百文錢成交。這就是流傳於世

---

[18]　范鳳書著，《中國著名藏書家與藏書樓》，鄭州：大象出版社，2013.01，頁 16。

[19]　（清）張廷玉等撰，《明史》卷一百四十八〈列傳〉第三十六，清乾隆四年（1739）武英殿
　　　刻本。

[20]　梁戰、郭群一編著，《歷代藏書家辭典》，西安：陝西人民出版社，1991，頁 240。

的「賣雞市書」的佳話。

　　他精研目錄學。永樂初與解縉等七人同入內閣。宣宗時，皇帝視察文
淵閣，與他討論圖書之事。正統間，上表奏道：「文淵閣所貯書籍，有祖
宗御製、文集、及古今經史子集之書，向貯左順門北廊，今移於文淵閣、
東閣，臣等逐一點勘，編成書目，請用寶鈐識，永久藏弆[21]」。正統六年
（1441），他與馬愉，曹鼎等人編成《文淵閣書目》。舊本不分卷（《四
庫全書》定為四卷）。著錄圖書七二九七部。大多不著撰著人姓氏。書分
三十九類，編二十號，每號分數櫥，以千字文排次。由於著錄簡略，清人
朱彝尊評其「不論考訂撰次，草率塞責，較之劉歆之《七略》、荀勗之《中
經薪薄》，誠為有愧」。但該目在分類上，亦自成一格。姚名達論其「分
類法雖陋，然能不守四部之成規，實開有明一代之風氣。」《四庫全書》
評其「今閱百載，已散失無錄。唯籍此編之存，尚可略見一代之名數，則
亦考古所不廢也[22]。」該目在中國目錄學史和考明一代文化學術上，有一
定價值和地位。藏書印有露陵楊士奇、東里草堂等印。

　　東里草堂：楊士奇號東里，是以號名藏書處[23]。

三、葉盛與菉竹堂

　　葉盛（1420-1474），字與中，號蛻庵，江蘇昆山人。明正統十三年
（1445）進士，歷官都給事中、山西右參政，巡撫宣府，遷禮部侍郎，卒
諡文莊[24]。

　　葉盛生平嗜書，手自讎錄至數萬卷，編成《菉竹堂書目》並自作序。
在序中說：

―――――――――――

[21]　（清）張廷玉等撰，《明史》志第七十二〈藝文一〉，清乾隆四年（1739）武英殿刻本。

[22]　（明）楊士奇編著，《文淵閣書目》序，見百家諸子中國哲學書電子化計劃 https://ctext.org/wiki.pl?if=gb&chapter=461421

[23]　范鳳書著，《中國著名藏書家與藏書樓》，鄭州：大象出版社，2013.01，頁 39。

[24]　（清）張廷玉等撰，《明史》〈列傳〉第六十五，清乾隆四年（1739）武英殿刻本。

　　夫天地間物，以餘觀之，難聚而易散者，莫書若也，如餘昔日
之所遇皆是也，今吾書之所以為目，此也，吾後之人不可不知也。
昔之人有謂名臣子弟不識字為善，又或以子孫未必能讀書，此不可
為不幸者言，吾固不欲為爾後之人願之也。……書積矣，徒能讀之，
而不能知其孰為醇疵得失，憒無所得於其心，不知孰為善而可行，
孰為不善而不可行，非書也；得之而不能體之於身，不能見之於行，
非書也。或者志於衣服飲食之末，貧則至於鬻書而為之，又甚而或
假讀書之名，以益其輕薄浮誇之過，使人見之曰：此故讀書家不肖
子弟，為書之累大矣……書為冊四千六百有奇，為卷二萬二千七百
有奇，續有所得，未已也[25]。

圖 2　葉氏菉竹堂碑目　　　　　圖 3　葉文莊公水東日記

（圖片來源：國家圖書館藏品）

---

[25]　（明）葉盛撰，《菉竹堂書目》序，四庫全書存目叢書・史部・目錄類 277。臺南：莊嚴文
　　化，1996。

　　葉盛無其它嗜好，獨喜觀書，服官數十年，未嘗一日不輟書。因而，他每遇珍奇異本，則欣喜萬分，必傾囊購之。有時，為了得到一本好書，萬有賓士之役，山城水國岑寂中，孰從而求書。葉盛仕宦在外，足跡踏遍京師、中原及其邊陲。每到一處，其尋訪異本卷帙手自讎錄，每抄一書成，輒用官印識於卷端。

　　葉盛曾長年在邊鎮為官，受條件限制，讀書、聚書都十分不便，但無論官邸至何處，他身邊總是帶著幾個專門抄書的人，長年為他抄書。其抄書用墨、綠兩色格紙，最精的有《水東日記》四十卷、《危素說學齋》三十卷等。每抄成一書，他認真校閱，並且鈐上他的官印為記，原鐵琴銅劍樓藏葉盛舊物《論語》上即有「鎮撫燕雲關防」、「巡撫宣府關防」印記。錢大昕《跋江雨軒集》說他：「文莊藏書之富，甲於海內，服官數十年，未嘗一日輟書，雖持節邊徼，必攜抄胥自隨。每一書成，輒用官印識於卷端，其風流好事如此[26]。」及至晚年，葉盛藏書積至四千六百餘冊，共二萬二千七百多卷，為當時江蘇藏書之首。葉盛曾欲建樓專門庋藏這些圖書，並取《詩經·衛風·淇奧》「學問自修」之義，名其樓曰「菉竹」[27]，但最終卻因清貧而未能建成。直到其長孫葉恭煥時，菉竹堂才最終建成。

　　在其所藏的二萬餘卷圖書中，有許多是稀有之書，而最有名氣的當屬葉氏的手抄本，這是源於他選擇版本的精良和摹錄手抄的嚴謹。如張元濟《涉園序跋集錄》稱：「趙明誠《金石錄》三十卷，宋槧久亡，世傳抄本，以菉竹堂葉氏抄本為最善[28]。」清人葉德輝也讚歎，葉氏菉竹堂藏書是明以來抄本最為藏書家所秘寶者[29]。葉氏抄本喜用綠墨二色格，版心有「賜書樓」三字。其抄本除喜加蓋官印外，也常用「葉文莊公家世藏印」。菉竹堂藏印頗多，主要有「葉盛」、「葉盛印」、「與中」、「葉德榮甫世藏」、

---

[26]　（清）錢大昕撰，《潛研堂文集》卷二十一〈跋江雨軒集〉，清光緒十四年（1888）上海點石齋石印本。

[27]　（明）王世貞撰，《弇州山人四部稿》二十五〈菉竹堂記〉，明萬曆五年（1577）吳郡王氏世經堂刊本。

[28]　張元濟撰，《涉園序跋集錄》，上海：古典文學，1957，頁156。

[29]　（清）葉德輝撰，《書林清話》，民國九年長沙葉氏觀古堂刊本。

「葉氏菉竹堂藏書」、「菉竹堂」等。

　　葉盛於抄書，不懼任何困難。以手抄《司馬溫公傳家集》為例，此集共有八十卷，葉盛先向同年進士浦宗源借書，抄得六十六卷至終卷，後在廣州遇到司馬昌訓導，又向其借書，錄得目錄至四十卷，後又從大理寺卿所錄補四十一卷至六十卷，這一套書才算抄全了。期間歷時二十多年，如果不是愛書之人，是無法堅持下來的。

　　和所有藏書家一樣，葉盛希望自己的子孫也能像他一樣愛書、讀書，他曾寫過一段很有意思的《書櫥銘》：「讀必謹，鎖必牢，收必審，閣必高。子孫了了，惟學斆，借非其人亦不孝[30]。」後來，葉盛的子孫確能遵守他的教訓，愛惜他的這份特殊的遺產。

　　葉盛認為，書難聚而易散。為使後人知道祖上藏書不易，決定編製《菉竹堂書目》。他本想依元馬端臨撰《文獻通考》例，對每部書逐一考辨，記其卷數和版本異同，然後再注為葉氏藏本。從其自序看，他擬編的葉氏書目六卷，著錄圖書四千六百餘冊，二萬二千七百餘卷，多不載撰著人姓氏，仍以經史子集分類，只是在四部之前增添了「聖制」類，包括了景泰皇帝所賜五經四書，英宗、憲宗皇帝所賜用來規勸臣子的《歷代臣鑒》四冊、《臣戒錄》、《昭鑒錄》、《武臣戒錄》、《忠義錄》、《存心錄》等書。將朝廷賜書列於前，以示尊崇。

　　《菉竹堂書目》的經部細分為易、書、詩、春秋、三禮、儀禮、樂書、諸經總錄、四書、性理等十一目，每一目下編寫所屬類目的經書。史部名曰經濟，緣於其重視治國謀略，故在此類中把帝王詔令和經濟名臣的奏議、經筵、對錄放於其首，繼之是正史，而後是人物傳記。子部則包括子書和子雜兩個類目，子書首列道家類，然後才是儒家和法家類書，而子雜則是雜家各書。後錄則是葉盛自撰和自家刊印書籍，分為古今通志、佛書、道書三類，其中值得注意的是以佛書為最多。

　　可惜，葉盛原計畫編寫的《菉竹堂書目》沒有全部完成。現在所存的

30　（明）葉盛撰，《菉竹堂稿》卷一，明代基本史料叢刊・文集卷第三輯。北京：線裝書局，2013。

《菉竹堂書目》六卷，不過是葉盛平時藏書的簿錄，為未定知本，雖然也按類編排，無小序和提要，卻僅記冊數，不注卷數和版本。《菉竹堂書目》是明代早期一部有相當影響的書目，頗為世人注重。

菉竹堂：典出《詩經・衛風・淇澳》：「瞻彼淇澳，綠竹猗猗。有匪君子，如切如磋，如琢如磨。」釋文：「淇人謂之菉竹也」為學問自修之意。又古詩有「綠竹名清友，書齋植最宜」之句，以竹為君子，適與書齋為伍[31]。

四、陸深與綠雨樓

陸深（1477-1544），字子淵，號儼山，上海人。明弘治十八年（1505）進士，授編修，歷官四川布政使、侍講學士，嘉靖中，官至詹事府詹事。卒後贈禮部右侍郎，諡文裕。工書法，富藏書，編有《江東藏書目錄》，築有綠雨樓收藏之[32]。

陸深又是歷史上著名藏書家。在自撰《江東藏書目錄・序》述說：

> 余家學時，喜收書，然覿覿屑屑，不能舉群有也。壯遊兩都多見載籍，然限於力，不能舉群聚也。間有殘本不售者，往往廉取之，故餘之書多斷闕。闕少者或手自補綴多者，幸他日之偶完不可知也。正德戊辰夏六月寓安福裡，宿肩新起，命僮出曝，既乃次第於寓樓，數年之積，與一時長老朋舊所遺歷歷在目，顧而樂焉。余四方人也，又慮放失，是故錄而存之，各繫所得，儻後益焉，將以類

---

[31]　范鳳書著，《中國著名藏書家與藏書樓》，鄭州：大象出版社，2013.01，頁 41。

[32]　（清）張廷玉等撰，《明史》〈列傳〉第一百七十四〈文苑二〉，清乾隆四年（1739）武英殿刻本。

續入，是月六日，史官江東陸深識[33]。

陸深藏書從他祖父算起，到陸深已是三代了。陸深的藏書樓名為「江東山樓」，建在陸氏後園內土岡之上。陸深的藏書是為他的治學服務的。他在學術研究上的博大，與他的藏書分不開。他手編的《江東藏書目》，與一般書目不同，不是按經史子集四部排列的，而是根據便於實用而設定門類的，正如他自己所說的那樣：「讀古人書，須從己躬合處用工，不可如矮人觀場，隨眾喧喝。」陸深的藏書分十三類，以正經為第一，理性第二，正史第三，非經非史的古書第四，諸子第五，文集第六，詩集第七，類書第八，雜史第九，山經地誌類的諸志第十，韻書第十一，國小醫藥第十二，方術雜流類第十三、制書第十四[34]。觀此目之分類，其中特立制書、性理、詩集、類書、諸志、雜史等各為一部，實仿《文淵閣書目》。唯合併小學、醫藥為一類，失之不倫。別古書於經、史、子之外，亦屬多事。且以雜流而概括術藝，亦欠明晰。然觀其大體，則較《文淵閣書目》略為整齊。

家富藏書，中年時遊都市，多見藏書之家，遂多方收集載籍而歸。而他限於財力，不能多購精本，有殘本而廉價購之，藏書有殘缺者，加以補抄。有家藏書目為《陸文裕藏書目》，已佚。另撰有《江東藏書目》。藏書樓有「綠雨樓」，東稱「素軒」，北稱「澹室」，中為「書窟」、「江東山樓」等。乾隆時所編的《四庫全書》中收錄陸深著述有 21 種。卒後，嘉靖帝賜以「先代名臣」之名，以示尊重。

綠雨樓：陸深自撰《綠雨樓記》云：「陸子卜居長安爰得高樓，碩柱勁梁，下為三層，悉牖其南，高明靜虛，背負臣槐，團欒扶疏，因摘古詩綠槐疏雨之句，命之曰綠雨[35]。」

---

[33]　（明）陸深撰，《古奇器錄》〈附江東藏書目錄小序〉，明嘉靖乙丑（24 年）雲間陸氏家刊本。

[34]　潘美月〈江東藏書目〉，見《圖書館學與資訊科學大辭典》https://terms.naer.edu.tw/detail/1682807/?index=4

[35]　范鳳書著，《中國著名藏書家與藏書樓》，鄭州：大象出版社，2013.01，頁 51-52。

五、范欽與天一閣

范欽（1506-1585），字堯卿，號東明，浙江鄞縣（今寧波）人。明嘉靖十一年（1532）進士，歷任隨州知州、工部員外郎、廣西參政、福建按察使、河南布政使、右副都御史，官至兵部右侍郎[36]。

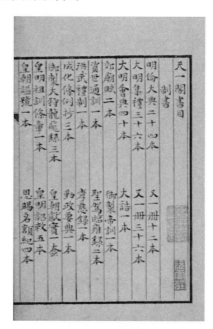

圖 4　范氏天一閣碑目　　　　圖 5　天一閣書目

（圖片來源：國家圖書館藏品）

天一閣是我國現存最早的藏書樓，於明嘉靖四十至四十五年間（1561-1566）由范欽興建。天一閣在我國藏書史上，確具特殊意義。繆荃孫說：「自明中葉以來，海內藏書家，莫不以四明天一閣為巨擘。黃梨洲表彰之，全謝山為之記，阮文達公為之編書目，學士文人心中，均有一天一閣矣[37]。」天一閣初建時，原名寶書樓，後改稱天一閣。其緣由據張燕

36　戴光中著，《天一閣主：范欽傳》，杭州：浙江人民出版社，2006。

37　繆荃孫，〈天一閣始末記〉，《藝風堂文漫存》卷三，臺北市：文史哲，民國 62 年，頁 1。

昌云：「欽因得揭文安公所書天一池拓本，遂以《天一》名閣，且欽究心陰陽虛旺之學，故閣凡六間，丈尺皆用六，取《天一生水，地六成之》之義[38]」。書閣坐北朝南，一排六開間兩層磚木結構的樓房。樓前鑿池，又與住宅分割以利防火。天一閣藏書之所以流傳久遠，在管理上重視防火，嚴行火不入閣和「代不分書、書不出閣」的嚴格家訓起了作用。

范欽酷愛書籍，宦遊所至，均留心收集，所以他的藏書中，明代地方誌、政書、登科錄、詩文集就特別多，一生積書達七萬餘卷。藏書室初名「東明草堂」，在他棄官歸里後，興建新的藏書閣，命名為天一閣。天一閣閣藏包括書籍、圖畫、聖賢祖宗畫像、刻書版片、碑帖、石刻等，以書籍占多數。其藏書特色，在形制方面以明刻本為主，這和當時一般崇古賤今的藏書觀大不相同；藏書中多鈔本；同一部書常有多部版本或同或異的本子。內容方面，以經部典籍、明人文集及明代方志、登科錄等為特出的閣藏，並有為數不少的明銅活字本。

天一閣藏書，在四百多年中曾先後編成各種書目計二十種，為私家藏書編目最多的一家。此外，天一閣還曾刊刻《范氏奇書》等各類書籍達五十餘種[39]。

天一閣自建成以來，閣中藏書在乾隆以前基本無大變故，之後，卻屢經憂患。首先，清乾隆三十八年（1773）高宗下詔以修四庫之名，要求江浙著名藏書家獻書。范氏天一閣進呈六百三十八種珍貴典籍，這是閣藏首次大量散出，結果大都被經辦者所截留，天一閣藏書遭到了首次浩劫。清道光二十年（1840）英帝國主義者佔領寧波時，闖進天一閣，掠取一統志及輿地圖書數十種而去。三十年洪楊之役，天一亦遭兵亂，閣破書散，除為外國傳教士所得外，或論斤兩賣至唐嚳用作熔製粗紙的材料。所藏碑版亦被「取投山澗，爛以造紙」。此次約散佚 2,500 餘種閣書。民國 3 年（1914）又遭竊賊潛盜閣藏 1,000 餘種，轉售與上海書肆販售。此外，任官寧波之

38　蔡佩玲，〈天一閣〉，《圖書館學與資訊科學大辭典》https://terms.naer.edu.tw/detail/1683530/?index=2

39　傅璿琮、謝灼華《中國藏書通史》（上），寧波：寧波出版社，2001，頁 587。

學士文人亦多有強占閣藏之舉。而范氏家道中落，已無力護持閣藏，毀傾之書樓庭池，亦岌岌可危。

抗戰期間，浙江省教育廳曾將閣書運至龍泉山區保存，以避日軍炮火。1949 年後，天一閣收歸國有，並兩度列為重點文物保護單位，除修繕天一閣，並陸續蒐集散佚閣藏 3,000 餘卷，另接受寧波藏書家捐書、畫及碑帖。現有閣藏 300,000 卷，其中屬精槧善本者達 80,000 餘卷。明末迄今有關天一閣之書目多達 18 種，早期所編者今已不可得見，現存書目較完整者有《清初鈔本天一閣書目》、《四明天一閣藏書目錄》、《天一閣書目》、《天一閣見存書目》、《寧波范氏天一閣書目》、《范氏天一閣書目內編》。現天一閣為全國私家藏書的一個標誌。歷史上許多名人登閣觀覽，特別是黃宗羲、全祖望親筆寫就了《天一閣藏書記》，為天一閣留下了最珍貴的文獻。

天一閣：典出漢鄭康成《周易注》：「天一生水於北……地六成水於北[40]。」

六、朱大韶與橫經閣

朱大韶（1517-1577），字象玄，號文石，松江華亭（今屬上海）人。明嘉靖二十六年（1547）進士，官至南雍司業，解任後築精舍，構文園，以友朋文酒為事，著作有《橫經閣收藏書籍記》、《經術堂集》[41]。

朱大韶性好藏書，尤酷愛宋版，於家建橫經閣為藏書之所。嘗訪得吳門故家有宋版袁宏《後漢紀》，係陸放翁（游）、謝疊山（枋得）、劉須溪（辰翁）等手評，且飾以古錦玉籤，百計索購之不得，遂以一美婢易之，始得。婢臨行時，題詩於壁云：「無端割愛出深閨，猶勝前人換馬時，他日相逢莫惆悵，春風吹盡道旁枝。」大韶觀之，甚感嘆惋，亦無可奈何。

[40] 范鳳書著，《中國著名藏書家與藏書樓》，鄭州：大象出版社，2013.01，頁 66。

[41] 梁戰、郭群一編著，《歷代藏書家辭典》，西安：陝西人民出版社，1991，頁 74。

萬曆五年，卒於家。身後藏書逐漸散佚，部分為孫克巨集所得[42]。其藏書印記有「朱文石氏」、「朱象文氏」、「華亭朱氏」、「文石朱象玄氏」、「朱氏藏書」、「華亭朱氏文石山房藏書印」等。

橫經閣：見《北齊書・儒林傳序》：「橫經受業之侶，遍於鄉邑。」指橫陳經籍，展書學習[43]。

七、項元汴與天籟閣

項元汴（1525-1590），字子京，號墨林、香岩居士，浙江秀水（今嘉興）人。家以善治生產致富，工畫墨竹、梅花、蘭草頗有逸。又精鑒賞，好收金石遺文，法書名畫，善本書籍。所居天籟閣，海內珍異，十九歸之[44]。

項元汴早年即醉心於收藏，在經營典當業致富後，更是廣攬天下法帖名畫古籍珍玩，成為海內私家收藏第一人。他十五歲時即收藏了唐寅的秋風紈扇圖，一生收藏過王羲之、孫過庭、褚遂良、懷素、歐陽詢、顏真卿、蘇軾、黃庭堅、米芾、趙孟頫等書法名帖，顧愷之、王維、韓滉、巨然、李公麟、馬遠、梁楷、宋徽宗、趙孟堅、趙孟頫、王蒙、吳鎮、倪瓚、黃公望、文徵明、仇英、沈周等繪畫精品，其他鼎彝玉石、古籍善本不計其數。明文嘉在為項元汴收藏的唐馮承素摹蘭亭帖題跋時說：「子京好古博雅，精於鑒賞，嗜古人法書，如嗜飲食，每得奇書，不復論價，故東南名跡多歸之[45]。」清姜紹書《韻石齋筆談》說項元汴「購求法書名畫，及鼎彝奇器，三吳珍秘，歸之如流[46]。」曾有人將他與同時代的文壇巨匠、著

---

[42]　劉兆祐著，《認識古籍版刻與藏書家》，臺北：臺灣學生書局，2007.05，頁 89。

[43]　范鳳書著，《中國著名藏書家與藏書樓》，鄭州：大象出版社，2013.01，頁 68。

[44]　梁戰、郭群一編著，《歷代藏書家辭典》，西安：陝西人民出版社，1991，頁 305。

[45]　（明）汪砢玉撰，《珊瑚網》卷一〈唐摹蘭亭墨蹟〉，傳鈔文瀾閣四庫全書本。

[46]　（清）姜紹書撰，《韻石齋筆談》卷下，清光緒壬午（八年，1882）嶺南芸林仙館刊本。

名藏書家王世貞相比，王氏小酉館藏書三萬，其爾雅樓所藏宋版圖書更是名聞天下，但時人以為「不及墨林遠矣」。明萬曆十八年（1590）項元汴去世，其藏品分別歸他的六個兒子所有。清順治二年（1645）閏六月，清兵攻破嘉興城，項氏累世之藏，盡為千夫長汪六水所掠，蕩然無遺。後來，這些散失的藏品大多歸於清廷皇宮，現在分別收藏於北京故宮博物院、臺北故宮博物院以及世界許多博物館中，都為稀世珍寶。

項元汴收藏巨富，甲於海內，當時及後世文士雖然羨慕其所藏，對他的某些癖好卻頗有非議。項元汴有收藏鑑賞印章一百多方，他每得名跡，即遍鈐以印記，往往滿紙滿幅，如他在懷素〈自敘帖〉上鈐有印記七十多方，在懷素書《老子清靜經》卷上鈐印一百零八方。故姜紹書譏之為「以明珠精鏐聘得麗人，而虞其他適，則黥面記之。抑且遍黥其體無完膚，較蒙不潔之西子，更為酷烈矣[47]」。項元汴亦善書畫，董其昌在《墨林項公墓誌銘》中說：「公畫山水學元季黃公望、倪瓚，尤醉心於倪，得其勝趣。書法亦出入智永、趙吳興，絕無俗筆，人爭傳購[48]。」因此，他理當知道在書畫上鈐印講究頗多，他這種做法固然出於對書畫的癡迷，但卻破壞了書畫的整體風格，影響了書畫的藝術價值。

項元汴的收藏客觀上為我國珍貴古籍書畫的保存做出了貢獻，正因為有了他的收藏保管，我們今天才能看到千百年前的文化藝術瑰寶。同時，項元汴的收藏也為明中晚期江南書畫的繁榮發展交流起到積極作用。董其昌因在項元汴家做家庭教師，得以遍覽書畫名跡，為他成為文人畫之集大成者奠定了基礎。仇英在成名前，長期在項元汴家臨摹古代大家作品，對其技藝提升幫助極大。書畫家文彭、文嘉兄弟是天籟閣的座上常客，幫助項元汴鑑定收藏。其他在項家品賞交流的還有鑑賞收藏家華夏、學者收藏家汪繼美汪砢玉父子、畫家陳繼儒、學者李日華等，使嘉興成為當時文化藝術活動的中心。項元汴著有《宣爐博論》一卷留世，為後人鑑賞宣德爐

47　同上註。

48　（明）董其昌撰，《容臺集》卷八〈墨林項公墓誌銘〉，民國 33 年（1944）福建陳氏閩樓寫樣待刊本。

提供了寶貴的經驗。他還著有《蕉窗九錄》，「唐伯虎點秋香」的故事就出自此書。

　　他的長兄項篤壽亦愛收藏，有萬卷樓藏書，他另建有天籟閣收藏。藏書印主要有「項元汴氏」、「項子京家珍藏」、「項墨林鑒賞章」、「墨林項氏藏書之印」、「天籟閣」、「墨林山房史籍印」、「項墨林秘笈之印」、「墨林子」、「墨林秘玩」、「子子孫孫永寶用之」。

　　天籟閣：典出《莊子‧齊物論》：「汝聞人籟，而未聞地籟，汝聞地籟而未聞天籟夫。」「天籟」指自然界的音響。一說元汴收古琴，有「天籟」二字[49]。

八、王世貞與小酉館

　　王世貞（1526-1590），字元美，號鳳洲，江蘇太倉人。嘉靖二十六年（1547）進士，授刑部主事，官至南京刑部尚書[50]。移疾歸。世貞生有異稟，過目不忘。好為詩古文，獨立壇坫者二十年。論文必西漢，詩必盛唐。著述彙集《弇州山人四部稿》。藏書極盛。胡應麟謂：「小酉館藏書凡三萬卷、二典不與，別構藏經閣貯焉。爾雅樓庋宋刻書皆精絕[51]。」

　　中國藏書史上有這麼一段佳話，說是王世貞嗜書，乃至癡到不惜以一座山莊換一部善本。葉昌熾《藏書紀事詩》記載王世貞時說：「得一奇書失一莊，團焦猶戀舊青箱[52]。」說的就是這段故事。

　　明代藏書家王世貞在做尚書時，遇一書商賣一部版本精美、裝幀考究的宋版《兩漢書》。王世貞見到此書愛不釋手。書商揣摩出他非買此書不

49　范鳳書著，《中國著名藏書家與藏書樓》，鄭州：大象出版社，2013.01，頁 71。

50　（清）張廷玉等撰，《明史》〈列傳〉第一百七十五〈文苑三〉，清乾隆四年（1739）武英殿刻本。

51　（明）胡應麟撰，《少室山房筆叢》甲部，〈經集會通四〉，明崇禎壬申（五年，1632）延陵吳國琦重刊本。

52　（清）葉昌熾撰，《藏書紀事詩》，清光緒二十三年（1897）江標長沙刊本。

可的心理，要價極高。他拿不出那麼多錢，又擔心書被別人買去，只得被書商狠宰一刀，商定用自己的一座莊園換得這部書，此事曾轟動一時。王世貞藏書之處有四，小酉館收藏一般書籍，爾雅樓藏宋版書及法書名畫，藏經樓收藏佛道二典。為這部《漢書》，王世貞專建了一處「九友齋」。王世貞死後不久，其子因周轉不濟而將書脫手。崇禎年間，此書輾轉到了錢謙益的手上。

王世貞〈弇山園記〉說：

> 吾弇山園中，為樓者五，為堂者三，為室者四……曰爾雅堂，曰九友。所以稱九友者，余夙好讀書及古帖名跡之類，已而旁及畫，又旁及古器、鼎、酒槍。凡所蓄書皆宋梓，以班史冠之；所蓄名跡以褚河南《哀冊》、虞永興《汝南志》、鐘太傅《季直表》冠之；所蓄名畫，以王晉卿《煙江疊嶂》冠之；所蓄酒槍，以柴氏窰杯冠之；所蓄古刻，以《定武蘭亭》、《太清樓》冠之，凡五友。憪而上攀二氏之藏，以及山水，並不腆所著《集》合為九……又西，有樓五楹，藏書三萬卷，榜之曰小酉。今已被兒子輩分去，存空名耳。稍北則為藏經閣，閣地若矩，四方皆水環珪[53]。

據王世貞跋宋版《漢書》說：「余平生所購《周易》、《毛詩》、《左傳》、《史記》、《三國》、《唐書》之類過三千餘卷，皆宋本精絕。前後班、范二書，尤為諸本之冠。桑皮紙勻潔如玉，四旁寬廣。字大如錢，絕有歐柳筆法，細書綜髮膚致。墨色清純，奚潘流沈，蓋真宗朝刻之秘閣，特賜兩府，而其人亦自寶惜，四百年而手若未觸者。前有趙吳興小像，當是吳興家物，入吾郡陸太宰，又轉入顧光祿，（吾）失一莊而得之。噫！餘老矣，即以身作蠹魚其間不惜，又恐茲書之飽我而損也，識末以示後

---

[53] （明）王世貞撰，《弇州山人續稿》卷之五十九文部·記〈弇山園記〉，明萬曆間（1573-1620）吳郡王氏家刊本。

人[54]。」

　　小酉館：典出盛弘之《荊州記》：「小酉山上石穴中有書千卷，秦人嘗學於此，因留之[55]。」本是中國古代藏書之傳說，這裡借用其藏書之意。

九、胡應麟與二酉山房

　　胡應麟（1551-1602），字元瑞，號石羊生，又號少室山人。浙江金華蘭溪人。幼能詩。萬曆四年（1576）舉於鄉，數上春官，皆不第。築室山中，購書四萬餘卷。胡應麟廣涉書史，學問淹博，著述巨集富，在學術上，尤其在史學、文學、及古籍版本鑑別上的成就很為突出。後胡應麟以詩謁見當時文壇領袖王世貞，為其所賞識，聲名大振。與李維楨、屠隆、魏允中、趙用賢四人並稱「末五子」。魯迅先生對其推崇有加，曾譽之為中國古代十大文學家之一。著有《易經正訛》、《少室山房類稿》、《詩藪》、《少室山房筆叢》，編成自家所藏《二酉山房書目》六卷[56]。

　　其《少室山房筆叢》卷四自述藏書說：

　　　　余自髫歲，夙嬰書癖，稍長，從家大人官游諸省，遍歷燕、吳、齊、趙、魯、衛之墟，補綴拮据垂三十載，……大率窮搜委巷，廣乞名流，錄之故家，求諸絕域。中間解衣縮食，銜慮困心，體膚筋骨靡所不憊，收集僅茲，至釋道二藏，竟以非所及，未能致也[57]。

　　〈二酉山房書目序〉說：

54　范鳳書著，《中國著名藏書家與藏書樓》，鄭州：大象出版社，2013.01，頁 73。

55　同上註。

56　（清）張廷玉等撰，《明史·列傳》第一百七十五〈文苑三〉，清乾隆四年（1739）武英殿刻本。

57　（明）胡應麟撰，《少室山房筆叢》甲部，〈經集會通四〉，明崇禎壬申（五年，1632）延陵吳國琦重刊本。

　　余自蚤歲，營心載籍，累銖積寸至四萬有餘卷，雖今人所自為
書居三之一。倘有以釋道二藏來售者，盡鬻負郭之產以當之，則余
家所藏幾可與前代等，不可謂非布衣之幸也。第凡物盛必有衰，聚
必有散，即前代帝王名公巨儒，竭天下之力蓄之，而一旦散失而不
能保，則余今所得庸詎可據為己物。因略敘其意，錄四部書為二酉
山房書目，藏於家[58]。

圖6　胡應麟與《少室山房筆叢》

（圖片來源：國家圖書館藏品）

　　胡應麟藏書最大一批得自金華虞守愚家。明代浙江藏書家虞守愚是一
位卓有成就的藏書家。據史料記載，他藏有文獻幾萬卷，且多為珍本、善
本。虞守愚的藏書樓修造得也十分別致，是在一個池塘中拔地而起。樓與

58　（明）胡應麟撰，《少室山房類稿》卷八十三〈二酉山房書目序〉，明萬曆戊午（46年；1618）
　　刊本。

周圍的陸地聯絡僅靠一獨木橋，每到夜晚就將木橋撤走。藏書樓門口掛著「樓不延客，書不借人」的牌子。可惜，虞老先生去世後，其子孫都不是讀書人。加上急需錢用，便迫不及待地欲將藏書出售。胡應麟對虞守愚的藏書傾慕已久。獲此訊息後馬上提出購買並許以高價。但幾天後當虞氏後人將幾船藏書運抵胡應麟住處時，先生卻無奈地告知因家貧無力購買。這時書已運到而虞家子孫又決意售出。最後胡應麟以較低的價格購置了一大批寶貴的文獻。此事在《五雜俎》和《人海記》等著述中均有記載，其中《人海記》中記道：「義烏虞守愚侍郎藏書萬卷，蘭溪胡孝廉應麟賤值得之，隨亦放佚[59]。」這些書約是胡應麟一生藏書的一半，大大豐富了其藏書。

　　根據《經籍會通三》載：胡應麟藏書經歷中亦不乏錯失心愛典籍的惆悵。張文潛《柯山集》一百卷，余所得卷僅十三，曾經在臨安僻巷中，見到鈔本書一十六帙。正是《文潛集》，卷數正同，書紙半已患滅，而印記奇古、裝飾都雅。胡氏目之驚喜，但苦於身無分文，無力購買，便與其人約定第二天早上，將所帶綠羅二皮代羔雁，以及身上所穿的烏絲直裰、青蜀錦半臂去換回那部《柯山集》。是夜，胡氏返寓通夕不寐，第二天清晨，頭髮都來不及梳理便攜物直奔書鋪。但天有不測風雲，一場大火已將書鋪燒個精光。望著灰燼，與心愛典籍失之交臂的沮喪心情折磨其數月之久[60]。

　　他生平無他好，所嗜獨書，嘗言：「飢以當食，渴以當飲，誦之可以當韶護，覽之可以當夷施，憂藉以釋，忿藉以平，病藉以起。」其好書有如此者。一生所集四部之書，凡 42,384 卷，構二西山房以貯之。二酉者，指大酉、小酉二山，相傳小酉山石穴中有書千卷，秦人於此而學。後世言藏書多稱之二酉，友人王世貞嘗為之撰《二酉山房記》，載〈弇州山人四部稿〉中。胡氏嘗編書目，已佚。

　　胡應麟畢其終生，四處蒐羅典籍，孜孜不倦數十載。所藏書約四萬餘

---

[59]　（清）查慎行撰，《人海記》，南野草堂烏絲欄鈔本。

[60]　（明）胡應麟，《少室山房筆叢》甲部，〈經集會通三〉，明崇禎壬申（五年，1632）延陵吳國琦重刊本。

卷，明末學者祁承㸁曰：「婺州胡元瑞以一孝廉，集書至四萬二千三百八十四卷。所購經史子集，其世自洪荒以至昭代，其梓自吳越以至燕閩」。據王世貞〈二酉山房記〉載：「余友人胡元瑞性嗜古書籍，少從其父憲使君京師，君故宦薄，而元瑞以嗜書故，有所購訪，時時乞月俸，不給則脫婦簪珥而酬之，又不給則解衣以繼之。元瑞之橐無所不罄，而獨其載書，陸則惠子，水則宋生，蓋十餘歲而盡毀其家以為書錄。其餘資以治屋而藏焉。屋凡三楹。所藏之書為部四，其四部之一目經，為類十三。為家三百七十，為卷三千三百六十。二目史，為類十，為家八百二十，為卷萬一千二百四十四。三曰子，為類二十二，為家一千四百五十，為卷一萬二千四百。四曰集，為類十四，為家一千三百四十六，為卷一萬五千八十。合之四萬二千三百八十四卷[61]。」學術分類如此，圖書分類自當亦如此。

儘管由於歷史的久遠使我們有憾於「二酉山房」的有關資料未能流傳下來，給我國古代的藏書史平添了一份遺憾。但是我們仍能從只鱗片爪的史料中獲悉胡應麟在藏書史上的重要貢獻。葉昌熾先生對胡應麟的藏書成就亦給予了高度評價：「祖龍之所弗能燔，仲尼之所存弗論。玉京人鳥須彌頂，一切奇書皆寓言。」[（清）葉昌熾撰，《藏書紀事詩》，清光緒二十三年，1897，江標長沙刊本。]

二酉山房：二酉，典出李昉《圖經》：「周穆王藏書於小酉山、大酉山。」即後世所謂「書藏二酉」的傳說[62]。

十、祁承㸁與澹生堂

祁承㸁（1563-1628），字爾光，號夷度，又號曠翁、密園老人，浙江山陰（今紹興）人。明萬曆間進士，曾在山東、江蘇、江西、安徽、河南

61　（明）王世貞撰，《弇州山人續稿》卷六十三〈二酉山房記〉，明萬曆間（1573-1620）吳郡王氏家刊本。

62　范鳳書著，《中國著名藏書家與藏書樓》，鄭州：大象出版社，2013.01，頁 83。

等省做官，官至江西布政使右參政[63]。承曾置曠園於山陰梅裡，藏書之處稱為「澹生堂」。並於萬曆二十九年（1601）所建，位於浙江省山陰縣境內，歷經祖孫三代六十餘年，著述頗富，主要有《澹生堂全集》、《澹生堂雜著》。

山陰祁氏藏書，自祁承爜起，歷三代建有「澹生堂」、「八求樓」、「奕慶樓」三個藏書樓，共收聚十四五萬卷，在整個明代名列前茅。

祁承爜《澹生堂藏書約》自述：「余十齡背先君子時，僅習句讀，而心竊慕古，通奉公在仕二十餘年，有遺書五七架，庋臥樓上，余每入樓，啟鑰取觀閱之。比束髮就婚，即內子奩中物，悉以供市書之值。及舞象而後，更沉酣典籍，手錄古今四部，取其切近舉業者，匯為一書，卷以千計。十餘年來，館穀之所得，粥之所餘，無不歸之書者，合之先世，頗踰萬卷，藏載羽堂中。丁酉（1597）冬夕，小奴不戒於火，先世所遺及半生所購，無片楮存者。自入白門，力尋蠹好，詢於博雅，覓之收藏，兼以所重易其所缺，稍有次第，至癸丑（1613），以視舊蓄，似再倍而三矣。[64]」之後又經過六七年的搜羅，到庚申（1620）編成《澹生堂藏書目》時，已著錄九千多部，約十萬卷。

澹生堂藏書散於明清易代之際。清順治十八年（1661）始因祁承爜孫理孫、班孫牽涉「魏耕事變」，班孫被縛遣戍至關外，理孫則潛心於佛，不問世事，藏書終於漸次散盡。朱彝尊說：「參政富於藏書。將亂，其家悉載之雲門山寺，惟遺元明來傳奇，多至八百餘部，而《葉兒樂府》散套不與焉，余猶及見之。其手錄《群書目》八冊，今存古林曹氏。寺中所藏，已盡流于姚江禦兒鄉矣[65]。」據黃宗羲《天一閣藏書記》所載，澹生堂藏書於「魏耕事變」後遷至化鹿寺，以後便漸次散落書肆，至康熙五年（1666）黃宗羲與呂留良入山翻閱藏書時，只剩「經學近百種，稗官百十冊，而宋

63　梁戰、郭群一編著，《歷代藏書家辭典》，西安：陝西人民出版社，1991，頁92。

64　（明）祁承爜撰，《澹生堂藏書約》，清光緒壬午（八年，1882）嶺南芸林仙館刊本。

65　（清）朱彝尊撰，《靜志居詩話》卷十六，百家諸子中國哲學書電子化計劃，https://ctext.org/library.pl?if=gb&file=48316&page=76

元文集已無存者。……山中所存，惟舉業講章，各省書志，尚二大櫥也[66]。」
呂留良「得山陰祁氏澹生堂藏書三千餘本示大火」一詩言：「阿翁（指祁
承爍）銘識墨猶新，大擔論觔換直銀，……豈是父書渠不惜，只緣參透達
摩禪[67]。」趙昱《春草園小記》中亦言：「五舅父（指理孫）暮齒頹齡，
嗜書彌篤，焚香講讀，守而不失，惜晚歲以侫佛視同土苴，多為沙門賺去。」
[（清）趙昱撰，《春草園小記》一卷，https://word.bookinlife.net/book-250571-
viewpic.html#page=153]以上諸文，說明了澹生堂藏書散出的主要原因及當
時的情景。

　　澹生堂屹立的時間雖不長，在當時卻頗富盛名，為江南地區極為重要
的藏書樓。全祖望〈祁六公子墓誌銘〉說：「祁氏自夷度先生以來，藏書
甲於大江以南，其諸子尤豪喜結客，講求食經，四方簪履，望以為膏粱之
極選，不脛而集[68]。」《南疆繹史·祁彪佳傳》言：「忠敏世為山陰巨室，
其澹生堂藏書最富，為江南冠[69]。」趙昱《愛日堂詩稿》言：「先君曾假
館澹生堂，其時祁五先生尚存，藏書充楹五樓，望若嫏嬛秘府雲[70]。」《春
草園小記》則言：「吾母嘗為某言昔時梅裡園林人物之盛，澹生堂藏書十
萬卷，悉人間罕覯秘冊[71]。」可見澹生堂不但藏書極富，且為當時名流來
往之所。澹生堂的藏書，在祁承爍時，便已達 100,000 卷，至祁彪佳時，
又增加 300,000 餘卷，在明末是數一數二的藏書樓。至於其藏書，據黃宗
羲《思舊錄》所言：「夷度先生所積，真希世之寶也[72]。」其中尤以《澹

---

[66]　（清）黃宗羲撰，《南雷文定》卷二《天一閣藏書記》，百家諸子中國哲學書電子化計劃，
https://ctext.org/library.pl?if=gb&file=42644&page=2

[67]　（清）葉昌熾撰，《藏書紀事詩》，清光緒二十三年（1897）江標長沙刊本。

[68]　（清）全祖望撰，《鮚埼亭集》卷十三〈祁六公子墓誌銘〉，上海市：商務，1934，頁 164。

[69]　（清）溫睿臨撰，《南疆繹史勘本》卷十四〈列傳八〉，清道光十年（1830）七寶轉輪藏仿
宋膠泥活字本。

[70]　嚴倚帆〈澹生堂〉，《圖書館學與資訊科學大辭典》，https://terms.naer.edu.tw/detail/1679913/
?index=1

[71]　同上註。

[72]　（清）黃宗羲撰，《思舊錄》，清康熙間（1662-1722）慈谿鄭氏刊本。

生堂鈔本》聞名於世。全祖望《曠亭記》說：「夷度先生精於汲古，其所鈔書多世人所未見。校勘精核，紙墨俱潔淨[73]。」祁氏在家書中曾言，只如十餘年來所抄錄之書，約以二千餘本，……又況大半非坊間書，即有銀亦無可買處。可知這些鈔本的珍貴。

由黃裳《遠山堂明曲品劇品校錄後記》、謝國楨《江浙訪書記》所記，澹生堂最後一批藏書在民國 41 年（1952）左右才散出，其中包括澹生堂和遠山堂抄藏的書籍、祁彪佳一生的著述文集、手批本藏書等，均甚珍貴，為祁氏子孫辛苦保存三百年，無論就歷史研究或藏書史言，均價值非凡，足為書林佳話。

澹生堂：《文子・上仁》：「老子曰非澹漠無以明德，非寧靜無以致遠。」諸葛亮《誡子書》略改為「非淡泊無以明志，非寧靜無以致遠。」這表達了祁承爍追求澹泊人生，致學藏書的志向[74]。

十一、黃虞稷與千頃堂

黃虞稷（1629-1691），字俞邰，號楮園，能纘其家學，博洽群書，學問淵博，既承先父之遺，守先世之書[75]。據錢謙益《黃氏千頃齋藏書記》稱：「虞稷之先人少好讀書，老而彌篤，自為舉子以迄學官，修脯所入，衣食所餘，未嘗不以市書也；寢食坐臥，晏居行役，未嘗一日廢書也。喪亂之後，閉關讀《易》，箋注數改，丹鉛雜然。易簀之前，手未嘗釋卷帙也。藏書千頃齋中，約六萬餘卷[76]。」夏必曝、蠹必簡，又時時借人藏本，稽其同異。還同另一位金陵藏書家丁雄飛訂立了「古歡社約」，互訪互抄，

73　（清）全祖望撰，《鮚埼亭集外篇》卷十一〈曠亭記〉，百家諸子中國哲學書電子化計劃，https://ctext.org/library.pl?if=gb&file=93320&page=40

74　范鳳書著，《中國著名藏書家與藏書樓》，鄭州：大象出版社，2013.01，頁 86。

75　梁戰、郭群一編著，《歷代藏書家辭典》，西安：陝西人民出版社，1991，頁 399。

76　（清）錢謙益撰，《牧齋有學集》卷二十六〈黃氏千頃齋藏書記〉，民國十八年（1929）上海商務印書館四部叢刊影印原刊本。

以窺珍秘，以補所無，使千頃堂藏書由六萬卷增加到八萬卷。最後又編出了《千頃堂書目》三十二卷，著錄有明一代著述最稱詳備。

錢謙益、周在浚、黃宗羲、朱彝尊等皆與之交往借讀。為使當時歷劫倖存的珍貴版本書籍得以廣泛流傳，黃虞稷還會同祥符藏書家周在浚，共同發起征刻唐宋秘本藏書。他們從各自家藏中精心挑選出唐、宋秘本 96種，詳加校訂，編成《徵刻唐宋秘本書目》一卷，刊刻發布，廣泛徵求有財力的有識之士刊印出版，希望以此帶動海內藏書家，共出所藏珍本[77]。此一舉動，得到許多學者的積極回響。朱彝尊、魏禧等五人聯名發表《征刻唐宋秘本書啟》，張芳還專就此事撰文，願天下人共襄盛舉。

不久，納蘭性德刊刻《通志堂經解》，首先收入黃虞稷和周在浚提供的經部書籍。其後，在官纂《武英殿聚珍版叢書》和私刊《知不足齋叢書》中，又陸續刊印《征刻唐宋秘本書目》中的絕大部分珍籍。

黃虞稷利用家藏的珍本，常與當時的名士學者論事校書，視野大開，學識益廣。龔佳育是金陵藏書兼刻書的名家，黃虞稷在他府中立館，一面教其子弟，一面為其校書。龔氏刊行的《授經圖》、《春秋纂例》諸書，大都經黃虞稷校正。康熙十八年（1679）舉博學鴻儒，以母喪，不與試。昆山徐元文領修《明史》，疏薦，召入史館，分纂列傳及《藝文志》。刻苦勤勞，力疾竣事，竟以勞卒。

在校訂藏書中，黃虞稷看到《宋史·藝文志》載止於南宋咸淳年間，遼、金、元三史《藝文志》均付闕如，雖在《文淵閣書目》和《國史經籍志》諸書中略有記載，卻又大都「草率」、「誕妄」，不足為憑。至於有明一代，儘管作者輩出，著述閎富，卻無一完備的書目。

黃虞稷遂在他父親所撰六卷《千頃齋藏書目錄》的基礎上，據其藏書，以個人之力，窮十數年之功，重編成目錄學史上著名的《千頃堂書目》三十二卷。按四部分類，下分 43 門，類例多有創新，對明一代之書，詳加著錄。兼補《宋史·藝文志》所遺漏之書，又因遼、金、元三史無藝文志，

77 楊果霖〈徵刻唐宋秘本書目研究〉，《臺灣圖書館管理季刊》第一卷三期，94 年 7 月，頁108-130。

又於每類之後，附此三代書目。著錄宋咸淳以降宋人著作 600 餘家，12,700
餘卷，遼、金、元三代 1,710 人的著作，12,200 餘卷。卷數之外，註明撰
人略歷，較前代各史藝文志為詳明。後來王鴻緒《明史稿·藝文志》和張
廷玉《明史·藝文志》，均據《千頃堂書目》刪削而成。後因總纂官王鴻
緒對《明史·藝文志》原稿多加刪削，全祖望、盧文弨、杭世駿對王鴻緒
刪削之舉深表不滿。

　　《千頃堂書目》主要補錄明代著作，上到明代十六朝帝王將相的著
作，下至布衣文人的詩文雜記，沒有書千頃堂不搜討網羅，甚為齊備，是
迄今反映明人藝文最全的目錄之作。同時並附載宋、遼、金、元四代著述
所闕。在每條書目下，還盡可能地記述作者爵里、字號、科第，有的還略
志該書的內容或編撰的情況。

　　全書按經、史、子、集四部五十一類排列。每部類下先列明人著述，
後附南宋咸淳以下和遼、金、元各朝著作，總計收錄明人著作 14,000 餘種，
附載宋、遼、金、元四代著作 2,400 餘種，使南宋末以至明代數百年間所
有學人士子紛然雜陳、汗牛充棟的著述，初步條分縷析，燦然大備。

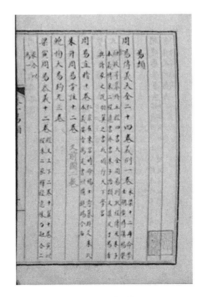

圖 7　千頃堂書目

（圖片來源：國家圖書館藏品）

朱彝尊《靜志居詩話》記：「黃居中銳意藏書，手自抄撮，仲子虞稷繼之，歲 增月益。太倉之米五升，文館之燭一挺，曉夜孜孜，不廢讎勘。著錄有八萬冊。墳土未乾，皆歸他人插架，深可惋惜也[78]。」

千頃堂（齋）：取自《淮南子・說林訓》：「尋常之溪，灌千頃之澤。」百畝曰一頃，千頃極言廣闊，引申為藏書之多[79]。

十二、趙琦美與脈望館

脈望館是明代藏書家趙琦美的藏書樓。趙琦美（1563-1624），字元度，號清常道人，江蘇常熟人。藏書家趙用賢長子。以父蔭補官太僕丞，歷南京都察院照磨、太常寺典簿，遷刑部郎中[80]。

趙琦美除繼承其父用賢藏書刻書的遺風外，生平損衣削食，假書繕寫，朱黃讎校，並欲見諸實用，築脈望館作為藏書所。脈望是傳說中蠹魚所化之物，趙琦美引此自喻為書蠹所化，得書而貯其中。趙琦美繼承家藏，而生性又欲網羅古今載記，甲乙銓次，藏書益富。清初學者錢謙益為撰墓表，稱頌其求書、讀書的精神說：「窮老盡氣，好之之篤摯與讀之之專勤，近古所未有也[81]。」錢曾《也是園書目・後記》又記：「元度收藏，二酉五車，聯架塞屋。臨老發無書之歎，非無書也，即掛一漏萬之意也。旨哉！我欲以此一言贈世之藏書家，哆然自足者[82]。」脈望館的藏書量據其編訂的《脈望館書目》著錄，共有近 5,000 種，20,000 多冊。其藏書質量相當高，有些書是經過一、二十年搜求，配補鈔繪始成完整善本的，如《洛陽

---

[78] （清）朱彝尊撰，《靜志居詩話》卷十六，百家諸子中國哲學書電子化計劃，https://ctext.org/library.pl?if=gb&file=48305&page=78

[79] 范鳳書著，《中國著名藏書家與藏書樓》，鄭州：大象出版社，2013.01，頁 89。

[80] 梁戰、郭群一編著，《歷代藏書家辭典》，西安：陝西人民出版社，1991，頁 314。

[81] （清）錢謙益撰，《牧齋初學集》卷六十六〈刑部郎中趙君墓表〉，民國十八年（1929）上海商務印書館四部叢刊影印崇禎癸未（十六年，1643）刊本。

[82] 范鳳書著，《中國著名藏書家與藏書樓》，鄭州：大象出版社，2013.01，頁 89。

伽藍記》、《營造法式》等。有的書是經趙琦美手抄手校的佳本，如元明兩代的《古今雜劇》242 種，均經趙琦美親手抄校，並寫有題跋，成為研究我國戲劇史的一大寶庫。趙琦美卒後，藏書歸錢謙益絳雲樓，傳說書去之日，常熟武康山中白日鬼哭，事涉無稽，但也反映常熟人民對脈望館藏書的眷戀。

趙琦美藏書樓曰「脈望館」，編撰有《脈望館書目》，著錄五千餘種，二萬餘冊，珍本宋版近百部。《脈望館書目》是趙琦美於明萬曆年間為其脈望館藏書所編訂的一部排架目錄。它是一部仿《文淵閣書目》不依四分法順序的私藏目錄。它將家藏圖書所標號碼結合千字文自天至呂排為 30 號，分經、史、子、集、不全宋元版書、舊版書、佛經、墨刻、書畫、古玩雜物、碑帖等類，末附萬曆 46 年（1618）的《續增書目》。這部目錄除登錄不少文學藝術書外，還在「暑」字號「子類」八下，設有「泰西人著述」小類，登錄了《幾何原本》、《泰西水法》等 7 種西方傳教士譯著的書籍。這在當時是值得注意的著錄內容。這部書目的子目設置較詳，將近 200 多個子目，如史類三即設有編年、史評、傳記、偽史、霸史，頗便檢索。書目還注明藏書地點，如「佛經」下注「在後書房西間朝東廚」，甚便取用。《脈望館書目》有涵芬樓秘籍本及玉簡齋叢書本。

脈望館：典出唐段成式《酉陽雜俎》：「據《仙經》蠹魚三食神仙字，則化為此物，名曰脈望。」寓藏書誦讀似神仙般生活[83]。

十三、胡震亨與好古堂

胡震亨（1569-1645），字孝轅，號遁叟、赤城山人，浙江海鹽人。明萬曆二十五年（1597）舉人，屢試進士不第。歷固城教諭、德州知州、兵部員外郎[84]。先世業儒，其父胡彭述藏書逾萬卷。謝病歸，著書自娛。震

83　范鳳書著，《中國著名藏書家與藏書樓》，鄭州：大象出版社，2013.01，頁 89。

84　梁戰、郭群一編著，《歷代藏書家辭典》，西安：陝西人民出版社，1991，頁 288。

亨才高學博,於書無所不讀。其好古堂藏書萬卷,日夕搜討。凡秘冊僻本,
舊典逸事,遺誤魯魚,漫漶不可句讀者,無不補掇揚搉。他本人也在《讀
書雜錄》中說過:「余自幼好讀書,老而念歲月無幾,嗜讀尤勤。每披卷,
惟恐客至,妨吾事也[85]。」

　　唐詩之所以能夠流傳至今,與胡震亨密不可分,若不是他歷經十載精
心搜集、編選和刊印,恐怕這些唐代文學史上的瑰寶早已湮滅在歷史的煙
塵中。他乃悉行搜錄,將抄錄的唐詩及相關詩人的傳記、按照時間順序分
門別類匯總在一起,編為十籤,命名為《唐音統籤》行於世。該書為歷代
研究唐詩者所重視,成為清代纂修《全唐詩》之藍本。

　　《唐音統籤》一書奠定明代研究唐詩諸學者地位,全書凡一千三十三
卷,以十干為紀,自《甲籤》至《壬籤》,網羅宏富,按時間先後輯錄唐
代至五代間三百餘年的詩作以及詞曲、諺語、酒令等,是胡研究唐詩的總
結,又採輯詩人的遺聞逸事,附入小註,並註明出處、版本。《唐音統籤》
及季振宜《唐詩》為清康熙年間修《全唐詩》之藍本。又刻唐韓鄂《歲華
紀路》。胡震亨沒後,子孫後人力謀刊佈《唐音統籤》全書,然因卷帙繁
重,終清之世未能如願;僅《唐音癸籤》三十三卷因最早刻成,且內容精
闢,故得單行於世至今。

　　《四庫全書總目》稱:「《唐音統籤》凡一千二十七卷,以十干為紀,
卷帙浩繁。震亨搜括唐詩,用力最劇,而三百年之源流正變,犁然可按,
實於談藝有稗。詩莫備于唐,然自北宋以來,但有選錄之總集,而無輯一
代之詩共為一集者,明海鹽胡震亨《唐詩統籤》始搜羅成帙,粗見規模[86]。」
一生著述宏富,著有《靖康資鑒錄》、《赤城山人稿》、《讀書雜錄》等。

　　好古堂:《論語‧述而》:「我非生而知者,好古敏而求之也。」好
古,喜愛古代書籍事物[87]。

---

[85] （明）胡震亨撰,《讀書雜錄》卷上,四庫全書存目叢書‧子部雜家類 109,1995 年據上海
　　圖書館藏清康熙十八年刻本影印。

[86] （清）永瑢、（清）紀昀等撰,《欽定四庫全書總目》,臺北市:臺灣商務,1983。

[87] 范鳳書著,《中國著名藏書家與藏書樓》,鄭州:大象出版社,2013.01,頁 97。

十四、徐𤈪與紅雨樓

　　徐𤈪（1570-1642），字惟起，又字興公，其號有「鼇峰居士」等，福建福州府閩縣人。徐𤈪身形瘦削，恐也因此不耐雜遝，據載其早年應童子試時，光看到點名時人群擁擠，便萌生退意，中秀才後便放棄舉業仕進的念頭，以一布衣終身。徐𤈪雖不求功名，但其文采詩才與藏書之富，使其成為當時的名人：不僅與曹學佺等人結社吟詠、主盟詩壇，後進仿效其詩風者甚至形成一興公詩派；又建「紅雨樓」、「綠玉齋」等藏書樓，所積數萬卷書中多有善本秘本，堪稱一代風雅之士[88]。著有《紅雨樓集》、《紅雨樓序跋》、《榕陰新檢》、《鼇峰集》、《筆精》等。

　　徐𤈪是我國明代福建閩縣著名藏書家，所收藏書達七萬餘卷，畢生致力於訪書、購書、抄書、補書、刻書等藏書事業。徐𤈪藏書以用為主，主張傳佈為藏，反對秘惜為藏。「可無衣，可無食，不可以無書。」這是他恪守的生活信條。他精於校勘，善作題跋；重視書目編撰，個人著述也非常豐富，在中國藏書史上佔有重要地位。

　　據史料記載，在他 28 歲那年，生病後臥床不起，有一天稍有好轉，他聽到門外有叫賣書聲，馬上讓家人把賣書人請進屋，一看是一部《丁鶴年詩》，他喜形於色，本來家裡已經有一部刻於永樂年間三卷本，但書商手中的為元刻本，於是，他不顧家人的反對，硬是用買藥的錢買下了這部書。書商剛離開，他就靠在床上讀起來，一口氣讀完了這部書。家裡人擔心他病情加重，沒想到，他卻「頓覺心曠神怡」而「倏然病已」。對於徐來說，書勝任何良藥，書能治病啊！

　　徐𤈪布衣不仕，終生搜羅典籍，探討藝文，潛心著述，以讀書為樂。本來其父兄對藏書就小有積蓄，經他的大力搜求，多至七萬餘卷，建紅雨樓、宛羽樓、綠玉齋貯之。並編有《紅雨樓藏書目》，自作《敘言》稱：

88　梁戰、郭群一編著，《歷代藏書家辭典》，西安：陝西人民出版社，1991，頁 323。

　　予少也賤，性喜博覽，間嘗取父書讀之，覺津津有味，然未知載籍無盡，而學者耳目難周也。既長，稍費編摩，始知訪輯，然室如懸罄，又不能力舉群有也。會壬辰、乙未、辛丑為吳越之遊，庚子又有書林之役，乃撮其要者購之。更有罕睹難得之書，或即類以求，或因人而乞，或有朋舊見貽，或藉故家抄錄。積之十年，合先君子、先伯兄所儲，可盈五萬三千之卷，充之小樓，推床充棟。鉛槧暇日，仿鄭氏《藝文略》、馬氏《經籍考》之例，分經、史、子、集四部，著為書目四卷，以備稽覽。客有譏予者曰：子之儲書，拮据勞瘁，書愈富而囊愈窮，不幾成癖成癮乎？好書之勞，不若不好之逸也。予曰：否否！昔宋尤延之積書數萬卷，嘗自謂饑讀之以當肉，寒讀之以當裘，孤寂讀之以當友朋，幽憂讀之以當金石琴瑟。予生平無他嗜，所嗜惟書。雖未能效古人，下帷穿榻，閉戶杜門之苦，然四體不勤，此心難恕，豈敢安於逸豫，怠於鑽研者耶！至於發書麓之誚，蒙武庫之譽，非予所可幾也，亦非予所敢望也。客曰：美哉，徐仲子之言！唯唯而退。萬曆壬寅（1602）初秋，三山徐𤊹公書[89]。

　　徐𤊹喜愛藏書，並精於校勘，他以嚴謹的治學態度糾正古學中的許多的舛誤。他晚年編寫的《紅雨樓書目》、《紅雨樓題跋》等名聞全國。其中輯錄的「明詩選」，還加注作者生平，是研究明代藝文的寶貴資料。著錄的 140 種元明戲曲，是研究戲曲史，尤其福建戲曲史的寶貴資料。

　　又《藏書屋銘》說：

　　少弄詞章，遇書則喜。家乏良田，但存經史。先人手澤，連篇累紙。珍惜裝璜，不忍殘毀。補闕拾遺，訪售市肆。五典三墳，六經諸子。詩詞集說總兼，樂府稗官咸備。藏書非稱汗牛，考核頗精

89　（明）徐𤊹撰，《紅雨樓題跋》卷上〈紅雨樓藏書目敘〉，百家諸子中國哲學書電子化計劃，https://ctext.org/library.pl?if=gb&file=30125&page=61

亥豕。雖破萬卷之有餘，不博人間之青紫。茗碗香爐，明窗淨幾。
開卷朗吟，古人在此。名士見而歎嘉，俗夫聞而竊鄙。濡嗜生應不
休，癡癖死而後已。此樂何假南面百城，豈自誇多而鬥靡者也。萬
曆甲辰六月望日，徐興公書[90]。

又《題兒陸書軒》說：

菲飲食，惡衣服。減自奉，買書讀。積廿年，堆滿屋。手有校，
編有目。無牙籤，無玉軸，置小齋，名汗竹。博非櫥，記非篋。將
老矣，竟不熟。青箱業，教兒陸。繼書香，爾當勖。萬曆丁未秋日，
徐興公書[91]。

他對於古籍的難聚、易失、不便保藏深有體會，積累了經常翻閱、曝
曬、保持通風、乾燥等一系列圖書管理方法。徐認為：「人生之樂，莫過
於閉戶讀書[92]。」但又不同於那些把善本秘笈當作古董、藏而不傳的「書
蠹」，主張「傳布為藏」，也就是說，收藏書是為了讓更多的人讀到書，
學到東西。他曾經說過：「來借書的人有的是為瞭解疑析難，有的是為了
校勘異同，有的是搜求研究資料，這些都是好事，怎麼能不借給人家呢[93]？」
徐𤊐藏書傳至其子延壽，明清易代之際尚無恙。至清康熙間耿精忠王
閩，徐家被遷徙，書遂遭到損失，一部分為後來藏書家鄭傑所覓購，其他
就不知所終了。

90　（明）徐𤊐撰，《紅雨樓題跋》卷上〈藏書屋銘〉，百家諸子中國哲學書電子化計劃，
　　https://ctext.org/library.pl?if=gb&file=30125&page=66

91　（明）徐𤊐撰，《紅雨樓題跋》卷上〈題兒陸書軒〉，百家諸子中國哲學書電子化計劃，
　　https://ctext.org/library.pl?if=gb&file=30125&page=66

92　（明）徐𤊐撰，《徐氏筆精》卷六〈讀書樂〉，百家諸子中國哲學書電子化計劃，
　　https://ctext.org/library.pl?if=gb&file=60177&page=51

93　（明）徐𤊐撰，《徐氏筆精》卷六〈借書〉，百家諸子中國哲學書電子化計劃，
　　https://ctext.org/library.pl?if=gb&file=60177&page=52

紅雨樓：唐劉禹錫《百舌吟》：「花枝空滿迷處所，搖動繁英墜紅雨。」唐李賀《將進酒》：「況是青春日將暮，桃花亂落如紅雨[94]。」指繁花紛落如雨。

十五、錢謙益與絳雲樓

錢謙益（1582-1664），字受之，號牧齋，晚號蒙叟，東澗遺老，江蘇常熟人。明萬曆三十八年（1610）進士，授編修、禮部侍郎、禮部尚書。入清為禮部侍郎，管秘書院事，一度系獄，釋出歸里家居，以藏書、讀書、著述為事。六十歲時又得寵姬柳如是，紅袖添香，伴讀瀹茗，校勘唱和，仿趙德甫、李易安故事為樂。編有《列朝詩集》，《明史稿》及《牧齋詩集》、《初學集》、《有學集》、《絳雲樓書目》、《絳雲樓題跋》等[95]。

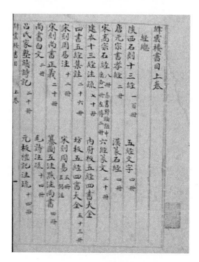

圖 8　絳雲樓書目

（圖片來源：國家圖書館藏品）

94　范鳳書著，《中國著名藏書家與藏書樓》，鄭州：大象出版社，2013.01，頁 98。

95　趙爾巽撰，《清史稿》〈列傳〉二百七十一，百家諸子中國哲學書電子化計劃，https://ctext.org/library.pl?if=gb&file=17656&page=95

　　錢謙益是明末清初一位著名的學者，鄭方坤說他「聲華烜赫，莫與為比，……學問淵博，浩無涯涘[96]」。其在文學、史學、目錄學、版本學諸多方面都有一定的成就，他嗜書成癖，藏書甚富，為訪書、借讀、傳抄，足跡遍天下，廣交文人學者。曾至南京借讀黃居中千頃堂藏書，於長安翻閱曹溶列架所有，遊杭州寓目張坦公馬之藏，在吳縣借抄錢允治的《吳都文粹》。與毛晉、李如一、趙琦美等藏書家交往甚篤，晚年約黃宗羲為讀書伴侶，對平民學者談遷也曾給予鼓勵和幫助。

　　錢謙益訪書不惜重金，經多年終於「所積充牣，幾埒內府」。於書除零星購得外，主要大批收購了劉子威（鳳）、錢功甫（允治）、楊五川（儀）、趙汝師（用賢）四家之書。晚年移置於紅豆山莊之絳雲樓，並加整理分類上架，大櫝七十有三。

　　絳雲樓乃謙益為柳如是（1618-1664）而築，柳氏，本姓楊，名愛，為吳江名妓徐佛弟子，後更姓柳，名是，字如是，聰敏慧解，知書能文。崇禎 13 年（1640）謙益結識於浙江嘉興，14 年納之為妾，絳雲樓乃為二人居住之處所，取〈真誥絳雲〉典故以為樓名，樓位於如是初訪謙益的半野堂之後。崇禎 16 年冬絳雲樓上樑，是年除夕前入居，二人賞詠詩文，考異訂訛，翻書煮茗，略如李易安，趙德甫家故事。

　　樓高約百尺，儲藏及居住外，並有賓客廂房。樓內收藏，除縹緗充棟外，更有金石鼎彝、法書名畫之屬，以謙益之善於賞鑑辨識，故所藏皆是精品。

　　對於樓內藏書數量，人皆贊嘆不已，如嘗親訪絳雲樓的黃宗羲（1610-1695）云：「余所欲見者無不有[97]。」可知樓內藏書必有足以傲人之處。至於真正典藏之數，謙益在文中只提過「萬卷」約略之數，如：「絳雲圖書萬軸，一夕煨燼」，「絳雲一炬，萬卷成灰」。

　　至於樓火之起因與經過，據《絳雲樓書目題詞》載：「其幼女中夜與

---

[96]　（清）錢謙益撰，《絳雲樓題跋》〈東澗詩鈔小傳〉，百家諸子中國哲學書電子化計劃，https://ctext.org/wiki.pl?if=gb&chapter=854372

[97]　（清）黃宗羲撰，《思舊錄》，清康熙間（1662-1722）慈谿鄭氏刊本。

乳媼嬉樓上，翦燭炧，落紙堆中，遂燬，宗伯樓下驚起，焰已漲天，不及救，倉皇出走，俄頃樓與書俱盡[98]。」按順治六年（1649），如是曾產一女。據《鐵琴銅劍樓藏書目錄》明刊宋史四九六卷條所引謙益卷首之記，書樓焚毀當在順治七年庚寅十月初二夜，時方雷電交作，大雨傾盆，後樓前堂，片刻煨燼[99]。計自崇禎十六年冬建造完成至被災，共歷七載，中有宋刻孤本，劫後不可再得者甚多。謙益自歎：「嗚呼！甲申之亂，古今書史圖籍一大劫也：庚寅之火，江左圖籍一小劫也。今吳中一二藏書家，零星捃拾，不足當吾家一毛片羽。」更痛謂：「此火非焚書，乃焚吾焦腑耳[100]。」誠書林浩劫，人生鉅痛，亦是謙益藏書散佚最多的一次。

　　謙益藏書在先前居住過的拂水山莊、蘇州舊宅，或晚年移居的紅豆山莊，仍有脫於兵火而無恙者，絳雲樓所藏故未盡毀於庚寅一劫，更是事實，謙益書跋及後人書志皆屢及餘燼之事。至於災後諸書歸向，歷來說法不盡相同，舉其大者，一歸松陵潘檉章，所得不出有關明史範圍，至於其他宋元善本及趙琦美鈔校本等絳雲餘燼主要部分，則歸族孫錢曾（1629-1701），使述古堂藏書一時為吳中之冠。

　　《絳雲樓書目》，乃清初最大藏書家錢謙益在絳雲樓居住期間，對於其藏書的著錄。順治六年（1649）謙益開始整理絳雲樓藏書，此目著錄蓋始於此，次年樓即火，幸有此目留世，後人得以略窺謙益藏書概況。謙益編定此目，並非其藏書全部，又書目所記，亦不盡存樓中，此目成書時間與內容雖有其疑點，然今日欲考謙益當日收藏之一二，捨此目外，則無由入手矣。

　　臺灣地區所見《絳雲樓書目》有 3 種版本：伍崇曜粵雅堂叢書刻本 4 卷、康熙間藍格鈔本 2 卷及舊鈔本不分卷（名為《牧齋書目》）。章鈺於

---

[98] （清）錢謙益撰，《絳雲樓書目》題詞，《粵雅堂叢書》本。百家諸子中國哲學書電子化計劃，https://ctext.org/library.pl?if=gb&file=87564&page=7

[99] （清）瞿鏞撰，《鐵琴銅劍樓藏書目錄》卷八史部一・正史類，百家諸子中國哲學書電子化計劃，https://ctext.org/library.pl?if=gb&file=29286&page=67

[100] 簡秀娟〈絳雲樓〉，《圖書館學與資訊科學大辭典》https://terms.naer.edu.tw/detail/1680781/?index=6

《讀書敏求記校證》補輯類記中曾述：「絳雲目傳本不同，所未見者尚多也[101]。」因後人懾於清高宗禁書之屬，一直無人刊刻此目，清末文網漸疏，直到道光三十年（1850）才有粵雅堂刊本，亦是如今唯一刻本，正因刻本晚出，致使此目傳抄本，不一而足。

　　粵雅堂刻本所據亦寫本，又採陳氏注文，可能已經後人整理過，而抄本則可因抄手之不同而不同，所以這三種版本有其差異處。在著錄總數上，三目所載不同，大約皆為 3,000 多種；對於版本的標記，比例甚低，非對版本情況多有記載；曹溶於《絳雲樓書目題詞》曾言：「所收必宋元版，不取近人所刻及抄本[102]。」然三目所載宋版皆不滿百種，亦記有抄本、內府版、坊版，只是為例更少；類目上，二種抄本大同小異，刻本與二抄本則有差異，不過後世目錄學專著論及此目，皆以刻本為討論基礎。

　　此目雖未標經史子集之名，實依四部體系分設 73 類，與曹溶在《絳雲樓書目題詞》所云：「大櫝七十有三[103]」不謀而合。不再細分子目，類目乃顯龐雜繁瑣；而對諸書配隸不當處，經後人指出，致有草率成編之語。在體例上（先不言注文）可說僅載書名、冊數（並非每書必載），間冠以作者，版本，根本沒有小序與解題，完全是帳簿式書目。蓋謙益在短時間內完編此目，志不在表現「辨章學術，考鏡源流」的目錄書功用，乃為私藏簿錄，為一己按目檢書之用。此目或別有取義，非讀書家所亟，乃藏書家所貴也。

　　此目在康熙中經陳景雲注解，無論於書名卷別、作者考析、版本注記、著述要旨或類例指正，皆能訂補謙益之失誤，雖非每書必注，所注詳略有別、重點互異，然已將此目原只是帳簿式書目，提升為亦具目錄書體制的功能，足資後人參考利用，後世書志亦多有引用者。

　　另有《絳雲樓書目補遺》1 卷，載有 57 種書，亦謙益編，景雲注，乃

---

[101]　（清）管庭芬輯、（民國）章鈺補輯，《錢遵王讀書敏求記校證》，民國丙寅（十五年，1936）長洲章氏刊壬申（二十一年，1932）增刊本。

[102]　（清）錢謙益撰，《絳雲樓書目》題詞，《粵雅堂叢書》本。百家諸子中國哲學書電子化計劃，https://ctext.org/library.pl?if=gb&file=87564&page=7

[103]　同上註。

此目之補充。此補遺亦如此目，隨傳抄本之不同，而內容有別。為粵雅堂刻本漏刻，至葉德輝觀古堂刊出，以補闕遺籍。

　　絳雲樓：清王澐《輞川詩抄・虞山柳枝詞十四首》之五：「玉堂金屋好藏春，新築朱樓擬上真。舉止曾無羞澀態，何妨婢子作夫人。」自注云：「錢納姬，構絳雲樓居之。」南朝梁陶弘景《真誥》：「安妃降楊君家，紫微夫人贈詩有云：乘飆傳奚寢，齊牢攜絳雲。」取以名樓[104]。

十六、錢曾與述古堂

　　錢曾（1629-1701），字遵王，自號也是翁、貫花道人、籛後人、述古主人。江蘇常熟人。錢謙益族曾孫，裔肅之子。他十七歲繼承了其父的藏書，後又幫助錢謙益收集、整理、校勘書籍，並得到其燼後餘遺。一生未仕，以藏書為職志，是個職業藏書家[105]。撰有《讀書敏求記》，為中國藏書史上著名善本藏書目錄之一。另撰有《述古堂書目》和《也是園書目》。

　　曾在綺繻紈袴之間，而能以問學自勵。弱冠從族曾祖謙益遊，頗得其詩學。自著詩集有《懷園集》（又名《筆雲集》）、《交蘆言怨集》、《判春集》、《奚囊集》、《今吾集》、《夙興草堂集》、《鶯花集》等7種，今皆不傳，僅散見於諸家詩輯之中。

　　曾酷嗜典籍，自謂竭其畢生心力，「食不重味，衣不完采，捫擋家資，悉藏典籍中[106]。」其藏書除承父裔肅餘業，並獲謙益舉絳雲樓燼餘諸書相贈外，本身更次第訪求，借校傳鈔，廣事增益，所藏遂為吳中一時之冠。康熙五、六年（1666、1667）之交，曾舉家藏宋刻之重複者，折閱售之泰興季振宜，季氏卒後，藏書散逸，多數歸於崑山徐乾學，亦有復歸曾者。

---

[104] 范鳳書著，《中國著名藏書家與藏書樓》，鄭州：大象出版社，2013.01，頁102。

[105] 梁戰、郭群一編著，《歷代藏書家辭典》，西安：陝西人民出版社，1991，頁354。

[106] （清）錢曾撰，《述古堂藏書目》序，《粵雅堂叢書》本。百家諸子中國哲學書電子化計劃，https://ctext.org/library.pl?if=gb&file=87566&page=3

曾身後，其子孫雖有續藏，然亦旋散。康熙以後，大半歸於怡親王府而入天祿琳琅，百餘年後復散出，為各大藏畫家所續藏。

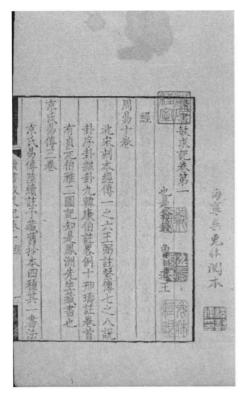

圖 9　錢曾撰《讀書敏求記》

（圖片來源：國家圖書館藏品）

　　曾所藏極富，尤好宋刻，有佞宋之稱。其藏書處有草堂、獨醒堂、莪匪樓，述古堂、也是園等。曾對於入藏的圖籍，並非徒充篋笥，除了勤加校勘、精心裝訂之外，每鈐有各種藏書印記，其中以「虞山錢曾遵王藏書」印最為常見，並常於所藏書每葉邊欄外左方，或每卷首尾葉最末一行欄格外，以細楷手書「虞山錢遵王藏書」等小字一行，以為識記。為便於檢閱與保存所藏，更加以分類編目，先後編成《述古堂藏書目》（附《述古堂宋板書目》），收書 2,295 種，在書名、卷數之外，間載冊數和版本；《也是園藏書目》收書 3,873 種，分類登記書名、卷數；復遴選藏書中的精華，

各撰解題，編成《述古堂藏書目錄題詞》，後改名為《讀書敏求記》，據章鈺彙合眾本，得 634 種，考訂宋元精刻善本的篇目完缺，授受源流。瞿鳳起將三目合併，去其重複，約得 4,180 種，定名為《虞山錢遵王藏書目錄彙編》。

曾以藏書名世，亦以其版本目錄學著作傳世。他為其豐富藏書所編的三部目錄，均為後世所重視。《四庫全書總目》卷八十七史部目錄類僅存《述古堂書目》、《讀書敏求記》二目，《提要》對於曾編目之失次，考證之疏誤，多所譏評，然亦稱許《讀書敏求記》「述授受之源流，究繕刻之異同，見聞既博，辨別尤精，但以版本而論，亦可謂之賞鑑家矣[107]。」是書開賞鑑書志之先導，不僅直接影響清代官私目錄的編纂，也間接影響清代學術的發展。

他在《述古堂書目‧自序》中自述說：

「己酉清和詮次家藏書目告竣，放筆而歎，歎乎聚書之艱而散之易也。予二十餘年，食不重味，衣不完采，摒當家資，悉藏典籍。中如蟲之負版，鼠之搬薑，甲乙部居，粗有條理。憶年驅雀時，從先生長者游，得聞其緒論。逮壯，有志藏弆，始次第訪求，問津知途，倖免於冥行摘埴。然生平所嗜，宋槧本為最。友人馮定遠每戲予曰：昔人佞佛，子佞宋刻乎！相與一笑，而不已於佞也。丙午、丁未（1666-1667）之交，舉家藏宋刻之重複者，拆閱售之泰興季氏。世間聚散何常，百六飆回，絳雲一爐，圖書之厄，等於秦灰。今吾家所藏，不過一毛片羽，焉知他年不為有力者捆載而去，抑或散於麵肆酒坊，論秤而盡，俱未可料。總之，不值達人之一哂耳[108]！」

---

[107] （清）永瑢等撰，《欽定四庫全書總目》卷八十七《讀書敏求記》，百家諸子中國哲學書電子化計劃，https://ctext.org/library.pl?if=gb&file=76414&page=15

[108] （清）錢曾撰，《述古堂藏書目》序，《粵雅堂叢書》本。百家諸子中國哲學書電子化計劃，https://ctext.org/library.pl?if=gb&file=87566&page=3

他又在《讀書敏求記》卷三記錄鑒覽朱存理《鐵網珊瑚》時的一段心境說：「閑窗靜坐，爐香鬱然，覽茲墨妙，是正書中一二訛字，覺人間榮名利養之樂，罕有逾於此者[109]。」這是只有心無旁騖、沉潛翰墨者才能感受到的無上樂趣。

與其往還者，有毛晉、毛扆父子，馮己蒼、馮定遠兄弟，陸敕先、葉林宗、葉石君、季滄葦、徐健庵諸人，均為嗜書如命的藏書家。他也向他們借抄了一些圖書，錢氏抄書以其紙墨精良、校勘仔細而著稱，世稱「錢抄」。

述古堂：典出《論語・述而》：「述而不作，信而好古，竊比于我老彭。」錢曾藏書，得益於其父錢裔肅和族曾祖錢謙益。錢謙益曾為之作《述古堂記》，認為「老彭」即彭祖，本姓籛，是他們錢氏的老祖宗。於是錢曾以「述古」命藏書樓，標榜他承襲先祖之德行[110]。錢曾在《述古堂藏書目自序》中云：「竭予二十餘年之心力，食不重味，衣不究彩，捫當家資，悉藏典籍中[111]。」可見他「好古」之精神。他一生共收書四千餘種、數萬餘卷。

十七、毛晉與汲古閣

毛晉（1598-1659），原名鳳苞，字子久，後改名晉，字子晉，號潛在。世居常熟虞山昆承湖。早年與錢謙益遊，深知學問之旨意，性嗜卷軸，廣收典籍。成為明代最大的藏書家。築有汲古閣、目耕樓以貯之[112]。汲古閣「毛抄本」、「毛刻本」至今猶為人所稱頌。

---

[109] （清）錢曾撰，《讀書敏求記》卷三《朱存理鐵網珊瑚十四卷》，百家諸子中國哲學書電子化計劃，https://ctext.org/library.pl?if=gb&file=145548&page=132

[110] 范鳳書著，《中國著名藏書家與藏書樓》，鄭州：大象出版社，2013.01，頁103。

[111] （清）錢曾撰，《述古堂藏書目》序，《粵雅堂叢書》本。百家諸子中國哲學書電子化計劃，https://ctext.org/library.pl?if=gb&file=87566&page=3

[112] 楊立誠，金步瀛合編，《中國藏書家考略》，上海市：上海古籍，1987，頁14。

　　毛晉收藏圖書的主要途徑有二：一是高價收購各種善本舊抄。據說他曾在家門前貼一榜書：「有以宋槧本至者，門內主人計葉酬錢，每葉出二佰；有以舊抄本至者，每葉出四十，有以時下善本至者，別家出一千，門內主人出一千二佰。」由於價格優厚，一時書商竟雲集于毛氏之門。據《蘇州府志》載，當時甚民諺曰：「三百六十行生意，不如鬻書於毛氏[113]。」二是尋訪和借抄藏於他人之善本。採用影寫的方法抄書，實為毛晉一大發明，故人稱「毛抄本」。毛氏的這種影抄本能夠基本上保持原書的面貌，後來有些宋元刻本在流傳中散失了，「毛抄本」則被視為同原刻一樣珍貴。毛晉還曾雇傭過許多人為他抄書，故又有「入門僮僕盡抄書」之驚歎。

　　經過數十年的苦心經營，毛晉藏書多達八萬四千餘冊，更難能可貴的是毛晉允許別人前來抄寫閱讀，至今仍能讀到當時一些著名學者寫下的諸如「汲古閣觀書記」之類的文章。陳瑚《為毛潛在隱君乞言小傳》曾這樣描述汲古閣：「其制上下三楹，始子訖亥，分十二架，中藏四庫書及釋道兩藏，皆南北宋仙府所遺，紙理縝滑，墨光騰刻。又有金元人本，多好事家所未覯[114]。」

　　閣中所藏之書，分存架上，每架 3 層，按地支排列，共 12 架，毛晉日坐其間，「手繙諸部，讎其譌誤」。據毛晉同裡後人許淳雲，毛氏本有三閣，汲古閣在載德堂西，以延文士；其雙蓮閣在問漁莊，以延緇流；一失名，俗呼為關王閣，在曹溪口，以延道流著。今俱廢。清江熙《掃軌閑談》云：「毛潛在先生晉家隱湖，創汲古閣，刻經史諸書。中為閣，閣後有樓八間藏書板者。樓下及廂廊俱刻書所。閣四圍有綠君、二如等亭，招延天下名士校書於中，風流文雅，江左首推焉[115]。」

　　毛晉有功於書林至巨者，還在於汲古閣的刻書。葉德輝《書林清話》說：「明季藏書家以常熟毛晉汲古閣為最著者。當時曾遍刻《十三經》、

---

[113] （清）馮桂芬纂，《蘇州府志》卷九十九、人物二十六〈毛晉〉，百家諸子中國哲學書電子化計劃，https://ctext.org/library.pl?if=gb&file=107460&page=576

[114] 蘇曉君編著，《汲古閣匯紀》附錄：為毛潛在隱居乞言小傳，北京市：北京大學出版社，2018。

[115] 沈津〈汲古閣本〉，圖書館學與資訊科學大辭典 https://terms.naer.edu.tw/detail/1682539/

《十七史》、《津逮秘書》、唐宋元人別集。以至道藏、詞曲，無不搜刻傳之[116]。」著名學者朱壽彝《嚴孺人墓誌銘》則說毛晉「力搜秘冊，經史而外，百家九流，下至傳奇小說，廣為鏤版，由是秘書鈔本走天下[117]」。汲古閣刻書，不僅數量多，而且品質高。一是毛晉所刻之書多為宋元善本，二是毛晉曾以高薪聘請名士校戡書稿和書寫版樣，三是所印之書，紙墨精良，裝潢考究。據說汲古閣印書所用紙張，都是在江西定做毛邊、毛太紙。故當時有「毛氏之書走天下」之譽。

　　毛晉《重鐫十三經十七史緣起》自述：

> 　　「每歲訂正經史各一部，壽之梨棗。及築箇方興，同人聞風而起，議連天下文社，列十三人任經部，十七人任史部……十三年如一日，迨至庚辰初夕，十三部版嶄新插架。回首乙卯至今三十年，卷帙縱橫，丹黃紛雜。夏不如暑，冬不知寒；晝不知出戶，夜不知掩扉。迄今頭顱如雪，目睛如霧，尚矻矻不休者，惟懼負吾母讀盡之一言也。而今而後，可無憾矣。」其子在《影宋精鈔〈五經文字〉跋》中所言：「吾家當日有印書作，聚印工二十人刷印經籍[118]。」

　　汲古閣經營三十年，刻出了包括《十三經》、《十七史》、《六十種曲》、《六十家詞》、《漢魏六朝百三家集》、《文選李注》、《津逮秘書》、《樂府詩集》、《詞苑精華》等鴻篇巨制在內的共計六百餘種、十萬多塊版片。這是何等的功績！以一人之力，其貢獻之大，刻書之多，歷時之久，流傳之廣，在刻本書時代可說是空前了。人稱「毛氏之書走天下」不為虛言。

　　汲古閣：唐韓愈《秋懷詩》之五：「歸愚識夷途，汲古得修綆。」汲

116　（清）葉德輝撰，《書林清話》，民國九年（1920）長沙葉氏觀古堂刊本。

117　《歷代藏書家之—毛晉》2005.11.18 http://www.gg-art.com/article/index/read/aid/4671

118　〈冊府千華：民間珍貴典籍收藏展〉摘自《中國古籍保護網》。http://www.nlc.cn/dsb_zt/xzzt/mjscz/zlxq/csj/index_7.htm

古，寓收藏古書，研究古事。清代潘相亦有汲古閣[119]。

十八、周亮工與賴古堂、櫟園

　　周亮工（1612-1672），字元亮，號櫟園，河南祥符（今開封）人。明崇禎十三年（1640）進士，曾任山東濰縣知縣，遷浙江道監察御史。入清後，任鹽法道、兵備道、布政使、左副都御史、戶部右侍郎等。後屢次被彈劾判死刑，又遇赦免。康熙元年（1662）起復為青州海道、江安儲糧道。生平博極群書，愛好繪畫篆刻，工詩文，著有《賴古堂集》、《讀畫錄》等[120]。

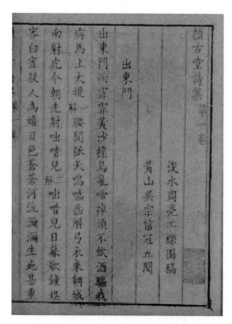

圖 10　賴古堂詩集

（圖片來源：國家圖書館藏品）

---

[119] 范鳳書著，《中國著名藏書家與藏書樓》，鄭州：大象出版社，2013.01，頁 107。

[120] 楊立誠，金步瀛合編，《中國藏書家考略》，上海市：上海古籍，1987，頁 117-118。

　　亮工警敏負奇氣，精於鑒賞，好古圖書字畫，於古今之書無不讀，於
遠近知名之士無不交，遊宦所至，訪求故籍不遺餘力，福建藏書家謝在杭
的舊藏，盡歸於他。其藏書處曰「賴古堂」、「櫟園」，並編有藏書目錄。

　　亮工不僅善藏書，又善讀書，故腹笥充牣，學問博大精深，著述近百
種，後因牢獄，遂放火燒之。現僅存《讀畫錄》、《印人傳》、《閩小記》、
《賴古堂印譜》、《賴古堂詩文集》、《印樹屋書影》等。其《印樹屋書
影》記載精核，辨正詳明，上自經史，下逮聞見，無不筆而記之。其藏書
印主要有「周元亮抄本」、「賴古堂家藏」、「櫟園周氏藏書」等。

　　康熙十年（1671），周亮工將《賴古堂文集》、《詩集》、《印人傳》、
《讀畫錄》、《閩小記》、《字觸》、《尺牘》、《書影》等百餘種自撰
書板，悉行自毀。如今傳世《賴古堂集》二十四卷，是周在浚編葺舊刻，
搜輯遺稿而成，存詩大多是庚子前的作品，而文章只保留了三分之一。

　　周亮工博學多才，詩文、金石、書畫皆有很深造詣。古文宗法唐宋八
大家，推崇嚴羽詩論。魏禧稱：「博極群書而未嘗好徵引故實以自侈其
富，……每命一文，必深思力索，戞戞乎務去其陳言習見而皆衷於理義，
無詭僻矯激之辭以驚世駭俗，其正也如是[121]。」錢謙益稱其詩文：「情深
而文明，言近而旨遠，包涵雅故，蕩滌塵俗，卓然以古人為指歸，而不復
墜於昔人之兔徑與近世之鼠穴[122]」。周亮工在福建任職多年，遺蹟遍閩疆，
所到之處，都獎掖後進，規復文化；公事之餘，好與同僚談論古今掌故，
探究方物土產。所著《閩小記》，「凡夫全閩之軼事舊聞，方物土產，大
而人文之盛，微而工使之巧，幽而洞壑之奇，細而物類之夥[123]」，莫不備
載，是研究福建古代社會的重要文獻。

　　周亮工的一生是複雜的，把他寓閩的十二年整理清楚，對於瞭解他的

---

[121]　（清）周亮工撰，《賴古堂集》序，百家諸子中國哲學書電子化計劃，https://ctext.org/library.
　　　pl?f=gb&file=40237&page=5

[122]　（清）周亮工撰，《賴古堂詩集》序，百家諸子中國哲學書電子化計劃，https://ctext.org/libr
　　　ary.pl?if=gb&file=40237&page=14

[123]　（清）周亮工撰，《閩小紀》序，百家諸子中國哲學書電子化計劃，https://ctext.org/library.
　　　pl?if=gb&file=23397&page=6

生平和創作，對於福建地方文化史的研究，不無裨益。

賴古堂：晉陶淵明《左軍羊長史衡使秦川作此文與之》：「愚生三季外，慨然念黃虞。得知千載外，正賴古人書。」謂賴古人書，方知古代事[124]。

櫟園：「櫟」本木名，是一種不材之木。《莊子・人間世》：「見櫟社樹，曰：是不材之木也，無所可用。」後以樗櫟比喻無用。亮工命書齋櫟園，有自謙之意[125]。

十九、朱彝尊與曝書亭、潛采堂

朱彝尊（1629-1709），字錫鬯，號竹垞，晚號小長蘆釣魚師，又號金風亭長、藕蕩漁人、醧舫、秀、文恪。浙江秀水人。明大學士國祚曾孫，朱氏至彝尊家已中落。康熙十八年，以布衣舉博學鴻詞，召試一等，授翰林院檢討，預修《明史》，體例多從其議。20 年，充日講起居注官，是年秋，典江南鄉試副考官。22 年，入直南書房。23 年，坐私攜鈔胥入內錄四方經進書，為掌院學士牛鈕所劾，降一級。29 年，復原官。31 年乞假歸。聖祖南巡，迎駕無錫，召見行殿，進所著《經義考》，溫諭褒獎，御書「研經博物」匾額賜之。後卒於家[126]。

彝尊生有異稟，書經目不遺。見世亂舍舉業肆力古學，自少時即以詩古文辭見知於江左之耆儒遺老，又博通群籍，顧炎武、閻若璩皆稱之。長而出遊，南踰嶺，北出雲朔，所至以搜剔金石為事。年逾 50，以布衣入翰林，數被恩遇，既入詞館，日偕諸名宿掉鞅文壇。同時王士禎工詩，汪琬工文，閻若璩，毛奇齡工考據，獨彝尊兼有眾長。其學長於考證，網羅宏富，持論和平；為文雅潔淵懿，根柢盤深；詩不名一格，少時規撫王孟，

---

124 范鳳書著，《中國著名藏書家與藏書樓》，鄭州：大象出版社，2013.01，頁 120。

125 同上註。

126 楊立誠，金步瀛合編，《中國藏書家考略》，上海市：上海古籍，1987，頁 56。

未盡所長，中年以後，學問愈博，風骨愈壯，長篇險韻，出奇無窮，與王士禎並峙為南北兩大宗；又好為詞，其體近姜夔、張炎而更加恢宏，與陳維崧世稱朱陳。

彝尊富於藏書，初在嶺表于豫章書肆購書五箱，後在江都購得項氏萬卷樓殘帙，之後，藏書之志愈篤，束修之入，悉以購書。及通籍，又借鈔於史館及宛平孫氏、無錫秦氏、崑山徐氏、晉江黃氏、錢塘龔氏諸書家，合計前後所得約三萬卷。歸田之後，陸續又收得四萬餘卷，並得上海李延昰贈送之二千五百卷，於是擁書八萬卷，成為清初大藏書家之一。又兼南方重要文獻中心，引得許多好書之士雲集傳寫。藏書家曹溶、徐乾學、王士禎、宋犖等均得益於朱氏藏書。

朱彝尊的《曝書亭藏書目錄》中有《竹垞行笈書目》1 卷，以「心事數莖白髮，生涯一片青山，空林有雪相待，古道漫人獨還[127]」24 字編目，不分四部。又有《潛采堂書目》4 種及《潛采堂宋元人集目》。並自錢曾竊得絕妙好詞刻之。藏書印曰「潛采堂」、「南書房舊講官」、「梅會里朱氏潛采堂藏書」、「七品官耳」、「秀水朱彝尊錫鬯氏」、「我生之年歲在屠維大荒落月在橘壯十四日癸酉時」等。

所著有《經義考》300 卷，倣馬端臨《經籍考》而推廣之，自周迄清，各疏其大略，博極群書，徵引繁富；嘗慨明詩自萬曆後，作者散而無統，輯《明詩綜》百卷，或因人錄詩，或因詩存人，銓次為最當；工倚聲，甄錄宋元人詞，為《詞綜》30 卷，獨標正始，別擇甚嚴，轉移之功，遂成有清填詞之盛；蒐集北都地理，山川古蹟，與夫掌故文獻，加以辨證，成《日下舊聞》42 卷；自著詩文詞，總曰《曝書亭集》80 卷。《歐陽子五代史注》、《瀛洲道古錄》則其所草創未成者。

彝尊有子名昆田，字文盎，號西畯，能讀父書，嗜書之癖甚可嘉，惜先于其父夭亡。書傳塚孫朱稻孫。天資超絕，能承家學。王掞為春秋館總裁招引為助，因攜部分家書以備編纂，晚益貧困，書漸散失。乾隆時編《四

---

[127] 《全唐詩》卷二六七〈歸山作〉，百家諸子中國哲學書電子化計劃，https://ctext.org/quantangshi/267/zh

庫全書》，仍著錄其遺書三十三種，三百八十八卷。

曝書亭：漢崔寔《四民月令》：「七月七日人皆曝經書及衣裳，不蠹。曝書，晾曬書也[128]。」

潛采堂：潛，藏也；潛采即潛藏文采。含隱居著書，自謙自勉之意[129]。

二十、季振宜與靜思堂

季振宜（1630-1637），字詵兮，號滄葦，江蘇泰興人。清順治四年（1647）進士，授浙江蘭谿知縣，改任刑部主事，遷戶部員外郎、郎中，十五年，任浙江道御史。康熙二年（1663），被派往巡視河東鹽政，五年，請假歸里[130]。

振宜立朝尚氣節，敢直言，不避權貴。順治十二年，其兄開生在諫垣，因上疏極諫事獲罪，流竄尚陽堡，朝廷方震怒，振宜繼入臺中，十七年，與左都御史魏裔介劾大學士劉正宗欺罔諸罪，正宗坐革職，舉朝咋舌，咸稱二難。世祖以振宜儀觀雄偉，不囿南方儒氣，呼之為啞固山真御史。前後章奏，錚錚鑿鑿，有古直臣之風。

振宜家世簪纓，為泰興望族。英才好學，善屬文，尤精於五七言詩。康熙五年冬，振宜請假歸里，渡江訪虞山、劍門諸勝，得識錢曾，六年夏，振宜延曾渡江，商量校刊錢謙益箋註《杜詩》，曾並將謙益所輯《唐詩》稿本交付振宜，十二年，振宜輯《唐詩》七一六卷成，四十二年所輯刊之《御定全唐詩》九百卷即以此書為底本。

128　范鳳書著，《中國著名藏書家與藏書樓》，鄭州：大象出版社，2013.01，頁 127。

129　同上註。

130　楊立誠，金步瀛合編，《中國藏書家考略》，上海市：上海古籍，1987，頁 121。

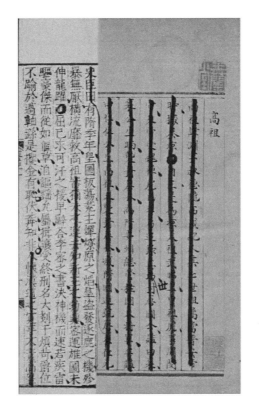

圖 11 季振宜輯《唐詩》

（圖片來源：國家圖書館藏品）

振宜家本豪富，喜藏書，尤嗜宋雕善本，江南故家之書多歸之。清初私家藏書，以虞山毛晉、錢謙益為巨擘，毛氏汲古閣之藏，至其孫而亡；錢氏絳雲樓所貯，於順治 7 年毀於火，其餘盡歸之錢曾述古堂，康熙五、六年間，曾舉家藏宋刻之重複者，折售之振宜，於是虞山藏書漸歸於泰興。振宜歿，其書旋散，多數為崑山徐乾學所得。康、雍以後，徐、季之書，由何義門介紹，歸於怡親王府。乾、嘉年間，則有黃丕烈士禮居、張金吾愛日精廬等，專收錢、毛二家散出之書。道、咸、同、光年間，各大藏書家續有收藏，散見於諸家藏書志中。錢曾云：「丙午、丁未之交，腦中茫茫然，意中惘惘然，舉家藏宋刻之重複者拆閱售之泰興季氏[131]。」其中就

---

[131] （清）錢曾撰，《述古堂藏書目》序，《粵雅堂叢書》本。百家諸子中國哲學書電子化計劃，

有宋本《玉蕊辨證》、《蟋蟀經》、《陶淵明文集》，元刻《楊仲弘詩集》等。

季氏藏書印常見的有：「滄葦」、「季振宜讀書」、「季振宜藏書」、「吾道在滄洲」等朱文長方印，「季振宜印」、「季印振宜」、「季振宜字詵兮號滄葦」等朱文方印，「御史之章」白文方印、「柱下史」方印，「得知千載外正賴古人書」十字長印等，又有宋本橢圓印。著有《聽雨樓集》2卷，《靜思堂詩稿》2卷，《奏疏》1卷，藏書編有《季滄葦書目》1卷。

黃丕烈曾感歎：「昔人聚書，不妨兼收並蓄，故得成大藏書家。余萬力不逮季氏之一，而好實同之[132]。」季振宜藏書處為靜思堂，並編著《季滄葦書目》一卷。別有《延令宋版書目》。

靜思堂：《荀子·解蔽》：「辟耳目之欲，而遠蚊虻之聲，閒居靜思則通。」靜思，沉靜思考[133]。

二十一、徐乾學與傳是樓

徐乾學（1631-1694），字原一，號健庵，江蘇昆山人。清康熙九年（1670）進士，授翰林院編修，歷官侍講學士，直南書房，左都御史，擢刑部尚書[134]。

---

https://ctext.org/library.pl?if=gb&file=87566&page=3

[132] 〈冊府千華：民間珍貴典籍收藏展〉摘自《中國古籍保護網》。http://www.nlc.cn/dsb_zt/xzzt/mjscz/zlxq/csj/index_8.htm

[133] 范鳳書著，《中國著名藏書家與藏書樓》，鄭州：大象出版社，2013.01，頁128。

[134] 楊立誠，金步瀛合編，《中國藏書家考略》，上海市：上海古籍，1987，頁167。

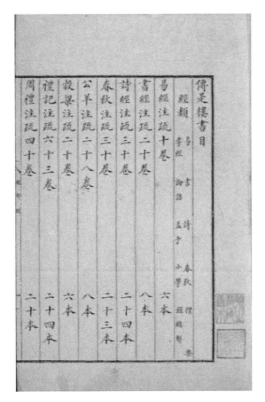

圖 12　傳是樓書目

（圖片來源：國家圖書館藏品）

　　徐乾學學貫古今，尤精經史之學。弱冠即嗜學收書。他在《憺園集‧寄曹秋岳先生》詩中說：「嗟予才綰髮，屈首事誦習。博瞻服茂先，弇陋愧難及。發憤購遺書，搜羅探秘笈。從人借鈔寫，瓴甋日不給。」[（清）徐乾學撰，《憺園文集》四‧〈寄曹秋岳先生〉，百家諸子中國哲學書電子化計畫 https://ctext.org/library.pl?if=gb&file=38823&page=72] 後出宦四方，更是勤搜密訪，還托之於親友、郵遞傳購。家建傳是樓，並編有《傳是樓書目》四卷、《傳是樓宋元本書目》一卷，合計著錄四千餘種。嘗預修《一統志》、《清會典》，並任《明史》總裁。另著《憺園集》、《通志堂經解》、《讀禮通考》[135]。據汪琬《傳是樓記》載：

---

[135]　范鳳書著，《中國著名藏書家與藏書樓》，鄭州：大象出版社，2013.01，頁 129。

　　昆山徐健庵先生築樓于所居之後，凡七楹，命工斷木為櫥，貯書若干萬卷，區為經史子集四種。……凡為櫥者七十有二，部居類彙各以其次。素標緗帙，啟鑰燦然。於是先生召諸子登斯樓而詔之曰：吾何以傳汝曹哉，吾徐先世故以清白起家，耳目濡染舊矣。蓋嘗慨夫為人之父祖者，每欲傳其土田貨財，而子孫未必能世富也；欲傳其金玉珍玩，鼎彝尊罍之物而又未必能世寶也；欲傳其園池台榭，舞歌輿馬之具而未必能世享其娛樂也。吾方以此為鑒，然則吾何以傳汝曹哉，因指書而欣然笑曰：所傳者惟是矣。遂名其樓為「傳是」，而問記於琬[136]。

　　傳是樓，為清初藏書家徐乾學的藏書室名。徐氏生平喜讀書，並辛勤地廣羅舊籍、珍本，中年時藏書達數萬卷，而於康熙十九年（1680）之前在江蘇崑山縣半山橋西尚書第內建樓以藏書。樓成，徐氏召集兒孫登樓，笑指藏書對兒孫說：「所傳惟是」，並將書樓命名為「傳是樓」，表明以書傳後代的意思，一時傳為美談。

　　傳是樓完工後，萬斯同、彭士望等人均曾登樓參觀並為文稱頌，而從這些記載中可知此書樓概況如下：建築高廣，占地一畝多，樓有十楹（一說七楹）；內部的格局則請工匠製作 72 個木櫥，而以這些高 1 丈 5 尺的書櫥，陳列蒐羅的典籍。至於樓中藏書擺置，是依經史子集的順序排列，並將宋版書正位南面，取南面為王之意，足以顯示書樓主人徐乾學封宋版書的珍視。

　　樓中所藏典籍，除鈐蓋徐乾學印記外，亦有「傳是樓」（有朱長方、朱方、朱白文 3 種）、「冠山堂印」、「憺園」、「傳是樓印記」、「東海傳是樓」、「徐氏傳是樓藏書」、「玉峰徐氏傳是樓藏書」等 10 幾種印記；若是抄本，則版心有「冠山堂」、「傳是樓」等字。此外，樓中書籍亦編為《傳是樓書目》、《傳是樓宋元本書目》2 種，作為查核之用，

---

[136]（清）汪琬撰，《堯峰文鈔》卷二十三〈傳是樓記〉，清宣統庚戌（二年，1910）上海集成圖書公司石印本。

亦供人即目求書。

　　傳是樓藏書在康熙 20 年達到鼎盛，號為天下第一；但隨著徐乾學的去職罷官，至康熙 33 年徐氏逝世，此樓藏書已漸流出、散佚。其後，書樓遭回祿之災（據徐氏後人記載，時約康熙末年）、兵災，加上徐氏子孫式微，書多散入怡親王府、明珠等處及諸藏書家手中，甚至有些已佚失不可考。至今，傳是樓遺址已渺不可尋，而「以書傳後」之願亦未達成，只能從現存於世界各地的徐氏藏書及《傳是樓書目》、《傳是樓宋元本書目》二書略見當日的盛況。

二十二、王士禎與池北書庫

　　王士禎（1634-1711），字子真，一字貽上，號阮亭，又號漁洋山人，山東新城（今桓台）人。清順治十五年（1658）進士，歷禮部主事、國子監祭酒，官至刑部尚書。居官二十餘年，俸錢之入，悉已購書。著述有《古歡錄》、《北歸志》、《居易錄》、《池北偶談》、《香祖筆記》、《帶經堂集》等[137]。

　　池北書庫是清初學者、詩人王士禎的藏書所。他平生喜好蒐藏圖書，名其藏書處曰池北書庫。與他並有詩文盛名的朱彝尊在所撰〈池北書庫記〉中稱讚王士禎的求書精神是：「先生自始仕迄今，目耕肘書，借觀輒錄其副。每以月之朔望玩慈仁寺日中集，俸錢所入，悉以購書[138]。」有些好書因一時寄款不及而為人所購去，王士禎曾因此而致疾。這可見池北書庫的庋藏確是來之不易的。

　　池北書庫的藏書不是成批或由某一藏書家的藏書轉入，而是王士禎親自從舊書攤店中採購和從友朋處借鈔而來。這就形成了池北書庫的藏書是

---

[137] 楊立誠，金步瀛合編，《中國藏書家考略》，上海市：上海古籍，1987，頁 20。

[138] （清）朱彝尊撰，《曝書亭集》卷六十六〈池北書庫記〉，清乾隆間（1736-1795）平河趙氏清稿本。

為閱讀治學而非單純為珍藏古祕的特點。王士禎擺脫了當時一般學者佞宋的玩賞習慣。他認為宋版書也有訛誤，不能一概視為珍善；但他並不排斥宋版古籍，而是以書內容定去取。所以池北書庫藏書既有宋元善刻，也有明清佳本。王士禎對所藏圖籍多加研究校定，撰寫書跋，記某著者、版本、價值與流傳等內容，加以其所具深厚的文學素養，遂使題跋文字清新喜人，流暢可讀。光緒四年（1878），葛元煦曾輯題跋 115 篇為《漁洋書跋》，1958 年陳乃乾又有《重輯漁洋書跋》，共收 230 篇，適為葛編的一倍。這些題跋對中國藏書史的研究和對池北書庫藏書的瞭解均有裨益。

王士禎對池北書庫的藏書曾自編《池北書庫藏書目》，但所載僅 469 種，顯然不是池北書庫的全部藏書目。清代學者劉喜海認為這部藏書目如果不是王氏隨身攜帶的備讀書目，便是一部不全的書目。近人從當時與王士禎並稱盛一時的朱彝尊的藏書推測，朱氏曝書亭藏書有七、八萬卷，則王氏池北書庫藏書當亦在七、八萬卷之譜。池北書庫的藏書在王士禎卒後不久，即因鼠蠹積霖，不肖攫竊而殘損散佚。民國初年，藏書家葉德輝的觀古堂會收藏到池北書庫的舊藏。可惜，抗戰時期隨著觀古堂藏書的外流，而使池北書庫一些殘餘舊藏也多流向日本。

關於王士禎藏書，其《居易錄》自述云：

> 予家自太僕、司徒二公發祥，然藏書尚少。至司馬、方伯二公，藏書頗具矣。亂後盡燬兵火。予兄弟宦遊南北，稍復收緝。康熙乙巳自揚州歸，惟圖書數十篋而已。官都下二十載，俸錢之入，盡以買書。嘗冬日過慈仁寺市，見孔安國《尚書大傳》，朱子《儀禮經傳通解》，荀悅、袁宏《漢紀》欲購之。異日侵晨往索，已為他人所有，歸來怊悵不可釋，病臥旬日始起。古稱書淫、書癖，未知視予如何？自知玩物喪志，故是一病，不能改也，亦欲使我子孫知之[139]。

---

139 （清）王士禎撰，《居易錄》卷十四，清康熙四十年（1701）濟南王氏刊本。

朱彝尊為作〈池北書庫記〉，更詳言始末：

> 池北書庫者，今少詹事新城王先生聚書之室也。新城王氏門望甲齊東，先世遺書不少，然兵火後散佚者半。先生自仕迄今，目耕肘書，借觀輒錄其副。每以月之朔望遊慈仁寺日中集。俸錢所入悉以購書，蓋三十年而書庫尚未充也。自唐以前書多藏之於官，劉歆之《七略》，鄭默、荀勖之《中經》、《新簿》，其後《四部》、《七錄》代有消長。民間所藏賜書之外無多焉。自雕版盛行而書籍易得，民間鏤版未貢天府者十之九，由是官書反不若民間多……明年歸矣，將尋先生之書庫借抄所未有者。奉先生之命，遂為先生記之[140]。

池北書庫：借用唐白居易藏書處名，當亦在水池之北[141]。

二十三、錢大昕與潛研堂、十駕齋

錢大昕（1728-1804），字曉徵，一字及之，號辛楣，又號竹汀居士，江蘇嘉定人；為清代經史名家及教育家。自幼受父、祖啟迪，刻苦善學，肄業於紫陽書院。二十四歲於乾隆南巡時獻賦入選，再試特賜舉人，授內閣中書學習行走。二十七歲中進士，授翰林院庶起士，歷升至翰林院侍讀學士、詹事府少詹事，先後奉旨參與《熱河志》、《續文獻通考》、《續通志》、《一統志》等書的纂修工作。又累次出任山東、湖南、浙江、河南主考官，後又提督廣東學政，乾隆四十年（1775）退休後，先後應聘出任江寧鍾山、太倉州婁東及蘇州紫陽書院的院長。總計錢大昕一生供職

---

[140] （清）朱彝尊撰，《曝書亭集》卷六十六〈池北書庫記〉，清乾隆間（1736-1795）平河趙氏清稿本。

[141] 范鳳書著，《中國著名藏書家與藏書樓》，鄭州：大象出版社，2013.01，頁131。

翰林院二十餘年，歸里後主持書院三十年，一直從事編纂、主考、學政和書院等教育工作，畢生鑽研及倡導經史之學。著作宏富，有《廿二史考異》、《諸史拾遺》、《十駕齋養新錄》、《疑年錄》、《潛研堂文集》等三十餘種[142]。

　　錢大昕的學術成就，體現在長年積累的讀書筆記、序跋、書信、答問及其他文字，最後集結為兩部綜合性的著作：其一是《十駕齋養新錄》，採筆記形式，從二十歲開始，每當讀書有心得就寫成箚記，積累五十年後，仿顧炎武《日知錄》體例而編成一書，內容精深，但不涉及經世實務。其二是《潛研堂文集》，係詩文集，雖是隨意抒寫，仍避免空泛浮詞，力求字字有據，貫穿經史。

　　在學術思想上，有關經學的精闢論述，側重於小學方面，散見於上述二書。大昕推崇顧炎武、閻若璩等，認為訓詁必依漢儒，以得義理之真。他不墨守注疏，也肯定宋儒能力圖矯正「學究專己守殘之陋」，但卻反對「元、明以來學者空談名理，不復從事訓詁、制度、象數，張口茫如」之敷衍附會。對文字、聲韻、訓詁學都有貢獻，也重視史學，經、史並尊，反對「陋史而榮經」的看法，不贊成元、明講經者貶低史學，指出《尚書》、《春秋》就是史家的權輿，而且《史記》、《漢書》的文章可與六經並傳而無愧。又認為寫歷史應著重記載的全面和真實可靠，不需學春秋筆法及褒貶人物，故他將大多精力用在訂正史籍的訛誤，補充應有的史實，闡明疑難，溝通史料間的聯繫，使其條理貫串，便於閱讀；代表作為《廿二史考異》。他自作官後就專攻歷朝正史，一有心得就寫成箚記，累積數十年後，於七十歲時全書才得以出版，較同時期王鳴盛的《十七史商榷》及趙翼的《廿二史箚記》二本巨著更為深入，且能旁徵博採，尤以宋、遼、金、元四史的研究最能超越同輩。段玉裁稱譽本書的成就說：「凡文字、音韻、訓詁之精微，地理之沿革，歷代官制之體例，氏族之流派，古人姓字、里居、官爵、事實、年齒之紛繁，古今石刻畫篆隸可訂六書，故實可裨史傳

---

[142] 梁戰、郭群一編著，《歷代藏書家辭典》，西安：陝西人民出版社，1991，頁 355。

者，以及古九章算術，自漢迄今中西曆法，無不瞭如指掌[143]。」由上可知錢大昕學術之博大精深。

析言之，約有四端值得推崇：其一，音韻學方面認識到「聲音與時變易」的規律，深入探討古音，提出聲紐「古無輕脣音」及「古無舌上音」的卓越見解，如今已被聲韻學家視為定論。其二，認為史家當討論輿地、官制、氏族三端，藉以展開對歷代正史的綜合考校，如《廿二史考異》中對歷代〈地理志〉有大量考訂，並將歷代官制稱謂分析入微，又重視譜牒之學，用以考訂正史，匯集不同時代同姓名、同號的人以供參考。其三，擴大金石的收藏，與考史相結合，認為金石之學與經史相表裡，將史料從書本擴大到實物考古資料。其四，為了讀通歷代史志，刻苦學習數學、天文等自然科學，說出「中法之絀於歐邏巴也，由於儒者之不知數也」，具有實事求是、力求創新的精神。

錢大昕學問淵博，考證精詳，家富藏書，尤嗜金石文字，舉生平所閱經史子集證其異同得失。晚年自題其像贊：「官登四品，不為不達；歲開七秩，不為不年；插架圖書，不為不富；研思經史，不為不勤；因病得閒，因拙得安，亦仕亦隱，天之幸民。」反映了這位宿學耆儒生當太平盛世，生活優適，樂天安命，嗜於著述，瀟灑曠達的情懷[144]。

錢大昕不但終身從事經史研究與教育工作，並且具有學不厭的精神，對於史料的考訂特具貢獻，對於若干學科也有開創之功，著述精勤尤值得稱賞。

錢大昕的藏書室為潛研堂、十駕齋。

潛研堂：《後漢書‧班固傳》：「父彪卒，歸鄉里，因以彪續前世未詳，乃潛精研思，欲就其業[145]。」潛研，專心鑽研學問。

十駕齋：《荀子‧勸學》：「駑馬十駕，功在不舍。」馬拉車走一天

---

[143] （清）段玉裁，《經韻樓集》卷八〈潛研堂文集序〉，百家諸子中國哲學書電子化計畫 https://ctext.org/library.pl?if=gb&file=105039&page=128

[144] 戴逸〈乾嘉史學大師錢大昕〉，中國人民大學清史研究所 2006.03.13，http://www.iqh.net.cn/info.asp?column_id=844

[145] 范鳳書著，《中國著名藏書家與藏書樓》，鄭州：大象出版社，2013.01，頁168。

叫一駕，不好的馬走十天也能走很遠，表自強不息的志向[146]。

二十四、周永年與林汲山房、水西書屋、借書園

　　周永年（1730-1791），清代藏書家、圖書館理論家。字書昌，又字書愚，一件書倉，曾結茅舍於林汲泉旁，自號林汲山人，原籍浙江餘姚，寓居山東歷城。弱冠肄業於濼源書院，能讀《通志堂經解》，當時沈子大光祿主講席，極稱譽之，嘗為永年題《水西書屋藏書目錄》，謂其百無嗜好，獨嗜書。家故貧，歷城書又不易得，每有所見，不惜脫衣典質，務必購歸，得則勤讀卒業乃已[147]。

　　乾隆三十六年（1771）進士，與邵晉涵等同修《四庫全書》，改翰林院庶起士，授編修。四十四年，任貴州鄉試副主考官。在四庫館時，於四部古籍兵、農、天算、數術諸家，尤能得其要旨‧褒貶得宜，鉤稽精義，為同仁所推重。又從《永樂大典》中，輯得逸書 10 餘檀，皆前人所未見者。所蓄經史子集、佛道百家之書至 50,000 卷。與李文藻相友善，文藻官恩平、潮陽，嘗刻善本 10 餘種，原本皆得自永年者。文藻歿後，永年為之彙集印行，於乾隆五十五年完成，名曰《貸園叢書》。藏書印記有「林汲山房藏書」、「傳之其人」等。

　　周永年博古好學，獨嗜書，庋藏典籍甲于山左。家有林汲山房、水西書屋，積藏十萬卷，並編有《水西書屋藏書目錄》、《借書園書目》，著錄三千餘種。

　　周永年有感於古今藏書家之易聚易散，嘗撰《儒藏說》，以為：「書籍者，所以載道記事、益人神智者也。藏之一地，不能藏之於天下；藏之一時，不能藏之於萬世也。」因而倡議於各地設立「儒藏」與「佛藏」、「道藏」鼎足而三，廣蒐圖書，供人自由借閱，並就經費、收集、保存、

---

[146] 同上註。

[147] 梁戰、郭群一編著，《歷代藏書家辭典》，西安：陝西人民出版社，1991，頁 256。

編目、流通、開放等各方面提出具體辦法。此種觀念已非常進步，類似近代公立圖書館，當時影響亦非常大，又與桂馥相約，捐貲設立「借書園」，做為實踐理念之第一步。對我國圖書館事業之推廣，有重大貢獻[148]。

　　林汲山房：濟南城南有般若寺，寺後有林汲泉。周永年曾結廬泉側，因顏其藏書室曰「林汲山房」。

　　水西書屋：周永年家居濟南東流水街，因命藏書室曰「水西書屋」。

　　借書園：周永年提倡儒藏說，欲藏之借給世人共讀，故名「借書園」[149]。

二十五、吳騫與拜經樓

　　吳騫（1733-1813），字槎客，號兔床、愚谷，浙江海寧人。幼年多病，遂棄舉業。篤嗜典籍，遇善本輒傾囊購之勿惜，所得不下五萬卷[150]。吳氏撰有《拜經樓詩集》、《愚谷文存》、《拜經樓詩話》，並編有《拜經樓書目》和《拜經樓藏書題跋》。

　　據《愚谷文存》陳鱣序載：

> 　　吳槎客先生品甚高，誼甚古，而學甚富，著述等身……築拜經樓，聚書數十萬卷，丹黃甲乙，排列幾筵。又有圖繪、碑銘、鼎彝、劍戟、幣布圭璧、印章之屬，丹漆、陶旊、象犀、竹木之器充牣其中，皆辨其名物制度，稽其時代欵識，著之譜錄[151]。

---

148 趙飛鵬〈周永年〉，《圖書館學與資訊科學大辭典》https://terms.naer.edu.tw/detail/1682194/

149 范鳳書著，《中國著名藏書家與藏書樓》，鄭州：大象出版社，2013.01，頁172。

150 梁戰、郭群一編著，《歷代藏書家辭典》，西安：陝西人民出版社，1991，頁133-134。

151 （清）吳騫撰，《愚谷文存》陳鱣序，百家諸子中國哲學書電子化計劃 https://ctext.org/library.pl?if=gb&file=39081&page=2

吳騫《桐陰日省編（下）》自述：

> 吾家先世頗鈔藏書。予生平酷嗜典籍，幾寢饋以之。自束髮迄
> 乎衰老，置得書萬本，性復喜厚帙，計不下四五萬卷。皆節衣縮食，
> 竭平生之精力而致之者也。非特裝潢端整，且多以善本校刊，丹黃
> 精審，非世俗藏書可比。至於宋元本精抄，往往經名人學士賞鑒題
> 跋，……尤足寶貴[152]。

拜經樓，清代藏書家吳騫藏書室名，建於乾隆四十五年（1780）。錢
大昕稱吳騫以拜經名其樓，乃取倣於東莞臧氏之例；臧氏即臧庸，字在東，
號拜經，清乾隆、嘉慶時學者，有拜經家塾，藏書十分豐富。吳騫取拜經
為樓名，一方面表示他崇敬經典，一方面顯現他的謙虛和志向[153]。

圖 13　皇氏論語義疏參訂十卷（吳騫參訂拜經樓抄本）

（圖片來源：國家圖書館藏品）

---

[152] （清）吳騫撰，《愚谷文存》卷十三〈桐陰日省編（下）〉，百家諸子中國哲學書電子化計
劃 https://ctext.org/library.pl?if=gb&file=39262&page=14

[153] 蔡文晉〈拜經樓〉，《圖書館學與資訊科學大辭典》，https://terms.naer.edu.tw/detail/1681902/

　　拜經樓內藏書精良，吳騫將極為珍貴的善本秘籍置於千元十駕專室收藏，並以之與黃丕烈的百宋一廛互稱風雅。樓內藏書皆吳騫本身節衣縮食、竭盡心力的成果，並沒有依賴先世的遺留。在訪求書籍的過程中，吳騫先後得到馬氏道古樓、查氏得樹樓、毛氏汲古閣、錢氏絳雲樓、張氏涉園、徐氏傳是樓及錢曾述古堂的部分藏書，又常與吳門、武林諸藏書家互相鈔校，所得鈔本甚多，而對於未見之善本秘籍亦不惜重金購歸，且有託好友代購的情形；如鮑廷博曾為他購得《千頃堂書目》。在吳騫這樣的努力下，藏書達到 50,000 卷，而陳鱣、張衢則稱有 100,000 卷之多；樓內藏書類別及數量依《拜經樓藏書題跋記》所載為宋元刻本 45 種，其中臨安三志為宋刻極品，十分珍貴。舊鈔本、鈔本、自鈔本及影宋鈔本有 150 餘種，稿本則有 17 種，這些藏本中同一著作多收有異本，並經著名校勘學家盧文弨、錢大昕、周春、鮑廷博、杭世駿、朱彝尊、陳鱣、黃丕烈、顧千里等人的校勘，所以多屬精善之本。

　　吳氏每購得心愛典籍，或專製一印章，或以書名樓，或以書名其兒孫，以記其事，表達其興奮心情及寶愛的情趣。例如，他在購得宋刻本《咸淳臨安志》91 卷、《乾道志》3 卷、《淳祐志》6 卷後，高興異常，遂刻一印，曰「臨安志百卷人家」。他得到宋刊《百家注東坡先生集》後，便以此蘇詩為其收藏處取名「蘇閣」；後來，他把這部《百家注東坡先生集》送給其二兒子吳壽暘（字虞臣）收藏，吳騫又讓壽暘以「蘇閣」為號。此前，在壽暘出生當日，正好吳騫得到一部宋刻本《周禮纂圖互注重言重意》，《周禮》在古文獻中又稱作《周官》，因此，他就為壽暘取字「周官」。所以，吳氏二兒子吳壽暘的字（周官）和號（蘇閣），都與他購到的心愛之書相關。吳騫愛書如此，風雅之至，可見一斑。

　　此外，海昌地方文獻的大量收藏是另一特色，吳騫在《海寧經籍志備考》序中明言：「予於海昌先賢著述，搜訪垂數十年，露抄雪購，頗費苦心[154]。」對海昌地方作了很大的貢獻。

---

[154]　（清）吳騫撰，《海寧經籍志備考》序，續修四庫全書，史部目錄類 918；上海市：上海古籍出版社，2002。據北京圖書館藏稿本影印。

　　拜經樓為吳騫的主要藏書所，另蘇閣及吳壽照、吳壽暘的藏書所都有部分藏書，由於藏書的分歸各處，所以吳騫藏書數量有 50,000 及 100,000 卷二種說法，當是個別和總數的差別。拜經樓藏書在吳騫之後由其子吳壽暘及其孫吳之淳、吳之澄繼續加以保存，總計拜經樓共存在一百多年，當時著名藏書樓如許氏惇敘樓、胡氏華鄂堂、馬氏道古樓、許氏學稼軒等早已先後散佚，都比不上吳氏拜經樓的長久，子孫保存之功甚鉅。道光二十五年（1845）秋，管庭芬二次至海昌訪書時，拜經樓則已毀壞，藏書散佚，因而他發出「遺書塵封，問奇無自」的感歎。此後再也沒有關於拜經樓藏書的消息。

　　拜經樓：南齊臧榮緒《拜五經序論》：「常於孔子生日，陳五經而拜之。」即禮拜五經[155]。

二十六、翁方綱與寶蘇齋

　　翁方綱（1733-1818），清代學者、藏書家、詩學理論家。字正三，又字忠敘，號覃溪，晚號蘇齋，順天大興（今屬北京）人。清乾隆十七年（1752）進士，授編修，官至內閣大學士。長於考證金石，富藏書。著有《復初齋文集》、《復初齋詩集》、《蘇詩補正》、《經義考補正》等[156]。

---

[155] 范鳳書著，《中國著名藏書家與藏書樓》，鄭州：大象出版社，2013.01，頁 173。

[156] 梁戰、郭群一編著，《歷代藏書家辭典》，西安：陝西人民出版社，1991，頁 319。

圖 14　復初齋文集

（圖片來源：國家圖書館藏品）

　　翁方綱生平精研經術，不囿於漢宋門戶之見，嘗謂：「考訂之學，以
衷於義理為主，其嗜博嗜瑣，嗜異嗜矜己者，非也。」又云：「考訂之學，
蓋出於不得已，事有歧出，而後考訂之；說有互難，而後考訂之；義有隱
僻，而後考訂之。論語曰多聞、曰闕疑、曰慎言，三者備而其道盡矣[157]。」
其讀群經，有書禮論語孟子附記。與歸安丁傑及王聘珍校正朱彝尊《經義
考》，凡得 1,880 餘條，為《經義考補正》12 卷。又著《禮經目次》、《春
秋分年系傳表》、《十三經注疏姓氏考》、《通志堂經解目錄》各 1 卷。
於金石書畫譜錄碑版之學，尤能剖析毫芒。其《兩漢金石記》22 卷，參以
說文、正義、考證精審。又著有《粵東金石略》12 卷，《蘇米齋蘭亭考》
8 卷、《小石帆亭著錄》6 卷、《米海嶽元遺山年譜》2 卷、《蘇詩補注》
8 卷、《石洲詩話》8 卷。其論詩頗近「神韻說」，而倡以肌理學問補其

---

[157]　（清）翁方綱撰，《復初齋文集》卷七〈考訂論〉，舊抄本。

偏弊，所作詩多至 6,000 餘首，輯為《復初齋詩集》70 卷、文集 30 卷。
書法初學顏平原，繼學歐陽率更，自成一家。藏書極富，尤多金石文獻，
嘗於乾隆三十三年得蘇賦書《嵩陽帖》，三十八年得宋刻《施顧注蘇詩》
殘本，乃名其齋曰寶蘇。其〈自題三萬卷齋詩〉有句云：「漢碑草草傳洪
邁、宋槧寥寥拜子瞻[158]」。藏書之所有：寶蘇齋、蘇米齋、石墨書樓、有
鄰硯齋、塔影軒、晉觀堂、彝齋、三萬卷樓、三漢畫齋、詩境軒、小石帆
亭、復初齋等。藏書印記有「蘇齋墨緣」、「蘇齋真賞」、「覃溪審定」、
「秘閣校理」、「三任廣東學正」、「恩加二品重宴瓊林」、「內閣學士
內閣侍護學士翰林傳護學士」、「文淵閣直閣事翁方綱覃溪」、「北平翁
方綱審定真跡」、「子孫保之」等。其藏書又有宋刻《金石錄》10 卷著稱
於世。

乾隆三十三年（1768），翁方綱購得蘇東坡手跡《嵩陽帖》（又名《天
際烏雲帖》）。乾隆三十八年（1773），翁方綱又購得一部南宋嘉定六年
（1213）淮東倉司刊本《施顧注蘇詩》，兩者均來自河南宋氏藏書，遂將
書樓改名「寶蘇齋」。

圖 15　白鶴峰寶蘇齋
（圖片來源：國家圖書館藏品）

---

[158] （清）翁方綱撰，《蘇齋截句鈔》卷下〈自題三萬卷齋詩〉，清雨帆詩屋鈔本。

　　蘇軾《天際烏雲帖》，共三十六行，計三百零七個字。現藏處不詳。據清翁方綱所考，此帖約在熙寧十年（1077）至元祐丁卯（1087）這十餘年中所書，時蘇東坡四十二至五十二歲間。應該說，這是蘇氏書法藝術比較成熟時期的作品。蘇軾在詩、詞、散文、書法、繪畫等多個方面都有極高造詣。蘇軾詩集在宋代屢經刊刻，傳世較多，南宋嘉定刊施元之、顧禧《注東坡先生詩》四十二卷，因有陸游題序，聲名顯赫，倍受世人稱賞。

　　翁方綱此本，曾經錫山安國（明嘉靖萬曆之際）、毛氏汲古閣（明末清初）、清初商丘宋犖（康熙三十八年，1699）、謙牧堂揆敘（乾隆年間）等名家遞藏，屬無價珍寶。翁方綱於乾隆三十八年（1773）12 月 17 日以十六金于燕市得之（殘本），如獲至寶，珍若拱璧，益發奮自勖於蘇學，且曰：「文學號蘇庵，則願以蘇名書室，竊附私淑前賢之意[159]」。

　　除此之外，翁氏還邀請了揚州畫家羅聘繪蘇軾四十歲戴氈笠折梅花小像於所得蘇詩殘宋本上，以奉於蘇齋，翁氏贊之曰：「是雪笠，非雨笠，一瓣香，吾何執？梅花亦非花，此是公書與公集。」

　　此後，每年臘月十九蘇東坡生日，翁方綱便召集親朋好友、碩儒名彥，展示書、帖，焚香祭拜，稱為祭蘇會。翁方綱、桂馥、阮元等近百人，於其上或題詩歌詠，或題跋盛讚或題畫添彩，全書各冊，首葉末葉，護封扉頁，或墨蹟、或朱印、或丹青，遍佈當時名賢筆墨，盛況空前，於書林無有逾此隆寵禮遇者。

　　這項活動翁方綱持續了三十年，後來這部書無論輾轉到誰手中，歷任主人都把這一儀式效仿堅持下去，一直延續到民國羅振玉還在祭奠，從此成了藏書史上一個著名的佳話。

　　翁方綱之後，又經過了吳榮光、葉名澧、潘仕誠、鄧邦述，清末時以三千塊大洋之價歸了湘潭袁思亮（袁氏肥胖，損友戲之曰：詩似東坡，人似東坡肉）。不料數年後，位於北京西安門外的袁宅失火，火勢猛烈，延及此書，袁思亮幾欲以身赴火，與之俱焚，幸為家人拼死冒火救出。此書過火未毀，如有神物護持，成為清代書林神話。然而多冊書口、書腦嚴重

---

[159]　（清）翁方綱撰，《復初齋文集》卷五〈寶蘇室研銘記〉，舊鈔本。

受損，各卷內容及題跋損毀，後世稱之為「焦尾本」。

　　民國時期，這部劫後餘生的國寶又歸了適園後人張珩，不知道是不是從張珩開始，這部大名鼎鼎的宋版書就失散開來。張珩重新裝裱後，贈國民政府中央圖書館保存。1949 年，此書被運至臺灣，藏於臺北國家圖書館。

　　葉昌熾《緣督廬日記鈔》記：「翁方綱一生心血，全在書籍、金石，所藏卷軸碑版不少。……分別檢點，妥貯造冊。……每年曬晾一次，以免損失。……後其孫穎達甚不肖，覃溪遺業，為其蕩盡[160]。」

　　寶蘇齋：以其收得蘇軾《嵩陽帖》，又「得《蘇詩施注》宋版殘本，益發奮，自勵於蘇學，始以寶蘇名室[161]」。

二十七、張金吾與愛日精廬

　　張金吾（1787-1829），為清代著名之藏書家，字慎旃，號月霄，江蘇常熟人，其祖父仁濟、父光基、叔父海鵬俱為藏書家，尤以海鵬最為知名。金吾幼失怙恃，海鵬撫之如子，教養兼至，且為經理田產，俾得盡心力學，影響至為深遠。張光基之子。省試不中，即棄去舉業。一生從事藏書、校書、纂輯工作，家有詒經堂、愛日精廬，藏蓄八萬卷。著有《愛日精廬文稿》、《愛日精廬藏書志》、《廣釋名》及自訂年譜《言舊錄》。纂輯《金文最》一百二十卷、《詒經堂續經解》一千四百三十六卷[162]。

　　張金吾 22 歲時補博士弟子員，其後省試失利，遂轉而效法毛晉汲古閣、錢曾述古堂藏書之風，篤志儲藏。他說：「人有愚智賢不肖之異者，無他，學不學之所致也。然欲致力於學者，乃先讀書；欲讀書者，乃先藏書，藏書者誦讀之資，而學問之本也[163]。」積 20 年之光陰，及半生之精

---

[160]　（清）葉昌熾撰，《緣督廬日記鈔》卷五，百家諸子中國哲學書電子化計劃 https://ctext.org/library.pl?if=gb&file=22028&page=120

[161]　范鳳書著，《中國著名藏書家與藏書樓》，鄭州：大象出版社，2013.01，頁 175。

[162]　梁戰、郭群一編著，《歷代藏書家辭典》，西安：陝西人民出版社，1991，頁 200。

[163]　（清）張金吾撰，《愛日精廬藏書志》自序，清道光七年（1827）張氏愛日經廬刻本。

力，終而成就其藏書事業。其藏書印記凡 16 種，而以《愛日精廬藏書》朱文方印及《張月霄印》朱文方印最為習見。藏書樓則有詒經堂、詩史閣、求舊書莊、愛日精廬等。而為紀錄其豐富之藏書，先後編有《愛日精廬書目》20 卷、《愛日精廬藏書志》4 卷及《愛日精廬藏書志》36 卷、《續志》4 卷。前二書今已不傳，其詳細內容無從查考，《愛日精廬藏書志》36 卷及《續志》4 卷今尚傳世，不僅足資考見金吾藏書之精華，亦為中國版本目錄學名著，具有承先啟後之地位。但因金吾不善治生，及購書所負下之累累巨債，使其中年家道中落，處境艱難。道光 6 年中，金吾前往海寧觀潮，乃將藏書託予其姪豐玉保管利用，然未及一月，104,000 卷之藏書全為豐玉豪奪用以償債。書散盡後三年，金吾便抑鬱以終。

阮元《虞山張氏詒經堂記》：

> 　張氏金吾，世傳家學，代有藏書。不但多藏至 八萬餘卷，且撰書至二百餘卷。刻書至千數百卷，古人實賴此與後人接見也。後人亦賴此及見古人也。是詒經堂、詩史閣、求舊書莊皆羅列古今人書，使後人共見之地也。此于古人謂之有功，於己謂之有福。世之有金者，無所不為，獨不肯用之於書，是謂無福。若在己無學術，則雖有之，肯之，亦無能用之，若是者，亦謂之無福[164]。

金吾一生汲汲於藏書，其目的則在讀書。《愛日精廬藏書志自序》述其為學之歷程曰：「金吾少學為詩，稍長讀書照曠閣，與校《太平御覽》諸書，為校讎之學者有年；其後泛濫六籍，為考證之學者有年；又其後究心經術，尊漢學，申古義，為聲韻訓詁之學者又有年；繼而講求古籍，考核源流，則雜以彙萃之學[165]」。其著作可考者，有 1,696 卷之多，知名者除《愛日精廬藏書志》外，以《廣釋名》2 卷《訓詁學著作》、《金文最》

---

[164]　（清）阮元撰，《揅經室續集》卷三〈虞山張氏詒經堂記〉，百家諸子中國哲學書電子化計劃 https://ctext.org/library.pl?if=gb&file=41491&page=49

[165]　（清）張金吾撰，《愛日精廬藏書志》自序，清道光七年（1827）張氏愛日經廬刻本。

120 卷（金源文章總集，卷帙浩繁、體例謹嚴，金朝文化，賴以考見）、《貽經堂續經解》1,436 卷（仿《通志堂經解》之例所彙刊之叢書，惜尚未付梓即已散佚，楊家駱《叢書大辭典》列其子目、《兩漢五經博士考》3 卷（旨在補朱彝尊《經義考》立學一門之闕）、《言舊錄》1 卷（即金吾自編年譜，分年紀事，內容以記學術活動為主，兼記家事變遷）最為重要。

藏書之外，金吾並曾從錫山得活字 100,000 餘字，以之排印文瀾閣傳抄本《續資治通鑑長編》520 卷 200 部，其賡續文化之功亦不可沒。

愛日精廬：《大戴禮記》：「君子愛日以學，及時以行。」又《呂氏春秋・上農》：「敬時愛日，至老不休。」謂愛惜時日，用於學習[166]。

二十八、顧廣圻與思適齋

顧廣圻（1766-1835），字千里，號澗蘋、思適居士，之逵從弟，江蘇吳縣（今蘇州）人。為清代嘉慶、道光年間著名之校勘學家。他引用北齊才子邢邵「誤書思之，更是一適」一語，將其書齋命名為思適齋，自號為思適居士[167]。

顧家世代為醫，所居之江南吳中地區，恰為藏書家薈聚之中心，千里堂兄顧之逵亦為乾嘉時著名藏書家，舊刻名鈔，所在多有，故千里從小得博覽群書（學者稱為萬卷書生），為日後之校勘工作奠立基礎。千里為江聲之高足，惠棟之再傳弟子，曾師事錢大昕，亦曾獲段玉裁指點，種種師承關係對其學術思想及治學方法影響極深。而其交遊廣闊，與當時名流學者相互啟迪，助益尤大。

---

[166] 范鳳書著，《中國著名藏書家與藏書樓》，鄭州：大象出版社，2013.01，頁 176。

[167] 梁戰、郭群一編著，《歷代藏書家辭典》，西安：陝西人民出版社，1991，頁 365。

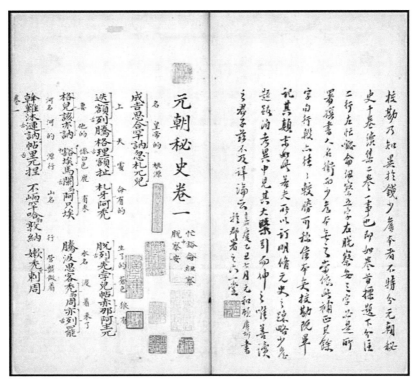

圖 16　清顧廣圻校本《元朝秘史》

（圖片來源：國家圖書館藏品）

　　顧千里於經學小學、天文地理、詩賦詞章、金石碑版俱有所長，尤精
於校勘學，曾有「清代校勘第一人」之譽。他主張校勘必須與目錄、版本
之學相結合，校勘須精通文字、音韻、訓詁並注意全書義例，俱有識見。
曾強調校書須有根據，標明出處，「以不校校之」，雖明知其誤，亦不輕
改，以待學者之研求。此一論點不但成為後人整理古籍之準則，當時諸家
校刊古籍，亦喜借重其長才，如孫星衍刻宋本《說文》、《古文苑》、《唐
律疏義》，張敦仁刻撫州本《禮記》、嚴州單疏本《儀禮》、《鹽鐵論》，
黃丕烈刻《國語》、《戰國策》，胡克家刻宋本《文選》、元本《通鑑》，
秦恩復刻揚子《法言》、《駱賓王集》等，皆延請千里參與校勘，為其籌
畫雕印。每書刻畢，千里並綜合書中校訂語，寫成《考異》或《校勘記》
附刊於後，頗便學者參考。葉昌熾在《藏書紀事詩》中稱顧千里「不校校

書比校勤，幾塵風葉掃繽紛，誤書細勘原無誤，安得陳編盡屬君[168]。」可謂推崇備至。

顧千里畢生著述與校勘之書極多，根據近人李慶之考證，其著作有 29 種，校書達 167 種。著作以《思適齋集》18 卷（道光間刻本）、《百宋一廛賦注》1 卷（嘉慶間刻本）、《思適齋書跋》4 卷（王欣夫輯）、《思適齋集外書跋輯存》（蔣祖詒輯）最為重要；校書則遍及經史子集四部，包括經部 35 種、史部 54 種、子部 43 種、集部 35 種。其藏書章可考約有 23 種，其中以「顧千里印」、「澗薲」、「一雲散人」、「顧澗薲手校」、「廣圻審定」、「字千里號澗薲」、「陳黃門侍郎野王三十五代孫」等較為常見。

顧千里受業於江聲，又從張白華先生游。嘗館於程氏，程氏富藏書，廣圻遍覽之，學者稱為萬卷書生焉。清葉昌熾《藏書紀事詩》載李兆洛〈顧先生墓誌銘〉說：「先生論古書舛訛處，細若毛髮，棼如亂絲，一經剖析，豁然心開而目明，銘曰：安得古書，盡經君手，凡立言者，藉君不朽，書有朽時，先生不朽[169]。」

顧廣圻的書齋曰「思適齋」。

思適齋：北齊邢子才嘗語：「天下書至死讀不可遍，焉能始複校於此。日思誤書，更是一適[170]。」邢子才不讎校，留誤書，更思適之。取意於此。

二十九、張蓉鏡與雙芙閣

張蓉鏡，清代藏書家。字伯元，號芙川。昭文人（今江蘇常熟市）。官候補同知，喜藏書，精於鑑別，父定球，亦為藏書家。芙川娶妻姚氏，

---

[168] （清）葉昌熾撰，《藏書紀事詩》卷六，清光緒二十三年（1897）江標長沙刊本。

[169] （清）葉昌熾撰，《藏書紀事詩》，（光緒文學山房本）6，百家諸子中國哲學書電子化計劃 https://ctext.org/library.pl?if=gb&file=100833&page=8

[170] 范鳳書著，《中國著名藏書家與藏書樓》，鄭州：大象出版社，2013.01，頁 188。

名婉真，號芙初女史，與芙川垃有藏書之好，於是名其藏書閣曰雙芙閣[171]。夫唱婦隨，世所羨稱。

葉昌熾有詩云：「與花同好月同明，修到雙芙有幾生[172]。」曾得宋版《擊壤集》，倍加珍惜，為求永久流傳，無水火蟲蝕之災，特在書頁空白處，以血書寫「南無阿彌陀佛」6 字。其藏書之所尚有味經書屋、小娜嬛福地。

圖 17　《對客燕談》張蓉鏡血書藏書印
（圖片來源：國家圖書館藏品）

藏書印記則有「蘿藦亭」、「芙鏡珍藏」、「曾藏張伯元家」、「虞山張蓉鏡芙川倍印」、「清何伯子」、「笑讀古人書」、「琴川張蓉鏡寓目」、「得者須愛護」、「蓉鏡心賞」、「虞山張蓉鏡鑑藏」、「虞山張蓉鏡鑑定宋刻善本」、「小琅嬛清秘」、「在處有神物護持」、「小琅姨福地繕鈔珍藏」、「琴川張氏小琅嬛清悶精鈔秘帙」、「一種心勤是讀書」

---

[171] 梁戰、郭群一編著，《歷代藏書家辭典》，西安：陝西人民出版社，1991，頁 205。

[172] （清）葉昌熾撰，《藏書紀事詩》，（光緒文學山房本）5，百家諸子中國哲學書電子化計劃 https://ctext.org/library.pl?if=gb&file=100832&page=137

等。

雙芙閣：張蓉鏡，號芙川，妻姚氏號芙初女史，因名藏書室「雙芙閣」[173]。

三十、孫星衍與平津館

孫星衍（1753-1818），為清代中葉著名之藏書家與刻書家，字淵如，號季逑，又號伯淵、薇隱，江蘇陽湖（今常州）人。清乾隆五十二年（1787）進士，授翰林院編修，充三館校理，詩賦援筆立就，才冠同館。五十四年，官刑部主事，星衍心懷慈惠，為法務求寬恕公正，平反全活者甚多。每遇疑獄，輒依古義平議，絕不妄斷。此後，歷任刑部直隸司員外郎，刑部廣東司郎中、山東袞沂曹濟道兼管黃河兵備道。嘉慶元年，曹南水漫灘潰決，星衍召工從上游築隄遏禦，省卻國家數百萬帑金。其於政務盡心如此。繼而奉旨署按察司事，以整肅吏治為己任，政治風氣，為之丕變。最後任至山東督糧道權布政使[174]。而〈山東糧道淵如孫君傳〉稱其「性誠正，無偽言偽行，立身行事，皆以儒術，廉而不刻[175]」殆非虛語。

星衍自幼即有異稟，讀書過目不忘，14 歲即能熟爛《昭明文選》，倒背如流。及其年長，涉獵益廣，頗究心於經史文字訓詁之學，並旁及諸子百家之言。畢生撰述，計有 13 種 81 卷，匯輯之書，亦有 8 種 102 卷。其中，以《尚書今古文注疏》30 卷為其畢生漚心瀝血之作，梁啟超稱其「有功於經學」。

星衍閱歷豐富，頗勤於購訪海內秘籍，所交又多碩學名儒，傳鈔、餽贈亦多，據其藏書總目《孫氏祠堂書目》所載，即有 2,300 種之多。分別

---

[173] 范鳳書著，《中國著名藏書家與藏書樓》，鄭州：大象出版社，2013.01，頁 188。

[174] 梁戰、郭群一編著，《歷代藏書家辭典》，西安：陝西人民出版社，1991，頁 100。

[175] 《揅經室二集》卷三〈山東糧道淵如孫君傳〉，百家諸子中國哲學書電子化計劃 https://ctext.org/library.pl?if=gb&file=41205&page=75

皮藏於孫氏祠堂（又名廉石居）、平津館、岱南閣、及一樹園等藏書樓。其藏書印有：「東方廉使」、「東魯觀察使」、「孫忠滑侯祠堂藏書」、「孫星衍印」、「都官」、「星衍私印」、「伯淵」等。太平天國時期，星衍藏書散盡，後多歸蔣鳳藻及袁芳瑛臥雪廬。星衍藏書雖然不存，卻留下 3 部極有名之藏書目錄：《孫氏祠堂書目》內編 4 卷、外編 3 卷《平津館鑒藏書籍記》3 卷、續編 1 卷、補遺 1 卷，《廉石居藏書記》內編 1 卷、外編 1 卷，不僅得藉以考見星衍書藏概況，於目錄學上亦甚有貢獻。

星衍處於樸學鼎盛之乾隆時期，沈潛經學，博覽百家，收藏又富，又適逢四庫開館，所見書益多，加以處於交通便利，物力殷富之金陵蘇杭刻書重鎮，遂開啟其刻書事業。星衍刻書不為謀利，多延聘擅長楷書之許翰屏及劉文奎、文楷兄弟手書而後雕板，故多精刊本。所刻遍及經史子集四部之書，其中以《岱南閣叢書》19 種 165 卷、《平津館叢書》42 種 238 卷校勘精審，最為書林寶重。

孫星衍乃沉潛經術，博極群書，勤於著述。又好藏書，聞人藏有善本，借抄無虛日。金石文字、拓本、鼎彝、書畫靡不考其原委，著有《平津館金石萃編》、《五松園文稿》、《平津館文稿》等。家建平津館、廉石居、岱南閣藏書數萬卷。並編有《平津館藏書籍記》、《廉石居藏書記》、《孫氏祠堂書目》三部藏書目錄。

平津館：漢丞相公孫弘封平津侯，起客館，開東閣以待士人，後用以高級官僚延納賓客的典故。孫星衍任山東督糧道，治所即公孫弘封平津侯故地，故名平津館[176]。

三十一、黃丕烈與士禮居

黃丕烈（1763-1825），字紹武，號蕘圃，別署復翁，佞宋主人等，室名別號甚多，江蘇吳縣（今蘇州）人。清乾隆五十三年（1788）舉人，官

---

[176] 范鳳書著，《中國著名藏書家與藏書樓》，鄭州：大象出版社，2013.01，頁 189-190。

主事，旋歸里，杜門著書。以藏書、批校為職志，成為乾隆時期大藏書家、校勘家、目錄版本學家，他的藏書齋室樓名極多，先是有學耕堂，以後又陸續有百宋一廛、士禮居、求古居、陶陶室、學山海居、讀未見書齋等，不一而足，其好事由此可知。著有《士禮居藏書題跋記》、《百宋一廛書錄》、《蕘言》、《芳林秋思》等，並刊刻《士禮居叢書》二十二種。

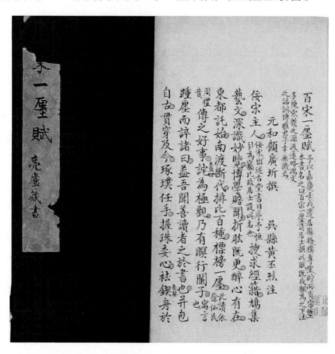

圖 18　黃丕烈注《百宋一廛賦》

　　黃丕烈喜聚書，遇有善本，不惜重貲購求。得宋刻本百餘種，貯於一室，顧蒓顏其室曰：「百宋一廛」，顧千里為之賦，丕烈自注之。自號佞宋主人。後得虞山毛氏舊藏北宋本《陶淵明詩集》，繼又獲南宋本湯氏注《陶詩》，喜不自勝，因又名其居為陶陶室，又邀幾個同好前來飲酒品書，分享他的這份喜悅之情，並請王芑孫為他寫了一篇《陶陶室記》。說起這部湯注《陶詩》，又別有一段故事。此書原藏周春處，周春字松靄，浙江海寧人，黃丕烈曾跋湯注《陶詩》說：「宋刻真本在海寧周松靄家，相傳與宋刻《禮書》並儲一室，顏之曰『禮陶齋』，其書之得近於巧取豪奪，

故秘不示人，並雲欲以殉葬。賈人吳東白談及周公先去《禮書》，改顏其室曰『寶陶齋』，今又售去，改顏其室曰『夢陶齋』。並聞他估雲，周去書之日，泣數行下。亦可想見其情也」。這部書原先也非周春應得之物。是書舊爲長塘鮑廷博所有，某日，鮑廷博與吳騫一同去周春家，説起這部《陶詩》序末標明湯漢，不知何許人。周春一聽便拍案大叫好書，並告訴他們此書《文獻通考》著錄，湯漢《宋史》有傳。鮑廷博聽後悵然若有所失，因爲他已把這本書給了張燕昌。後來周春設法從張燕昌處借來此書，張見書雖破碎，但依然看得出原來的裝潢用紙很講究，便猜想可能是秘冊，由此索還甚急，但卻怎麼也要不回來了，後經人調停，以一支重一斤的葉元卿夢筆生花大圓墨作爲補償才算了事。好多年後，鮑廷博經多方尋覓，總算才找到一部抄本，張燕昌馬上慫恿吳騫重刻該書，以懺悔當時與宋版失之交臂之恨。然而這件事卻使吳騫吃了個啞巴虧，據説後來吳騫聞知鮑廷博藏有宋刻《離騷集傳》，想借來一睹爲快，而鮑廷博卻怕他學周春樣有借無還，所以堅持祇給他看抄本。

　　他每獲一書必手自讎校，一字一句之異同，必研索以求其是。而力所不足，則延聘專家相助。如顧廣圻、夏文燾、陸奎、顧鳳藻等，都曾為其西賓。每收一書，遇有殘缺，必多方覓本鈔補，破損者不吝修補裝潢。校讀之勤，可從其題《劉子新論》文中見得：「余好古書，無則必求其有，有則必求其本之異，為之手校，校則必求其本之善，而一再校之，此余所好在是也[177]。」黃丕烈嗜書之情有種種表露。第一，祭書之典儀由他創始。他常以每年除夕，邀集書友舉行祭書之典。第二，他惜書不惜錢，買書不計錢。曾説：「錢物可得，書不可得，雖費當勿校耳[178]。」第三，他對書兼蓄並收，無所不愛，經、史、子、集，無所不包，甚至斷簡殘篇，亦所留意。

---

[177]　（清）黃丕烈撰，《士禮居藏書題跋記四・劉子新論》，百家諸子中國哲學書電子化計劃 https://ctext.org/library.pl?if=gb&file=27463&page=20

[178]　（清）黃丕烈撰，《士禮居藏書題跋記五・三謝詩一卷》，百家諸子中國哲學書電子化計劃 https://ctext.org/library.pl?if=en&file=27465&page=29

清代藏書家，校刻叢書之風極盛。黃氏自嘉慶四年至道光四年校勘之《士禮居黃氏叢書》，凡收 23 種，多據宋元舊本覆刻，且附箚記或跋文，既將所藏珍秘公之於世，且校勘精審，足資考證，有功於書林至鉅。道光四年，即黃氏去世前一年，黃丕烈曾想編藏書和所見書總目，但因書已散盡，只得作罷，現流傳於世的僅《百宋一廛賦注》一卷，是爲著名的賦體善本書目；《百宋一廛書錄》一卷，收宋版書一一二種；《求古居宋本書目》一卷，收書一八七種，是爲《百宋一廛賦注》的增補本。

黃丕烈所作藏書題跋甚多，極有學術價值和史料價值，形成今天書話文體的一種重要示範。徐珂在《清稗類鈔》中說：「黃蕘圃每得一書，即加題跋。隔日出觀，又爲續之，嘗有一本而續至四五首者，甘苦自知，寸心如見。即其書法亦能一空倚傍，蒼秀絕倫，殊不容有人作偽也。間題小詩，或以紀緣，或以寫懷，蓋其歡愉之思，悲憤之懷，無不寄之於露鈔雪購，手校目誦之中也[179]。」經潘祖蔭、繆荃孫、李文裿、王大隆前後四人，共輯刻《黃蕘圃藏書題跋記》八百餘篇。藏書印有「黃印丕烈」、「士禮居藏」、「百宋一廛清賞」、「蕘夫手校」、「蕘圃過眼」、「士禮居藏書」、「讀未見書齋收藏」、「陶陶室」等。

黃丕烈藏書處名稱也很多，擇其要簡介如下[180]：

士禮居：黃氏收得宋嚴州刻本和景德刻本兩種《儀禮》，《儀禮》又名《士禮》，因題樓名以志喜。

百宋一廛：房一間爲一廛。廛，平民之室也。黃丕烈將其收藏的一百餘種宋刻集中放於一室，因名「百宋一廛」。

陶陶室：黃丕烈先收到宋刻《陶淵明集》十卷本，後又購到宋刻《湯東潤注陶靖節詩》，合而稱其室曰「陶陶室」。

---

[179] （清）徐珂編，《清稗類鈔》〈鑒賞類‧黃蕘圃藏書於士禮居〉，摘自國學導航，http://www.guoxue123.com/zhibu/0201/03qblc/075.htm

[180] 范鳳書著，《中國著名藏書家與藏書樓》，鄭州：大象出版社，2013.01，頁 198。

三十二、瞿鏞與鐵琴銅劍樓

　　瞿鏞（1794-1875），字子雍，清江蘇常熟菰里村人，為明末殉國的瞿式耜（明諡文忠，清諡忠宣）的族裔。道光十八年歲貢生，曾任寶山縣學訓導。編著有《鐵琴銅劍樓藏書目錄》、《鐵琴銅劍樓詞草》、《集古印譜》、《續海虞文苑詩苑》、《續金石萃編》等書[181]。

　　父紹基（1772-1836），字厚培，又字蔭棠，廩貢生，曾權署陽湖縣學訓導。紹基好學深思，最大的嗜好在讀書和藏書，曾請人繪「檢書圖」，以寄寓他終生與書為伍的志趣。平日廣購四部書，兼及金石，是鐵琴銅劍樓藏書的開創者[182]。

　　子雍恬退謙沖，無意仕進；既獲補為廩生，即棄科舉。唯獨愛書成癖，暇時常手自一編，校讀不倦。尤喜好金石文字，辨析精當。於圖籍之蒐訪更為留心，其惜書不惜錢的個性，使書估皆樂意為他奔走。張瑛〈濬之瞿君家傳〉一文記他的購書情形說：「大江南北，浙河東西，書估雲集。自前明暨國初以來諸家舊藏之本，咸集其門。（子雍）府君出重價購之，不足則輟質庫以應之，視愛日張氏、稽瑞陳氏諸先輩家，殆有過焉[183]。」故所獲能匯為大觀，蔚為近代私家藏書中的巨擘。

　　子雍生性沈默寡言，嗜酒好飲。每回喝醉後，則言語刺刺不休，與平日彷若二人；縱使言詞上有所拂逆，亦在所不顧。為人慷慨好施，對宗黨周卹尤至。

　　歷來私家藏書鮮有傳及三世的，然子雍的子弟在其薰陶下，卻能慎守毋替。子雍有子五人，依序為：秉潤、秉淵、秉沂、秉清、秉沖，均能知書愛書；惜三人早歿，全賴秉淵、秉清二人惕勵自守，克承先志，維繫家聲不墜。

---

[181] 梁戰、郭群一編著，《歷代藏書家辭典》，西安：陝西人民出版社，1991，頁456。

[182] 楊立誠，金步瀛合編，《中國藏書家考略》，上海市：上海古籍，1987，頁338。

[183] 藍文欽〈瞿鏞（1794-1846）〉，摘錄於《圖書館學與資訊科學大辭典》https://terms.naer.edu.tw/detail/1679592/?index=7

　　秉淵，字敬之（一件鏡之），生卒年不詳，為諸生。秉清（1828-1877），字濬之，以例貢生候選光祿寺署正，加五品銜。兄弟二人賢而好客，翁同龢《題瞿濬之虹月歸來圖》一文，稱讚他們是「好古而不鶩名，大異於好事浮競之習。」二人除紹承家業外，也頗知目錄之學，亦能旁蒐博採，努力不懈。汪士鐘藝芸書舍廢散時，曾設法購得散出的部分圖書。咸豐 10 年（1860），太平天國軍隊攻陷蘇州，常熟告急。秉淵兄弟聞警，乃挑選精善珍本輦載避難；前後凡經五次搬遷，歷時四年。二人辛苦備嘗，不僅為瞿氏保守一門之藏，也為飽受蹂躪的東南半壁，存留珍貴的文獻資源。

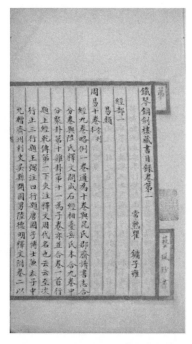

圖 19　鐵琴銅劍樓藏書目錄

　　鐵琴銅劍樓為清江蘇常熟菰里（亦作罟里）瞿氏藏書樓名，與聊城楊氏海源閣、歸安陸氏皕宋樓、錢塘丁氏八十卷樓並稱，有清季南北藏書四大家之稱。

　　鐵琴銅劍樓藏書始自瞿紹基，時約在嘉道之際。常熟素為藏書之鄉，加上吳門書坊昌盛，紹基得地利之便，歷十年積書達 100,000 餘卷。又值

稽瑞樓、愛日精廬及士禮居藏書先後廢散，因得拔取其中珍本，奠定瞿氏藏書甲於吳中的基礎。紹基歿後，子鏞克承先志，尤銳意蒐訪，瞿氏藏書卒能匯為大觀，成為近代的文獻庫。

鏞子五人，自幼在其薰陶下，頗能知書愛書，對圖書分類及庫架排列亦很嫻熟。唯三人早歿，藏書的賡揚工作，全賴秉淵、秉清二人承繼。咸豐 10 年（1860），太平天國禍事將及蘇常，兄弟二人唯恐書籍遭劫，乃不避艱險載書避難。前後凡經五次搬遷，歷時四年。在兵燹波濤之際，藏書頗有散亡；然秉淵兄弟也能利用藏家藏書散出之便，留意採訪，往往得善本。

秉淵無嗣，秉清有子三人：啟文、啟科、啟甲，均能克紹箕裘。啟文、啟科謝世後，啟甲獨力經營，頗能重振瞿氏的舊業。光緒末年，兩江總督端方以瞿氏藏書有目人覬覦，有束薀之虞為由，擬強行徵購，做為學部開辦圖書館之需。端方先以重利為餌，並誘以京官的爵祿為酬，然啟甲不為所動。端方乃改採威逼，並造謠表示啟甲已同意售書助成圖書館，欲採霸王硬上弓的強硬手段。唯啟甲力持不可，端方地無可如何。後經人斡旋，啟甲同意影鈔若干種書進呈，以塞其意，徵購圖書之事乃止。

民國 13 年（1924），蘇浙戰事起，啟甲冒險載書移藏滬瀆（在上海縣東北），因應變得宜，藏書免遭戰火波及。19 年，兩度有民眾向教育部指控啟甲售書予外人，幸得蔡元培、張元濟，董康等人出函證明，售書風波方告平息。

啟甲於抗戰初期病歿，藏書歸其子濟蒼、旭初、鳳起兄弟三人管理。因迫於生計，不得不賴售書過活，所藏精品有部分遂歸他姓所有，然兄弟仍努力保守孑遺。1949 年後，私人藏書不易保有，瞿氏兄弟將所藏捐贈北京圖書館，五世收藏由私歸公，告一段落。

瞿氏藏書五代，名德相繼，歷逾一百五十年，足與天一閣先後輝映。而累代辛勤積漸，求書有法，使其收藏宏富精美，非一般藏家能夠企求。同時藏書派有專人管理，定時曬書，保管得宜，故能歷久不失。更難得的是，藏書樂意供人閱覽，對觀書者的資格不加限制，珍祕藏本也任人觀覽。

而準備五膾一湯招待來看書之人，尤令人津津樂道。又很樂意借書供人摹刻，以使古書能化身流傳。瞿氏的不吝通假，在公共圖書館未發達的當時，實已擔負起保存文化和傳播知識的任務。

瞿氏藏書樓，初名恬裕齋（或作恬裕堂），是紹基依據尚書中「引養引恬」及「垂裕後昆」兩句話命名的。而瞿鏞的珍藏中，有鐵琴一張、銅劍一柄，最為他所寶愛，故又以鐵琴銅劍為樓名。其後，恬裕齋與鐵琴銅劍樓二名，遂可互用。大約要到《鐵琴銅劍樓藏書目錄》印行後，世人才專以鐵琴銅劍樓相稱[184]。

三十三、楊以增與海源閣

楊以增（1787-1855），字益之，號致堂，又號東樵，自稱退思老人，山東聊城人，為海源閣藏書樓的創始人。自幼穎異，博覽群籍。嘉慶二十四年（1819）舉人、道光二年（1822）進士，官至江南河道總督。其為官專以德化教人，有循吏之名，舉凡平反冤獄、除賦寬政、賑災撫難、嚴緝盜賊，皆不遺餘力。律己嚴厲，待人寬和，孝事長上，尊重師友，頗得時人贊許[185]。

天性好學，且愛書蓄書甚富。道光二十八年，任江南河道總督，是年亦即其大力收書的開始，以河督之富於貲財，兼以時局環境的變動，所以能盡得天時地利人事之便，大力收購圖書。而其收藏之圖書，特重精帙善本，舉凡古本、孤本、初本、罕本皆網羅之，且比比皆是。對此富美之藏書，楊氏特築海源閣以收藏之。

楊氏徵訪圖書，主要得自購買，其中有自購者，有託友人代購者；或得自友朋之餽贈；或影錄；或得自藏書故家者。而其書藏之源，主要來自

---

[184] 藍文欽〈鐵琴銅劍樓〉，摘錄於《圖書館學與資訊科學大辭典》https://terms.naer.edu.tw/detail/1679478/?index=4

[185] 梁戰、郭群一編著，《歷代藏書家辭典》，西安：陝西人民出版社，1991，頁 241。

江南大藏書家汪士鐘的舊藏，其次各名藏書家之舊藏亦見收錄。以增以其官任江南河道總督之便，遂將訪求之大量而精善的圖籍用運糧食的大船，盡載入聊城，藏於海源閣。於是乎輾轉於吳越幾百年之豐富圖書文獻，幾為楊氏一網打盡。且打破歷來藏書以吳越為中心的格局，成為我國文獻的另一中心，對南北文化之溝通，有其重要的意義。

編有《禮理篇》、《葉葆年譜》。刻有《海源閣叢書》4 種、《六藝堂詩禮》7 篇、《柏梘山房文集》16 卷、《續集》1 卷、《石笥山房文集》6 卷、《補遺》1 卷、《急就篇》、《史禮堂論文》、《費耕亭先生墨訣》、《應謙齋先生集》10 卷。撰有《志學箴》、《古韻分部諧聲》、《退思廬文集》及《詩集》；另有《重修光嶽樓記》、《映宸傅公傳》2 篇文章。

聊城楊氏海源閣為清末北方著名的大藏書樓，與江南常熟瞿氏鐵琴銅劍樓、歸安陸氏皕宋樓、錢塘丁氏八千卷樓，南北鼎峙，並稱清末四大藏書樓。海源閣不僅藏書富甲一方，聲名赫震當代，並打破歷來藏書以吳越為中心的格局，在我國藏書史上，為南北轉移的一大變遷，實深具南北文化溝通之重要意義。海源閣從創立到閣毀書散，歷經四代人的努力：楊以增的創立，其子紹和的擴充，其孫保彝的珍守以及到嗣曾孫承訓的流散，歷時達百餘年。何以名海源閣？「海源」一語，取《禮記》「先河後海」之義，所謂「書猶河也，流之必至於海也，勢也。學者而不觀於海焉，陋矣[186]。」故名海源閣。

海源閣在楊以增時，已擁有南方黃丕烈、汪士鐘等人的藏書；至紹和時，又有北方宗室珍藏了幾百年的樂善堂藏書，於是天下孤本秘笈，精校名鈔，盡集於聊城，使其藏書規模蔚為大觀，稱雄海內。

海源閣位於聊城城內觀街路北，在楊氏豪宅第四進院內。其樓上樓下各為三楹，樓上庋存善本書籍，百宋一廛、樂善堂之故物，大都在此；闢有宋存書室，收有宋、元版書，名鈔精校本亦藏在其中，共計宋元佳本有 469 種；又百〈四經四史齋〉，藏有宋本的《毛詩》、《三禮》、《史記》、

---

[186]　（清）梅曾亮撰，《柏梘山房全集》卷十一〈海源閣記〉，百家諸子中國哲學書電子化計劃 https://ctext.org/library.pl?if=gb&file=43018&page=41

《漢書》、《後漢書》、《三國志》,此宋槧的〈四經四史〉可謂海源閣的鎮山寶庫。樓下除供楊氏祖先牌位外,另藏有充宋、充元明版、清初版、殿版、手抄本等。其中藏書總量共計 3,236 部,208,300 餘卷。楊氏另於海源閣後院闢室 5 間,收藏帖片、字畫、古玩等,可見閣內非僅是收藏書籍而已。

楊氏對於所藏之書,並非只充篋笥,而是能加以校勘整理,且聘請專家協助其鑑定考訂。其門戶相當深嚴,家中僕役一向不准登樓,且夏天曝書,必鎖院門,由妻妾相互輪守。儘管其門戶嚴謹,仍有予人借觀之舉,且有借書供友朋校錄刊行,甚且贈書予人之事。

傅增湘《海源閣藏書紀略》稱:「吾國近百年來,藏書大家,以南瞿北楊並稱雄於海內,以其收羅閎富,古書授受源流,咸有端緒。若陸氏之皕宋樓,丁氏之八千卷樓,乃新造之邦,殊未足相提而並論也[187]。」

楊以增之子楊紹和,字彥和,繼承父志,增溢庫藏,並檢宋元珍本、精抄名校近三百種撰成《楹書隅錄》五卷、《續編》四卷。其孫楊保彝更編成《海源閣宋元秘本書目》和《海源閣書目》。及紹和子楊保彝(1852-1910),就紹和《宋存書室宋元秘本書目》拾遺補闕,撰為《海源閣宋元秘本書目》四卷,著錄善本之書四六四部一一三二八卷,海源閣孤本秘笈,大體與焉。海源閣藏書散出於第四代傳人楊敬夫之時,原因凡四:一是咸豐十一年,捻軍自皖入魯,抵楊氏別業陶南山館,與清兵激戰,楊氏別業遂陷兵燹,所藏秘笈損失殆半;二是 1929 年土匪王金發陷聊城,司令部即設於楊宅內,海源閣珍藏慘遭糟蹋,乃至以閣書炊火;三是 1930 年土匪王冠軍陷聊城,盡攫善本秘笈、碑帖字畫,囊括而北;四是 1930 年「九一八」事變後楊敬夫因生計,自售於 1927 年移藏於天津的珍本九十二種。時傅沅叔親臨津沽,雅意延訪,並就所經眼宋元本三十種,撰為《海源閣藏書記略》。海源閣遺書,最終精本歸北京圖書館,普通本歸於山東圖書館。

---

[187] 李希泌、張淑華編,《中國古代藏書與近代圖書館史料》〈海源閣藏書記略〉,北京:中華書局,1982。

海源閣：取《禮記・學記》「先河後海」語，顏曰「海源」，蓋寓追遠之思。

四經四史之齋：因收有宋本《毛詩》、《周禮》、《儀禮》、《禮記》和宋本《史記》、《漢書》、《後漢書》、《三國志》，闢專室藏之，故稱四經四史之齋。

宋存書室：收藏宋版書的專室[188]。

三十四、莫友芝與影山草堂

莫友芝（1811-1871），字子偲，號郘亭，晚號眲叟，貴州獨山人。清道光十一年（1831）舉人，不喜仕進，屢薦不起。先後入曾國藩、胡林翼幕，領江南書局。博學多通，善書法，精文學、訓詁、目錄。友芝家貧而嗜古，善聚珍本書，讀之恆徹旦暮不息，寢食並廢，博通蒼雅故訓六藝名物制度，旁及金石目錄家言，治詩尤精[189]。

莫友芝，清著名藏書家、版本學家。領江南書局數年，並往文宗閣、文匯閣觀覽所藏古今書籍。與江南藏書家張文虎、劉履芬、汪士鐸、郁松年、丁日昌等往來密切，並多遍覽各藏家藏書。博學多通，善書法，精文學，與鄭珍有「鄭莫」之稱。藏書極富，太平天國時，遍遊江、淮、吳、越，結交名士，搜訪奇書，所藏宋、元、金、明清刻本、抄校本、稿本極多，計有 165 箱，精品有《唐寫本說文木部殘卷》，此本寫於唐元和十五年（820），乃驚世秘笈，為此他著有《唐寫本說文解字木部箋異》一書。藏書處有「郘亭」、「影山草堂」，取晉代詩人謝朓詩「竹外山猶影」意景，將書齋名為「影山草堂」。藏書印有「莫氏秘笈之印」、「影山草堂藏」、「遊方之外」等 10 數枚。校勘精善。於版本、目錄學有深研，編著有《郘亭知見傳本書目》16 卷，敘述鑑別古籍版本真偽及源流，對鑑定

---

[188] 范鳳書著，《中國著名藏書家與藏書樓》，鄭州：大象出版社，2013.01，頁 222-223。

[189] 楊立誠，金步瀛合編，《中國藏書家考略》，上海市：上海古籍，1987，頁 213。

古書有獨到見解。其《宋元舊本經眼錄》3 卷附錄 2 卷，是他在同治年間記其所見宋、金、元、明各代槧本、抄本和稿本，共 130 種，除考證優劣外，在書中附有解題，可作為考訂善本時參考，對後人剖析源流及研究金石碑帖有幫助。

　　另有家藏書目《影山草堂書目》稿本 2 冊，著錄 2 600 餘種，《郘亭行篋書目》著錄圖書 3 000 餘種。子莫繩孫，字仲武，號省教，繼承其影山草堂藏書，並陸續有書購進。莫友芝著述有《郘亭書畫經眼錄》、《資治通鑑索隱》、《郘亭詩抄》、《郘亭遺文》、《黔詩紀略》、《過庭碎錄》、《影山詞》、《聲韻考略》、《樗繭譜志》、《石楳記》等多種，與鄭珍合纂有《遵義府志》。為丁日昌編撰有《持靜齋藏書紀要》上下卷，是丁日昌所藏宋元善本的書目解題。

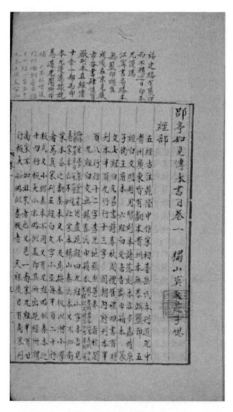

圖 20　《郘亭知見傳本書目》書影

　　友芝藏書極富，生平所見宋元舊本書，不可勝數，曾著《宋元舊本經眼錄》，仿《天祿琳琅書目》例，區別刊鈔本。所載宋刊本 47 種，金元刊本 30 種，明刊本 16 種，舊鈔本 38 種，各書均有解題，或考其刊鈔善劣、或記行款字數，或錄序跋及遞藏家跋語印記，頗便省覽參考。

　　清咸豐五年（1855）八月被起事民眾焚毀。藏書大部損失，後遷居金陵，繼續其藏書事業，藏書處仍用影山草堂舊名。所收精本有《唐寫本說文木部殘卷》、宋本《張子韶孟子傳》、《范香溪集》、元本《吳越春秋》等。編有《影山草堂書目》著錄二千六百種，又有《邵亭行篋書目》著錄約三千種。

　　影山草堂：元暉詩句：「池北樹如浮，竹外山猶影。」取詩意而命名[190]。

三十五、顧文彬與過雲樓

　　顧文彬（1811-1889），字蔚如，號子山，晚號艮盦，一為艮庵。過雲樓主。元和（今江蘇蘇州）人。道光二十一年（1841）進士，官至寧紹台道。自幼喜愛書畫，嫻於詩詞，尤以詞名。工於書法。書法溯源歐、褚，所藏碑版卷軸，烏闌小字，題識殆遍。酷愛收藏，精於鑑別書畫，著有《眉淥樓詞》八卷、《過雲樓書畫記》十卷、《過雲樓帖》、《百衲琴譜》等[191]。所著錄書畫皆為個人收藏，考辨多精審。晚年引疾回蘇，1873 年起建過雲樓，收藏天下書畫，築「怡園」，集宋詞自題園聯若干。後以別墅「怡園」為中心，依託過雲樓，形成百餘年來蘇州文化活動中心。

　　顧麟士即顧鶴逸（1865-1930），名麟士，字鶴逸，諤一，自號西津漁父，別署西津、鶴廬、筠鄰。元和（今江蘇蘇州）人[192]。清末著名書畫收藏家顧文彬（道光 21 年進士）之孫。鶴逸家學淵源，擅畫山水。先世於

[190] 范鳳書著，《中國著名藏書家與藏書樓》，鄭州：大象出版社，2013.01，頁 247。

[191] 梁戰、郭群一編著，《歷代藏書家辭典》，西安：陝西人民出版社，1991，頁 366。

[192] 梁戰、郭群一編著，《歷代藏書家辭典》，西安：陝西人民出版社，1991，頁 371。

張文達公撫吳時夙締墨緣。亦精鑑別，秉承先志，廣事搜求，使「過雲樓」所藏書畫之富甲於吳下。

顧氏藏書，最早可追溯至顧文彬。他雅好書畫收藏，又喜收藏鄉邦文獻，在其《過雲樓書畫記》中就記錄有明代祝枝山的《正德興寧縣誌》稿本以及東林五君子的詩箋手跡等。他希望這些家藏舊抄能「益吾世世子孫之學」並「後世志經籍者採擇焉」。過雲樓收藏書畫要求甚嚴，「謹慎擇取，絕不濫收」是過雲樓收藏的原則，但也有對善本古籍編選的標準嚴格：首先，也是最重要的，就是去偽存真。對於一切藏品而言，保真是決定性因素，因被鑑定為是贗品，而最終被剔除；真偽各半者，則以真且精者入目，題跋之偽者，亦一併去之。其次，非經顧氏收藏、主人親自審定者，一概不錄。顧氏藏目可以按圖索驥，取原物以驗記錄之真偽。婦女之作，易於名世者，概從摒除；凡絹本、扇頁，概不入選。至於紙本各種，同一家書畫不同數本，皆僅擇其精者登錄，餘盡從略。

由顧氏藏書觀之，過雲樓藏書有兩個特點：一是繼承了吳門藏書家的傳統，注重宋元古刻。如宋刻本《龍川略志》、《乖崖張公語錄》、宋刻宋元明遞修《魏書》、宋紹興湖州思溪王永從刻思溪圓覺藏本《大般若波羅蜜多經》、元廣勤書堂刻《集千家注分類杜工部詩》、元謝子詳刻明正德重修本《儀禮圖》、元刻明修本《附釋音尚書注疏》等，都是向為藏書家所重的珍稀本。二是注重名家抄校稿本和題跋本，秉承吳門鑑賞派藏書家的遺風。如吳騫輯稿本《巾箱集》，沈樹鏞跋、黃丕烈校、黃丕烈家抄本《意林》，何焯校、黃丕烈跋、張蓉鏡題識明刻本《唐李嘉祐詩集》，何焯批校並跋明初刻本《增廣注釋音辯唐柳先生集》等，都是這種鑑賞遺風的體現[193]。

在所藏眾多的宋元舊槧中，尤其是大量的精抄、舊抄本，為一般藏家絕難比擬，其中大部分是出自名家，如汲古閣毛氏、池北書庫王氏、小山堂趙氏、士禮居黃氏等。這些抄本，或影宋、或精抄，都是抄取的罕見秘笈，有些如今已淪為世間僅存之孤本。

---

[193] 南京圖書館編，《霞暉淵映—南京圖書館藏過雲樓珍本圖錄》。北京：中華書局，2017。

　　宋元善本寥若晨星不可多得，其中，宋代百科全書《錦繡萬花穀》，在藏書界一直聲名顯赫。它不僅是傳世孤本，也應是目前海內外公私所藏部頭最大的完整的宋版書。這部宋刻《錦繡萬花穀》，具有很高的文獻研究價值。

　　還有，如宋刻本《字苑類編》、吳騫抄並跋的《詩經澤書》等。更有大量的是國內僅一兩家圖書館現藏的稀見之本，如抄本《北征錄》等。再有宋杜大珪編纂的《皇朝名臣續編碑傳琬琰集》元刻本及元胡一桂撰《周易本義啟蒙翼傳三篇外傳一篇》、元黃瑞節附錄《朱子成書易學啟蒙》、元太監王公編《針灸資生經》七卷，均為罕見之物。

　　其他珍惜寫本、抄本如明末抄本《鐘鼎彝器款識》，清末抄本《南邨帖考》，清嘉慶抄本《粵東金石略》等都具有獨特的文獻或版本校勘價值。

　　過雲樓舊藏中還有精美的版畫。其中版刻技藝最為精湛的是清中期刻《熱河避暑山莊圖》，清雍正刻附有圖畫的《行水金鑒》，而年代最早的則為明正德刻本《京口三山志》的附圖。《京口三山志》版刻風格粗拙，別有一番欣賞價值，加之流傳稀少，公藏著錄只有一部，既少且早，受到珍視。

　　書畫以外，醫學書籍也是過雲樓藏書的一個特色。除了明刻及清代精抄諸醫書之外，還收藏了明人王賓的文集《光庵集》。《四庫總目提要》曾記載王賓以精於醫道而知名，《四庫全書》中王氏文集僅有抄本流傳，過雲樓所藏此本抄錄於清雍正年間，時代更早，比較罕見。

　　過雲樓還收藏有筆記雜品的諸多佳品。清初刻《閩小記》、道光刻《交翠軒筆記》、清康熙精刻《在園雜誌》，都為藏書家所重，很不容易遇到。還有明崇禎刻本《頌天臚筆》，事關明末閹黨殘害清流君子始末，是研究晚明史事重要的史料之一。

　　顧鶴逸先生繼承家族所藏，曾經擁有過這全部的古籍，臨終前，他把家中所藏分為四份，分別由四個兒子繼承。如今能完好保存至今，本身就是這批古籍所創造的一個奇蹟。

　　歷史上，過雲樓藏書曾被一分為四。1992 年，其四分之三被南京圖

書館收購；剩餘 170 餘種，則被嘉德古籍部經理拓曉堂徵集。2012 年 6
月 4 日，江蘇鳳凰集團對私人過雲樓藏書競拍成功後，同年同月的 11 日，
北京大學決定行使優先購買權，並收購過雲樓。又僅僅過了 9 天後的 6 月
20 日，最終由中國大陸國家文物局批准，過雲樓回歸江蘇，和在南京的
其餘四分之三的過雲樓藏書團聚。

　　過雲樓：宋蘇軾《寶繪堂記》：「見可喜者，雖時復蓄之，然為人取
去，亦不復惜也。譬之煙雲之過眼，百鳥之感耳，雖欣然接之，去而不復
念也。」取其意而用之。又洪亮吉《北江詩話》：「蓋勝地園林，亦如名
人書畫，過眼雲煙，未有百年不易主者。」喻意天上煙雲，轉眼即過[194]。

三十六、郁松年與宜稼堂

　　郁松年（1820-1886），字萬枝，號泰峰，上海人。松年之父於道光年
間在上海創「郁森盛沙船號」，鼎盛時有大小沙船近百艘，又在上海、松
江、太倉等地擁有豆號、米店、醬園、當鋪等實業數十家，時稱「郁半城」，
為上海首富之家。郁松年好讀書，但直到清道光二十五（1845）才考取恩
貢生，然而，郁氏憑借自己強大的經濟實力，廣收海內秘冊，凡宋人典籍，
有未刻或刻而版廢者，不惜重貲，以羅置鄴架，時藝芸書舍、小讀書堆、
五硯樓等故家之藏，盡歸郁氏所有。松年遂在其老宅建宜稼堂，聚書數十
萬卷，一時名聞大江南北[195]。

　　郁松年潛心校讎，凡宋人典籍，有未刻或刻而版廢者，皆不惜重價購
藏之。如宋刊本魏鶴山（了翁）《毛詩要義》38 卷，四庫全書開館時，亦
未見之，而郁氏所得乃曹棟亭（寅）舊藏本，海內無二。其藏書之所曰宜
稼堂，所藏近數十萬卷，手自校讎。道光二十一年（1841），擇家藏中世
所罕見之宋、元舊本，世罕見者，刊為《宜稼堂叢書》。

---

[194] 范鳳書著，《中國著名藏書家與藏書樓》，鄭州：大象出版社，2013.01，頁 251。

[195] 梁戰、郭群一編著，《歷代藏書家辭典》，西安：陝西人民出版社，1991，頁 267-268。

王韜《瀛壖雜記》：

> 郁松年，家擁鉅資，生平惟好讀書，出十萬金購宋元佳本，手自校讎，其中多系黃蕘圃舊藏。身後書多散佚。嗚呼！物多聚於所好，而散於所不好，造物者又從而厄之，則殊所不解已[196]。

據〈陸存齋藏書於皕宋樓〉記載：

> 先是道光中，上海郁泰峰茂才以六百金得書於揚州鹽商家。同治初，豐潤丁雨生日昌開府江蘇，余過其官舍，出以相誇。並載入《持靜齋書目》，所謂墨光燭天者也。及余自閩中罷歸，有以郁氏書求售者，余閱其目，是書在焉，因以善價得之。詢其何以仍歸郁氏之由，知雨生介紹應敏齋廉訪至郁氏閱書，自取架上宋元刊本五十餘種，令材官騎士擔負而趨。時泰峰已故，家已中落，諸孫尚幼，率其孀婦追及於門，雨生不能奪，取其卷帙少者，自置輿中，其卷帙多者，僅攜首冊而去。後經應敏齋調停，以宋刊世彩堂《韓文》、程大昌《禹貢論》、《九朝編年》、《毛詩要義》、《儀禮要義》、金刊《地理新書》等十種為贈，餘乃返璧，余始恍然[197]。

日人島田彥楨《皕宋樓藏書源流考》記：「同治初元，宜稼之書初散，其宋元舊槧，名校名抄，大半先為豐潤丁日昌觀察松太時豪奪去，歸於持靜齋，其餘精帙，俱歸陸心源，當時所購去者總四萬八千餘冊，三千二百元[198]。」

---

[196]　（清）王韜撰，《瀛壖雜志》，清抄本。

[197]　（清）徐珂編，《清稗類鈔》鑒賞類〈陸存齋藏書於皕宋樓〉，摘自國學導航 http://www.guoxue123.com/zhibu/0201/03qblc/075.htm

[198]　（日）島田楨彥撰，《皕宋樓藏書源流考》，百家諸子中國哲學書電子化計劃 https://ctext.org/library.pl?if=gb&file=107083&page=24

郁氏因經營船塢和造船實業，家資巨富。性好讀書，特別嗜好書籍收藏，不惜以巨資購藏圖書達數 10 萬卷。並親自點校。又斥巨資建藏書樓為「宜稼堂」。先後購藏汪士鍾「藝雲書舍」、黃丕烈「士禮居」及顧抱沖、周錫瓚、袁廷檮等藏書家之舊藏，又收有錢謙益、曹溶等人殘帙圖書，收入歷代古籍善本數十萬冊。成為海內當時著名藏書家之一。編印《宜稼堂書目》，著錄古籍 3,500 餘種。道光二十一年（1841），選其中宋、元佳本親自校正，編纂《宜稼堂叢書》6 種 64 本，計 229 卷，所收宋代秦九韶、楊輝的《算經》、宋代蕭常和元代郝經兩家的《續後漢書》等，均是重要而又罕見的典籍。每種所作箚記、校勘極精。藏書印有「郁泰峰所收書印」、「泰峰見過」、「曾寄申江郁氏處」、「泰峰所藏善本」、「郁泰峰己酉年所收書印」、「泰峰」、「曾氏郁泰峰家」、「泰峰所藏書」、「曾在上海郁泰峰家」、「泰峰審定」等。所有藏書由於保管不當，約於咸豐末至同治初（1861-1863）逐漸開始散佚，大多被流入南北各名藏書家之手中。所收汪氏「藝雲書舍」的藏書，大部歸入山東楊氏「海源閣」，其他宋元舊本、名抄精校，歸於丁日昌「持靜齋」，另餘精帙散編，則歸於陸心源「皕宋樓」。

郁氏藏書處為宜稼堂，並編有《宜稼堂書目》。繆荃孫評其：「舊抄本，群書雜糅。內為丁中丞、莫偲老、洪琴老借去之書，均有單附內，似泰峰身後庀書之賬[199]。」

宜稼堂：宜稼，本為郁氏編刻《宜稼堂叢書》名。因其全係翻刻宋元善本，用「宜稼」內含將宋元善本滋生千百之意。出典見江淹《蕭太傅東耕祝文》：「宜民宜稼，克降祈年[200]。」

---

199 國家圖書館善本部主辦，《明清著名藏書家——郁松年》，http://www.guoxue.com/zt/gjsb/ldcsj/csj_ysnian.htm

200 范鳳書著，《中國著名藏書家與藏書樓》，鄭州：大象出版社，2013.01，頁 262。

三十七、丁丙與八千卷樓

　　丁丙（1832-1899），字嘉魚，一字松生，號松存，丁申之弟。左宗棠薦以知縣，又敘臣加同知銜。其兄丁申（1824-1887），字竹舟，浙江錢塘（今杭州）人。諸生，官六部主事，以修補文瀾閣《四庫全書》之功賞加四品頂戴。與弟丁丙，有雙丁之稱[201]。兄弟倆俱嗜書，博學多通。又樂善好施，熱心保護鄉邦文獻。廣聚圖書建嘉惠堂、八千卷樓，雄稱海內，為清末四大藏書樓之一。

　　丁丙先世據考源於山東濟陽。明萬曆年間有丁際龍者，始遷居浙江山陰（今紹興）福巖村，其後五傳至丁天相，再遷居錢塘。又三傳至丁大容，大容與其子軾，喜詩文，有功名。軾之子國典，嗜學且喜藏書，因慕其先世北宋聞人丁顗，曾藏書八千卷，並有言曰：「余藏書多矣，必有好學者，為吾子孫[202]。」遂在杭州梅東里興築八千卷樓，作為藏書之所，丁氏聚書乃始於此。

　　國典次子名英，勤於讀書，亦喜藏書，嘗蒐購乾嘉學者與諸藏家秘藏，插架漸富。英有二子，長名申（字禮林，號竹舟），次名丙，清咸豐庚辛年間，太平軍攻陷杭州，丁丙家室與藏書，悉毀於亂火之中。亂後，丙與兄申，踵繼父祖之志，節衣縮食，銳意訪求，蒐羅諸藏家散出的善本故籍，垂三十年之久，得書萬餘種，於是八千卷樓之名，聞名當世，與山東聊城楊紹和海源閣、江蘇常熟瞿鏞鐵琴銅劍樓、浙江歸安陸心源皕宋樓，並稱清季四大藏書家。光緒三十三年，丁丙子孫因經商失敗，虧負鉅萬，為償清債款，遂將藏書售歸江南圖書館（即江蘇省立國學圖書館前身）。至此，八千卷樓藏書，始告一段落。

　　胡鳳丹〈嘉惠堂藏書目序〉稱：

---

[201] 梁戰、郭群一編著，《歷代藏書家辭典》，西安：陝西人民出版社，1991，頁1。

[202] （清）丁丙撰，《八千卷樓書目・敘一》，百家諸子中國哲學書電子化計劃 https://ctext.org/library.pl?if=gb&file=29180&page=4

　　錢塘丁氏，國初遷自越中。越五傳，掌六隱君慕其先世聞人名
者，藏書八千卷，有言曰：吾聚書多矣，必有好學者為吾子孫。遂
作小樓于梅里東，乞梁山舟學士題其額曰八千卷樓。哲嗣洛者觀察
能讀父書，嘗往來齊、楚、燕、趙間。遇秘笈輒載以歸，插架漸富。
竹舟、松生又濟其美。節衣縮食，朝蓄夕求，遠自京師，近逾吳越，
外及海國，或購或抄，隨得隨校。積二十年，聚八萬卷。視閣幾及
九成，較樓額已逾十倍。其於鄉賢遺著，網羅尤篤。蒙頒賜嘉惠藝
林之諭。因作堂儲之，額曰嘉惠，紀天語以拜君恩也[203]。

　　八千卷樓，清錢塘丁丙藏書室名。咸豐十一年（1861）冬太平軍攻陷
杭州，丁丙家室及其藏書皆遭毀。亂平之後，丁氏慨嘆各私家舊藏，渺不
可得，復念斯文墜地，文獻無徵，於是節衣縮食，朝蓄夕求，遠及國內外，
為使這些典籍有妥善庋藏之所，乃於光緒十四年（1888）在杭州頭髮巷故
居正修堂西北隅，闢地二畝，增建藏書樓，總其名為嘉惠堂。樓分五楹，
其形式仿照明范氏天一閣，其格局為：嘉惠堂之上為八千卷樓；堂之後室
有五楹，額曰：「其書滿家」，上為後八千卷樓；更在其後偏西闢一室為
善本書室，有上下三楹，其上即為小八千卷樓。各樓藏書內容如下：

　　（一）八千卷樓：庋藏四庫著錄，綜 3,500 餘部，內有待補者百餘部，
分類排架，悉依《四庫簡明目錄》；樓之東西兩廂則庋藏四庫存目及書出
較後者，未經採入四庫者，共 1,500 餘種。

　　（二）後八千卷樓：凡《四庫全書》未收之書，均藏於此，共有 8,000
餘種。並以甲、乙、丙、丁作為分類標目，而將制藝、釋藏、道書及傳奇
小說，悉附藏之。

　　（三）小八千卷樓：又名善本書室，藏宋元刊本約百餘種，左右廂儲
明刊精本、精鈔本及名家稿本、精校本等 2,000 餘種，為丁丙藏書精華所
在。

---

[203] （清）丁丙撰，《善本書室藏書志》附錄〈嘉惠堂藏書目序〉，百家諸子中國哲學書電子化
計劃 https://ctext.org/library.pl?if=gb&file=30653&page=163

　　計以上各樓之書廚，凡 160，分類庋藏，以後歷年所得之書，皆依類
編入，故丁丙藏書雖多，然部居整齊，插架有序，因類就書，至為便利。
而嘉惠堂實為丁丙藏書樓的總稱，然時人習以八千卷樓稱之，其後嘉惠堂
與八千卷樓二名，遂為互用。

　　丁丙《八千卷樓自記》說：

　　　　光緒十有四年，拓基於正修堂之西北隅，地凡二畝有奇，築嘉
　　惠堂五楹。堂之上為八千卷樓。堂之後室五楹，額曰其書滿家。上
　　為後八千卷樓。後闢一室於西曰善本書室，樓曰小八千卷樓，樓三
　　楹，中藏宋元刊本約二百種有奇，明刊之精者、舊抄之佳者及著述
　　稿本，校讎秘冊，合計二千餘種附儲左右。若《四庫》著錄之書，
　　則儲八千卷樓，綜三千五百餘部。凡《四庫》之附存者，已得一千
　　五百餘種，分藏於樓之兩廂。至後八千卷樓所藏之書，皆《四庫》
　　未收采者也。甲乙丙丁標其目，共得八千有奇。計前後二樓，書櫥
　　凡一百六十[204]。

　　丁丙除嗜書、藏書外，亦有著述，惜存世不多，有若干種且刻入《武
林掌故叢編》。所刊刻書籍甚多，自咸豐四年（1854）至光緒二十五年間，
先後刻成百餘種，其中以《武林掌故叢編》、《武林往哲遺著》、《當歸
草堂叢書》、《當歸草堂醫學叢書》、《西泠五布衣遺著》等 5 部叢書，
最稱鉅著。其內容大多為鄉賢先輩的專書及有關鄉邦文獻的著作。其所刻
底本絕大部分為丁丙家藏，且為士林所罕見者。因此，丁丙藏書除志在保
存文獻外，並藉刊刻圖籍，使古書能化身流傳，傳播知識的種子，實有功
於社會。

　　丁丙藏書既富，所得必詳加考校，晚年寫定《善本書室藏書志》40 卷，
此書志著錄八千卷樓所藏宋元槧本、明刊精本、舊鈔佳本及著述稿本、校

204　（清）丁丙撰，《八千卷樓書目・跋》，百家諸子中國哲學書電子化計劃 https://ctext.org/lib
　　rary.pl?if=gb&file=29536&page=83

鑰秘冊，凡 2,669 種，為其藏書精華所在。此書志的編撰，始於光緒二十一年（1895），據孫峻《八千卷樓書目序》稱：「乙未（1895）春，丈（丁丙）有善本藏書志之作，約峻辰集酉散，日撰解題二十部。……閱三年畢事[205]。」知書志成於光緒二十四年。書成之後，曾請繆荃孫校訂，並為之作序。二十七年，書志雕畢刊行，然丁丙於二十五年病逝，未能親見書志刊行。書志在類例上，深受《四庫全書總目》影響，均依四庫次第分類。每書書名之下注明版本，並標明藏家。每書均附有解題，介紹撰者、本書內容、書名異同、著書原委；或記版式行款、諱字、收藏印記、版刻源流、版本優劣、校勘文字異同等，可知除以版本賞鑒為主，亦融合目錄、校勘的義例，雖然其例尚未臻於完善，但在清代善本書志中，可謂後來居上。繆荃孫稱其書志「上窺提要，下兼士禮居之長，賞鑒考訂，兩家合而為一，可謂書目中驚人秘笈[206]。」良非虛譽。

丁氏除以藏書著名外，還以興復文瀾閣書為士林所稱道。太平軍之亂，杭州文瀾閣閣毀書散，丁氏於兵火亂離之中，致力訪求並蒐購散佚閣書。亂平之後，主持修復文瀾閣並補鈔文瀾閣書，使其恢復舊觀，於文物之維護保存，功不可沒。

丁申撰有《武林藏書錄》五卷（光緒 26 年嘉惠堂刊本），此書仿《湖州藏書錄》之例，稿成未刊。申歿，弟丙詳加校訂，為之付梓。《武林藏書錄》自序言某著書旨趣云：

> 武林為浙中首郡，天水行都，聲名文物，甲於寰宇。士多好學，家尚蓄書，流風遺韻，扇逸留芬。歷歲既深，或遭兵火，或替雲礽，既毀縹緗，並亡簿錄，無緣覆瓿，遑論借瓻乎？申幼耽竹素，長閱桑滄，既抱文瀾之殘恔，更補書庫之闕編，遺馥則卷守八千，末學

205　（清）丁丙撰，《八千卷樓書目・敘一》，百家諸子中國哲學書電子化計劃 https://ctext.org/library.pl?if=gb&file=29180&page=3

206　（清）丁丙撰，《善本書室藏書志》〈繆荃孫序〉，百家諸子中國哲學書電子化計劃 https://ctext.org/library.pl?if=gb&file=30017&page=2

則略窺萬一，採公私目錄，備古今掌故[207]。

　　此書分卷首、卷上、卷中、卷下、卷末 5 卷。內容大要如下：卷首紀文瀾閣簡史；卷上紀自宋至清，杭州官家藏書、刻書與地方進書的概論，間及載錄當地藏置的圖書版本目錄，為研究版本學重要史料；卷中至卷下，記載杭州歷代私人藏書家的行實，起於三國孫吳時的范平，訖於清代的朱學勤；卷末則載僑寓杭州的藏書家及校刻家，如宋代周煇（本淮海人）、周密（本濟南人）、清代鮑廷博（本歙人）的知不足齋、許宗彥（本德清人）的鑒止水齋等。最後附以「釋道經版」，記載杭州佛寺道觀經版聚散之經過[208]。

　　宋室南渡以後，杭州已成為東南文化中心之一，當時藏書與刻書者，除福建外，幾乎部集中在杭州。從《武林藏書錄》中，可想像南宋以來文物之盛。人才之眾，如書中所記之周煇、周密、杭世駿等人，都是著名文士，而高廉論宋元刻書的優點，及書賈作偽的技術，尤足以供研究版本者之參考。卷上間錄當地藏置圖書版本的目錄，對研究版籍者，亦有史料價值。總之，本書記述範圍雖只限於杭州一地，但也可見我國文物傳統之深遠與先人求知之辛勤。

　　申與弟丙曾刊刻叢書，自乾道臨安志以降，裒為十集百種，為《武林掌故叢編》，初刊於光緒九年，俞樾稱其「博觀精選」，有「敬梓恭桑」之意。此外，又與弟丙重刻《國朝杭郡詩輯、續輯》並博采道光以來之詩，而補錄前百餘年為舊所未採者，編成《國朝杭郡詩三輯》，其內容多為鄉賢先輩的著作。因此，丁氏昆仲除志在保存文獻之外，並藉刊印圖籍，使古書能化身千萬，傳播知識種子，實有功於學術文化。

　　嘉惠堂：光緒皇帝為表彰丁氏兩兄弟保護、修補文瀾閣之《四庫全書》

[207] （清）丁申著，《武林藏書錄》，摘錄〈國學寶典〉http://guoxue.httpcn.com/html/book/RNUY/UYTBRNILRN.shtml

[208] 湯絢〈武林藏書錄〉，《圖書館學與資訊科學大辭典》https://terms.naer.edu.tw/detail/1682336/?index=3

的諭旨中有「洵足嘉惠藝林」語，取以名嘉惠堂。

八千卷樓：因慕遠祖宋人丁顗藏書八千卷，有言曰：「吾聚書多矣，必有好學者為吾子孫。」故以八千卷樓為藏書樓名[209]。

三十八、方功惠與碧琳琅館

方功惠（1829-1899），字慶齡，號柳橋，湖南巴陵（今岳陽）人。初以父蔭任廣東鹽道知事，郭嵩燾撫粵，又歷任番禺、南海、順德等知縣。丁母憂，任廣州廣糧道通判，光緒十三年及十九年，兩任潮州知府。方功惠為官，治財有方，轄粵、閩、贛、湘四省鹽課。又修義倉、建義學。十四年，潮州大水，他親自冒雨督導救災，活人無數。左宗棠復新疆，他以籌集軍餉有功，保舉道臺，未就。前後歷經七任兩廣總督，無不倚重之[210]。

方功惠幼年即嗜書，家有碧琳琅館，藏書十卷，富甲粵東。李希聖《雁影齋題跋》序說：「巴陵（岳陽舊名）方柳橋觀察官廣東四十年，好書有奇癖，聞人家善本，乃多方鉤致之，不可得則展轉傳抄，期於必備[211]。」其求書之精勤若此。如吳榮光清筠館藏書，盡歸功惠；最難得的是，方功惠甚至在楊守敬之前就已經注意收集從日本散出的我國古籍珍本。並派人赴日本蒐購古書，較之楊守敬之訪書東瀛，尚早 5、6 年，人所罕知也。張之洞督兩廣，時常拜訪功惠，借讀藏書。時人以為「卻駕海山仙館（潘仕成）、粵雅堂（伍崇曜）之上。」

方氏藏書之所名為碧琳琅館，在廣州城北。其藏書不但饒富宋刊元版，亦以總數量之豐著稱。李希聖稱「方氏藏書盈五十萬卷。」其中《文選》，自宋、元版以下，即有 10 種之多，故其藏書齋又名十文選齋。功惠又喜刻書，以流布古籍為己任。所刻有《古經解匯函》、《古小學匯函》、

---

[209] 范鳳書著，《中國著名藏書家與藏書樓》，鄭州：大象出版社，2013.01，頁 270。

[210] 梁戰、郭群一編著，《歷代藏書家辭典》，西安：陝西人民出版社，1991，頁 21。

[211] （清）李希聖著，《雁影齋題跋》序，民國二十四年（1935）湘陰李希聖鉛印本。

《全唐文紀事》、《北盟會編》、《碧琳琅館叢書》44 種，及《全上古三代秦漢三國六朝文》、嚴鐵橋手稿等。功惠之藏書目錄有《碧琳琅館書目》4 卷，著錄 3,000 多種；《碧琳琅館珍藏書目》4 卷，未刊稿本，著錄 680 餘種；《碧琳琅館集部書目》，僅著錄總集類即達 500 種。其讀書題記之作有《碧琳琅館藏書記》，共收 75 篇題識，後收入李希聖《雁影齋題跋》及《雁影齋讀書記》二書中。

圖 21　《碧琳琅館集部書目》書影
（圖片來源：國家圖書館藏品）

　　碧琳琅館所藏多精本，品質極高。據《碧琳琅館珍藏書目》著錄，有宋本三十九種、元本五十六種。所收《文選》自宋本以下，無不齊備，達十二種之多，因而又名其藏書處曰「十文選齋」。他還早於楊守敬派人往日本採購書籍，所以方氏藏書中多鈐有日本藏書家印章，如日本曼殊院、尾府內庫、知止堂等，而收佐伯文庫書尤多。

　　方功惠藏書印很多，主要有「方功惠印」、「巴陵方印碧琳琅館珍藏」、

「碧琳琅館秘笈」、「方家書庫」、「書癖」、「書奴」、「擁書萬卷何假南面百城」等。方氏藏書於身後為其子方湘賓運至北京出售，一部分贈與京師大學堂，今存北京大學圖書館。

　　碧琳琅館：《宋書・禮志》：「雕琢琳琅，和寶畢至，大啟群蒙，茂茲成德。」謂珍貴的玉石。方功惠官粵時，於城北築有館舍一所，池台亭榭，花木縈繞，故名碧琳琅館[212]。

三十九、陸心源與皕宋樓

　　陸心源（1834-1894），清末著名的藏書家。初字子稼，改字剛父，號存齋，晚年自稱潛園老人，浙江湖州歸安縣人。性喜法家管商的學術，也精於鄭玄、許慎的經學小學，對於清代的學者，特別推崇顧炎武而私淑之，喜歡研讀他的著作，所以將家中的大廳，署名為儀顧堂。清咸豐九年（1859）舉人，歷廣東南韶兵備道，官至福建鹽運使[213]。

　　他辭職歸隱後，在歸安城東蓮花莊購得明萬曆御史朱鳳翔的廢園一書帶草堂，予以拓修，疏泉疊石，時植花木，名曰潛園。自咸豐初年即開始購書，至光緒八年時，他的藏書已有 150,000 冊之多。於園中闢眡宋樓，專儲宋元版及名家批校本，另闢守先閣，以收明以後的普通本。心源侍奉母親吳太夫人之暇，從事著述，整理藏書及校勘古籍。後因直隸總督大學士李鴻章再保奏他，心源不得已，而於十八年入京，皇帝召見於勤政殿，奏旨以道員交李鴻章差遣。抵天津時，即感染痢疾後卒。著有《儀顧堂文集》、《儀顧堂題跋》，《皕宋樓藏書志》，《群書校補》，《宋史翼》等凡 18 種，1,026 卷，合署曰《潛園總集》。考訂、校讎、賞鑑，陸氏均各有專著，他不僅是清末四大藏書家之一，也是中國歷史上著名的學者。

　　皕宋樓是清末藏書家陸心源的藏書室名。陸氏自為諸生時蒐購藏書開

---

[212] 范鳳書著，《中國著名藏書家與藏書樓》，鄭州：大象出版社，2013.01，頁 275。

[213] 梁戰、郭群一編著，《歷代藏書家辭典》，西安：陝西人民出版社，1991，頁 227-228。

始，其後出仕在外，迄於罷官歸隱，到光緒八年（1882）編刻《皕宋樓藏書志》止，凡 20 餘年。據李宗蓮為作《皕宋樓藏書志》序說：

> 余少識潛園先生于鄉校，先生志欲盡讀天下書，偶見異書，傾囊必購。後膺特簡，備兵南韶。未幾丁艱，歸裝有書百櫃。乃複近抄遠訪維日孳孳，林居六年何假南面之樂。十餘年來，凡得書十五萬卷，而坊刻不與焉。其宋元刊及名人手抄手校者，儲之皕宋樓中。若守先閣則明以後刊及尋常抄帙。按四庫書目編序，而以近人著述之善者附益之。念自來藏書未能垂遠，今春奏記大府，以守先閣所儲歸之於公。而以皕宋樓實舊刻精抄所罕見者，輯其原委，仿貴與馬氏、竹垞朱氏、月霄張氏，成藏書志一百二十卷[214]。

　　陸心源藏書樓名有三。一曰皕宋樓：「皕宋」即二百種宋本之意，清代中葉著名藏書家黃丕烈曾藏有宋本百種，故有「百宋一廛」之誇，陸心源名其樓爲「皕宋」，顯然有意以此壓倒黃丕烈的「百宋一廛」；二曰十萬卷樓：儲明清秘刻及精鈔精校；三曰守先閣：藏尋常之書。值得稱道的是，陸心源的守先閣藏書可供讀者觀覽，這對傳統藏書家來講，是十分難能可貴的[215]。鄭觀應《盛世危言》卷二「藏書」說：「近日則吳興陸氏之皕宋樓首屈一指，另建守先閣，請於大府，奏於朝廷，供一郡人觀覽，其大公無我之心，方之古人，亦何多讓[216]。」

　　他的藏書中有許多是《四庫全書》所未收之書，其中宋元版書尤多。皕宋樓專門收藏宋元刊本及名人手抄、手校等秘籍。黃丕烈藏宋版書百餘部，就命名其藏書室為百宋一廛，以誇耀其藏書之富。吳騫以藏元本甚多，

214　（清）陸心源撰，《皕宋樓藏書志》〈李宗蓮序〉，百家諸子中國哲學書電子化計劃 https://ctext.org/library.pl?if=gb&file=30658&page=2

215　〈收藏家：陸心源〉，摘錄〈上海圖書館開放數據平臺〉http://data.library.sh.cn/gj/webapi/toSealPersonList

216　（清）鄭觀應著，《盛世危言》卷二〈藏書〉，百家諸子中國哲學書電子化計劃 https://ctext.org/wiki.pl?if=gb&chapter=85124&searchu

又取名千元十駕以與黃氏相匹敵。陸氏稱其藏書室為皕宋樓，意思是說他收藏的宋版書多達兩百部，大有超過百宋千元之勢。歸安陸氏皕宋樓與聊城楊氏海源閣、常熟瞿氏鐵琴銅劍樓、杭州丁氏八千卷樓合稱為清季四大藏書樓。陸氏藏書處除皕宋樓外，還有守先閣和十萬卷樓。十萬卷樓專門收藏明以後的秘本及精抄精校本。守先閣則收藏一般圖書。此閣藏書按四庫分類法部次類別，編號上架，可供人閱覽。陸氏曾於光緒八年呈請地方政府，將守先閣藏書歸之於公，供社會大眾公開借閱。由此可見，陸心源是一位熱心公共圖書館事業的藏書家。

又日本島田翰《皕宋樓藏書源流考》補記說：

> 同治初元，宜稼之書散出，其宋元舊槧、名校精抄，大半先為豐順丁禹生中丞日昌於觀察蘇松太時豪奪去，歸於持靜齋，……而其餘精帙，俱歸於歸安陸剛甫心源有。心源已獲郁氏書，富於藏儲。……上自苕溪嚴氏芳椒堂、烏鎮劉氏曠琴山館、福州陳氏帶經堂，下迄歸安韓子蘧，江都范石湖、黃蕘圃，仁和平甫、季言二勞……等有一無二手稿草本，從飄零之後掊拾之，盡充插架，以資著作。素縹緗帙，部居類彙，遂為江南之望矣[217]。

陸心源的藏書雖然如此豐富，可惜到了他的長子陸樹藩手中，連保管都成了問題。日本學者島田翰在《皕宋樓藏書源流考》裡曾說：

> 乙巳、丙午（光緒 31 年 32 年）之交，予因江南之遊，始破例數登陸氏皕宋樓，悉發其藏讀之。太息塵封之餘，繼以狼藉，舉凡異日之部居類彙，用以飽蠹魚。又歎我邦藏書家未有能及之者，顧使此書在我邦，其補益文獻非鮮少，遂慫恿其子純伯觀察樹藩，必欲致之於我邦。而樹藩居奇，需值甚昂，始號五十萬兩，次稱三十

---

[217] （日本）島田翰著，《皕宋樓藏書源流考》補記，百家諸子中國哲學書電子化計劃
https://ctext.org/library.pl?if=gb&file=107083&page=24

五萬圓，後稍減退至二十五萬圓，時丙午正月十八日事也。二月返槎，歸而謀諸田中青山先生，不成。先生曰：能任之者，獨有岩崎氏耳，餘將言之。而予亦請諸重野成齋先生。今茲丁未（光緒 33 年）三月，成齋先生有西歐之行，與樹藩會滬上，四月遂訂議為十萬圓。五月初二日，吾友寺田望南赴申浦。越六月，陸氏皕宋樓、十萬卷樓、守先閣之書，舶載盡歸於岩崎氏靜嘉堂文庫[218]。

　　陸心源以畢生之力所收之長編鉅冊就這樣舶載而東，遂不復見於中土。日本靜嘉堂文庫卻因購得了陸氏皕宋樓藏書而聞名於世。

　　皕宋樓：《說文‧皕部》：皕，二百。皕宋，意為二百種宋刻。而陸氏實未收及此數，似有誇大和充數之嫌，亦含期冀收集二百部宋版書之意向和顯示藏宋版書之多[219]。

四十、李文田與泰華樓

　　李文田（1834-1895），字畬光，一字仲約，號若農，別號一癡道人，廣東順德人。清咸豐九年（1859）進士，授編修，官內閣學士、禮部右侍郎。1874 年乞歸故里，主講廣州鳳山、應元書院，在廣州築泰華樓，藏書甚富，收藏有秦《泰山石刻》宋拓本及漢《華嶽廟碑斷本》宋拓本。

　　其學博通經史，精版本目錄。生平嗜學不倦，工書善畫，經史、兵法、天文、地理，無一不曉。公務之餘，勤於治學，對元史及西北史地研究尤精。金石碑帖書籍版本之源流，皆得其要。著有《元秘史注》、《元史地名考》、《西遊錄注》、《塞北路程考》、《和林金石錄》、《雙溪醉隱

218　（日本）島田翰著，《皕宋樓藏書源流考》，百家諸子中國哲學書電子化計劃 https://ctext.org/library.pl?if=gb&file=107083&page=32

219　范鳳書著，《中國著名藏書家與藏書樓》，鄭州：大象出版社，2013.01，頁 281。

集箋》等，是清代著名的蒙古史研究專家和碑學名家[220]。

圖 22　元朝秘史　　　　　　圖 23　李文田手校《柬埔寨以北
　　　　　　　　　　　　　　　　　　　探路記》

（圖片來源：國家圖書館藏品）

　　李文田藏書數萬卷，多古刻名抄。其邸舍幾楹之外唯圖籍，列櫝數十，頗多宋元舊槧，而明代野史皆屬抄本，多至百種以上，即名賢文集亦皆秘本，多藏書家書目所未載。又多藏禁毀書。其所秘藏禁書，搜羅極廣，人罕知之。每部皆鈐「壁中」二字，意即藏之復壁　。

　　李文田學出於鄭樵、王應麟等人，對遼、金、元三史有研究，對西北史地、金石故物、醫學、詞章詩文等，考索極詳。

　　有「讀五千卷書室」。葉昌熾曾在他門下數年，每得一古本舊拓，與葉昌熾疑義共賞析。精於鑒賞，人稱「金石、碑帖、書籍板本之源流，皆得其要」。所藏書籍多為人間少見之書，如禁毀書、宋元明刻抄本等。曾

[220] 梁戰、郭群一編著，《歷代藏書家辭典》，西安：陝西人民出版社，1991，頁 159。

收藏馬氏「小玲瓏山館」舊藏的秦代泰山石刻及漢代華嶽廟碑，遂將藏書樓名為「泰華樓」（一作泰華山堂），藏三朝石刻頗多，與吳榮光並稱「博藏家」。晚年又得清廷賜書，改藏書樓為「賜書樓」。刊刻圖書有 20 餘種。孫李棪，字勁庵，所購多金石原拓和名家考校之本，藏於「壁書樓」中，由黃節為之書額。藏書後來被京師圖書館（現北京圖書館）收購一部分，一部分被鄧之誠保藏後，捐於中國科學院圖書館。

泰華樓：因收藏有秦泰山石刻及漢華嶽廟碑拓片，作為傳家之寶，故命書樓曰泰華樓。

壁書樓：家中多藏禁毀書，取魯壁藏書故事，因命藏書樓為壁書樓[221]。

四十一、徐樹蘭與古越藏書樓

徐樹蘭（1837-1902），字仲凡，號檢庵，浙江紹興人。清光緒二年（1876）舉人，授兵部郎中，以輸資為候選知府，被用為道花翎鹽運使，以母病歸里。光緒二十二年，與羅振玉等在上海創辦農學會及《農學報》，並與胞弟徐友蘭等於光緒二十四年在上海黃浦之濱置地百畝，採購各國農作物良種，開闢種植試驗場。熱心於興辦鄉裡公益事業，光緒二十三年（1897）創辦中西學堂，聘請中西教習，聘蔡元培管理學務，開譯學、算學、化學等課，培養人才較多。又組織修築海堤，建西湖閘，設義倉，立救疫局等[222]。一生中最突出的貢獻，是捐資創辦紹郡中西學堂和古越藏書樓。

其在〈為捐建奏諮立案文〉中稱：

> 竊維國勢之強弱，系人材之盛衰；人材之盛衰，視學識之博陋。……廣設學校此誠育才正本清源之至也。……購書既苦於無

---

[221] 范鳳書著，《中國著名藏書家與藏書樓》，鄭州：大象出版社，2013.01，頁 282。

[222] 梁戰、郭群一編著，《歷代藏書家辭典》，西安：陝西人民出版社，1991，頁 331-332。

資，入學又格於定例。……泰西各國講求教育，輒以藏書樓與學堂
相輔而行。……職不揣綿薄，謹捐銀八千六百餘兩，於郡城西偏，
購地一畝六分，鳩工營造，名曰古越藏書樓，以為藏書之所。……
以家藏經史六部及一切有用之書，悉數捐入，……大凡七萬餘千
卷[223]。

　　古越藏書樓為清代末年著名藏書家徐樹蘭（1837-1902）所興建。1887
年，徐氏創辦紹興府中西學堂，延訪中西教習，聘請督課生徒，兼及譯學、
算學、化學，作育不少英才。但因受入學人數限制，認為「泰西各國講求
教育，輒以藏書樓與學堂相輔而行」，故有興建藏書樓之想。

　　1902 年，徐氏於紹興城西府山腳下購地一畝六分營建古越藏書樓，除
將家藏經典史籍及一切有用書悉數捐入，又不惜費用，搜羅圖籍，共得書
7 萬數千卷。總計建屋及添置設備、開辦經費共約 32,960 兩銀子，及常年
經費每年 1,000 元，均由徐氏私人捐贈。但書樓建成，未及開放，徐氏即
不幸病逝，乃由其子徐爾穀繼續籌畫，於 1904 年古越藏書樓正式對外開
放，成為紹興府當時傳頌一時的佳話。

　　徐氏創辦古越藏書樓有二大宗旨：一是存古，一是開新，而其所藏圖
書之內容亦以此為準則。一方面收藏經史子集四部之書，以刻本最多；另
則介紹西方先進科學技術，又添置許多新學圖書，如《格致叢書》，以及
聲、光、化、電之書，此外尚有日本農學專著及各種畫報、學報、日報等。
馮一梅編有《古越藏書樓書目》20 卷，分訂為 8 冊，書目前有張謇撰之《古
越藏書樓記》及徐氏自訂之《古越藏書樓章程》。

　　古越藏書樓與中國歷代藏書樓最大之區別在能對外開放。徐氏於章程
中規定：凡欲借閱圖書者，不需舖保押金，只需提出申請；承認並遵守藏
書樓章程，則在司事處登記姓名住址，欲借何書，並領取對牌和發書單。
在廳閱覽書籍，憑對牌按號入座，書籍就室閱覽，不准攜出室外；欲閱日

---

[223] （清）徐樹蘭著，《古越藏書樓書目》卷首〈為捐建奏諮立案文〉，百家諸子中國哲學書電
子化計劃 https://ctext.org/library.pl?if=gb&file=108076&page=6

報，自由取閱；欲閱月報，按書籍借閱方法辦理。古越藏書樓共有座位 60 個，並為讀者代辦早、中、晚三餐飲食。這些方便讀者之措施，為中國歷代藏書樓所未曾有。古越藏書樓開放後，影響至為深遠，海內藏書家建藏書樓者接踵而起，直接推動了我國近代公共圖書館事業之發展。

此為近代中國公共圖書館興辦之前，由私人興建的具有公共圖書館性質的一次比較成功的大膽實踐，帶動了公共圖書館事業的發展和促使私家藏書思想向公開化的轉變，具有重大意義。

古越藏書樓：紹興為古越國都城，建樓藏書故以古越名之[224]。

四十二、楊守敬與觀海堂

楊守敬（1839-1915），字惺吾，一字鵬雲，號鄰蘇老人，湖北宜都人。清同治元年（1862）舉人，絕意科名，專意著述。光緒六年（1880），駐日大使何子璋、黎庶昌相繼招為隨員。在日本數年，廣搜流日中土遺籍及日本奧書秘笈，撰《日本訪書志》，輯刊《古逸叢書》。歸國就黃岡縣教諭，十四年，在黃州築屋藏書，因地近宋時蘇東坡的雲堂，因號稱鄰蘇園，自署鄰蘇老人。二十五年應張之洞之邀，出任兩湖書院輿地門教習。其後轉任武昌勤成學堂（一名存古學堂）總教長。宣統二年（1910）任通志局纂校。辛亥（1911）武昌起義，避居上海。民國三年（1914）入京為參政，次年元月 9 日去世，享年 76。袁世凱頒令褒揚，追贈少卿[225]。

惺吾外貌長身修髯，聲如洪鐘，仕途雖不順利，然學術成就極高，著述亦多。有《望堂金石初集二集》、《歷代輿地沿革險要圖》（與鄧承修合撰）、《重訂隋書地理志考證》、《漢書地理志補校》、《晦明軒稿》、《水經注疏》、《北魏地形簡記》、《西魏書簡記》、《日本訪書志》等數十種。讀書寫作之餘，惺吾又喜蓄書。他的藏書，不以量多或富宋元珍

---

[224] 范鳳書著，《中國著名藏書家與藏書樓》，鄭州：大象出版社，2013.01，頁 286。

[225] 梁戰、郭群一編著，《歷代藏書家辭典》，西安：陝西人民出版社，1991，頁 242。

本著名，而是在日本為隨員時，利用各種機會，大量訪求散佚在海外的古籍，並載運返國，對保存文獻特多貢獻而聞名。

守敬嗜古成癖，書籍碑版錢印磚瓦之屬，莫不多方搜求，儲藏之富，當世罕匹，達數十萬卷。先後在黃州建鄰蘇園，在武昌建觀海堂。曾編《觀海堂書目》六冊，著錄約四五千種。《楊氏舊藏書目》一冊，著錄約一千五百種。又有《鄰蘇園書目》一冊，著錄約六百種。

觀海堂為清宜都楊守敬藏書室名。守敬受宋歐陽修日本刀歌「徐福行時書未焚，逸書百篇今尚存；令嚴不許轉中國，舉世無人識古文，先王大典藏夷貊，蒼波浩蕩無通津，令人感激坐流涕，鏽澀短刀何足云[226]。」的影響，深信海外必藏有不少中土散佚不傳的珍貴史料。

光緒六年（1880），隨何如璋公使出使日本，行前周詳籌備，瞭解東瀛人氏愛好書法，臨行前乃備妥許多珍貴之古代碑刻拓本，俾便在無法以金錢價購時，採以物易物方式，互相交換取得。他在日本時，適逢日本明治天皇推行「廣求知識於世界，以振皇基」的維新運動。日本當時文化的發展，正從由接受中國文化邁向西方文明的轉變，千百年來從中土所得的舊藏，大量廉價賤售，而為楊氏收購不少。楊氏又為取得更珍貴的彼邦收藏，曾與當時日本方面的名學者，如森立之、島田重禮、岡千仞、町田久成等人交往，協助其蒐訪取得珍貴秘笈。經過數年的努力，成果豐碩，並自撰《日本訪書志》一書，載錄訪得圖書的內容。唯該書係選擇性的記載，而非全盤性的登錄，因此，無法確知其全部所得。光緒十年楊氏攜書歸國，在上海闢觀海堂書樓藏之。

觀海堂藏書，在楊氏生前，已有散佚、贈送及轉讓的情形。民國四年（1915）楊氏病逝，政府出資收購其所餘，袁同禮〈楊惺吾先生小傳〉曾有一段記載說：「其藏書以七萬餘金讓諸政府，藏於政事堂，日久頗多散佚。七年冬，徐總統（世昌）以一部分撥付松坡圖書館，約十之五六，所餘者儲於集靈囿。十三年秋，余曲歐返國，供職國務院，曾以公開閱覽，

---

[226] （宋）歐陽修撰，《歐陽文忠公集》卷第四〈日本刀歌〉，明嘉靖丁酉（十六年，1537）吉安刊本。

進言於黃君膺白，未幾黃君去職，事遂寢。本年（民國十五年）一月，由
國務院撥歸故宮博物院保存，儲於景山西之大高殿，為故宮博物院圖書分
館[227]。」

　　觀海堂藏書，民國以後分藏兩處，松坡圖書館所得，詳情不可知，而
故宮博物院所得者，為數 15,491 冊，逾 2,000 種書，民國二十一年曾編有
專目行世。七十一年故宮有感於原目錯誤甚多，又予以重編，並按經史子
集各部，散入《國立故宮博物院善本籍總目》之中。

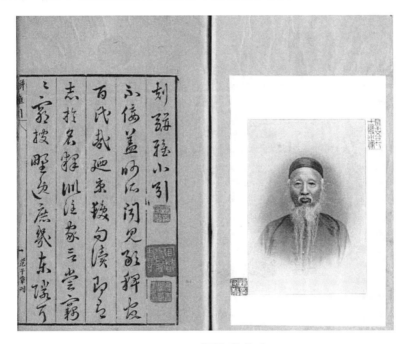

圖 24　觀海堂藏書

　　觀海堂：《孟子・盡心上》：「故觀於海者難為水，游於聖人之門者
難為言。」比喻所觀者大。又有楊氏渡海東瀛，訪求古籍，厥功其大之意。

　　鄰蘇園：楊氏在黃州，其居室與東坡雪堂相鄰，又因東城赤壁故地，
為蘇軾謫居之所，故命園為鄰蘇園[228]。

---

[227] 袁同禮〈楊惺吾先生小傳〉，《大陸雜誌》23 卷 1 期，民國 50 年 7 月，頁 33-34。

[228] 范鳳書著，《中國著名藏書家與藏書樓》，鄭州：大象出版社，2013.01，頁 291。

四十三、繆荃孫與藝風堂

繆荃孫（1844-1919），字炎之，又字筱珊，號藝風，江蘇江陰人。清光緒二年（1876）進士，授編修，任京師圖書館監督，歷主講南菁書院、濼源書院、鐘山書院，先後擔任江南圖書館和京師圖書館監督，爲南北兩大圖書館的創建者之一[229]。

繆荃孫和張之洞淵源很深，不論撰書目或修志，辦書院或書局，改革教育、興辦學堂或圖書館，都受到張之洞信任與重用。而學術思想上，繆荃孫亦被〈清儒學案〉列爲南皮學案張之洞的大弟子。其一生著述甚多，不僅在史學、校勘、金石、目錄方面皆有成就；於校輯圖書與刻書方面亦頗有貢獻，更是晚清著名的藏書家。其藏書樓曰對雨樓，而個人藏印所用堂號有：藝風堂、雲自在龕、雲輪閣、卷芳室等。著有《藝風堂文集》、《藝風堂文漫存》、《藝風堂藏書記》、《常州詞錄》、《秦淮廣記》、《續國朝碑傳集》、《藝風堂金石目錄》、《五代史方鎮表》等。所刻書極多，以《雲自在龕叢書》、《藕香零拾》、《對雨樓叢書》、《煙畫東堂小品》四套叢書最有名。

繆荃孫早年從廣東藏書家李文田學習版本目錄之學，從此開始了他的藏書生涯，以後南來北往，遇書輒購。在京師任職時，繆荃孫常去海王邨書肆搜訪異本，繆荃孫當時經濟上並不太寬裕，常常不得已而典衣買書。繆荃孫又與許多藏書家往來，互相抄校考訂，學問亦隨之日益博通，至庚子年（1900），繆氏藝風堂藏書已達十餘萬卷。八國聯軍入侵北京，舉國震驚。當時，繆荃孫主講於鐘山書院，鑒於歷史上人亡書散的教訓，乃根據藏書編《藝風堂藏書記》八卷。

---

229 梁戰、郭群一編著，《歷代藏書家辭典》，西安：陝西人民出版社，1991，頁 442。

圖 25　繆荃孫撰《藝風堂藏書記》

（圖片來源：國家圖書館藏品）

繆氏藏書，其在《藝風堂藏書記・緣起》中自述：

　　荃孫年十二三住申浦老屋，屋中存書四大櫥，讀經之暇，即取
閱之，諸史雜家，尤所心喜。庚申之難，隻字不存。轉徙江淮，游
蜀、楚、豫，遇書輒購，所積遂多。通籍後供職十六年，搜羅群籍，
考訂版片。潘吳縣師、翁常熟師、張南皮師等互出所藏，以相考訂。
舊刻舊抄，四庫未收之書，名家孤傳之稿共十餘萬卷。甲午（1894）
初夏投劾歸，輦書自隨。庚子（1900）夏秋間，京師變起，南中亦
岌岌如李易安所云，四顧茫茫，盈箱溢篋知其必不長為己物矣，秋
日酷暑移筆硯於深竹陰中，清風泠泠濕我襟袖。因思勒成一書，遂
按籍編目，盡錄題跋、印記。有四庫未著錄者，略舉人之仕履、書
之大意。得書六百二十七種，一萬九百六十二卷。用孫祠書目例，

分為十類、編成八卷。……今天下稱瞿楊丁陸四大家，目皆高尺許。荃孫一鱗片甲，第與拜經樓、平津館相伯仲。他日書去而目或存，掛名于藝文志，庶不負好書若渴之苦心耳[230]。

　　晚清藏書家繆荃孫，撰有藏書記三部，名曰：《藝風堂藏書記》八卷，《藝風堂藏書續記》八卷，《藝風堂藏書再續記》不分卷。共收錄圖書 1,475 種[231]。

　　（一）《藝風堂藏書記》八卷：清光緒二十六年（1900），繆荃孫整理累積二十餘年（1868-1900）的藏書，編撰成記，於是年 9 月付刻，次年 9 月刻成。他參考《孫祠書目》，將所收圖書分成 10 類（即經學第 1，小學第 2，諸子第 3，地理第 4，史學第 5，金石第 6，類書第 7，詩文第 8，藝術第 9，小說第 10），計 635 種（按：繆氏自謂 627 種，但據該書目統計則為 635 種）。其藏書規模，繆荃孫自云：「今天下稱瞿、楊、丁、陸四大家，目皆高尺許，荃孫一鱗片甲，第與拜經樓、平津館相伯仲。」而「他日書去而目或存掛一名於藝文志，庶不負好書若渴之苦心耳。」則為其撰刻此部藏書記之動機與目的。

　　（二）《藝風堂藏書續記》八卷：收錄繆荃孫自清光緒二十六年以後十年間（1900-1910）的藏書，共計 730 種，於民國元年（1912）5 月付刻，次年 5 月刻成。其分類與《藝風堂藏書記》大致雷同，唯地理第 4《續記》作輿地第 4，金石第 6《續記》作目錄第 6，而略有小異。《續記》緣起記道：「光緒庚子，拳匪四起，聯軍入國，荃孫乃撰藏書記八卷，匪矜多藏，懼其不為我有也。……閱十年至庚戌……所聚與前相埒，重循前例，再編八卷，刻未斷手，金陵傾覆……書籍四百篋，重貲託東人轉運至滬，有全失者，有失數者……十中約去其一……僑居上海，生計毫無，不得不出以

---

[230] （清）繆荃孫撰，《藝風堂藏書記·緣起》，清光緒庚子至辛丑（二十六至二十七年；1900-1901）刊本。

[231] 張碧惠〈藝風藏書記〉，摘錄《圖書館學與資訊科學大辭典》https://terms.naer.edu.tw/detail/1679545/?index=1

易米……不無繫戀。……至於書去目存，昔賢以慰張金吾者，吾亦藉之以自慰也。」足見繼刻《藏書續記》對繆荃孫之意義，實非比尋常。

　　（三）《藝風堂藏書再續記》不分卷：收錄繆荃孫民國以後（1911-1919）的藏書，計 110 種（據該書目統計而得）。繆荃孫有自序云：「予自國變，蠖居海隅，佳槧舊鈔，往往易米，經此大難，無心收拾。然遇心喜之書，相當之值，遂損衣食之費而置之。雖旋收旋散，有若摶沙，然既暫為我有，則可入之書目，猶勝道鹹以來之收藏家，一字不洩於外者。」《再續記》原名《藝風堂新收書目》，繆荃孫生前未及刻印，稿本由鄧文如訪得，後轉讓燕京大學圖書館保存。民國 29 年，該館以鉛字排印成冊，定名為《藝風堂藏書再續記》，以與前二記相承。《再續記》將所收圖書按版本分為 7 類（即宋刻本第 1，元刻本第 2，明刻本第 3，舊鈔本第 4，校本第 5，影寫本第 6，傳鈔本第 7），與前二記迥異，不僅在內容上，亦在編排形式上充分反映其為賞鑑書目之屬。

　　繆荃孫的藏書記具有一般解題、賞鑑書目之特質與優點，另有下列 6 點特色和價值：（1）增錄高廣尺寸，別創新格；（2）參考徵引之資料，新舊兼採，種類廣泛；（3）注意刻工姓名及年代，並用以考訂版本時代；（4）兼述藏書家與刻書人之軼事或生平事蹟；（5）保存刻書牌記告啟之全文與原式；（6）保存各家題跋記序之文，古今人皆錄之[232]。

　　陳乃乾《跋琉璃廠書肆後記》對繆荃孫評價稱：「江陰繆荃孫太史喜購藏善本書，丹黃點勘，垂老不倦。雖其校定諸書，每多脫誤，為通人所譏。然其愛書之篤，一時無兩，視世之傖夫暴富，附庸風雅者，真不可以道裡計也。乃逝世逾歲，抔土未乾，而藝風堂藏書已為肆賈捆載以去[233]。」

　　藝風堂：繆氏號藝風，世稱藝風先生，是以號名堂也。藝者，藝文也。蓋其又有延續宣導藏書風氣之意[234]。

---

[232] 張碧惠〈藝風藏書記〉，摘錄《圖書館學與資訊科學大辭典》https://terms.naer.edu.tw/detail/1679545/?index=1

[233] 范鳳書著，《中國著名藏書家與藏書樓》，鄭州：大象出版社，2013.01，頁 298。

[234] 同上註。

四十四、沈曾植與海日樓

沈曾植（1850-1922），字子培，號乙庵，晚號寐叟，別署持卿、東軒、遜齋、餘翁、姚埭、腝禪等，別號凡 43 個。浙江嘉興人。清光緒六年（1880）進士，官刑部主事、安徽布政使，主講兩湖書院。專研古今律令書，由《大明律》、《宋律統》、《唐律》上溯漢魏。於是作《漢律輯補》、《晉書刑法志補》。著有《海日樓詩文集》、《蒙古源流箋證》、《元朝秘史箋證》、《島夷志略廣征》等[235]。

曾植之為學，兼綜漢宋，而尤深於史學掌故。後專治遼金元三朝史，及西北輿地，又特重通商以來外交沿革。旁通經學、聲韻、佛典，所作詩，號同光體。又工書法，自成一家。其藏書精而富，宋刊元刻近百種，藏書樓名海日樓，又有全拙庵、困學室、潛究室、護德瓶齋、菌閣等。藏書印記有「子培父」、「海日樓」、「妙埭沈氏珍藏」、「沈印曾植」、「踵息軒印」、「遜齋居士」、「乙庵」、「寐叟」、「象蓮花未開形」、「知一念即無量劫」等。歿後其藏書於抗戰間售歸陳群澤存書庫。

鄭逸梅記云：「沈寐叟居滬上新閘路，顏之曰海日樓，屋數間，縱橫皆書架。客至，不知主人何在，必高聲呼之，叟自書叢中傴僂而出。沈曾植遺書，在抗戰時期，由其嗣子慈護以二十萬金讓與陳人鶴[236]。」

沈曾植撰有《海日樓書目》，鄭振鐸收藏，後轉歸北京圖書館。

海日樓：語出唐李白《夢遊天姥吟留別》詩：「半壁見海日，空中聞天雞。」又宋之問《靈隱寺》詩：「樓觀滄海日，門對浙江潮[237]。」

---

[235] 梁戰、郭群一編著，《歷代藏書家辭典》，西安：陝西人民出版社，1991，頁 177-178。

[236] 鄭逸梅著，《藝林散葉》，北京市：中華書局，2005。

[237] 范鳳書著，《中國著名藏書家與藏書樓》，鄭州：大象出版社，2013.01，頁 308。

四十五、李盛鐸與木犀軒

　　李盛鐸（1859-1935），字嶬樵，一字椒微，號木齋，別號師子庵舊主人，師廣居士等，晚號麟嘉居士，江西德化人。為中國近代著名之藏書家、版本學家及校勘學家。清光緒十五年（1889）進士，曾歷任翰林院編修、江南道監察御史、京師大學堂總辦、出使日本大臣、順天府丞、出使比利時大臣、出使各國考察憲政大臣、山西提法使、山西布政使、山西巡撫等職，並曾獲英國牛津及劍橋兩大學之名譽學位。民國後，又曾任山西民政長、日本特使、約法會議會員、參政院參政、安福國會新參議院議員、委員會委員長、議長等職[238]。

　　李盛鐸出身藏書世家，其曾祖李恕在道光初年即始建木犀軒於廬山蓮花峰下，積書十萬卷，毀於太平天國時期。李盛鐸經營藏書五十年，首先是光緒初年收得湘潭袁芳瑛臥雪廬珍籍，由此奠定了木犀軒善本的基礎。袁芳瑛為咸豐時藏書大家，曾購得孫星衍平津館等江南典籍之精華，袁氏歿後，其子榆生售書，時李盛鐸隨其父宦游長沙，盡得臥雪廬之珍品。二是李盛鐸出使日本期間，得日本目錄學家島田翰之助，訪得不少國內佚書和日本、朝鮮的古刻本。三是當時被伯希和等人劫餘的敦煌卷子運至北京時，李盛鐸曾利用職務之便，私扣許多精品歸諸己藏。再加上其父親所遺之書，及李盛鐸零星訪得楊氏海源閣等各藏家散出之秘笈，木犀軒藏書總數最盛時有萬種以上，其中僅宋元本就達三百種之多，其他舊抄本、稿本、批校本無數，其價值亦不亞於古刻舊槧。

　　李氏自幼敏慧好學，喜購書，其後又抄書、校書，並蒐羅漢石唐碑拓本。為官之後更勤於蒐訪古籍，對於價昂無力購置之善本，亦盡量借抄、借校，或令子姪抄寫。出使日本期間，結識目錄學家島田翰，因島氏之助，所購盡為國內罕見或久佚之古書。晚年旅居京津，常至琉璃廠訪書，其時著名私家藏書散入書肆者多為其購得，其藏書處稱木犀軒。總計李氏畢生

---

[238] 梁戰、郭群一編著，《歷代藏書家辭典》，西安：陝西人民出版社，1991，頁 168。

藏書 9,000 餘部、58,000 餘冊，數量之多，質量之精，內容之廣，均為一般藏書家所不及。李盛鐸藏書目錄主要有《木犀軒宋本書目》一冊、《木犀軒元本書目》一冊、《木犀軒收藏舊本書目》三種、《北京大學圖書館藏李氏書目》三冊。

　　蒐藏之外，李氏又喜校勘書籍，丹黃不去手，數十年如一日。他牢守蘇州派藏書家死校之法，不輕下斷語。其對版本之考訂亦極精審，往往詳核其行款、字體、圖記，並與諸家書目互相參證。所撰題記或述得書經過，或記版本源流、書林掌故等，學者譽為「有黃堯圃、顧千里遺風。」

　　李氏並曾於光緒 13 年自國外購得石印機器十餘部，於上海開設蜚英館印書局，極具規模。出版圖書有正續《資治通鑑》、《三希堂法帖》、段氏《說文解字》及科舉考試專用之《兔園冊子》等。此外，並以傳統木刻印成《木犀軒叢書》26 種（光緒 9 年到 15 年刊行，以經史二部為主）及《木犀軒叢書續刻》6 種。

　　李氏藏書，在光緒十九年（1893）揚州寓廬遭火災，焚毀二百箱。盛鐸晚年境遇窘迫，藏書陸續散出，逝世後，先曾與北平圖書館洽談讓售未成。在 1939 年底由偽臨時政府以四十萬元收購，交北京大學典藏，並由趙萬裡主持編目，著錄圖書九千零八十七部五萬八千三百八十五冊，也算一個不錯的歸宿。

　　木犀軒為近代藏書家李盛鐸（1858-1937）藏書之總堂號，始建於其曾祖李恕時期。李恕，道光初年於江西德化鄉間廬山群峰中之蓮花峰下，宋代大儒周敦頤墓側，建木犀軒，藏書 100,000 卷，後毀於太平天國期間，而由李盛鐸父李明墀踵其遺志，繼續收藏。其所藏多至數十萬卷，曾刻《范家集略》等行世。現存李盛鐸藏書，部分係承襲自乃父，書中鈐有「李明墀」、「李氏玉陔」等印記；部分為李氏隨父任官湖南時所購得之袁芳瑛臥雪廬珍籍，書中多有「古潭洲袁臥雪廬收藏」及「袁漱六」、「袁芳瑛印」等印記。此外，李氏出使日本期間、民國 18 年（1929）聊城楊氏海源閣秘籍散出後、及其晚年居京津期間，都曾購得不少圖書。

　　木犀軒中，李氏又依書之性質分別闢室儲藏。其藏先代遺書者，稱建

初堂；藏御纂欽定圖籍者，稱甘露簃；藏先賢遺著者，稱古欣閣；藏師友
翰墨者，稱儷青閣；藏寫經及名人墨蹟者，稱兩晉六朝三唐五代妙墨之軒；
藏鉛石影印圖籍者，稱延昌書庫。李氏本人著書之所稱凡將閣；潛修之所
稱師子庵；與子弟講學之所稱安愚守約之室。

李氏一生藏書 9,000 餘部、58,000 餘冊。其中宋元古籍約 300 部、明
刊本 2,000 餘部、抄本及稿本 2,000 餘部，經史子集四部皆備，質量均甚
為可觀。所藏宋元古籍中，甚多在雕版史和書史中具有特殊地位；若干佛
經古刻本及有關醫學、科技方面之古籍，均極富研究價值。

木犀軒所藏日本古刻、活字、舊抄本和朝鮮本約有千餘種，為一大特
色。其內容遍及四部，而以子部醫家類與釋家類居多，其中不乏國內久佚
或罕見之書，彌足珍貴。另有大量之名家校本、稿本、舊抄本亦為其特色
所在，校本有錢謙益、何焯、王鳴盛、黃丕烈、顧廣圻、周錫瓚、吳騫、
陳鱣、吳翌鳳、勞權、李文田等人手蹟；稿本有戴震、孔繼涵、翁方綱、
翁樹培、焦循、丁晏、洪良品、繆荃孫等人所著書；若干影宋抄本，一如
宋版舊式，字墨瑩潔，筆畫精整。凡此種種，不僅為絕佳之研究資料，亦
為不可多得之藝術精品。

民國 24、25 年間，木犀軒藏書漸有散佚，或質於個人，或押於銀行。
李盛鐸病逝後，28 年由其十子李少微全數賣予臨時政府，交由北京大學圖
書館典藏。經該館整理編目後，於 1956 年出版《北京大學圖書館藏李氏
書目》，可據以考見李氏藏書之梗概。

木犀軒為其先世傳藏書總稱。木犀，桂花的別稱，花有濃香，多為庭
院觀賞花木。語出宋范成大《崖桂》：「病著幽窗知幾日，瓶花兩見木犀
開[239]。」

---

[239] 范鳳書著，《中國著名藏書家與藏書樓》，鄭州：大象出版社，2013.01，頁 323。

四十六、葉德輝與觀古堂

　　葉德輝（1864-1927），字奐彬，又字奐份，號直山，又號郋園，祖籍
江蘇吳縣，遷居長沙，寄籍湘潭。清光緒十八年（1892）進士，任短期吏
部主事，旋即歸里奉親讀書，並以提倡經學自任[240]。

　　葉氏為我國近代史上有名的古文史研究者，畢生致力古書、古物之蒐
集，長期從事版本、目錄、校勘、史學、文學及文字學的研究，此外他又
以藏書名家、刻書著稱。他的藏書樓名為觀古堂，其先世藏書已豐，他個
人則更積極努力的蒐集，遇害前收藏已超過 30,000 卷；所刊刻的書籍凡數
百種，且多以行世。

　　葉氏富藏書，其自述說：「吾家藏書，上下三四世，南北三十年，由
是四部之儲稍為完備。至辛亥已得卷十六萬有奇。以重刻計之，在二十萬
卷以外。」分裝於一千二百六十八書箱之中。蘇精在《近代藏書三十家》
一書中說：「估計在他死前可能已超過三十萬卷的巨藏[241]。」

　　葉氏藏書來源較大宗的收有商丘宋氏緯蕭草堂、曲阜孔氏紅櫚書屋和
同鄉袁芳瑛的舊藏。又收有劉喜海、馬國翰和王士禎三家遺書。還以觀古
堂所刻書與日本藏書家相交換所得。其嘗作《三恨詩》言：「恨不得讀《永
樂大典》；恨不讀敦煌石室藏書；恨不讀道藏[242]。」真有窮天下古文奇字
之志。

　　觀古堂，為近代藏書家葉德輝之室名及其藏書樓之名。觀古堂藏書的
來源主要有三，分敘於後：

（一）祖先的收藏

　　葉德輝的祖先已經有些藏書，據《觀古堂藏書目序》所稱，道光年間

---

[240] 梁戰、郭群一編著，《歷代藏書家辭典》，西安：陝西人民出版社，1991，頁 68。

[241] 蘇精著，《近代藏書三十家》〈葉德輝觀古堂〉，北京：中華，2009 年 4 月，頁 38。

[242] （清）葉德輝著，《書林清話》卷八，百家諸子中國哲學書電子化計劃 https://ctext.org/wiki.
　　pl?if=gb&chapter=298282

其先祖避亂來長沙之時，行囊即有楹書數巨篋，中有崑山顧氏、元和惠氏、嘉定錢氏諸遺書；以及毛晉汲古閣所刊經史殘冊、唐宋人詩文集；荼竹石君一二舊藏、無錫宗人天來先生收藏及宋葉夢得家訓說部等書。

（二）葉德輝的收購

葉德輝從光緒 12 年（1886）入京會試即每日到廠肆蒐訪收藏，爾後不管置身何處也都隨時蒐羅。先後獲得湘潭袁芳瑛臥雪樓、商邱宋至緯蕭草堂、曲阜孔繼涵紅櫚書屋等家藏書。

（三）交換所得

庚子以後，葉德輝與日籍友人時有往來，便以自己所刊刻的叢書交換外國影刻的宋元本醫書及卷子諸本等。至於國內同好，葉氏則以家刻新書與之交易。葉德輝致力於書籍收藏凡 40 餘年，因而四部之儲甚為完備。葉氏治學以經學、文字學為主，因而觀古堂中此類圖畫甚多。

葉氏一生著述極夥，尤以有關版本目錄及圖書文獻學的著作，對後世影響最大。其中《書林清話》是我國第一部研究版本學的著作、第一部有系統的書史。《觀古堂書目叢刻》為從事版本目錄學的研究者，提供客觀的參考資料。《郎園讀書志》則是鑑別古籍版本重要的參考書。民國 16 年（1927），葉德輝遇害後，觀古堂藏書紛紛散出，分別為莫伯驥五十萬卷樓、周越然言言齋、葉啟勳拾經樓所得。

《觀古堂藏書目》全書凡 4 卷，初編於光緒 27、28 年間（1901-1902）。辛亥革命，葉德輝避居湘潭朱亭山中時予以重編，爾後陸續修訂，於民國 5 年（1916）付刊。此書乃葉德輝一生精力之所注，其分類方式與《四庫全書總目》、張之洞《書目答問》大同小異；唯內部的分類略有增減、次序略有變化。葉德輝以為此一書目可以補正張之洞《書目答問》之缺誤，亦足以作為《清史藝文志》之材料。

《觀古堂藏書目》分四部 46 類：

經部 13 類：易、書、詩、禮、樂、春秋、論語、孝經、爾雅、石經、經解、小學、緯候。

　　史部 12 類：正史、編年、注歷、霸史、雜史、雜傳、政書、地理、
譜系、簿錄、金石、史評。

　　子部 15 類：儒家、道家、陰陽家、法家、名家、墨家、縱橫家、雜
家、農家、小說家、兵書、數術、方伎、藝術。

　　集部 6 類：楚辭、別集、總集、詩文評、詞、曲。

　　葉德輝在文化學術上頗有所得。他的學生劉肇隅《郋園讀書志》序中
評論說：

> 　　吾師竭四十年心力，凡四部要籍，無不搜羅宏富，充棟連
> 櫥。……吾師著作等身，於羣經、小學、乙部、百家之書，無不淹
> 貫宏通，發前人未發之蘊，而於目錄版本之學，寢饋數十寒暑，儲
> 藏既富，聞見尤多，故於各書，一目了然，偶然隨筆所書，必中窾
> 窾[243]。

　　談到葉的書藏，楊鈞稱葉為湖南第一藏書家，版本之考究為湘冠，如
葉曾藏有宋膠泥本《韋蘇州集》（實為明活字本）、宋朱熹同榜題名錄等。
伴隨著湘軍中興，晚清湖南成了中國傳統文化的一方重鎮，桐城派自皖至
湘，似乎也形成了一支文化上的中興湘軍。在這種人文傳統裡，葉德輝躋
身湖南第一藏書家，自有其不同凡響之處。皕宋樓被日本人廉價收購，江
南典籍為之一空，此為我國書壇的一頁痛史。原清華大學教授袁同禮《清
代私家藏書概略》將葉德輝列於清代最後一輩藏書家，並寄希望曰：「吾
人為文獻計，甚望其能長守故都也。」這最後的希望也將成為浩歎。楊鈞
寫道：「（葉）身死之後，以其宅為圖書館，後發還，然所損失，則無人
理會。」葉德輝、不論如何評說，此人至少總是個版本目錄學家、藏書家、
刻書家。

　　觀古堂：取意梁江淹《盧郎中諶感交》詩：「常慕先達概，觀古論得

---

[243]　（清）葉德輝撰，《郋園讀書志》〈劉肇隅序〉，摘錄古籍網 http://www.bookinlife.net/book-
　　　34490-viewpic.html#page=6

失。」觀古之得失，知今之成敗，謂觀古而知今[244]。

四十七、鄧邦述與群碧樓

　　鄧邦述（1868-1939），字孝先，號正闇，清初其遠祖名旭字元昭者，移居上元，遂為江蘇江甯（今南京）人，寓居蘇州。清光緒十七年（1891）鄉試舉人，清光緒二十四年（1898）進士，授翰林院編修，曾入湖北巡撫端方幕，民初任東北鹽運使，數月後即行去職。工詩詞，著有《群碧樓詩鈔》、《漚夢詞》、《書衣題識》[245]。

　　鄧邦述先祖為金陵望族，累世皆有所藏，藏書處為青黎閣，然不克世守，殘餘悉毀於太平天國之役。邦述年 22 時就婚於舅舅趙烈文（能靜）之女，得讀天放樓藏書，入端方幕，寓目匋齋金石書籍之富，受環境耳濡目染，及感受先人創業守成之責，慨然有志藏弆，光緒 30 年即在寄寓的吳縣開始收藏，罄所入之餘，盡以買書，然其時雖貧，猶無債也。及從海外歸居京師，始盡收宋元舊刻與精鈔本。此後在不到一年時間內，積書至萬餘卷，一時為書林新豪客，「廠肆書賈，雲集響應，昕夕候於門者，常十數人，通善本往往出善價不吝，每用以自豪，即使居官東北，書友拜訪」，亦「空谷足音，連歲不絕[246]」，見異書必傾囊收之，不足以應，則舉債購之。

　　鄧邦述於所藏書，多躬加題記，讎校考訂，詳注始末，故丹黃狼籍，錄稿盈篋，據《臺灣公藏善本書目人名索引》統計，經其校跋題記者為首屈一指。題記內容，於書之撰人生平、版本內容、遞藏源流、藏家故實，均有述及。對於朋舊過從，亦縱觀不吝。而對於善本，邦述常有付刊流傳之思，民國 9 至 11 年曾刊成《群碧樓叢刻》。

---

[244] 范鳳書著，《中國著名藏書家與藏書樓》，鄭州：大象出版社，2013.01，頁 329。

[245] 梁戰、郭群一編著，《歷代藏書家辭典》，西安：陝西人民出版社，1991，頁 49-50。

[246] 鄧邦述撰，《群碧樓善本書錄》序，民國庚午（十九年，1930）江寧鄧氏刊本。

　　鄧邦述所收到的主要宋刊善本有唐三李之書，即《李群玉詩集》五卷、李中《碧雲集》三卷，二書原為黃丕烈收藏，並有眾多名家印記和題跋。三為唐李咸用《披沙集》六卷，系楊守敬自日本帶回。還得到唐詩人孟郊、賈島的明刊本。

　　清末民初江寧藏書家鄧邦述前後編了四部藏書目錄。最早一部為光緒32 年（1906）編的《雙漚居藏書目初編》1 冊，稿本，反映了鄧氏在此之前的藏書狀況；第二部是《群碧樓書目初編》9 卷，附《書衣雜識》1 卷，鄧氏吉林鉛印本，為其至辛亥年（1911）6 月止的藏書總目；第三部為《群碧樓善本書錄》6 卷，著錄自辛亥年以後所得到的善本，即民國 16 年（1927）拋售的精本，宋元舊本，殆盡於此，包括最珍重的披、玉、雲三集。其餘的部分精本則另編成《寒瘦山房鬻存善本書目》7 卷。

　　鄧氏原編《群碧樓書目初編》，僅聊以備檢查，至民國 19 年自行將《群碧錄》及《寒瘦目》合刊。鄧氏《群碧樓善本書錄》序云：「雖書非吾有，必印此目者，以自經手寫，而書衣雜識日積月多，並錄於各目之次，不欲廢此編校之勤，期與世之好古君子一證其得失也[247]。」民國 19 年邦述曾對同里宗舜年慨然語曰：「吾精力耗於此者三十年，書亡而所餘書後稿盈尺，將理而董之，並書目刊以行世。昔紀河間援拂家山河泡影之說，以武康鬼哭為不達，吾誠貪癡，猶冀留此區區泡影也[248]！」實非貪癡不達，群碧寒瘦書散，書志誠留借債購書、蠹眠細書之心血，予後世考鏡。書雖及身而佚，書錄則及身而定。

　　《群碧樓善本書錄》仿天祿琳琅例，區別刊鈔，各分 4 部，再依版刻時代。卷 1：宋刻本，34 種；卷 2：元刻本，37 種；卷 3：明刻本，103 種；卷 4：明嘉靖刻本，61 種；卷 5、6：鈔校本而附以稿本，205 種，共計 13,108 卷，比之《群碧樓書目初編》之 24,964 卷，如鬻已過半，然宋本 959 卷則較初編時之 816 卷加增矣！

---

[247] 鄧邦述撰，《群碧樓善本書錄》序，民國庚午（十九年，1930）江寧鄧氏刊本。

[248] 簡秀娟〈群碧樓善本書錄〉，《圖書館學與資訊科學大辭典》https://terms.naer.edu.tw/detail/1680530/?index=432

　　鄧氏認為「言目錄者，始於晁陳，而紀陸編四庫總目，遂為大觀。然邃於考訂校讎，抉擇至精，非通儒鉅師，未敢語此[249]。」可知其編撰目錄書志之慎重。鄧氏平日頗服膺黃丕烈，因此跋記內容與黃跋近似。每書之卷冊數，作者注者、序跋、刊印時地、版式行格、藏書印記等，著錄甚悉。宋元舊本並著錄牌記。諸家題跋識語，則備存之。而殿以鄧氏自撰題跋，宋元本題記更詳，於書之撰人生平、內容概要、刊刻優劣、遞藏源流、藏家故實，均有述及，偶書閱讀心得。

　　民國 56 年臺北廣文書局將《群碧樓善本書錄》影印出版納入《書目續編》，原書無篇目，特為之編製，以利檢閱，然於封面誤改書名為《群碧樓善本書目》。

　　鄧氏辛亥去官，邦述家境窘困，民國元年已需鬻善本以維生，正如自謂：「昔借債以買書，今鬻書以償債[250]。」但仍有所蒐購，只是盛況不再，宋刻元槧已無力繼之。16 年為生活所迫，終於將大部分精本拋售療飢，由蔡元培為中央研究院以 50,000 元收購，其中包括披玉雲三集宋本在內。邦述就所售圖書編印《群碧樓善本書錄》6 卷，存餘部分精本則另編成《寒瘦山房鬻存善本書目》7 卷。大約在抗戰前，寒瘦山房餘書又為杭州王體仁購去一批，剩下的在邦述逝世後，由家屬連同清刊本全部於 29 年初出售，輾轉為中央圖書館在上海收藏。

　　邦述三十餘年辛苦借貸收羅，雖及身而逝，鄧氏藏書散出，袁克文得七八部，葉景葵、潘景鄭亦有所得，但遺澤現多由中研院及中央圖書館保存，中研院史語所 80 部宋元本中約有 60 部為群碧樓舊藏，在中央圖書館者則以抄校本較為珍貴。以善本言，邦述算是保存較完整的少數近代藏書家之一。

　　群碧樓：因鄧氏收得黃丕烈原藏宋刊《李群玉集》、《碧雲集》兩書，

249　簡秀娟〈群碧樓善本書錄〉，《圖書館學與資訊科學大辭典》https://terms.naer.edu.tw/detail/1680530/?index=432

250　鄧邦述撰，《群碧樓善本書錄》序，民國庚午（十九年，1930）江寧鄧氏刊本。

最為珍愛而命名群碧樓[251]。

四十八、徐乃昌與積學齋

　　徐乃昌（1868-1943），字積餘，號隨庵，室名積學齋，安徽南陵人。清光緒十九年（1893）舉人，官江蘇候補知府，奉派辦理江南、南通釐務，署淮安知府，丁憂服闋後升候補道。1904 年，奉總督端方命，率江蘇留學生近百人赴日本，並考察學務。返國後，又辦理儀徵淮南總校，因緝私有功，於 1911 年元月，授江南鹽法道兼金陵關監督。入民國後，寓居上海，著有《積學齋藏書記》、《續方言又補錄》。輯刊《積學齋叢書》、《隨庵叢書》等[252]。

　　徐乃昌弱冠即開始藏書，二十歲與繆荃孫在琉璃廠書肆相識而定交。他興趣廣泛，無論經史子集、佛經道藏、小學金石、詞集雜俎，一概搜羅。繆荃孫著《積學齋藏書記》序稱：「荃孫得國朝人文集千種，以此比積余所藏猶小巫也[253]」。由此推想徐氏藏書之富。

　　積學齋藏書大略有如下特色：1.收藏範圍廣泛。無論傳統之經史子集四部及佛經道藏，以及新式之社會科學、應用技術等諸門類之典籍，均系其收藏目標。2.不專以宋元本為搜求目標，重視明清罕傳之秘本、抄本。3.重視收藏清人文集、詞集，重視鄉邦文獻。4.重視金石書籍及金石拓本之收藏。積學齋舊藏，多存鈐印。其藏書最經常用之印系「積學齋徐乃昌藏書」朱文楷書長方形印。除此之外，常用藏印尚有「徐乃昌讀」朱文方印、「徐乃昌暴書記」朱文長方印、「徐」押朱文小方印、「南陵徐乃昌審定善本」朱文方印、「徐印乃昌」白文方印、「南陵徐氏」朱文方印、

---

[251] 范鳳書著，《中國著名藏書家與藏書樓》，鄭州：大象出版社，2013.01，頁 346。

[252] 梁戰、郭群一編著，《歷代藏書家辭典》，西安：陝西人民出版社，1991，頁 326。

[253] 徐乃昌撰，《積學齋藏書記》序，上海市：上海古籍，2014 年 10 月，中國歷代書目題跋叢書第四輯。

「積餘秘笈識者寶之」朱文長方印、「積學齋」朱文長方印、「南陵徐乃昌刊誤鑒真記」朱文長方印、「南陵徐乃昌校勘經籍記」朱文長方印等。

徐乃昌能詩文，富藏書，精於目錄版本之學。其藏書處為積學齋。編有《積學齋藏書目》，共九冊，著錄一百三十二箱，共達數千種。刻書達185種，中有《積學齋叢書》20種、《小檀欒室彙刻閨秀詞百家》26種、《鄦齋叢書》21種，又刻《隨庵叢書》及續編20種，收善本及清人罕見之著作。晚年與黃賓虹合編《安徽叢書》，學者稱便。編有《積學齋書目》，未刻行。

現存之《積學齋藏書記》與《續記》雖不能完全反映徐氏藏書情況，然其無疑為積學齋中藏書精華之記錄，對於研習積學齋舊藏之規模與質量，具有重要之參考價值。

1.《藏書記》可反映徐氏藏書精華之所在，有助於後人瞭解積學齋善本藏書之構成及特點。徐氏收藏之富，同時之人即皆艷羨不已。而考《積學齋藏書目》中，著錄圖籍雖達七八千種之多，然積學齋中所藏之宋元刻本，卻並未錄入。即以明刻本而言，亦僅寥寥百餘部而已，故此《藏書目》當系徐氏所藏普通典籍之目，不足以表現積學齋主人藏書之質量與眼界。反觀《藏書記》及《續記》，皆能翔實著錄所藏宋元佳槧、名家抄稿之多數，揭示徐氏之收藏特色於豐富之清人文集而外，復有兩端，甲、重視宋元刻本之收藏。《藏書記》及《續記》之中，著錄宋元刻本八十餘部，雖未能反映積學齋所藏宋元本之全貌，然所揭示之善本正即積餘賴以刻印《隨庵徐氏叢書》正續編等書之底本，足見積餘藏書之用意所在。乙、重視名家稿抄本之收藏。著錄於《藏書記》之稿抄本中，不乏名家真跡、傳世孤本，如甘泉焦里堂之《天元一釋》、《揚州足徵錄》稿本，長洲何義門校抄本《歸潛志》等，莫非難得之佳本。

2.著錄翔實可信。每一款目，詳述其行款、遞藏、序跋、印記，使讀之者如對原書，且便於日後追尋其流傳蹤跡。《藏書記》著錄之積學齋舊藏，可達百餘種之多。

3.《藏書記》保存諸如何焯、翁方綱、錢大昕、黃丕烈、顧廣圻等名

家題跋一百餘篇，或不見於作者本集，或與流傳文字相異，於輯逸補缺、確立文本，極具價值。如「殘本後漢書」條所收之沈曾植題跋，未見於《寐叟題跋》，且亦不見於《沈曾植年譜長編》，足以補其生平之闕。

　　總而言之，積餘一生事業固足稱道，而其心血所關之藏書，尤足表彰《積學齋藏書記》及《續記》所錄，正系當日積餘朝夕摩挲之珍本秘笈之實錄，得此一編，不惟可見積學齋舊日風光，亦可從中窺見積餘之情懷。

　　徐乃昌卒後，諸子分析遺書，多散諸書肆，佳者多歸天津李氏延古堂。最大宗是江南圖書館初建時購得其藏書六百四十一種，轉送京師圖書館。

　　積學齋：《韓詩外傳》：「雖庶民之子孫也，積學而正身。」又劉勰《文心雕龍・神思》：「積學以儲寶，酌禮學富才。」積學，謂累積學問[254]。

四十九、張鈞衡與適園

　　張鈞衡（1872-1927），字石銘，號適園主人，浙江吳興南潯鎮人。清光緒二十年（1894）舉孝廉方正，官兵部車駕司郎中。家以經營鹽業致富。自此開始藏書。33年，鈞衡在南潯故鄉築成適園，其中六宜閣為其藏書之所[255]。鈞衡有子三人：長子名乃熊，字芹伯，又字莚圃，最能繼承父業。張氏適園在父子兩代之經營下，成為民初江浙地區極有名之藏書樓。張鈞衡幼授經學，篤嗜典籍，積數十年之積累，終成吳興三大文獻家之一，家建適園。

　　張鈞衡《適園藏書志》自序說：

　　　　鈞衡幼時授經，即喜閱書籍，稍長聞人談鄉先輩鮑淥飲、劉疏雨、嚴芳椒之遺事，則慨然生仰止之思焉。比及弱冠，遂有收書之

---

254 范鳳書著，《中國著名藏書家與藏書樓》，鄭州：大象出版社，2013.01，頁 346。

255 梁戰、郭群一編著，《歷代藏書家辭典》，西安：陝西人民出版社，1991，頁 201。

願，織裡估客，載書而來者，各如其意而去。見異則收，聞聲相慕，荏苒二十年，積成萬卷，雪抄露匯，日益所無。後客滬上，又值易代之際，故家大族有為匪類劫取而鬻於市者，有因饑困而授之人者，時時益之，不為限制[256]。

繆荃孫《適園藏書志》序稱：

> 吾友張君石銘孝廉，廣收善本，一日舉其籍而數之曰：宋刻四十五種，元刻五十七種，黃堯圃跋二十六種，有前人未著錄、海內未經見者，有四庫采自《大典》而獲其原書者又十餘種。至名人手抄手校者幾及百種，可謂富矣[257]。

適園藏書之特色如下：（1）宋元古刊本數量豐富。民國 30 年，張乃熊編《菦圃善本書目》時，有宋本 88 部，元本 74 部。其中南宋刊本《東都事略》，為眉山程舍人宅刊行，其目錄後有「眉山程舍人宅刊行，已申上司，不許覆版」雙行牌記，可視為我國最早之版權保護資料。（2）抄本及稿本。民國 5 年，張鈞衡編《適園藏書志》，抄本數量即占全部善本 1/2 左右，約 460 部。其中頗多名家手跡，如朱學勤結一廬，張蓉鏡小琅環福地、吳騫拜經樓、顧沅藝海樓等舊藏。張乃熊又陸續自韓應陛讀有用書齋、張氏涉園中獲得不少抄本。楊守敬自日本攜回之古抄本，亦有 13 部讓售給適園。（3）黃丕烈校跋本。黃丕烈字堯圃，為清代乾嘉以後最著名的藏書家，其士禮居所藏宋本即達 200 部以上。尤其是所藏之善本，皆有校勘及題跋文字，內容精審，數量繁多，後人有「黃跋本」之稱。民國以來，藏書之家爭相購求，張氏適園便擁有 101 部，可謂獨占鰲頭！此皆張乃熊專注蒐求之功。

[256] 張鈞衡撰，《適園藏書志》自序，民國丙辰（五年，1916）南林張氏家塾刊本。
[257] 張鈞衡撰，《適園藏書志》繆荃孫序，民國丙辰（五年，1916）南林張氏家塾刊本。

張氏適園藏書，曾分別於民國 5 年、30 年，編有《適園藏書志》16 卷（繆荃孫主編）及《莛圃善本書目》6 卷行世。適園藏書於抗戰開始時，全部由國立中央圖書館收購，現仍保存於臺北國家圖書館。

張鈞衡又喜刊印叢書，宣統 3 年（1911）印行《張氏適園叢書初集》7 種、10 冊。民國 6 年，在繆荃孫指導下，刊行《適園叢書》12 集、74 種、192 冊，以罕見之抄本及稿本為主。15 年，刊印《擇是居叢書》，共 19 種、56 冊，以珍貴之宋元本為主。合計共 100 種，其印書之版片，捐贈浙江省立圖書館。

《適園藏書志》，民國繆荃孫編撰。適園為民國初年藏書家張鈞衡藏書之所，位於浙江省吳興縣南潯鎮，濱鷓鴣溪，為明末遺民董說豐草庵的故址，頗具池館亭臺之勝。其中有六宜閣為鈞衡讀書所在。民國 2 年（1913），張氏計畫將藏書編目傳世，乃請繆荃孫介聘葉昌熾主其事。後來葉氏故應劉承幹之聘，鈞衡便請繆荃孫代之。5 年，完成《適園藏書志》16 卷。

該書依四部編排。「先舉書名，下注何本，舉撰人之仕履，述作者之大意。行款尺寸，偶有異同，必詳載之。先輩時賢手跡題跋，校讎歲月，源流所寄，悉為登錄，使人見目如見此書。收藏印記，間登一二、不能備載也。」所收藏書部數：經部宋版 13 部、元版 10 部、明版 29 部、清版 6 部、抄本稿本 45 部、日本版 1 部。史部宋版 12 部、元版 15 部、明版 40 部、清版 3 部、抄本稿本 124 部。子部宋版 9 部、元版 24 部、明版 94 部、清版 9 部、抄本稿本 107 部。集部宋版 16 部、元版 21 部、明版 152 部、清版 4 部、抄本稿本 186 部、和刻本 1 部。以上合計 919 部。其中又以抄本稿本一項佔有 462 部為最多，亦為適園藏書之特色，且不乏名家精抄之本，如朱學勤結一廬、張蓉鏡小琅環福地、吳騫拜經樓、顧沅藝海樓等家舊藏，原皆以收藏抄本或精抄精寫著名。

張鈞衡愛書之情為其長子張乃熊所承繼。乃熊能傳其父版本目錄之學，所藏勝過其父，使適園藏書更加美富。乃熊傳其子張珩，更是現代鑒藏名家，20 世紀 50 年代初被鄭振鐸召至中央文化部文物局專職文物鑒定

工作。

適園：《世說新語・識鑒》：「張季鷹（翰）辟齊王東曹掾，在洛見秋風起，因思吳中菰菜羹鱸魚膾，曰：人生貴得適意耳，何能羈宦數千里以要名耳。」適園，取其適志之意[258]。

五十、傅增湘與雙鑑樓

傅增湘（1872-1949），字叔和，晚字沅叔，又字潤叔，號潤沅，別號雙鑑樓主人、藏園居士、藏園老人、書潛、薑盦、長春室主、清泉逸叟、西峰老農。四川江安人。以監生中式光緒 14 年（1888）順天鄉試舉人，為該科最年輕的一位，並受到當時主試官翁同龢的賞識，評其文章「詞藻紛披，考據詳實」。16 年，增湘至保定向桐城派古文大師吳汝綸問學，粗識讀書、為文之道。24 年，增湘以二甲第六名中進士，選為翰林院庶起士，授翰林院編修，又任順天鄉試同考官，奉派赴日本考察學務。熱心教育事業，創辦女子學堂多所，歷任中央教育會副會長、教育總長、故宮圖書館館長等職。卸官之餘則潛心搜求古籍，或縱情山水，以著述遣日[259]。值得一提的是，增湘任提學使期間，曾撥款為天津圖書館購書 120,000 餘卷，並請專人編製《天津直隸圖書館書目》，使該館得與江南圖書館成為當時國內最主要的兩個地方性圖書館。

增湘為了表示潛心典籍的決心，自號書潛；又取蘇東坡「萬人如海一身藏」詩意，將書齋名曰藏園，以示摒跡政途，沈冥人海。購書、校書成為他生活的重心；或與同好沈醉於孤本秘笈之中，賞奇析異；或獨自徘徊廠甸冷攤中，搜奇覓古。丹鉛餘暇，選勝登臨，並不時訪求未曾見於記載的碑碣題詠，考定各種邑勝地志的謬誤，撰成遊記 10 多篇。

傅增湘從其祖父繼承了一些藏書。又結識了楊守敬、繆荃孫、沈曾植

[258] 范鳳書著，《中國著名藏書家與藏書樓》，鄭州：大象出版社，2013.01，頁 356。

[259] 梁戰、郭群一編著，《歷代藏書家辭典》，西安：陝西人民出版社，1991，頁 409。

等人。入門增嗜，首購宋版《古文集成》，便開始了與書為伍的生涯。民初，時值不少滿族故家藏書散出，如盛氏郁華閣、完顏氏半畝園、端氏陶齋及廣州將軍鳳山的舊藏，有不少轉入傅手。

傅增湘廣交當時南北藏書大家，互為通假，賞奇析疑，又遠走東瀛訪書探秘，如此窮搜大購，使雙鑑樓終於蔚成大國，稱雄海內，足與翟楊相頡頏，與李（盛鐸）周（叔弢）同時鼎立北方。據《雙鑑樓善本書目》統計，其樓所藏宋本多達一百八十餘部，比當時國立北平圖書館還多。入藏總數達二十萬卷以上。力不逮時則舉債以償，甚或斥舊換新，退乙進甲，其豪舉與古人解裘典衣、割莊購書，大可媲美。

傅增湘不僅收藏多而精，且又博覽校讎，孤燈冷卷，窮年累月，畢生精力，盡耗於斯。其《文苑英華跋》文表露心曲稱：「余自辛壬桑海之交，幸拋簪組，即嗜丹鉛。二十餘年，雪案螢窗，無時或間。手校之書，為部以千計，為卷以萬計。獨於古籍之緣，校讎之業，深嗜篤好，似挾有生以俱來，如寒之索衣，饑之思食，無一日之可離。……譽我者謂不朽之盛事，笑我者斥為冷淡之生涯。吾惟力行以踐吾言，獨樂而忘其苦，遑論其他哉[260]。」

傅氏編有《雙鑑樓善本書目》四卷、《雙鑑樓藏書續記》二卷、《雙鑑樓珍藏秘笈目錄》，別撰《藏園群書題記》、《藏園群書經眼錄》等。

雙鑑樓是傅增湘的藏書樓。雙鑑一名，前後分別有不同的意義：民國 5 年（1916），傅增湘自端方處收得南宋紹興 2 年（1132）兩浙東路茶鹽司本《資治通鑑》，就將它和祖父傅誠傳下來的元刊本《資治通鑑音注》，合稱為雙鑑，並以此為藏書樓名。12 年後（民國 17 年），傅增湘又收得南宋淳熙 13 年（1186）內府寫本《洪範政鑑》，這部書不僅為海內孤本，而且是傳世宋代寫本中唯一的完帙，因此傅增湘就用此部書取代祖傳元刊《資治通鑑音注》，將它和南宋紹興本《資治通鑑》相配，仍稱藏書樓為雙鑑樓。

雙鑑樓的藏書數量，據《雙鑑樓珍藏宋金元秘本目錄》所載，共收藏

---

[260] 范鳳書著，《中國著名藏書家與藏書樓》，鄭州：大象出版社，2013.01，頁 358。

最珍貴的善本 169 種，6,955 卷。而明以下刊本和名家鈔校本未能盡記，總計入藏總數達 200,000 卷以上。所以，雙鑑樓的藏書無論在數量上或者是質量上，在當時都堪稱甲觀，傅增湘自己亦認為，他的藏書雖不及極盛時期的瞿氏鐵琴銅劍樓、楊氏海源閣，卻足以與陸心源皕宋樓、丁氏八千卷樓相頡頏。

　　雙鑑樓：傅氏以藏有祖傳元興文署刊本《資治通鑑》與嗣後購得端方舊藏宋刊百衲本《資治通鑑》二部，最為珍貴，故命藏書樓曰《雙鑑樓》[261]。

五十一、劉體智與遠碧樓

　　劉體智（1878-1962），字晦之，號善齋。體信之弟。以父蔭補度支部郎中，後僑寓滬，曾任實業銀行總經理，後為上海文史館館員。著有《辟園史學》四種、《說文諧聲》、《尚書傳箋》等[262]。

　　劉體智工詩文，精考據，旁通史學。業務之餘，雅好藏書。劉氏先世已有藏書，在安徽無為縣舊宅有樓，匾曰「遠混天碧」，藏書四五萬卷，即遠碧樓藏書。他興趣廣泛，古籍、金石、銅器、古墨、甲骨兼蓄並收。計收有圖書七八萬冊，金石拓片二萬餘通，銅器四五百件，古墨萬錠，甲骨二萬八千片[263]。

　　除去甲骨和青銅器的收藏之外，小校經閣內還以藏書著名。劉氏藏書達 10 萬冊之巨。1934 年他的住宅裡實在容納不下日益增多的藏書了，只好專門造一藏書樓，取名小校經閣。他的藏書以明清精刻為主，亦不乏宋元古本。

　　藏書樓「小校經閣」，收藏有古籍線裝書 500 箱，24000 部，近 8 萬

[261] 范鳳書著，《中國著名藏書家與藏書樓》，鄭州：大象出版社，2013.01，頁 358。

[262] 梁戰、郭群一編著，《歷代藏書家辭典》，西安：陝西人民出版社，1991，頁 116。

[263] 范鳳書著，《中國著名藏書家與藏書樓》，鄭州：大象出版社，2013.01，頁 377。

冊；甲骨龜片 28 000 片、各式古墨數萬錠、古代兵器 130 件、唐朝樂器大
小忽雷 2 具，還有三代彝器數百件。人稱「羅振玉第二」。

20 世紀 50 年代初，劉氏即將全部藏書文物捐獻國家，圖書歸上海圖
書館，甲骨歸故宮博物院，古墨歸安微省博物館。小校經閣樓租給輕工業
單位變成了家屬樓。這在私家收藏史上，亦是為數不多的。

遠碧樓：唐柳宗元《永州新堂記》：「邇延綠野，遠混天碧。」取其
意名樓[264]。

五十二、鄧實與風雨樓

鄧實（1877-1951），字秋枚，號野殘，廣東順德人。廩貢生，光緒末
創辦《政藝通報》，宣傳民主科學思想。後與黃節、章太炎、馬敘倫、劉
師培等創立國學保存會、神州國光社，主編《國粹學報》[265]。

圖 26　鄧實創辦的《國粹學報》

---

[264] 范鳳書著，《中國著名藏書家與藏書樓》，鄭州：大象出版社，2013.01，頁 378。

[265] 梁戰、郭群一編著，《歷代藏書家辭典》，西安：陝西人民出版社，1991，頁 49。

鄧實平生致力於對珍本古籍的收藏，其藏多秘笈，以清廷禁毀書為多。藏書處曰「風雨樓」。編有《風雨樓書目》、《藏書志》及《捐贈書目》。

光緒三十一年（1905），與章太炎等人在上海創辦了「國學儲存會藏書樓」，收藏大量珍本古籍。

該樓藏書樓剛開辦時約有書近 6 萬餘卷，是集合鄧實、黃節、劉師培 3 人所捐圖書作為基本藏書。藏書於 1906 年 10 月正式開放。辦藏書樓的宗旨是：庋藏古今載籍，搜羅秘要圖書，以供本會會員及會外好學之士觀覽。它也對社會上好學之士開放。他親自參與了該藏書樓的管理，對書籍逐一檢閱、編號、分類，裝訂和修補破損的圖書；完成了重新編目工作。並編製有目錄。撰寫有《國學儲存會藏書志》；1932 年實因經費短缺閉樓，藏書最後由他捐獻給復旦大學圖書館。刊刻圖書有《風雨樓叢書》50 冊、《風雨樓秘笈留真》10 冊，皆為影印各名家手寫稿本。如顧苓、孫承澤、朱彝尊、王芑孫等人的手寫稿本。藏書印有「秋枚」、「雞鳴風雨樓藏書記」、「雞鳴子」、「實」等數枚。

鄧實還輯刻有《風雨樓叢書》五函五十冊，又刻《風雨樓秘笈留真》十冊十一種，皆為影印秘笈名家手寫稿本。

風雨樓：見《詩經‧鴟鴞》：「風雨所漂搖，予維音嘵嘵。」寓人世滄桑，飄搖不定之意[266]。

五十三、蔣汝藻與密韻樓

蔣汝藻（1877-1954），字孟蘋，一字元采，別號樂庵，浙江吳興南潯人。清光緒二十九年（1903）舉人，官學部總務司郎中，任浙江軍政府鹽政局長、浙江鐵路公司董事，後在上海經營實業，並大舉收藏古籍[267]。

[266] 范鳳書著，《中國著名藏書家與藏書樓》，鄭州：大象出版社，2013.01，頁 380。

[267] 梁戰、郭群一編著，《歷代藏書家辭典》，西安：陝西人民出版社，1991，頁 426。

　　民國五年，汝藻獲得一部宋刊《草窗韻語》六卷，作者為宋代周密，全書乃作者手稿摹刻印行，數百年不為人知。葉昌熾嘆為「尤物」。汝藻大喜之餘，改藏書樓為密韻樓，以為紀念。

　　蔣汝藻生在藏書之鄉，又生於藏書之家，先世幾代皆富藏書，故幼承家學，能辨別古書真偽。自官京師，客上海，其足跡率在南北大都會，其聲氣好樂又足以奔走天下，故南北故家若四明范氏、錢塘汪氏、泰州劉氏、涇縣洪氏、貴陽陳氏之書流出者多歸之。總收五千餘部，善本有二千六百六十七種，其中宋版書五百六十三冊，元版書二千零九十七冊，明版書六千七百五十三冊，抄本三千八百零八冊，還有《永樂大典》二十冊，蔚然成為藏書大家。家有密韻樓、傳書堂。編有《傳書堂書目》四卷、《傳書堂善本書目》十二卷、《傳書堂善本書目補遺》四卷。特聘王國維撰成《密韻樓藏書志》二十卷。王國維也頗取資於傳書堂豐的善本，使王氏的學術研究和傳書堂的精善古本，為之相得益彰[268]。

　　蔣汝藻富收藏，精鑒賞，又喜自抄書。民國六年，他借到劉承幹家宋刊孤本魏了翁《鶴山先生大全文集》一百一十卷、六十四冊、一百餘萬字，竟用兩年時間影抄畢。王國維為之序，稱見此巨冊「張目哆脣，舌橋不下」，汪洵客為之繪《樂庵寫書圖》。王國維歎曰：「蓋書莫善於手抄，又莫精於影寫，二者自古未嘗得兼。今乃于吾友蔣君樂庵見之。首尾百餘萬言，無一筆苟簡。」汝藻用功之勤，由此可見。

　　12年，委託董康在北京刊印《密韻樓叢書》，惜僅刊出一輯7種。14年，蔣氏因事業挫折，將藏書向浙江興業銀行典押償債。期滿後，為商務印書館以十六萬元購去，藏於涵芬樓，一二八淞滬之戰，盡毀於日軍炮火。部分明人詩文集則為北平圖書館所收存。

　　《傳書堂善本書志》，王國維撰。傳書堂又號密韻樓，為清末蔣汝藻藏書之所，民國8年（1919），經羅振玉之介紹，延聘王國維整理校勘藏書，並編撰藏書志。至14年左右，始告完成，而稿成之後，始終未見刊行，僅有《傳書堂善本書目》12卷流傳於世。直到63年，臺北藝文印書

---

[268] 范鳳書著，《中國著名藏書家與藏書樓》，鄭州：大象出版社，2013.01，頁380-381。

館，始以蔣祖詒（汝藻之子）所藏之校抄本、影印出版。是書著錄之善本多達 2,667 部，其特點如下：

（1）宋刊元刊本甚多。宋本有 88 部，且多為宋刊宋印。其中之精品，如紹興四年（1134）序刊的《吳郡圖經續記》，是我國現存最古的一部方志刊本；又如宋刊本《草窗韻語》6 卷，是依照作者周密的手稿真蹟摹刻成書，數百年不為人知，蔣氏甚為珍惜，甚至因此為傳書堂更名為密韻樓。

（2）名家抄校本甚多。如孔繼涵微波榭抄本 30 部、黃丕烈士禮居校跋本 44 部，又有 20 卷《永樂大典》，其中卷 11,127 至 11,134 為《水經注》之前半部，係明代修大典時抄自宋刊本者，非常具有研究價值，目前藏於北京圖書館，與李宗侗收藏之後半部恰合為一部。

（3）明人詩文集甚多，合計近 950 部。其中十之八九得自寧波范氏天一閣與貴陽陳氏聽詩齋。另外，王國維編撰藏書志時，對於各書之價值，不僅止於版本目錄之流傳賞鑑，更廣泛考訂其學術上之功用與優劣。如考訂元刊本《資治通鑑》非出於興文署；傳世稀少的明白鹿洞書院刊本《史記》；指出明刊《禮記鄭氏注》之價值不在宋本之下等，皆極精審確當。王氏與蔣氏之交誼甚厚，王氏之治學亦頗取資於傳書堂之豐富收藏，王氏自云：「餘在海上時，視居士之書猶外府也。」故知蔣氏之藏書，非僅個人欣賞獨占而已，其有功於學林亦非淺尠。

傳書堂：王國維《傳書堂記》載：「父歿，先生（指蔣汝藻）悉推家產于諸弟，而獨取書二十篋，名其所居曰傳書之堂。」

密韻樓：蔣氏以一千五百元從曹元忠購得經元俞琰、張雯，明都穆、朱承爵、朱存理、華夏等人遞藏之宋本周密《草窗韻語》二冊，其「紙墨鮮明，刻畫奇秀，出匣如奇花四照」，「觸手古香，令人心醉，不獨世無著錄，為稀有珍品也」，沈曾植稱之為「妖書」。因顏其藏書處為密韻樓[269]。

---

[269] 范鳳書著，《中國著名藏書家與藏書樓》，鄭州：大象出版社，2013.01，頁 381。

五十四、莫伯驥與五十萬卷樓

　　莫伯驥（1878-1958），字天一，廣東東莞人。縣諸生。就學於廣州光華醫學堂，設仁壽西藥房，光緒庚子（1900）後，協助其兄創辦《羊城日報》，負責編輯的工作。著有《中國先民生活史》、《歷代文人生活史》、《滿人漢化史》、《中國近五十年史》、《歷代詩方言考》、《福功堂隨筆》[270]等。

　　莫伯驥幼時即有藏書的志向，其《五十萬卷樓藏書目錄初編》自序云：「吾家上世以力田讀書為彝訓，陳編世守，嬋媛不絕。先君子研精宋學，所藏宋元名臣大儒之遺書，森森連屋[271]。」家學淵源，再加上縣人倫常、陳伯陶等人的影響，伯驥已產生儲書的志向，赴城市求學期間，更增強其藏書意念。

　　莫伯驥藏書處所初名為福功書堂，是取阮元《虞山張氏諸經堂記》一文，勉人藏書，撰書、刻書，則於己有福，於人有功的說法而來。後改名為五十萬卷樓，以其總藏書達 500,000 卷，其中包含通行本。宇公翁曾描述書樓規模：「莫氏藏書充棟，嘗僱鈔書者數人，日夕從事。余暇時為之口講指畫，其子弟工作之餘，亦助之整理，復有二三人司翻書曝書，書樓組織不亞於圖書館也。」當時海內專家，許為富甲西南，有「上企瞿楊，應慚丁陸」之譽，足與清末四大藏書家匹美，藏書之多成為民國以來廣東第一[272]。

　　莫伯驥不僅藏書，還大量閱讀所藏書籍，《初編後跋》說：「少即好學，嗜書如飴，數十年來，非有人事要務，未嘗一日廢書[273]」可見其讀書甚勤。莫氏並將閱讀所獲，用小冊子手自筆記，而家中的婦孺及館童，幫

---

[270] 梁戰、郭群一編著，《歷代藏書家辭典》，西安：陝西人民出版社，1991，頁 350。

[271] 莫伯驥著，《五十萬卷樓藏書目錄初編》自序，上海：商務，1936。

[272] 劉振琪〈莫伯驥〉，《圖書館學與資訊科學大辭典》https://terms.naer.edu.tw/detail/1681298/?index=5

[273] 莫伯驥著，《五十萬卷樓藏書目錄初編》後跋，上海：商務，1936。

忙摘錄，積稿 10 餘篋。對於無法買得的書籍便向人借錄，或請人精寫、影寫，或親自動手抄寫，頗有明代毛晉汲古閣影鈔宋本書的風格。

莫伯驥後來兼營商業，因以致富，提供充裕的購書資金，但這不影響他在學術上的進步。他的學問是以乾嘉學派為入門，而加以擴大。治史方面受陳垣的影響頗深，治目錄學方面受余嘉錫的影響甚巨。他的著述非常豐富，據其《五十萬卷樓主人所著書附記其目》所載，共 50 種，實不只此數。現今已經出版的僅有《五十萬卷樓藏書目錄初編》及《五十萬卷樓群書跋文》兩部藏書目錄。

徐紹棨說：莫氏以設藥房致富，「奇贏所入悉以購書，搜采遍幽燕、江浙，凡珍秘抄校銳意采入。長沙葉德輝所藏散出，收入者尤多，粵人藏書，當稱翹楚」。

莫氏藏書，數量既多，而品質亦精。有宋本三十八種、元本八十部。宋本《孫可之文集》「雕鏤精美，捫之有棱，選楮用墨，咸臻佳妙」。為莫氏鎮庫之寶。其藏書處初曰「福功書堂」，後曰「五十萬卷樓」。編有《五十萬卷樓藏書目錄初編》二十二卷及《續編》，並撰《五十萬卷樓群書跋文》，收錄跋文四百餘篇[274]。

伯驥一生與書為伍，連兒子的命名，亦與圖書有關，《白孔六帖跋文》云：「予生兒翌日，淡東先生（羅惇曧）適以德清俞氏（樾）五百餘卷之叢刊來遺，因名兒曰培樾。[275]」莫培樾後亦學醫，曾在澳門開設藥局。

民國 26 年（1937），抗日戰爭爆發，日軍侵襲廣州，莫伯驥先寄居香港友人家中，後由其子接往澳門定居，以督課子女排遣韶光。晚年雙目失明，閉門謝客，並患癱瘓，於民國 47 年卒於澳門。但留廣州之一千三四百箱藏書均毀失於寇亂中。

福功書堂：取阮元《虞山張氏詒經堂記》中勉人藏書刻書「於己有福，于人有功」之句意。又其祖父嘗勖子孫曰：「書可讀則福可致也。」故顏曰「福功書堂」。

---

[274] 范鳳書著，《中國著名藏書家與藏書樓》，鄭州：大象出版社，2013.01，頁 382。

[275] 莫伯驥撰，《五十萬卷樓群書跋文》，民國三十七年（1948）排印本。

五十萬卷樓：誇示自己藏書有五十萬卷之富而命名[276]。

五十五、劉承幹與嘉業堂

劉承幹（1882-1963），字貞一，號翰怡，別署求恕居士，原籍浙江上虞，先祖於雍正年間遷居湖州南潯鎮。先世起家較晚，直到祖父劉墉才經商致富。父親劉錦藻曾纂輯《清朝續文獻通考》。承幹為長子，幼年出繼早死無子的伯父安瀾為後，安瀾頗精詩詞，曾輯錄《清朝詩萃》，未成而卒。承幹為光緒 31 年貢生，因科舉停廢沒有進一步功名。宣統中因連續在各地賑災捐銀，獲四品卿銜，友人習稱之京卿。民國後，以滿清遺老自居，長居上海，著有《南唐書補注》[277]。

劉氏為民國間文獻大家，雖世席豐華，「然恂恂儒雅，無聲色狗馬蒲博之好，且洞大義，翛然物表，不為翕翕熱，樂善不倦，顧獨溺於書，藏書數十百萬，多善本」。其撰《嘉業堂藏書樓記》自述：「溯自宣統庚戌（1919）南洋開勸業會于金陵，環貨駢集，人爭趨之，余獨徒步於狀元境各書肆，遍覽群書，兼輔載歸。越日書賈攜書來售者踵至，自是即有志聚書。如甬東盧氏之抱經樓、獨山莫氏之影山草堂、仁和朱氏之結一廬、豐順丁氏之持靜齋皆累世之甄錄，為精英所鍾聚，以事變之日亟，慮倉猝不可保，為余之好之也，遂舉而委賈焉。而江陰繆藝風參議、諸暨孫問清太史，亦各以宋元精槧取值弃餘。如眾派之分流，而總匯於茲樓。都記所得約六十萬卷，費資逾三十萬[278]。」以數目言，為民國後私家藏書之巨擘，無遜於國立圖書館。

承幹初意專收史、集二部，以繼承其父編撰《清朝續文獻通考》，和伯父輯《清朝詩萃》之業，實質上，凡所未備之書，無論新舊皆購藏，且

---

276 范鳳書著，《中國著名藏書家與藏書樓》，鄭州：大象出版社，2013.01，頁 382。

277 梁戰、郭群一編著，《歷代藏書家辭典》，西安：陝西人民出版社，1991，頁 117。

278 范鳳書著，《中國著名藏書家與藏書樓》，鄭州：大象出版社，2013.01，頁 397。

不惜巨資，大有海涵萬家之勢，一時江南著名藏書家如：甬東盧氏抱經樓、獨山莫氏影山草堂、仁和朱氏結一廬，豐順丁氏持靜齋、太倉繆氏東倉書庫等散出之書，無不歸之。

承幹於上海藏書處名求恕齋，因容納不下遽增之藏書，乃於南潯故居，新建嘉業堂書樓。嘉業堂藏書書目或藏書志有近十種，據統計，嘉業堂所藏宋本有 77 種，元刻 78 種，抄本校本近 2,000 種，其中稿本、抄稿本有數十部之多。

民國以後最大藏書家劉承幹在上海的藏書樓名求恕齋，因容納不下急遽增加的古書，乃於南潯鎮鷓鴣溪旁，新建一口字形西式藏書樓，與其宅第小蓮莊相毗連，民國 9 年（1920）動工，13 年落成，用費 120,000 元，占地 20 餘畝。承幹因曾出巨資為光緒皇帝陵園植樹，而獲頒「欽若嘉業」九龍金匾的殊榮，便將此樓命名為嘉業堂，承幹「之為是樓，非徒藏之，又將謀所以永其傳也。」

藏書樓的四周環水如帶，抗戰初，南潯曾大火，嘉業堂因環水得免於難。樓前有蓮池假山，亭臺花木。天井修廣約 2 畝許，平鋪方磚，上下窗櫺及欄干，亦雕鏤成字，以置田取息為書樓常費。前後兩進各有七楹，80 餘房間，包括四史齋、詩萃室、希古樓和抗昔居等書齋，及閱覽室、工作室、刊印房、消防室，置有滅火噴水機，在當時，其設備之周至，連公家圖書館都遜色，成為民國以來規模最大的藏書樓[279]。

嘉業堂藏書除以數量最多取勝外，在內容上亦有其特點。就宋元古本而言，其中最著名的為 4 部宋刻史書：南宋重刊大字本《史記》和大字監本《三國志》、白鷺書院本《漢書》和一經堂本《後漢書》，在嘉業堂中特闢〈宋四史齋〉珍藏，並從民國 3 年至 17 年完成影刻，以為流傳。就鈔本而言，有明代各朝皇帝實錄抄本將近 3,000 卷，500 冊（現歸中研院），徐松輯鈔之《宋會要》500-600 卷（歸國立北平圖書館），及 80 卷 42 冊的永樂大典，此曾流落至蘇聯國立列寧圖書館，民國 43 年再歸北平圖書

---

[279] 簡秀娟〈嘉業堂〉，《圖書館學與資訊科學大辭典》https://terms.naer.edu.tw/detail/1680316/?index=3

館。就明刊本而言，較重要的一為史部的明代政制、經濟、邊防資料，一
為集部的百種以上明人別集，嘉業堂全數約 2,000 部以上明刊本中，有 6/10
目前歸國立中央圖書館。就方志而言，收藏各省縣方志極多，約有 1,200
餘部，多有人間孤本或罕本。另外，嘉業堂也收藏清初禁書，如屈大均《翁
文山外集》、查繼佐《罪惟錄》等。

　　劉氏嘉業堂總藏有一萬二千四百五十部，二十萬冊。其中宋本七十七
種，元本七十八種，明本二千餘種，是其精華。清刊本五千種，抄校本近
二千種。另有《永樂大典》四十四冊，方志一千二百餘種。宋本《前後漢
書》、《宋會要》、明清《實錄》等最為珍貴。

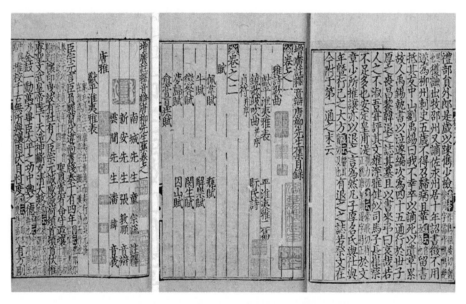

圖 27　嘉業堂藏元刻全帙《增廣注釋音辯唐柳先生集》

　　有關嘉業堂藏書之書目或藏書志約近 10 種，如繆荃孫編《嘉業堂藏
書志》、董康編《嘉業堂藏書續志》及《嘉業堂藏書目錄》，但均已散佚。
至今尚存的有《嘉業堂明善本書目》、《嘉業堂藏明集錄》、《嘉業堂書
目》、《嘉業堂藏書樓抄本書目》及《嘉業堂刊行書籍目》，另外劉承幹
在民國 18 年時，曾將收藏的宋元本，每書各影印一頁或數頁，收羅編印

成《吳興劉氏嘉業堂善本書影》，稍留嘉業堂之吉光片羽。至今則並未見民國以來稱雄一時的嘉業堂完整藏書目印行。

承幹對於所藏態度開明，家有善本樂於供人借抄，毫不吝惜，還為閱者備食宿，最後並將所藏歸公，俾公開閱覽。其不秘守藏書的另一重要表現為將所藏之孤本、精本刻印流傳，聘用當時最有名之刻工陶子麟、饒星舫，延請學養精深的繆荃孫、葉昌熾、董康主持校勘，自己也從事校注編纂。曾刻成叢書如：《嘉業堂叢書》、《吳興叢書》、《求恕齋叢書》、《留餘草堂叢書》、《希古樓金石叢書》等。所刻之書，據統計，達 177 種，3,000 餘卷，講求質量，刻印精美，為民國以後刻書最多者之一。

中日戰爭爆發後，日人覬覦嘉業堂藏書，但出高價未能如意，反由中央圖書館透過鄭振鐸等人收購了 1,200 種明刊本。日後嘉業堂藏書有種種去向，如中研院、國立浙江大學，復旦大學、北京圖書館、南京國學圖書館、大連滿鐵圖書館和香港大學均有部分收藏。此後，承幹將大量鬻而未盡的圖書全部捐獻歸公，嘉業堂成為浙江省圖書館的書庫，目前被列為省級重點文物保護之一。

嘉業堂：一般的說法，都以 1914 年溥儀因劉承幹為光緒陵墓植樹賞賜〈欽若嘉業〉一匾而來。但來新夏先生考證「嘉業堂」名始於 1913 年開雕《嘉業堂叢書》，因此〈欽若嘉業〉是借嘉業已有之名，套用《書經‧堯篇》〈欽若昊天〉對嘉業堂藏書之功表示敬佩，而劉氏更借天恩為己增光。嘉業堂的基本含義是頌藏書為一種美好的事業[280]。

---

[280] 范鳳書著，《中國著名藏書家與藏書樓》，鄭州：大象出版社，2013.01，頁 398。

第五章　書院藏書

　　書院是我國古代特有的文化教育組織形式，肇起於唐代中期，興於晚唐五代，在宋元時期達到鼎盛，持續普及於明清，至今有近 1,300 餘年的歷史，在中國歷史上有著光輝的一頁。書院從宋代形成了完備的規制，具有了藏書、講學、研究、祭祀等多種服務於儒家教育的功能，有著獨特的人才教育模式並形成了其開放式的教育體系。

　　藏書、供祭和講學是構成書院的三大事業。由於藏書是古代書院的重要內容和特徵，書院藏書也因此成為我國古代藏書中的一種重要類型，與官府藏書、私人藏書、寺院藏書一起，並稱為我國古代藏書事業的四大支柱。

第一節　書院藏書的起源

　　書院與書有著密不可分的緊密聯繫。宋代學者王應麟的《玉海》曾經對書院作過解釋：「院者，垣也[1]」。書院是指用一圈矮牆將建築物圍起來而形成的藏書之所，似乎就是古代的圖書館。

　　書院的萌芽可以追溯到漢代，與漢代的「精舍」、「精廬」有一定的承繼關係。「精舍」與「精廬」為漢代聚集生徒、私家講學之所。《後漢書・包咸傳》載：「包咸字子良，會稽曲阿人也。少為諸生，受業長安，師事博士右師細君，習《魯詩》、《論語》。因住東海，立精舍講授[2]。」

---

[1]　（元）王應麟撰，《玉海》卷一六七〈宮室〉，元後至元 6 年（1340）慶元路儒學刊至正 11 年（1351）修本。

[2]　（南北朝）范曄撰，《後漢書》〈儒林傳卷六九下〉〈包咸〉，明嘉靖八至九年（1529-1530）南京國子監刊本。

《三國志・魏武帝紀》載：「築精舍，欲秋夏讀書，冬春射獵[3]。」《後漢書・儒林列傳》載：「精廬暫建，贏糧動有千百[4]。」不過漢代的「精舍」、「精廬」，私家講學皆由口授，限於當時的出版技術水準，尚不具備藏書條件，將它們當作書院的前身未嘗不可，但還不能算作真正的書院，書院這個名稱始於唐代。

　　隨著紙張的大量使用和雕版印刷術的發展，書籍越來越多，必須建造較大的院子來安置藏書，以方便讀書人，於是就產生了真正意義上的「書院」。元代歐陽玄在《貞文書院記》中說：「唐宋之世，或因朝廷賜名士之書，或以故家積書之多，學者就其書之所在而讀之，因號為書院。及有司設官以治之，其制遂視學校[5]。」書院根據主辦者的不同，也隨之形成了官辦與私辦兩類。唐代最初設立的官辦書院是麗正書院和集賢書院。私辦書院有張九宗書院、義門書院等處。

　　早期的官辦書院是唐王朝修書、侍講的地方。經過多年的戰亂，大唐王朝立國時百廢待興，為統一思想，繁榮文化，經籍更亟待收集、校勘和整理。唐玄宗開元年間，在全國徵集收藏於民間的圖書，共收集到圖書三千六十部，五萬一千八百五十二卷，尚不包括佛經、道經等，不僅大大超過了前代，也是唐代藏書最豐富的時期。為了更好地整理圖書，除在國家藏書機關兼校書機關「秘書省」、「弘文館」、「崇文館」等處藏書、校書外，還專門設置了「書院」這一機構開展此工作。當時，在書院中設置了學士、直學士、侍讀學士、修撰官等[6]，掌管校刊經籍、徵集遺書、辨明典章諸事務，主要的任務是備皇帝垂詢。

　　唐代還興起了許多私人創建的書院。如張九宗書院，據記載，該書院

---

[3]　（晉）陳壽撰，《三國志》〈魏武帝紀〉，明萬曆二十四年（1596）南京國子監刊本。

[4]　（南北朝）范曄撰，《後漢書》〈儒林列傳〉，明嘉靖八至九年（1529-1530）南京國子監刊本。

[5]　（元）歐陽玄撰，《圭齋文集》卷五〈貞文書院記〉，明成化辛卯（七年，1471）劉釪浙江刊本。

[6]　（宋）歐陽修撰，《唐書》〈百官志〉卷三十七，元大德間（1297-1307）建康路儒學刊明南監修補本。

「在（四川）遂寧縣，唐貞觀九年（635）建」，比官辦的集賢書院還早
90 年[7]。這些書院多半只是讀書人自己讀書治學的地方，不過也有一些書
院有教學活動，並有數量可觀的藏書，如《九江府志》記載義門書院「唐
義門陳袞即居左建立，聚書千卷，以資學者[8]」。

第二節　歷代書院藏書

一、唐五代書院藏書

　　唐代前，官府藏書的機構並沒有統一的稱呼，如漢代的蘭臺、仁壽閣、
東觀，隋代的嘉則殿，都是政府收藏和校勘圖書的地方。直至唐代開始，
有了書院一詞，並成為中央政府收藏圖書的機構。清代文學家袁枚在《隨
緣隨筆》中說：「書院之名起唐玄宗時，麗正書院、集賢書院，皆建於朝
省，為修書之地，非士子肄業之所也[9]。」從以上記載我們可以看出，書院
的藏書，始於唐代的麗正書院和集賢書院。
　　《新唐書・藝文志》詳細記載了麗正書院和集賢殿書院設立的情況：

　　　　初，隋嘉則殿書三十七萬卷，至武德初，有書八萬卷，重複相
　　糅。王世充平，得隋舊書八千餘卷，太府卿宋遵貴監運東都，浮舟
　　溯河，西致京師，經砥柱舟覆，盡亡其書。貞觀中，魏徵、虞世南、
　　顏師古繼為秘書監，請購天下書……及還京師，遷書東宮麗正殿，
　　置修書院於著作院。其後大明宮光順門外、東都明福門外，皆創集

7　見百科知識〈九宗書院〉，https://www.easyatm.com.tw/wiki/九宗書院

8　肖東發、鐘洪、王波〈中國古代書院藏書概論〉，《圖書館》2001 年第 1 期，頁 70。

9　（清）袁枚撰，《隨園隨筆》卷十四〈典禮類〉（下），清光緒十八年（1892）上海圖書集
　　成印書局排印本。

賢書院，學士通籍出入[10]。

　　這段文字記載中指明了麗正書院和集賢書院建立的目的，即為收集天下圖書，而且設立了秘書監、修圖書史等專職官員負責此事，可見唐代政府對於書院藏書之重視。據記載，開元十九年（731），集賢殿書院所藏圖書為 80,080 卷，其中經部 13,572 卷，史部 26,829 卷，子部 21,548 卷，集部 17,960 卷。集賢殿書院所有書籍均分為經、史、子、集四庫存放，各庫的書籍還加以不同顏色的飄帶和牙籤進行區分[11]，清代修纂《四庫全書》時仍在沿用此種「軸帶帙簽，皆異色以別之。」的方法。可以說麗正書院、集賢書院在唐代具有國家圖書館的職能，與此同時由於其正式使用了「書院」一詞，那在事實上又開創了書院藏書的肇端，為今後的書院藏書事業打下了基礎。

　　唐末到五代時期，進入了長期的戰亂年代，政治環境極其動盪，國子監、府學、縣學等政府教育機構破壞殆盡，但是私人書院仍在亂世中艱難的延續，並繼續著徵集保持典籍的使命，《宋史‧胡仲堯傳》中就記載華林書院：「構學舍于華林山別墅，聚書萬卷[12]。」據記載，此時期創建了四十餘所書院，如華林書院、寶氏書院、龍門書院，很多後朝的知名書院也是在此時期興建的，比如嵩陽書院、應天府書院、白鹿洞書院等都是建於五代時。此時期的書院成為了亂世中讀書人的安身立命之所。

二、宋元時期書院的藏書

　　宋元兩朝是書院大發展的時期，隨著儒家理學思想的發端流布及印刷

---

[10]　（宋）歐陽修撰，《唐書》〈藝文志〉卷四十七，元大德間（1297-1307）建康路儒學刊明南監修補本。

[11]　同註 10。

[12]　（元）脫脫撰，《宋史》〈列傳〉第 215 胡仲堯，明成化十六年（1480）兩廣巡撫朱英刊嘉靖間南監修補本。

術的成熟應用，書院的藏書事業也進入了極其繁榮的階段，書院的職能較前代進一步擴大，不僅是藏書中心，同時成為了重要的教育中心、學術中心以及儒家道統的延續符號。正是書院功能的完善，從根本上又促進了書院藏書的進一步發展。

作為當時的書院藏書，首推北宋時期的白鹿洞書院、嶽麓書院、應天府書院、嵩陽書院這「四大書院」，此四大書院均得到過皇帝的賜書。太平興國二年（977），宋太宗趙光義將國子監所印《詩》、《書》、《禮》、《易》等儒家九經賜予白鹿洞書院，這是四大書院中最早得到皇帝賜書的記載。嵩陽書院也曾二次得到皇帝賜書，第一次是在至道三年（997）同樣為宋太宗所賜印本九經，第二次是在祥符二年（1009）宋真宗趙恒亦賜九經給書院。嶽麓書院在宋初也兩次得到皇帝的賜書，一次是在咸平四年（1001），第二次是在祥符八年。應天府書院在慶曆三年（1043），改升為「南京國子監」，成為北宋最高學府，順理成章得到皇家賜書，同時也成為中國古代書院中唯一一座升級為國子監的書院[13]。

除了四大書院以外，宋元兩代還有其他藏書著名的書院，如：山西平定冠山書院，據《平定州志》記載，宋徽宗時期就已建立，元至正年間，經中書左丞呂思誠奏請，皇帝賜額「冠山書院」，並賜書萬卷[14]；四川蒲江鶴山書院，魏了翁在《鶴山大全文集》之〈書鶴山書院始末〉中記載：「堂之後為閣，家故有藏書，又得秘書之副而傳錄焉，與訪尋於公私所板行者，凡得十萬卷[15]。」，據記載當時政府藏書也僅有 70,000 卷左右，如魏了翁沒有誇大成分的話，鶴山書院藏書堪比官家藏書之量；浙江東洲南國書院，《光緒浙江通志》卷二十八記載：「在浙江東洲縣，宋蔣友松建，聚書三萬卷[16]。」藏書規模也屬蔚為壯觀了。宋代書院對後世之主要影響

13　鄧洪波、蕭新華，〈宋代書院藏書研究〉，《高校圖書館工作》2003 年第 5 期，頁 46。

14　《平定州志》卷二〈學校志〉見百家諸子中國哲學書電子化計劃 https://ctext.org/library.pl?if=gb&file=119651&page=101

15　（宋）魏了翁撰，《鶴山先生大全文集》卷四十一〈書鶴山書院始末〉，景烏程劉氏嘉業堂藏宋刊本。

16　（清）沈翼機撰，《浙江通志》卷二十八，《欽定四庫全書》本，見百家諸子中國哲學書電

有二：（一）在官學制度外，另建立一種私人教育機構之典型；（二）促使後世理學之發達[17]。

元代書院，據《元史・選舉志》，世祖至元二十八年（1291），令其他先儒過化之地，名賢經行之所，與好事之家出錢粟瞻學者，並立為書院。書院設山長一員及直學，均係官派[18]。此為書院官學化之開端。

元代的四川草堂書院藏書豐富，李祁在《雲陽集》卷十中，對其藏書來源、徵購運送過程都有記述，其稱：「矧茲蜀都，阻於一隅，去之萬里，孰云能徂，有惻思念。稽於版籍，詢於文獻，北燕南越，西陝東吳，有刻則售，有本則書，僕輸肩叛，車遞中汗，厥數惟何，廿有七萬，載之以舟，入于蜀江[19]。」以上都是明確記載藏書過萬卷的書院，其餘書院或是未見記載或是數量稍遜。

三、明清時期書院藏書

明清時期是書院藏書的鼎盛時期，規模較宋元時期有了很大的提升。但是獨就明代初期來論，書院仍維持著元代的規模。到嘉靖年間，隨著科舉制度弊端叢生，官學日益腐敗，一批士大夫重新提倡自由講學，書院才又興盛起來。後來，由於政府不重視書院的發展，後期甚至還多次禁毀書院。據《續文獻通考・學校考》，首次是嘉靖十六年（1537），御史游居敬疏斥南京吏部尚書湛若水，倡其邪學，廣收無賴，私創書院，上令所司毀其書院。第二次是嘉靖十七年四月，應吏部尚書許讚之請毀書院。第三次是神宗萬曆七年（1579），閣臣張居正封閉全國書院，以整頓吏治及教

子化計劃 https://ctext.org/wiki.pl?if=gb&res=95844

[17] 周愚文〈書院〉，見《教育大辭書》https://terms.naer.edu.tw/detail/1308387/

[18] （明）宋濂撰，《元史》卷八一〈選舉志〉卷三十一，明洪武三年（1370）刊嘉靖間南監修補本。

[19] （元）李祁撰，《雲陽集》卷十〈草堂書院藏書銘〉，四庫全書本，https://zh.m.wikisource.org/zh-hant

育。第四次是熹宗天啟五年（1625），宦臣魏忠賢毀京師首善書院，而天下書院與之俱毀[20]。東林案後，明代書院就此一蹶不振。

明代書院大體分兩種類型：一種是考課式的書院，與官學差別不大，另一種是講會式的書院，重視講學。總體來說明代的書院藏書規模雖小，但地域分佈廣泛；藏書多注重實用，為豐富藏書甚或刻書；編製院藏書目，推進了藏書科學管理的發展。這些構成了明代書院藏書事業的三大特色[21]。

明代藏書事業不及清代，甚至比前朝的宋元時期也有一定的退步。文獻中記載也僅見有，江西吉安復真書院藏書數千卷，江西泰和靜齋書院藏書萬餘卷，河南襄城紫雲書院藏書數千卷等有限的記載，如前朝記載的藏書幾萬甚至十幾萬卷的書院也再也不見文獻了。但是雖然政府頻繁打壓，由於地方政府鄉紳階層及人民的支持，書院名毀實存，並以自己的方式延續藏書的傳統。

清代是中國書院發展盛極而衰的時代。藏書作為書院最為重要的職能之一，得到了上至中央政府下至書院管理者的重視。順治年間對書院活動控制嚴格，康熙年間，隨著社會穩定，逐步放鬆了對書院的控制，開始對書院賜書賜額。清中期，書院繼續保持增長趨勢，上行下效，民間書院也發展起來，有清一代各類書院的數量達到了 4365 所，居歷代之首。鴉片戰爭以後，舊有的書院制度慢慢解體，書院藏書陸續為各地圖書館接收。

清代書院藏書的特點有：（一）分佈廣，所分佈的地區超過以往所有朝代，即使是邊遠省份如雲南、甘肅、新疆和臺灣等地也都有了書院，而每個書院都有藏書樓；（二）藏書管理嚴格，自成體系，對後來的圖書館藏書建設有一定的借鑒作用；（三）藏書繼承前代的傳統，主要供院內生徒使用，比國家書庫和私人藏書樓的服務物件都要廣泛得多，體現了書院藏書的教育性和社會性；（四）由於清代注重考據學，刊印經籍風氣很盛，許多書院或由著名學者親自主持刊印，或設立自己的書局專門刊印，規模

---

[20]　（明）王圻撰，《續文獻通考》卷六一〈學校考〉，明萬曆癸卯（三十一年，1603）松江府刊本。

[21]　張鳳霞〈明代書院藏書綜觀〉，《江蘇社會科學》2011 年第 4 期，頁 224。

較大，品質精良，是我國刻本書的精品，為後人整理古籍提供了可靠的依據；（五）書院藏書的興衰與清政府的統治思想和當時的學術文化發展密切相關[22]。

清代的統治者們在竭力保存本民族文化的同時，也不得不利用正統的儒家思想來鞏固其統治。清初實行了較為寬鬆的文化政策，尊奉儒學，大力搜集圖籍，以充實內府所藏。至乾隆時期，文網漸密，雖有纂修大典、廣開獻書之門的舉動，但由於實行了相對嚴苛的思想控制政策，使得學術風尚轉為保守，促進了乾嘉學派的形成。一方面，大批學者將精力用於考據、校勘，必然會激發社會對於書籍的需求；另一方面，幾乎所有的前代典籍都經過了清代學者的精心校勘，極大地提高了書籍的品質，同時也保存了大量前代圖籍。無論是訓詁考據還是詞章之學都需要知識的大量積累和文獻的支撐，因而書院對藏書不僅有著量的本質需求，而且對知識覆蓋的廣度上也有了新的要求。

此外，科舉考試制度對讀書風氣的促進，圖書刻印業在本時期的興旺發達，都是清代藏書事業發展的現實土壤。同時，清代後期逐漸向現代社會轉化，西方的自然科學、社會科學等新鮮的思潮也不斷對原有的傳統知識進行著衝擊，此時的書院也在主動或者被動的接收這些西方思想，清代後期的書院藏書中也直接反映了這點。無論內因的需求還是外因的推動，清代藏書也顯現了類目繁多，兼蓄並包的特點。在這些條件的共同作用下，清代的官府、書院、宗教、私人四大藏書體系，都得到了很大的發展，達到了我國古代藏書史的巔峰。

書院至清代，據《清史稿校註》〈選舉志〉，清初鑑於明東林黨禍，講學之風不盛，世祖順治九年（1652），諭不許別創書院，群聚結黨，空談廢業；至十四年，始稍有書院立。世宗雍正十一年（1733），則更諭令各省省會設書院，並各賜銀一千兩；其禁始弛。又《清史稿校註》〈德宗本紀〉，清末德宗光緒二十四年（1898）五月申戌，詔改直省各屬書院為

22　肇慶學院圖書館〈古代藏書之七：清代藏書〉2019-07-03，https://lib.zqu.edu.cn/info/1647/3026.htm

兼習中西學校，以省書院為高等學，郡書院為中等學，州縣書院為小學。
書院之制，至此告終[23]。

第三節　書院藏書的來源

　　建立豐富的書院藏書，需要經常不懈地搜求和積累，更需要廣闊書
源。南宋鄭樵撰《通志》〈校讎略第一〉中有〈求書之道有八論九篇〉。
鄭氏曰：「求書之道有八，一曰即類以求；二曰旁類以求；三曰因地以求；
四曰因家以求；五曰求之公；六曰求之私；七曰因人以求；八曰因代以求
[24]。」鄭氏最早提出了書籍訪求的八種方法，對歷朝圖書採訪工作影響較
大。
　　書院重藏書，而書院藏書的來源考於典籍，根據以上歷代書院的藏書
情況來分析，書院藏書的主要來源可以分為皇帝賜書、官府配置、私人捐
贈和書院自籌四個途徑。

一、捐贈

　　捐贈是書院藏書的主要來源。官員、鄉紳或出資購置圖書，或直接捐
贈圖書，是歷代的傳統。儘管捐贈圖書的數量和目的不同，但總體上看，
捐贈的數量是相當可觀的，這種方式為書院藏書做出了重要的貢獻。

（一）官吏贈書

　　地方官吏為了博取文雅，以正教化，常常捐書給書院。書院有時也出

---

[23]　周愚文〈書院〉，見《教育大辭書》https://terms.naer.edu.tw/detail/1308387/

[24]　（宋）鄭樵撰，《通志二十略》卷四七〈求書之道有八論九篇〉，明嘉靖庚戌（二十九年，
　　　1550）福建監察御史陳宗夔刊本。

面向官員、地方鄉紳募集。清代康熙年間，學使王思訓，捐資購買經、史、詩文數千卷給南昌豫章書院，雷州知府黃錦贈書五千餘卷給雷陽書院[25]。

（二）私人贈書

書院的實質是一種私立學校，其設施包括藏書往往靠書院主持者的私誼來獲贈。如朱熹〈跋白鹿洞所藏漢書〉云：「熹既為劉子和作傳，其子仁季致書，以其先人所藏《漢書》四十四通為謝。時白鹿書院新成，因送使藏，以備學者看讀[26]。」

《嶽麓書院史略》載：「咸豐初年，太平軍攻打長沙，書院藏書蕩然無存。戰後，院長丁善慶積極著手恢復藏書，帶頭捐獻《御制日講四書解義》、《御定佩文韻府》、《十三經注疏》、《困學紀聞三篇》等八六二卷，因此帶動士紳學士紛紛捐獻[27]。」私人贈書因捐贈時間、捐書者個人地位、學術水準、興趣愛好等不同，而顯得豐富多彩。有的學者捐贈個人新著，對書院開展學術交流，提高研究水準極有幫助。

二、皇帝賜書

皇帝賜書也是書院藏書的主要來源之一。朝廷出於思想控制和籠絡人心，經常會贈送御篆、欽定或官刻正經、正史書籍給各地書院。如淳熙八年，皇帝就賜白鹿洞書院國子監經書。地方官員或書院舉辦者也會向朝廷或政府請求賜書。如宋咸豐二年，湖南嶽麓書院的山長就上疏請皇帝賜書。此外，在封建社會中，「率土之濱，莫非王土[28]」，動用公銀為書院

---

[25] 肖東發、鐘洪、王波〈中國古代書院藏書概論〉，《圖書館（Library）》2001 年第 1 期，頁 72。

[26] （宋）朱熹撰，《晦庵先生文集》卷八十一〈跋白鹿洞所藏漢書〉，宋寧宗時（1201-1204）浙江刊元代修補本。

[27] 楊慎初、朱漢民、鄧洪波著，《嶽麓書院史略》長沙市：嶽麓書社，1986。

[28] （明）鍾惺批點，《詩經》〈小雅·北山〉，明吳興凌杜若刊朱墨套印本。

購買圖書也可以看做是皇帝御賜圖書。用公銀為書院購書，統一報銷的辦法也是充實書院藏書的重要方法。

　　除宋代外其實歷代都有皇帝向書院賜書的情況，清代尤為頻見。清康熙五十五年（1716）頒賜浙江敷文書院「《淵鑒類函》《周易折中》《朱子全書》藏於院內[29]。」乾隆時期，對南遊巡幸所至的江南鐘山書院、蘇州紫陽書院、杭州敷文書院，也都各賜武英殿刊刻的《十三經》和《二十一史》。皇帝賜書雖然數量不占多數，但是代表著當政者的最高褒獎，提高了書院的社會地位，對書院藏書事業有著極大的推動作用。

三、書院購置、刊刻與抄寫圖書

　　傳統社會裡，書院的經濟支撐一般以一定數量的學田予以維持。學田收入一部分用來維持書院師生生活，一部分用來購置圖書。書院不僅藏書、購書，還自己刊印、抄寫書籍。正如顧亭林所總結的，書院刻書有三善：勤於校讎、不惜費而工精、易印行。如《碑傳集》載：馮光裕「好禮士大夫，葺貴山書院，取諸生文行優者肄業其中，僻遠無以得數，遣官之江南，購經史群籍數千卷，俾縱讀之[30]。」書院藏書也注意藏書的複本量，補充缺本。

　　宋代之後，書院既是文人學者聚集的地方，也是研究和講解理學的場所。書院刊印的書籍數量足、品質高，內容多以「四書五經」、宋明理學大師的著作講義、書院師生們的教學研究成果等為主，這類書籍既是當時學習和交流的重要讀物，也是學人們必備的重要文獻，對書院的發展起著重要的推動作用[31]。如無錫東林書院刊刻的經世治國書籍備受學人器重，清代書院刻書更是達到歷史的最高潮。此外，出於保護版本或拾遺補缺的

---

[29]　（清）傅五露纂，《勑修浙江通志》卷二十五〈學校一〉，清乾隆元年（1736）刊本。

[30]　（清）錢儀吉編，《碑傳集》卷七十一，清光緒十九年（1893）江蘇書局校刊本。

[31]　梅莉〈古代書院藏書的利用與管理〉，《江蘇圖書館學報》，1997（6）：41。

需要，書院還對一些書籍進行手抄，宋初時一些書院甚至將手抄經文作為日課。南唐時的劉式在白鹿洞讀書時，曾手抄過《孟子》、《管子》等書。手抄書籍也是書院藏書的重要補充。

第四節　書院藏書的特點

我國古代藏書樓的藏書特點，除受出版、學術等因素制約，還往往取決於不同的收藏目的、興趣及經濟狀況。書院藏書是為了有效配合書院教學內容，為書院師生服務而設置的一種「學校公共圖書館」。所以，書院藏書具有很強的共同性，具體表現在內容上以經史等學述著作為主，版本上以通行本為主。

一、儒家經典是教育的最主要內容。所以書院的基本教材是六經，以後，又將注釋、研究六經的一些著作奉為「神聖」，將《四書》作為必讀書目。除開這些基本典籍，書院藏書會因各個書院的教學內容、學術流派、地域位置的不同而有所差別，或致力於辭章，或致力於小學，或致力於經濟，或偏重於採納地方著作，各具特色。再如清代四川彭縣的九峰書院，教材除「五經」、《四書集注》外，還讀《四書講義》、《周易折中》、《明史》、《論孟疑義》等。

近代西學東漸，不少書院適應社會變革，更新教學內容。洋務派張之洞在湖北武昌建立兩湖書院，在中學為體，西學為用思想影響下，設置了經學、史學、地理、數學、博物、化學及兵操等課程，並有相應科目的藏書。至於近代上海的格致書院，以講習西方自然科學技術為主，更由於有外國人傅蘭雅的參與，東西方譯書占其藏書的三分之一。正由於書院藏書是書院教學的工具，所以書院不會收藏超出教學內容的書籍，巫醫、星相、桑麻等實用性的書籍，都不在收藏之內。

二、書院藏書不追求版本的珍貴。因為它與私人藏書不同。私人藏書家目的是為了保存、鑑賞文物或考據校勘，所以特別重視版本。而書院藏

書是為了教學的需要，這就從根本上決定了它追求通行版本的特點，以教學類圖書作為收藏與刊刻的重點。同時，正如上面所說的幾種書院藏書的來源方式，也限制了書院藏書不可能片面追求版本。

總的來看，書院藏書從規模、品種還是版本上都無法與其它種類的藏書方式相比，也無法像一些國家藏書、私人藏書一般，能夠較好地保存下來，而隨著時間的流失而淹滅了。但是，正如譚卓垣先生在《清代藏書樓發展史》中說：「書院藏書樓數量很多，其藏書一般說來並不珍貴而且收藏也小。但是它們是值得一記的，因為它們對中國的學術發生過很大的影響。」（譚卓垣著，《清代藏書樓發展史》，瀋陽市：遼寧人民出版社，1988年6月。）

第五節　書院藏書的管理

歷代書院藏書樓，就像國家、私人和寺院藏書樓一樣，都十分重視藏書的管理與保護，這也是藏書樓時代書院的一項重點工作。但由於書院藏書的讀者對象為本院師生和一些地方上的讀書人，它的目的不僅是為了保藏，更是為了方便書院讀者使用，它便不像國家、私人和寺院藏書那般過於封閉，在管理方法上形成了一套具有公共性、開放性的書院藏書制度。如《仙源書院藏書目錄初編》序中說：「書籍漸充，急須講求讀書之法，務令積書之後與未積之先氣象大不相同，要于文章經濟上見出，于精神福澤上見出，于風俗人心上見出，才是藏書真實作用，非徒欲汗牛充棟，萬軸琳琅，為夸多鬥靡計也[32]。」這是對書院藏書注重利用、注重發揮藏書社會教育作用的精闢見解。

---

[32]　（清）陳之樹等編，《仙源書院藏書目錄初編》，北京：北京圖書館出版社，2008.06。收錄於明清以來公藏書目彙刊第64冊第1-382頁

一、管理人員

　　一般書院都配備有專門人員進行管理，抄錄書籍，負責書籍的購買、分類編目、登記、借閱、清理、修補等工作。中國書院管理人員的業務水準應該說是相當高的。最早應該首推南宋白鹿洞書院設「管幹」管理藏書。當時朱熹主持書院，制訂了一套詳細的藏書管理制度，設有「管幹」一職，專門對書籍進行日常管理。至於大規模的校勘、清理、曝曬等工作，就臨時由山長組織人員進行。由於此書院在當時名聲很大，所以其藏書管理制度也就在全國各地書院推廣了，並延及後代。如宋代嶽麓書院院設「監院」管理藏書，文正書院設「齋長」管理藏書，據《大樑書院藏書目》記載：「大樑書院各項書籍均存院長，院內西偏精舍用司書吏一人，經管用，司閽役一名，典守鎖鑰[33]」，據《安徽於湖中江書院藏書目》記載：中江書院規定藏書樓「尊經閣」由一人管理，負責看守書籍和抄寫，還派定正辦、副辦，事有專責，若有遺失，惟正副辦是問[34]。這些管理人員都具有一定的目錄學知識和較高的文化修養，他們在管理藏書的同時還進行藏書整理與編目工作，利用書院豐富的藏書編寫書目、撰寫文獻，積極開展目錄學研究，從而推動了古代目錄與圖書館學的發展。

二、登錄、分類和編目

　　書院透過各種途徑購進書後，首先要進行登錄工作。對書的來源、收購日期、卷冊數都予以登記。然後是分類編目工作。一般不分類或以傳統的四部分類法分類，分至二級類目。如蓮州書院的學古堂藏書，經部下置

---

[33] 詳見《大樑書院藏書目》〈藏書閣書規則〉，百家諸子中國哲學書電子化計劃 https://ctext.org/library.pl?if=gb&file=108084&page=17#%E9%99%A2%E9%95%B7

[34] 〈安徽於湖中江書院尊經閣記〉，李希泌、張椒華編，《中國古代藏書與近代圖書館史料（春秋至五四前後）》北京：中華書局，1982。

十三經、易、書、詩、禮等十一個下位類，史部下設正史、編年、紀事本末、別史、雜史等十三個下位類。同時，書院還利用懸榜的方法，公佈藏書情況。如文正書院規定，每月肄業諸生所借之書，須由齋成榜示門首，使借書者一覽便知，免至相左。這種通報藏書和流通情況的作法，對借書人來說是很方便的[35]。

三、借閱

我國古代書院有一整套完備而方便的借閱制度。從借閱的手續、期限、冊數、借閱的範圍到毀損圖書的懲罰等，都有明確的規定。學者要借書時，先閱讀藏書編目，知道是否有此書，然後填寫登記冊，記下借書日期、數量和姓名。還書時，官吏人員記明某月某日該書歸還。書院藏書每年年終催書。

四、藏書的保護

歷代書院除設置藏書管理人員進行日常管理外，還有一些特別的措施，專門用來防火、防潮、防鼠、防蛀、防盜、防散、曝曬和修補等。如中江書院規定，每月，專管須開書櫥晾風一、二次。每年六、七月，專管者覓精細人曬書一次，曬後邀各總理清查一這些措施，無疑大大減少了書籍的破損率，給後代保存下了許多珍貴的典籍。

---

[35]　肖東發、鐘洪、王波，〈中國古代書院藏書概論〉，《圖書館（Library）》2001 年第 1 期，頁 73。

五、讀者工作

因為書院有著不同於一般學校的教學目的教學形式，所以書院非常重視藏書及其讀者指導工作。究其原因，書院是在官學毀壞的基礎上，由讀書人自發開拓的教學之途。它的目的不在於仕宦功利，而在於學業悟道，以傳道而濟斯民也。古代書院教學特色是自學為主、講學為輔，這樣，必然使學生們更多地把目光投向書本，而要求老師的職責主要是解惑。導讀和講授治學之道在這裡就成了至關重要的一項教學內容。

第六節　歷代著名書院藏書

「書院」這個名稱，最早出現在唐代，也是我國封建社會特有的一種教育組織，在我國古代教育史上佔有重要而又獨特的地位，具有舉足輕重的影響。五代時，由於戰爭的影響，官學衰廢，士子苦無就學之所，於是自動擇地讀書。一些學者在佛教禪林制度的影響下，也利用此時機，選擇景色優美、清雅靜謐的山林名勝之地，作為「群居講學之所」，出現了具有學校性質的書院。

一、義門書院

義門書院，是我國最早的書院之一，它比白鹿洞學館至少早半個世紀。據中國古代書院史之研究，江西德安東佳書堂創立於唐龍紀年（889）前，發展到宋，成為江南著名的書院，所藏書帖「號天下第一」。

義門書院（亦稱東佳書院）是中國書院史上最早擁有學田、訂有教規、聚徒講學的私辦書院。位於唐代潯陽縣（今德安傅山）下，這座中國歷史上最早具有學校完備體制的書院的創建者，是鮮為人知的。

　　陳崇是南朝陳文帝第六子宜都王陳叔明的後裔，是潯陽縣蒲塘場太平鄉常樂里永清村義門陳氏家長，義門陳氏在潯陽人丁興旺，耕讀傳家，孝義相處，是中國歷史上最大的、典型的、罕見的封建大家族。

　　唐僖宗時，陳崇任江州長史，與官僚貴族交往很深，深知要修身齊家治國，重視教育、培養人才是根本。於是，陳氏家族出資，在陳家莊創立一所二級學校，低級的是書屋，高級的稱學堂，除有專門的校舍外，還配置學田作為固定的教育基金。

　　東佳書院起初只收本族弟子，後來向外開放，好學有志者都可進來，因此成為江南著名的學院。從唐玄宗開始到北宋嘉祐七年（1062），在義門陳氏存在的 332 年裡，唐、宋的五六位帝王先後「旌表其門」。西元 997 年，宋太宗賜御書三十三卷，並為東佳書院提筆寫了「真良家」三字。在皇帝的支持下，東佳書院當時因藏書無數「號稱天下第一」，全國知曉，引來不少文人墨客賦詩讚頌。

　　東佳書院和所有古代書院一樣，首先是由學者藏書開始的。由於義門陳氏官遷任外較多，接觸頗廣，很快就收藏了大量的書籍。據晏殊詩說：「墳籍豈惟精四部，縹帙牙籤列賜書。」呂蒙正詩說：「五車書編匣中經。」楊億詩說：「書籍勝兩齋。」寇準、王禹錫皆說：「樓藏萬卷書」。真正是：「收宇宙之牙籤數萬帙」，「所藏帖與書號，為天下第一[36]」。

　　由於義門陳氏名聲大振，宋仁宗恐其勢力太大難以管束，便使出壞點子讓陳氏散於全國各地，東佳書院因無人管理，遷到德安縣城內，改為「義門書院」，由官方管理。明嘉靖十年（1531）改為「河東書院」，300 年後的大清朝改為「敷陽書院」，光緒二十七年，清廷通令全國書院改為學校。清光緒二十九年（1903），德安縣遵照清政府廢書院之詔令，將「敷陽書院」改成德安縣高等小學堂，結束了書院的歷史。從唐龍紀元年（889）至清光緒二十九年（1903），東佳書院的歷史，經過了唐、五代、宋、元、明、清等朝代，延續了 1014 年，經歷了逐步完善又日趨衰退的過程。它

36　〈義門書院〉參考快懂百科 https://www.baike.com/wikiid/6568233539691810969?prd=mobile&view_id=48iuellp7dq000

的歷史從一個側面反映了書院教育對封建社會的促進和破壞作用，反映了不同朝代對書院教育的不同態度，反映了封建教育逐步發展又日漸僵化，終至崩潰的歷史。

二、麗正書院

　　書院是古代的一種教育機構，洛陽則是其發祥地。袁枚《隨園隨筆》說：「書院之名，起于唐玄宗之時，麗正書院、集賢書院皆建於省外，為修書之地[37]。」唐玄宗開元六年（718），設麗正修書院；開元十二年（724），在東都洛陽明福門外設麗正書院，開元十三年，改稱集賢殿書院。

　　早期的書院均為官辦，在明清時期，大多數書院都為私辦。學習內容主要是儒學、理學，偶或評議時政。書院的設立，對我國古代的教育及學術文化都產生過積極作用。到了明清時期，多數書院也和府、縣儒學一樣，是為科舉取士準備人才的。

　　麗正書院為唐代宮廷修書、藏書之所。據《新唐書·百官志》「集賢殿書院」條記載，玄宗開元五年（717），乾元殿寫四部書，置乾元院使，有刊正官四人，以一人判事；押院中使一人，掌出入宣奏，領中官監守院門；知書官八人，分掌四庫書。六年，乾元院更號麗正脩書院，置使及檢校官，改脩書官為麗正殿直學士。八年，加文學直，又加脩撰、校理、刊正、校勘官。十一年，置麗正院脩書學士；光順門外，亦置書院。十二年，東都明福門外亦置麗正書院。十三年，改麗正脩書院為集賢殿書院，五品以上為學士，六品以下為直學士，宰相一人為學士知院事，常侍一人為副知院事，又置判院一人、押院中使一人[38]。集賢殿書院屬中書省。雖麗正書院當時尚無講書之事，然論者多謂麗正書院為後世書院之濫觴。

37　（清）袁枚撰，《隨園隨筆》卷十四典禮類（下），清光緒十八年（1892）上海圖書集成印書局排印本。

38　（宋）歐陽修撰，《新唐書》志第三十七〈百官二〉，民國二十五年（1936）上海中華書局聚珍仿宋版排印本。

　　麗正殿書院、集賢書院藏書數量是非常令人驚訝的，《新唐書·藝文志》記載，政府當時每月撥給書院蜀郡麻紙五千番，每季撥給上穀墨三百三十六丸，每年撥給河間、景城、清河、博平四郡兔千五百皮為筆材[39]。從物質消耗的層面而言，書院藏書活動應該十分頻繁。

　　唐開元十一年（723）於京師大明宮光順門外，亦置書院。十二年，於東都明福門外亦置麗正書院。兩都各聚書四部，以甲、乙、丙、丁為次，列經、史、子、集四庫。其本有正有副，以益州麻紙書寫，軸帶帙簽，皆以異色區分之[40]。

　　在唐代，書院藏書是我國書院作為一種藏書機構的開始，只是還未能形成一種體系。麗正殿書院、集賢書院實際上就是唐朝宮廷藏書、修書的地方，它上承東漢石渠閣、東觀、蘭臺之制，具備國家圖書館的性質和功能，且開後世書院藏書事業的先河。

三、麗澤書院

　　麗澤書院，原名麗澤堂，亦叫麗澤書堂。為南宋著名思想家、史學家、文學家、教育家呂祖謙（1137-1181，金華人）講學會友之所，設於宋乾道初（約 1165-1166）。它創建於宋乾道五年（1169）秋，乾道六年春完工。關於其名字的來由也有兩個說法，一是因屋前臨二湖，故取堂名為「麗澤」，人稱「麗澤書堂」。另一說認為：「麗澤」之名取於《周易》，「兌封」象義：「麗澤，兌。君子以朋友講習。」「麗澤」意為兩澤相連，其水交流猶如君子朋友通過講會而交流知識、學說。朱熹曾來信建議命名為「尊賢堂」，呂祖謙去信婉言謝絕，他以《易經》聚朋論道的典故，定名為「麗澤堂」。

39　（宋）歐陽修撰，《新唐書》志第四十七〈藝文一〉，民國二十五年（1936）上海中華書局聚珍倣宋版排印本。

40　同上註。

　　宋孝宗乾道、淳熙時期，呂祖謙與朱熹、張栻齊名，被稱為「東南三賢」。呂祖謙是金華學派的奠基人，並開南宋浙東學派之先聲。他除自己在麗澤書堂教授生徒、著書立說外，還先後邀請當時的著名學者朱熹、張栻、陸九淵、陸九齡、薛季宜、葉適、陳亮等前來講學，以探討學術、交流思想。呂祖謙並且為書堂制訂了學規，以「孝悌、忠信、明理、躬行」為基本準則。學生中如有「親在別居、親沒不葬、因喪婚聚、宗俟訟財、侵犯公財、喧噪場屋、遊蕩不檢」，即勒令退學。

　　呂祖謙這一講學會友之所，系其曾祖父東萊郡侯呂好問於建炎年間宋室南遷時攜全家自開封遷居金華時所借之官屋。據（宋）樓鑰《東萊呂太史祠堂記》記載：「其地在光孝觀側，四方學者皆受業於此[41]」。因屋前臨二湖，故取堂名為「麗澤」，人稱「麗澤書堂。後呂祖謙將此屋歸還官府，另置新居於城之北隅，而講學會友之所麗澤堂也隨之北移。

　　金華一批士大夫和呂氏門人向郡裡呈詞，建議將呂祖謙祖父呂中租住過的位於金華城的公屋劃出一半，為呂祖謙建祠紀念。知郡李大異撥鉅款並派得力官員主董修建，專藏呂氏著述，並設一書院，匾懸「麗澤書院」，旨存「麗澤堂」舊名。

　　南宋「婺學」文化精粹──呂祖謙的大量著述，一直珍藏在金華麗澤書院的藏書閣裡，到清乾隆年間，被紀曉嵐徵集，編進了《四庫全書》。當我們從事呂祖謙理學文化研究時，往往會見有「明招學者」、「麗澤諸儒」之分。「明招學者」指的是從學呂祖謙於武義明招山的學成弟子；「麗澤諸儒」指的是從學呂祖謙、呂祖儉、呂祖泰和活動於金華「麗澤堂」和「麗澤書院」，繼承「金華學派」文化的理學名流。

　　至元三十一年（1294），官府對麗澤書院進行了大修，並由王龍澤撰《修麗澤書院記》勒于石。大德年間（1297-1307），書院毀於大火，後至元年間（1335-1340）曾重建。元末又毀於火。明天順年間（1457-1464），呂代後裔呂濟晟、呂重濂重建書院，並追回被占學田。到明代成化三年（1467），浙江都指揮使司僉事辛訪又命金華知府李嗣負責重修麗澤書

---

[41]　（宋）樓鑰撰，《攻媿先生文集》卷五十二《東萊呂太史祠堂記》，舊鈔本。

院，時人魏驥撰有《重修麗澤書院碑記》記其事。嘉靖十四年（1536），巡按御史張景又命金華府通判汪昉負責重修麗澤書院。並由麗澤書院供祀同創道學於婺州的朱熹、張栻、呂祖謙三位理學大師。時呂氏子孫又將原在光孝觀北的呂成公祠遷建至分守道右（清麗正書院後，今將軍路道前北）。至明末，麗澤書院終因遭兵燹而毀。自南宋始建麗澤書堂算起，歷經元明，麗澤書院共存 478 年。

四、嵩陽書院

　　嵩陽書院是古代高等學府，是中國四大書院之一。嵩陽書院建制古樸雅致，中軸線上的主要建築有五進，廊廡俱全。嵩陽書院因其獨特的儒學教育建築性質，被稱為研究中國古代書院建築、教育制度以及儒家文化的標本。

　　歷史上嵩陽書院以理學著稱於世，以文化贍富，文物奇特名揚古今。嵩山地區自古就是儒家學派活動的重要地區，這裡有嵩陽書院、穎谷書院、少室書院、南城書院、存古書院，其中最顯赫的為嵩陽書院。「嵩陽書院景最清，石幢猶記故宮名。虛誇妙藥求方士，何似菁莪育俊英。山色溪聲留宿雨，菊香竹韻喜新晴。初來豈得無言別，漢柏陰中句偶成[42]。」

　　嵩陽書院在歷史上曾是佛教、道教場所，但時間最長最有名氣的是作為儒教聖地。嵩陽書院初建於北魏太和八年（484），名為嵩陽寺，為佛教活動場所，僧待多達數百人。隋大業年間（605—618），更名為嵩陽觀，為道教活動場所。唐弘道元年（683）高宗李治遊嵩山時，闢為行宮，名曰「奉天宮」。五代周時（951-960），改為太乙書院。宋景祐二年（1035），名為嵩陽書院，此後一直是歷代名人講授經典的教育場所。

　　宋初，國內太平，文風四起，儒生經五代久亂之後，都喜歡在山林中

---

[42] 弘曆〈嵩陽書院〉，《寫河南重嵩陽書院的詩詞大全》https://www.kekeshici.com/shiciguilei/jingdian/4422.html

找個安靜的地方聚眾講學。登封是堯、舜、禹、周公等曾經居住過的地方。據記載，先後在嵩陽書院講學的有范仲淹、司馬光、程顥、程頤、楊時、朱熹、李綱、范純仁等二十四人，司馬光的巨著《資治通鑑》第 9 卷至 21 卷就是在嵩陽書院和崇福宮完成的。號稱「二程」的程頤、程顥在嵩陽書院講學 10 餘年。名儒景冬，曾就讀於嵩陽書院，中進士後，曾九任御史。從此嵩陽書院成為北宋影響最大的書院之一。嵩陽書院是宋代理學的發源地之一，宋代理學的「洛學」創世人程顥、程頤兄弟，司馬光、范仲淹曾在嵩陽書院講學，且司馬光巨著《資治通鑑》的一部分是在嵩陽書院撰寫。明末書院毀於兵火，歷經元、明、清各代重修增建，鼎盛時期，學田 1750 多畝，生徒達數百人，藏書達 2000 多冊如《朱子全書》、《性理精義》、《日講四書》九經等。清代末年，廢除科舉制度，設立學堂，經歷千餘年的書院教育走完了科舉歷程。但是書院作為中國古代教育史上一顆璀璨的明珠，永遠載入史冊。康熙辛卯年，全省在開封選拔舉人，錄取名額一縣不足一人，但登封就中了五個。清高宗弘曆於乾隆十五年（1750）十月一日遊嵩陽書院時曾賦詩以贊。

嵩陽書院經歷代多次增建修補，書院內建築佈局保持著清代前的風格，現存殿堂廊房五百餘間，由五進院落組成，院中有先賢祠、先師殿、三賢祠、麗澤堂、藏書樓、道統祠、博約齋、敬文齋、三益齋等建築。首為先師祠，供奉與書院有關的先師先賢，其後為講堂，講堂後為道統祠，最後是藏書樓。兩側配房原為「程朱祠」、書舍、學齋等。院內廊房牆壁上鑲嵌有歷代文人墨客題字，其內容書法各具特色。西偏院有清代嵩陽書院教學考場部分建築。

2009 年，鄭州大學攜手成立鄭州大學嵩陽書院，為傳承悠久深厚的歷史和國學文化做出新的貢獻。

五、嶽麓書院

嶽麓書院坐落於中國歷史文化名城長沙，建於北宋開寶九年（976），

是中國古代著名的四大書院之一。據《玉海·宮室》，宋太祖開寶九年（976），潭州守朱洞始創宇於嶽麓山抱黃洞下，以待四方學者；作講堂五間，齋、序五十二間[43]。歷經宋、元、明、清四朝變遷，嶽麓書院始終保持著文化教育功能的延續性。清光緒二十九年（1903），嶽麓書院與湖南省城大學堂合併改制為湖南高等學堂，後經多次更名和調整，1926年正式定名湖南大學。湖南大學因而享有「千年學府，百年名校」之譽。

嶽麓書院所在的嶽麓山，自古就是文化名山。古人把嶽麓山列為南嶽七十二之一，稱為靈麓峰。南北朝劉宋時在《南嶽記》載：「南嶽周圍八百里，回雁為首，嶽麓為足[44]。」故名嶽麓。

唐末五代，智璿等二僧在嶽麓山下建屋辦學，形成書院的雛形。北宋潭州太守朱洞因襲擴建，創立嶽麓書院。大中祥符八年（1015），宋真宗賜「嶽麓書院」額，嶽麓書院遂為全國四大書院之一，從此「書院之稱聞天下，鼓簡登堂者不絕」。嶽麓書院創立伊始，即以其辦學和傳播學術文化而聞名於世，學生至數百人。

嶽麓書院是湖湘文化發展和傳播的重陣，其建築主要分為講學、藏書、祭祀三部分。書院大門有著名對聯：「惟楚有材，於斯為盛。」上聯語出《左傳·襄公二十六年》：「雖楚有材，晉實用之[45]。」下聯語出《論語·泰伯》：「孔子曰：才難，不其然乎，唐虞之際，於斯為盛[46]。」意思是說，楚國人才眾多，而在這裡尤為興盛。余秋雨的《千年庭院》中這樣寫道：

　　一千多年來，嶽麓書院的教師中集中了大量海內最高水準的教

43　（元）王應麟撰，《玉海》卷一百六十七〈宮室·院〉，元後至元6年（1340）慶元路儒學刊至正11年（1351）修本。

44　〈關於描寫《湖南省·嶽麓山》古詩詞賞析大全〉，https://www.pinshiwen.com/gsdq/shanshui/20190715147109.html

45　《春秋左傳》〈襄公二十六年〉，百家諸子中國哲學書電子化計劃 https://ctext.org/chun-qiu-zuo-zhuan/zh?searchu

46　《論語》〈泰伯〉，百家諸子中國哲學書電子化計劃 https://ctext.org/analects/tai-bo/zh

育家，其中包括可稱世界一流的文化哲學大師朱熹、張栻、王陽明，而它培養出來的學生更可列出一份讓人嘆為觀止的名單，如：王夫之、魏源、曾國藩、左宗棠、郭嵩燾等[47]。

　　嶽麓書院創建初期，講堂後側就建有書樓，宋真宗賜書後，正式更名為「御書閣」。清康熙二十六年（1687），巡撫丁思孔請得十三經、二十一史等典籍，始建御書樓於現址，後不幸毀於戰火。現存御書樓是 1986年仿宋代風格重建而成，藏有大型工具書如《四庫全書》、《續解四庫全書》、《四部叢刊》、《四部備要》、《古今圖書集成》等。

　　嶽麓書院還以保存大量的碑匾文物聞名於世。如唐刻「麓山寺碑」，為唐開元十八年（730）著名的書法家李邕撰文並書寫，文詞華茂，字體秀勁，加之刻工傳神，人稱「北海三絕」；另有「三絕」之稱的江夏黃仙鶴勒石刻篆，碑高 4 米，寬 1.35 米，碑文共一千四百餘字，因其文、書、刻石都十分精美，為藝林所看重，傳拓碑文曾風靡一時，是最為著名的唐碑之一。

　　除此之外，還有明刻宋真宗手書「嶽麓書院」石碑坊、「程子四箴碑」、清代御匾「學達性天」、「道南正脈」、清刻朱熹「忠孝廉潔碑」、歐陽正煥「整齊嚴肅碑」、王文清「嶽麓書院學規碑」等。

　　宋真宗咸平元年（998），潭州守李允則益崇大其規模，中開講堂，揭以書樓，塑先師十哲之像，畫七十二賢；四年，李允奏陳，書院修廣舍宇，生徒六十餘人，請國子監賜《經釋文義疏》、《史記》、《玉篇》、《唐韻》，詔從之。大中祥符八年（1015），詔因舊名賜額，並賜宮中秘書，於是書院之名聞天下。嶽麓山宋時屬荊湖南路，今屬湖南省。嶽麓書院是宋代四大書院之首，也是中國大陸保存最完好的古代書院。

47　余秋雨著，《千年庭院》摘錄〈經典文學網〉http://www.ccview.net/htm/xiandai/wen/yuqiuyu 013.htm

六、白鹿洞書院

白鹿洞書院為北宋初四大書院之一。據《白鹿書院志》卷三〈沿革〉記載：

> 白鹿洞者，唐李渤讀書處也。貞元中，渤與其兄涉隱廬山，蓄一白鹿甚馴，行嘗隨之，人稱白鹿先生。寶曆中渤為江州刺史，就今書院地創臺榭，以張其事，白鹿洞遂盛聞於人。其後唐末兵亂，郡學校廢壞，高雅之士，往往讀書講藝其中[48]。

又《玉海‧宮室》亦云：「南唐昇元中，因洞建學館，置田以給諸生，學者大集，以李善道為洞主，掌教授，當時謂之白鹿洞國庠[49]。」白鹿洞書院的前身可以追溯到唐朝的青年學者李渤（772-831）。唐貞元年間（785-804），李渤隱居在此讀書，養一白鹿自娛，人稱白鹿先生。加之這裡四山環合，一水中通，深幽寂靜，俯視如洞，故名白鹿洞。長慶年間（821-824），李渤應韓愈之招出任江州（今九江）刺史，為紀念他青年時代在此讀過書，他在此廣植花木，建亭、台、樓、閣。之後，這裡成了四方文人墨客讀書賦詩、雅集聚會的場所。南唐升元年間（940），開國皇帝李知誥在此「建學置田」，號「廬山國學」，使之成為與金陵（今南京）國子監齊名的官辦高等學府，此為白鹿洞書院辦學之始，至今已有 1080 年的歷史。

白鹿洞書院為中國歷史上唯一由政府於京城之外設立的國學，其師資之雄厚不難想像。宋代理學家、教育家朱熹知南康軍（今廬山市）時，重建書院，親自講學，確定了書院的辦學規條和宗旨；朱熹還禮聘當時著名的哲學家陸九淵來到白鹿洞書院講學。宋寧宗嘉定十一年（1218）4~5 月

48　（清）毛德琦撰，《白鹿書院志》卷三〈沿革〉，清乾隆六十年（1795）刻本。

49　（元）王應麟撰，《玉海》卷一百六十七〈宮室‧院上〉，元後至元 6 年（1340）慶元路儒學刊至正 11 年（1351）修本。

間，黃幹、胡泳等 10 多人來廬山交遊，建流芳橋，邀請南宋大教育家李燔來此講學《乾》《坤》，後來當地郡守邀請李燔擔任白鹿洞書院堂長。李燔在書院講學幾十年，學者雲集如潮。明代中期文學家李夢陽任江西按司提學副使期間，不僅關心書院的建設和發展，親自為書院大門題寫「白鹿洞書院」匾額，而且還寫下了《始至白鹿洞》《白鹿洞別諸生》等詩詞傳世。

　　據《續資治通鑑長編》，宋太宗太平興國二年（977）三月庚寅，如江州周述奏陳，廬山白鹿洞學徒常數千百人，乞賜九經，使之肄習。詔國子監給印本，仍傳送之[50]。而《玉海·宮室》亦載，其宗咸平五年（1002），命有司重修，又塑孔子十哲之像。仁宗皇祐五年（1053），孫琛就故址為學館十間，牓曰白鹿洞之書堂，以供子弟居學。至南宋孝宗淳熙六年（1179），朱熹知南康軍，訪白鹿洞書院遺址，奏復其舊，並為立學規俾學子守之[51]。宋以後，元、明、清三朝數度修葺。

　　白鹿洞書院與湖南長沙的嶽麓書院、河南商丘的應天書院、河南登封的嵩陽書院，合稱為「中國四大書院」。後又與白鷺洲書院、鵝湖書院、豫章書院，並稱為「江西四大書院」。宋朝時，由於朱熹的苦心經營，加之歷代帝王的大力推崇，白鹿洞書院遂成書院教育的典範。據武漢大學出版社出版的《江西進士》記載，由於白鹿洞書院等書院教育興盛，宋代江西有登科進士 5534 人，佔全國進士總人數的 28.73%，高居全國第一[52]。另據統計，自南唐到晚清，白鹿洞書院培養出狀元 3 人，進士約 200 人，舉人、秀才不計其數。先後培養出了如南唐狀元詩人伍喬，宋末宰相、民族英雄江萬里，宋末名將、軍事戰略家余玠，明末著名科學家宋應星，清代嘉慶朝狀元、軍機大臣戴衢亨等眾多英才名士。

　　清毛德琦的《白鹿洞書院志》也有詩句：「紫陽學接千年統，白鹿名

---

[50] （宋）李燾撰，《續資治通鑑長編》〈卷十八〉，《欽定四庫全書》本，百家諸子中國哲學書電子化計劃 https://ctext.org/wiki.pl?if=gb&res=520633&searchu

[51] （元）王應麟撰，《玉海》卷一百六十七〈宮室·院上白鹿洞書院〉，元後至元 6 年（1340）慶元路儒學刊至正 11 年（1351）修本。

[52] 江西省地方誌編纂委員會辦公室編著，《江西進士》武漢大學出版社，2018 年 03 月。

高萬仞山」。可見，白鹿洞書院在學人心中的地位之高。白鹿洞書院現存
有宋元以來的摩崖石刻 50 餘處，有明清以來的碑刻 150 餘塊，先賢編纂
的《白鹿洞書院志》8 種版本，保留有名人匾額、楹聯 50 多副，留下詩詞
歌賦等 1000 多首，記有姓名可考的洞主 182 位，有文物藏品 130 多件（其
中國家一級文物 7 件），近代名人字畫 400 多件，各類藏書 3000 多冊，
這些都是白鹿洞書院歷史發展的見証和第一手檔案。

　　《白鹿洞書院揭示》又名《白鹿洞書院學規》，係宋朱熹為廬山白鹿
洞書院所立之學規。據《宋史·道學傳·朱熹傳》，宋孝宗淳熙五年（1178），
朱熹除知南康軍；理政之餘，訪白鹿洞書院遺址，奏復其舊，並為立學規
俾學子守之，此即《白鹿洞書院揭示》[53]。據《晦庵集·雜著》所載，其
內容為：

> 　　父子有親，君臣有義，夫婦有別，長幼有序，朋友有信。右五
> 教之目，堯舜使契為司徒，敬敷五教，即此是也。學者學此而已。
> 而其所以學之之序，亦有五焉，其別為：博學之，審問之，慎思之，
> 明辨之，篤行之。右為學之序，學、問、思、辨四者，所以窮理也。
> 若夫篤行之事，則自修身以至於處事接物，亦各有其要，其別為：
> 言忠信，行篤敬，懲忿窒慾，遷善改過，右修身之要。正其誼不謀
> 其利，明其道不計其功，右處事之要。己所不欲，勿施於人，行有
> 不得，反求諸己，右接物之要[54]。

　　朱子訂此學規，旨在使士子明古代聖賢教人為學之意，主要在使其明
義理以修其身，然後推己及人，而非時下為應科舉，徒欲其務記覽為詞章，
以釣聲名取利祿而已。此後，明、清書院學規，多以此為藍本。

---

[53]　（元）脫脫撰，《宋史》〈列傳第一百八十八·道學三·朱熹傳〉百家諸子中國哲學書電子
化計劃 https://ctext.org/wiki.pl?if=gb&chapter=814201&searchu

[54]　（宋）朱熹撰，《晦庵集》卷十四，《欽定四庫全書》本。百家諸子中國哲學書電子化計劃
https://ctext.org/wiki.pl?if=gb&chapter=890153

　　千百年來，白鹿洞書院歷任負責人篳路藍縷，接續奮鬥，使該院雖歷經滄桑與坎坷，但屢毀（據志書記載，書院先後兩次被毀於兵火）屢建屢修，為傳播文化、發展教育、繁榮學術、培訓人才做出了卓越貢獻。其影響之大在不同時期都有反映：在南唐時，中主李璟親自到此視察；宋朝時，多位皇帝對其關心支持，朱熹苦心經營；元朝時，南康路總管陳炎酉等倡修學院；明、清時期，書院走向輝煌，學院佔地達 3000 畝。清代文學家、曾任江西按察使的王昶稱它是「天下書院之首」。2019 年 12 月，「國學傳承，千年白鹿」系列國學活動在白鹿洞書院開幕，此次活動匯集了國內知名高校的著名專家和學者，在全國產生了重大的影響。

七、應天府書院

　　應天府書院又稱應天書院、睢陽書院，是中國古代著名的四大書院之一。應天府書院前身為「南都學舍」，是五代後晉時的商丘人楊愨所創辦。北宋大中祥符二年（1009），宋真宗正式賜額為「應天書院」。大中祥符七年（1014），應天府（今河南商丘）升格為南京，成為宋朝的陪都。宋仁宗景祐元年（1034），應天書院改升為府學，稱為「應天府書院」。慶曆三年（1043），應天府書院改升為「南京國子監」，成為北宋最高學府[55]。北宋書院多設於山林勝地，唯應天府書院設立於繁華鬧市之中，人才輩出。隨著晏殊、范仲淹等人的加入，應天府書院逐漸發展為北宋最具影響力的書院，成為中國古代書院中唯一一個升級為國子監的書院。

　　靖康二年（1127），北宋靖康之變，金人南下。趙構建南宋於應天府，不久遷往臨安（今杭州），宋欽宗時書院遂毀於兵火，久廢近 250 年。其後，應天書院屢建屢廢，名稱也不斷更改。元初雖建有歸德府學堂和文廟，規模大減。明嘉靖十年（1531），明朝巡按御史蔡靉將位於商丘城西北隅

---

[55]　（元）王應麟撰，《玉海》卷一百六十七〈宮室・院上應天府書院〉，元後至元 6 年（1340）慶元路儒學刊至正 11 年（1351）修本。

建的社學改建，沿用舊名稱「應天書院」。萬曆七年（1579），宰相張居正下令拆毀天下所有書院，應天書院沒能逃過此劫。

清乾隆十三年（1748），知府陳錫格重修應天書院。光緒二十七年（1901）舉國廢科舉，興學校，詔令各省的書院改為大學堂，各府、廳、直隸州的書院改為中學堂，各州縣的書院改為小學堂。1905 年 8 月，范文正公講院改為「歸德府中學堂」（簡稱歸德中學）。這也就是今天商丘師範學院的前身。從此應天書院由傳統的書院向現代化教育有了一個華麗的轉身。

據《宋史》記載：「自五代以來，天下學校廢，興學自殊（晏殊）始[56]。」宋仁宗景祐二年（1035），應天府書院改為府學，晏殊又聘請因服喪而退居睢陽的范仲淹執教。范仲淹的治學精神和憂國憂民的言行譽滿全國，四方學子紛紛慕名就學，書院在全國聲望空前，一時「人樂名教，復鄒魯之盛[57]」，儼然為中州一大學府。范仲淹擇生只有品德和學業上的基本要求，沒有年齡、身分和地域的限制，生徒來源廣泛，院生可以隨意流動，不受地域、學派限制，均可以前來聽學。

范仲淹說：「天下危困，乏人如此，將何以救？在於教以經濟之業，取以經濟之才[58]。」在「經濟之才」的總要求下，還要培養專業人才。他亦把「德」說成是人性所固有的，他主張選拔人才要德才兼備，且首先注意德。他提出的「為學之序」中，學、問、思、辨四者也是最後落實到「行」上。

學院的基本課程是儒家經典《詩》、《書》、《禮》、《易》、《樂》和《春秋》，強調「夫善國者，莫先育才，育才之方，莫先勸學，勸學之要，莫尚宗經。」學生會按照不同專長而入讀各項分科。課程主張學以致

[56] （元）脫脫撰，《宋史》卷三百十一〈列傳第七十晏殊〉，百家諸子中國哲學書電子化計劃 https://ctext.org/library.pl?if=gb&file=67932&page=5

[57] （宋）范仲淹撰，《范文正公文集》卷八〈南京府學生朱從道名述〉，百家諸子中國哲學書電子化計劃 https://ctext.org/library.pl?if=gb&file=38072&page=65

[58] （宋）范仲淹撰，《范文正公文集政府奏議上》〈答手詔條陳十事〉，百家諸子中國哲學書電子化計劃 https://ctext.org/library.pl?if=gb&file=78172&page=104

用，提倡實地考察，即所謂「明體達用」。學院延請的學者來自不同學派，晏殊、孫復、胡瑗均曾在應天府書院講會，其各自不同的政治主張時而引起辯論，學術氣氛濃厚。

應天府書院對於人才培養和教育普及起到了舉足輕重的作用，也表明應天府書院的精深文化，所以在中國教育史上的地位，不容輕視。

八、石鼓書院

石鼓書院為北宋初四大書院之一。石鼓書院坐落於衡陽石鼓山，湘江、蒸水在此交匯。唐元和（806-820）初，李寬於石鼓山築廬讀書，始稱「讀書堂」，後改稱書院。據《文獻通考・學校考》載：宋太宗、宋仁宗先後賜額於石鼓書院[59]。另《玉海・宮室》亦載：衡州石鼓山有書院，起唐元和中，州人李寬所建；國初賜額。孝宗淳熙十三年（1186），部使者潘時因舊址列屋數間，牓以故額；宋若水益廣之，朱熹為記[60]。宋淳熙十四年（1187），朱熹作《石鼓書院記》，倡導以義理之學授徒、書院教學要重踐履、窮理而篤行等理念，成為研究宋代書院的重要文獻。明代書院步入鼎盛時期，直至清末改制。

自創建以來，書院培養了眾多的匡時濟世之才，其中不乏國家棟梁、社會賢達。石鼓書院有七賢，分別是李寬、韓愈、李士真、周敦頤、朱熹、張栻、黃榦。此外，與曾國藩、左宗棠、胡林翼並稱「同治中興」四大名臣，創建了湘軍水師的彭玉麟也於此院畢業。

石鼓書院的歷史貫穿了中國古代書院發端、發展、鼎盛直至順應時勢改制的整個過程。石鼓書院是中國書院的縮影，其從古至今始終是人文思想交匯之所，是湖湘文化的典型代表。閱讀其千年歷史，可以追尋中國書

---

[59]　（元）馬端臨撰，《文獻通考》卷四十六〈學校考〉，明正德己卯（十四年，1519）建陽劉氏慎獨齋刊本。

[60]　（元）王應麟撰，《玉海》卷一百六十七〈宮室・院上石鼓書院〉，元後至元 6 年（1340）慶元路儒學刊至正 11 年（1351）修本。

院的千年發展軌跡及其內在規律。

九、東林書院

　　東林書院，又名龜山書院，創立於宋朝，復建於晚明，明代東林書院師徒們喜愛議論時政，稱東林黨，對政治影響重大。東林書院為明末以議論朝政與批評世風著名的書院。萬曆二十二年（1594），顧憲成被革職回籍，與其弟顧允成講學於涇上，門生多不能容，逐與高攀龍、安希范、劉元珍、錢一本等捐資，於萬曆三十二年另行建立書院，以正德年間邵寶於城南設立之「東林書院」為名，就南宋楊時講學之故址興建，其址在今江蘇無錫東門蘇家弄內[61]。

　　東林書院是當時國內最鼎盛的四大書院之一，不但是學術機構，也是公開講壇，每年秋季有年度集會。顧憲成是主要講者，愛臧否人物，對朝廷上的年輕官員影響巨大，支持者眾多，師生形成人際網絡，支援政治運動，後來被政敵批評為東林黨人。東林黨人居於道德高地，與政敵爭奪權位，互相指摘，在 1620 年代，是反抗當權太監魏忠賢的象徵[62]。

　　東林講學有「東林講會」，立「東林會約」，每年一大會，每月一小會，每會三天，以朱子《白鹿洞書院教規》為院規，又增「飭四要、破二惑、崇九益、屏九損」之規條；並奉孔、顏、曾、思、孟之思想為宗旨。

　　「風聲雨聲讀書聲，聲聲入耳；家事國事天下事，事事關心」之經典名句，出自顧憲成的《題東林書院》對聯。它說出了讀書人應有的求學態度。顧氏提倡「眾議」、「眾為」、「眾治」的觀念，崇尚剛正氣節，開書院諷議朝廷，裁量人物之風；一時朝野爭慕與遊，咸以東林之馬首是瞻。由於東林書院成為江南講學及政議中心，遂遭當權之奸宦忌恨，斥之為「東

---

[61]　方志華〈東林書院〉，摘錄《教育大辭書》，https://terms.naer.edu.tw/detail/1306513/

[62]　（清）張廷玉撰，《明史》卷二百四十〈列傳第一百二十八〉清乾隆四年（1739）武英殿刻本。

林黨」。天啟五年（1625），宦官魏忠賢大興黨獄；次年，詔毀天下書院，東林書院被夷為瓦礫；至崇禎元年（1628），冤案才得昭雪，建築稍復，然元氣已大傷。清初講會猶存，已不復東林清高之風。

清代東林書院已大不如前，但仍為著名書院。順治、康熙、乾隆年間又都曾對書院進行過全面整修。清光緒二十八年（1902），東林學院改為中專師範「東林學堂」，旋即降為東林小學。

十、漳南書院

漳南書院前身為康熙十九年（1680）直隸巡撫于成龍所設立之義學，院址在直隸肥鄉；後由鄉紳集資擴建為漳南書院，於康熙三十五年五月延請顏元掌院。

顏元乃直隸博野縣人，一生多在家鄉，其學獨重一個「用」字，即反對專重讀書著作，又反對一心靜坐見性；中國傳統聖學，他認為落實下來只有禮、樂、兵、農四大要目，惟身體習行，嫻習此四藝，足已「體用兼全」，顏元一生未曾服官任事，故六十二歲時應漳南書院之聘，正可於此實驗其教育理想。由於他尖銳地抨擊科舉取士與理學教育之空疏，特別首揭「寧粗而實，勿妄而虛」為辦學宗旨，制定〈習齋教條〉，強調實學、實事、實行、實習[63]。

顏元規劃漳南書院，擬設文事、武備、經史、藝能、理學、帖括六齋，進行分齋教學。六齋課程分別為：

文事齋：課禮、樂、書、數、天文、地理；

武備齋：課黃帝、太公與孫吳五子兵法，並攻守、營陣、陸水諸戰法及射御技擊；

經史齋：課十三經、歷代史、誥制、章奏、詩文；

63　趙爾巽等撰，《清史稿》〈儒林傳一〉，百家諸子中國哲學書電子化計劃 https://ctext.org/library.pl?if=gb&file=17654&page=40

藝能齋：課水學、火學、工學、象數；

理學齋：課靜坐、編著程朱陸王之學；

帖括齋：課八股舉業[64]。

理學、帖括二齋之設實反顏元學說立場，之所以設置，顏元《漳南書院記》謂：「見為吾道之敵對，非周、孔本學，暫收之以示吾道之廣，且以應時制，俟積習正，取士之法復古，然後空二齋[65]。」總之，顏元著重實學，文事、武備、經史、藝能四齋之設，正欲由此培養實用人才，以達知禮明倫、富國強兵的政治目的。

至於教學方面，由於顏元強調習行，強調「理在事中」，反靜主動，認為凡事必須親身證驗，實地習作，才能真知，專重讀書其實是一無所能，甚至等於「吞砒」，所以他指出，一部四書若俱在紙墨上看，則四書死矣！由於如此主張，故漳南書院開學後，其教學便不純在書本上下功夫，而尚重歌詩、論兵農，辨商今古，亦有舉石、擊拳、超距等體能活動。

顏元對於漳南書院教學的規劃與其思想立場是前後一致的，若能有充足時間，或可為清初書院立一典型；惜同年九月漳水氾濫，院舍傾倒，師生星散，顏元告歸，自此不出，以至康熙四十三年（1704）卒。然其所倡習行主動之教育精神，即事窮理、從行求知之教育方法，在教育史上實佔有一特殊之地位。

漳南書院在歷史上存在的時間雖然短暫，但它對後世的影響卻很大。開創了中國古代以實學教育為主要內容的新篇章，對於研究明清之際處在封建社會末期中國的政治、經濟的變化在教育領域的反映有重大意義。中國自古以來就有尊師重教的傳統，歷代政權幾乎都重視教育，地方亦然，義學的產生及發展是社會需要的產物，書院與義學一屬高等教育一屬基礎教育，它們共同為私學的發展貢獻了自己的力量。

---

[64] 黃春木〈漳南書院〉《教育大辭書》，https://terms.naer.edu.tw/detail/1313147/?index=58

[65] 《習齋記餘》卷二〈漳南書院記〉，百家諸子中國哲學書電子化計劃 https://ctext.org/library.pl?if=gb&file=83508&page=48

十一、鰲峰書院

　　鰲峰書院，為清代福建最早、最大而又最著名的書院，列清代福建省城四大書院之首。鰲峰書院由清代理學名臣、福建巡撫張伯行於康熙四十六年（1707）創建[66]，全盛於清嘉慶年（1796-1820）。在很長的一段時間裡，它是閩省最重要的省立書院並保持著文教中心的地位，可謂是全國第一流的大書院。

　　鰲峰書院原系明朝四川巡撫邵捷春故宅，後又購民房及尼庵拓而廣之。其初招延儒士，日給廩餼，以講明正學為務。康熙五十年（1711），福建巡撫陳瑸集郡邑生徒肄業其中，聘耆宿主講。乾隆十五年（1750），福建巡撫潘思榘修葺講堂；乾隆十七年（1752），福建巡撫陳宏謀繕修學舍，改六子祠為二十三子祠，又建奎光閣於鑒亭前。嘉慶九年（1804），閩浙總督王德、福建巡撫李殿圖闢地重修，建致用齋、監院、崇正講堂、敦複齋、五子祠、篤行齋、張公祠、三賢五先生祠、崇德齋。道光二年（1822），福建巡撫葉世倬於東座建考棚數座。

　　鰲峰書院前期本是福建理學復興的基地。然而，乾隆以後，受理學衰落以及乾嘉漢學興盛之風氣影響，學風逐漸發生轉變。尤其道光年間，山長陳壽祺受其師長阮元創辦的浙江詁經精舍和廣東學海堂培養經史實學之風的啟發，有心以鰲峰書院為基地，在福建培植樸學經世的學風。其不拘一格的施教作風，使得經世之學、經史考證之學以及詩賦古文之學等風氣在鰲峰書院蔚然勃興，鰲峰書院已然成為當時閩省學風轉變的重心。

　　從鰲峰書院創建的歷史背景不難看出，其創建承載了沉重的歷史使命，正因如此，它受到了朝廷的格外青睞，政治地位也較為特殊。康熙五十年（1711）御賜「三山養秀」匾額，還賜予大批皇家收藏的珍貴書籍；康熙五十五年（1716）御賜經書八部、《孝經法帖》一本、《淵鑒齋法帖》十本、《淳化閣帖》十本。雍正十一年（1733）、乾隆三年（1738）各御

---

[66] 趙爾巽等撰，《清史稿》〈列傳五十二・張伯行〉，百家諸子中國哲學書電子化計劃 https://ctext.org/library.pl?if=gb&file=16770&page=42

賜帑金一千兩。乾隆匾額，乾隆十一年（1746）御賜《律書鑒源》一部。

更值一提的是，鰲峰書院培養了一大批在福建甚至在中國歷史上的著名人物，如林則徐、梁章鉅、陳化成、蔡世遠、藍鼎元、張際亮等。此外，清代福建省三個狀元之一的林鴻年也是鰲峰書院的學生。

鰲峰書院的一位山長曾赴臺講學，為此，臺灣的書院深受其影響。臺灣海東書院的學規直接從鰲峰書院模仿而來。

曾經輝煌一時的鰲峰書院歷經 198 年，至光緒三十一年（1905）清廷廢科舉時被撤銷，後改為校士館。辛亥革命福州光復戰役中，部分毀於炮火。民國時期，美以美教會購其空地，重建協和幼兒師範。

十二、龍門書院

龍門書院，中國古代書院名，寓「魚躍龍門」之意。龍門書院由道台丁日昌於清同治四年（1865）在上海倡辦，最初借用其它學堂進行教學，同治六年（1867）道台應寶時撥銀 1 萬兩，在吾園（現在的尚文路龍門村）建設成講堂、樓廊及學舍 41 間。光緒二年年（1876）道台馮光撥款增建校舍 10 間。

書院第一期錄取 20 名學生，後每年錄取住讀生 30 名。書院聘請著名學者任教，如劉熙載就曾擔任書院山長，鐵花、張經甫都曾就讀於該書院。光緒三十一年（1905）清朝廢除科舉制度後，書院改為蘇松太道立龍門師範學校，增建了樓房 31 幢。民國元年（1912）改名為江蘇省立第二師範學校，1927 年與江蘇省立商業學校合併成為江蘇省立上海中學。民國 22 年（1933）上海中學在吳家巷的新校舍落成，占地約 500 畝，上海中學隨即遷址至今。

龍門書院（上海）清同治四年（1865）蘇松太兵備道丁日昌創建。時借蕊珠書院湛華堂為學舍，延顧廣譽主講，按月分課策論，經解，考取入際者月給膏火，六年繼任者應寶時就吾國廢址建院，規模始備。各屬願就讀之舉貢生由道監甄別複試，擇優送院肄業，定額 30 餘人，挨次序補。

宗旨以躬行為本，以專經為業，以先儒語序為入門之要。課程以經史性理為主，旁通時務，輔以文辭，兼及舉業。初院規甚嚴，以砥行得士稱盛，每午師生會堂上請益，住宇者間 10 日始許一出。生徒每人置行事、讀書日記各 1 冊、逐日填記，定期呈交批閱。每月院課 1 次，歲終據此甄別決定進退，不住院者亦與，但給獎賞不給膏火。劉熙載主院事 14 年之久，死後一顯官告休寓此，自此出入無禁日，院規亦馳廢。先後任院長者還有孫鏘鳴、吳大、湯壽潛等。光緒三十年（1904）改為蘇松太道立龍門師範學堂。

上海中學的歷史可追述到清同治四年（1865），當時為龍門書院，由巡道丁日昌創辦。校舍初在今凝和路原也是園內的湛華堂。2 年後（1867），巡道應寶時在今尚文路河南南路、原吾園舊址興建新校舍，計有講堂、樓廊、舍宇共 40 餘間。書院周圍有溪流環繞，植以桃柳，環境清幽。計耗銀 9600 餘兩，據傳由潮州一位中醫師所捐建。書院禮聘名宿主講，購置經史詩書供生員閱讀。院規以朱子白鹿洞規為準，對肄業者發膏火費，以解後顧之憂。光緒二年（1876），巡道馮光，增築學舍 10 間。三十一年（1905）改名蘇松太道立龍門師範學校，添建樓房 31 幢，並將原二十二鋪國小堂，改為附屬國小堂，供師範生作實習用。1912 年，改名為江蘇省立第二師範學校。1927 年，與在今陸家浜路迎勛路口的江蘇省立商業學校合併成立江蘇省立上海中學。1933 年，上海中學在吳家巷占地約 500 畝的新校舍落成，上海中學即遷往新址至今。龍門書院舊址，於 1935 年建成了民居，名龍門村。現該村為近現代優秀建築，予以保護。

十三、箴言書院

箴言書院，是清代胡林翼創建的。胡林翼（1812-1861），湖南益陽縣泉交河鄉人，字貺生，號潤芝。清道光十六年（1836）中進士。官至太子太保、兵部侍郎、湘軍將領、湖北巡撫。《清史稿·胡林翼列傳》載：「林翼一生從政、治軍、辦學三不誤，功勳卓著，詔贈總督，入祀賢良祠，諡

胡文忠公[67]。」

　　早年，胡林翼在長沙城南書院就讀時，就跟窗友曾國藩、左宗棠說：「吾在有生之年，立志要辦一座出類拔萃的書院，為國儲才[68]。」歷年來，創辦箴言書院，一直在胡林翼心中琢磨、規劃、籌備，傾注了他一生的巨大心血，其誠難能可貴。

　　胡林翼不僅重視書院環境的選擇，更關注書院建築規劃佈局和景觀的建設。早年，他親自赴長沙嶽麓、衡陽石鼓、廬山白鹿洞、登封崇陽書院考察，綜合這著名的四大書院的建築風格、適用性和特色，以及歷代書院所形成的講學、藏書、祭祀三大功能基本規制，他擇其優而進行開拓。對箴言書院房舍的建築設計、景觀的配套設施佈局方案，以及對箴言書院的教學章程、教學內容、管理規章制定等，於咸豐三年（1853），胡林翼親自擬定好了。他徵求了好友曾國藩、左宗棠、李鴻章、郭嵩燾等多方人士的意見，集思廣義，反復修改而定[69]。

　　曾國藩在《箴言書院記》中說：「胡達源的《弟子箴言》，雖以勸誡家族子弟為學、育才為目的，但擴而至邑人子弟，取書院名箴言是合宜的，是胡林翼繼承先人遺志的標誌。」左宗棠在《箴言書院記》中也說：「俾學於茲者，辯志篤行，儲為良材，各至其用。」

　　箴言書院的教學內容，基本上是按照胡林翼生前親自擬定的教學內容和管理方式。他明確了書院教學和學生學習的重點內容，是以孔程朱儒學為主體，包括三個方面：一是《朱子》《小學》《近思錄》諸書；二是三禮，即是《周禮》《儀禮》《禮記》；三是《弟子箴言》，即是胡林翼父親胡達源著作。

67　趙爾巽等撰，《清史稿》〈列傳五十二〉，百家諸子中國哲學書電子化計劃 https://ctext.org/library.pl?if=gb&file=17231&page=62

68　（清）左宗棠撰，《左文襄公全集》〈書牘〉卷八，清光緒十六年（1890）至十八年（1892）刊本。

69　益陽市委員會文史資料委員會著，《益陽縣文史資料第二輯》1985 年 12 月。

圖 28　長沙府益陽縣《箴言書院志》（同治）書影

　　胡林翼生前親自制定《箴言書院學規》和《箴言書院志》，現存湖南省圖書館。《箴言書院志》一書，項目凡八：經史、規制、歲用、選士、育才、祭祀、典籍、田畝。胡林翼在制定的規章中強調，書院的山長和齋長，一定要把入院生當作自己的親生子弟一樣關心愛護，一定要按教學章程規定的內容施教，嚴要求，不能有半點鬆散和疏忽，責任重如山。要把邑人子弟培養成德才智體全面發展的優秀「尖子」，弘揚箴言書院的聲譽、學風和院風。在學風培養中，他主張「崇實而黜華淺」，「使人知務實學」。胡林翼在學規中一再強調蓋先宮詹之志，推行孔孟程朱五子之儒學」。所謂「程」，是指程頤、程顥二兄弟，二程是朱熹的老師，形成程朱學派，即是「程朱儒學」。胡達源和胡林翼父子，是通過學「程朱儒學」而取士的。

　　胡林翼常年致力於教育，他晚年主講於長沙城南書院，又在家鄉益陽創辦箴言書院。咸豐、同治年間，他從自己的俸祿中購置圖書 1337 種 36261 卷，其中經書 444 種 7048 卷，史書 232 種 16320 卷，碑帖 195 種 117 卷。他把全部藏書都運到了箴言書院，供師生閱讀。其中有宋元本古籍數種，乾隆刊本《陝甘通志》一套 33 冊。

　　箴言書院於清同治四年（1865）正式招生，至 1904 年，清政府頒佈了《欽定學堂章程》，將箴言書院改為校士館。1912 年，將校士館改為箴言學校。後又改為益陽縣立第二高等小學，至 1921 年停辦。抗戰時期，

長沙私立育才中學遷至益陽，借書院地址校舍繼續辦學。1954 年，益陽縣人民政府在箴言書院舊址，創辦益陽縣第一中學。1994 年，更名為益陽市第十一中學，2001 年，改名為益陽市箴言中學，授於省級重點中學。

十四、廣雅書院

廣雅書院為張之洞於清光緒十三年（1887）在廣州城西源頭鄉購地所建，其目的乃欲培養兩廣人才，並改革士習。光緒十四年，院舍落成，廣東、廣西兩省各選送學生百名入院肄業，分居東、西齋。

廣雅書院設院長一人，綜理院務；初任院長梁鼎芬，繼任院長朱一新、廖廷相、鄧蓉鏡等，均是理想人物。院長之下，設分校四人（相當於院長的助教），分掌經學、史學、理學、文學四門功課之講授。第一任四位分校為番禺縣生員黃濤、番禺縣舉人林國賡、順德縣生員馬貞榆、香山縣舉人黃紹昌。分校之外，又有監院兩員，分管東、西齋，執行訓導及稽查的任務。第一任監院為徐壽及陳慶修。監院之下，設有齋長，奉行院長教法，轉相指授。

廣雅書院的課程，創辦時為經學、史學、理學與經濟四門。各科重點為：經學以能通大義為主，不取瑣細；史學以貫通古今為主，不取矯偽；經濟之學以知今切用為主，不取泛濫；詞章之學以翔實爾雅為主，不取浮靡。規定士習以廉謹厚重為主，不取囂張。其後因經濟科所授內容未見充實而在光緒十五至十六年間（1889-1890）改授文學科。除此四科外，並兼及時務，已漸有學堂之雛形。考課分為官課與師課（亦稱館課，即分校之齋課）兩種，官課由督撫主持，於每月初旬舉行；師課由掌教（即分校）主持，於每月中旬舉行。廣雅書院初辦時肄業無一定期限，只規定鄉試中式者出院，待至廖廷相出任院長時，本「學記」大成之數，以九年為期。

廣雅書院的學規為張之洞於光緒十五年十月親定，初設二十七條，其後則續增十條。前二十七條分別規定為：定居、尊師、分校、監察、分齋、恤遠、給假、敦行、專業、日記、習禮、考核、聽講、課期、課題、給書、

掌書、人役、門禁、限制、院規、守法、正習、附課、外課、杜弊、學成等事項；後十條則就前二十七條再稍作補充。

廣雅書院作為一座新式書院，傳道的方式自然不似傳統書院，其在課程設置、教學內容、書院管理等多項獨創制度均開創當時之先河，引領教育改革，使書院、學校成為更好的育人化人場所。張之洞將課程分為經、史、理、經濟四門，分科教學使廣雅書院已具備了現代學校的雛形。此外，各專業的教學內容引入了聲、光、化等近代自然科學。

張之洞在創建廣雅書院時，便十分重視藏書這一功能，建了冠冕樓藏書館。1889 年，張之洞又創建廣雅書局，召集一批學者整理古籍，刻印製高品質的書籍補給冠冕樓藏書；還派出名儒到全國各地網羅書籍。冠冕樓大部分藏書由廣雅書局印製。而廣雅書院的首任山長梁鼎芬一生酷愛藏書，並捐贈書籍以豐富冠冕樓的藏書。

而後冠冕樓的藏書越來越豐富。據記載，當時共有藏書 2076 部、50325 冊，居廣東省藏書之冠，其規模之大與數量之多，在清末書院發展中較為罕見。

廣雅書局是當時廣東刻書最多的書局。經由廣雅書局刊印的書籍達千餘種，有各種經籍圖書、學規章程、歷史文獻、地方誌、基礎教材、書院學術著作、學生作品、書院歷史資料等。所刊印的圖書或流通於市，供世人購讀，或列入廣雅書院冠冕樓作藏書。

冠冕樓還開創書院圖書管理的先河。書籍交由兩名掌書生（圖書管理員）專門管理，設立借書、還書的登記制度。這一制度注重藏書的使用，極大地提高了圖書的流通率，打破了書院「為藏而藏」的傳統模式，便於師生借閱查詢及學習研究。

1898 年，廣雅書院增設了西學堂，冠冕樓藏書館所收藏的書籍也隨之變化，除了原先的中國經史學類外，還開始注意收藏西學圖書。包括收藏了當年督府沒收康有為在廣州萬木草堂的藏書三百餘箱共五千多冊，其中便有一部分為西學及時務書籍。

為方便廣雅書院師生查閱、借讀藏書，1901 年，書院對冠冕樓的藏書

進行大規模清點整理，並編成《廣雅書院藏書目錄》。據記載，當時共有藏書 2076 部、50325 冊，居廣東省藏書之冠，其規模之大與數量之多，在清末書院發展中較為罕見。

光緒二十四年（1898）戊戌變法，廷議興學校，遂於院中增置西學堂，東西各增建五齋，是為西學十齋。光緒二十八年，粵督陶模承朝旨立大學，以該院院址最為適宜，乃以其地開辦大學堂。至光緒二十九年，朝議變更學制，粵督岑春煊奏改兩廣大學堂為兩廣高等學堂。宣統三年（1911），附設中學兩班。民國元年（1912）改為廣東省立第一中學，二十四年改稱廣雅中學，二十七年改稱南路臨時中學，三十年再度改為廣雅中學，至五十六年（1967），中國大陸又將其易名為五十四中學。

十五、格致書院

上海格致書院之興設，倡議於同治十三年（1874），而於光緒二年（1876）在上海英租界開辦。主要創辦人包括徐壽（雪村）、唐廷樞（景星）、英人傅蘭雅（John Fryor），及英國駐上海領事等人；另聘在倫敦英人司蒂芬森（M. Stephenson）、亞歷山大（J. Alexander）等八人為董事，聘王韜為山長。此書院創辦乃由中西宮紳私人發起，並向中外廣募經費、器物而成。

書院設立的宗旨，「原意欲中國士商深悉西國之事，彼此更敦和好」。其所謂西國之事涵括極廣，大抵有工藝、製造諸理法及其成品實物等。書院規模包括格致房（講堂）、書房（藏書樓）及博物房（館）三部分；其中以博物館最具特色，為中國之首創。此館之設始於書院在英董事之議，以便收藏英國方面所購置、贈送或借用的物件；至於設館目的在：「但講習格致之學，非徒言傳，必須目見，尤必身親嘗試，口講指畫，而後能析其疑義，盡其妙用」。館中所藏器物共分十大類，包括生物、手工藝、建築、交通、工業製造、礦冶、土木工程、機械、兵工、輿圖。

藏書樓方面，全部藏書共分經、史、子、集、叢書、東西學書目等六

部分。樓下備有各種報刊,樓上則為藏書所在,書籍不能借出,欲登樓閱覽者須先將姓名、地址及名目登冊,憑單由樓上管理人員檢交欲觀之書,不可私自拿取。藏書樓開放時間,「每日午後二句鐘(二時)起至五句鐘(五時),晚刻七句鐘(七時)起至九句半鐘(九時半)止,禮拜日停閱」。

光緒五年(1879),書院才開始招生以究心實學。學生分為兩類,一學西文,一學格致實學;須繳學費,另須預付保證金,三年學成,原款項領回,若中途求去則銀罰充公,藉此以堅定向學之志。從《格致匯編》所載可知,格致房的活動包括講演與教學兩類,講授者以西人為主,有些是書院董事,部分則外聘教習。講演開放眾人觀聽,不取分文。教學則分班授課,分科講習,每一科滿課則嚴為考試,合格者發給憑證。不過這些章程規定一直到光緒十六年方才確定,但囿於師資不佳的因素,使得教學活動始終未能有效實行。

格致書院開辦之後,由於地方風氣未開,以及師資、經費不足等緣故,振興實學成效不彰,因此乃又創考課之法,爰請地方官員按季命題,課以格致等學,應考者漸增。後又請南北洋大臣每歲行春秋特課,應考者遂多至百餘人,其優等者給予獎勵,以此期能廣開風氣。光緒二十一年(1895),書院英董事傅蘭雅又創會講之法,於每禮拜六晚由其親自教習,餘時各生自行在家研究;課程內容包括礦務、電學、測繪、工程、汽機、製造六學。另各學又設有專課,如礦務學有開煤、開金屬礦、礦務機器三門專課。各學首課均以算學起始;學者可習一學全課或一門專課,精熟者發給憑證。傅蘭雅此意在倡引鼓勵自修實學,書院僅講解疑難,演試實物,以助學者明通熟練而已。此會講開辦後,從學者有三、四十人。

書院之主要靈魂人物,徐壽早於光緒十年(1884)逝世,王韜亦於二十三年(1897)逝世,而傅蘭雅則先一年已赴美應聘,由是書院遂迅即衰頹下來,光緒二十六年以後已形同虛設,宣統二年(1910)決計停辦。據《上海縣續志》卷九載,格致書院後經改組,「以基地、屋舍、器物歸西董處分,籌改公學;以基金一萬六十餘圓歸華董處分,由徐華封收存,為續辦格致教育之用」。公學部分定名格致公學,民國六年(1917)開辦。

　　首開專習新（西）學的上海格致書院在近代中國教育史上的意義，除了其規制設施及講學之法特殊外，最主要的乃在西方科技知識的引介和推廣；而其《格致匯編》的發行，收效亦大。尤其此書院對於西學的態度完全打破「中體西用」的格局，不復以身心性命、三綱五常為格致的根源，故實可視為中國現代科學教育之先驅。

第六章　寺觀藏書

　　中國古代佛教寺院藏書是伴隨著漢傳佛教寺院的興建和譯經活動的開展而初萌，在僧俗功德心理等因素的刺激下逐步發展，最終形成以《大藏經》收藏為中心的獨具特色的寺院藏書體系，與官府藏書、私家藏書、書院藏書共同組成中國古代圖書事業的主體。寺院藏書在規模、功用、價值、貢獻等方面，理應在中國古代藏書史、翻譯史、印刷史以及教育史、學術思想史、中外交通史、文化交流史中佔有重要的一席。

第一節　寺觀藏書的成因

一、社會文化因素

　　我國古老悠久而深厚的文化傳統與藏書傳統，是導致中國古代佛教寺院藏書得以較快發展並迅速體系化的外在社會文化因素。中華民族自古以來文治與武功並重，十分注重對古代文化的繼承和對古代典籍的收藏整理。一般的法則是，歷史上的統治者在他們利用武力奪取政權以後，並採用文武並用的政策，以維持統治階級的長治久安。文治思想使他們認識到了對於經籍文獻加以利用的重要意義，加之一個新政權建立之後，由於休養生息，社會經濟得到恢復發展，國家有了巨大的財力物力，也可能在全國範圍內搜集、整理、典藏圖書，一來弘揚其功德，二來向民眾灌輸其統治思想。這樣做的結果，統治階級收到了加強統治的效果，同時也相應促進了古代文化事業的發展。正如《隋書‧經籍志》總序說：「夫經籍也者，機神之妙旨，聖哲之能事。所以經天地，緯陰陽，正紀綱，弘道德……其王者之所以樹風聲，流顯號，美教化，移風俗……夫仁義禮制，所以治國

也……諸子為經籍之鼓吹，文章乃政化之黼黻，皆為治之具也[1]。」可見經籍文獻對於統治階級的作用。

　　商周時代即已有了政府典籍的專門收藏處所，自漢至清，隨著國家版圖的擴大的普及與體現，形成了消化、吸收、融合外來文化的良好的社會文化意識與文化環境，而這種社會文化意識、文化環境、藏書傳統為中國古代佛教寺院藏書的形成和發展提供了非常優越的外在條件。

　　反觀佛教的發源地印度，雖有轉輪王的理想，但由於民族和國家在古代從來沒有真正統一過，因而也就不可能產生大一統的思想，導致印度人的宗教意識遠遠大於他們的歷史意識，從而更導致印度佛教各宗派分別傳習自己教派的經典，至今網羅所有佛教經典，帶有示範性的《大藏經》都沒有出現過，更不用說收藏所有典籍了。中國古代佛教寺院藏書，只有在中華民族的文化傳統中方才能夠形成與發展，與中華民族固有的藏書文化相得益彰。

二、時代治亂因素

　　時代治亂因素與經籍文獻的聚散關係極大。隋代牛弘論及圖書散亡前「五厄」，即始皇焚書、王莽之亂、董卓遷都、八王之亂與劉石亂華、侯景之亂與周師入郢。明代胡應麟談及後「五厄」，即廣陵焚書、安史之亂、唐末戰亂、靖康之災、紹定之禍[2]。明代之後，近人祝文白又續上「五厄」，即李自成陷北京、錢謙益絳雲樓失火、乾隆焚書、鴉片戰爭、八年抗戰[3]。總之，圖書事業的興衰與歷史環境、時代治亂息息相關。古代佛教寺院藏

---

[1]　（唐）魏徵撰，《隋書》卷三十二〈經籍一〉，元大德間（1297-1307）饒州路儒學刊明正德間修補本。

[2]　（明）胡應麟撰，《少室山房筆叢》〈經籍會通一〉，明崇禎壬申（五年，1632）延陵吳國琦重刊本。

[3]　〈中國古代的亡佚文獻〉，《文匯報》2012.07.05http://paper.wenweipo.com/2012/07/05/OT1207050001.htm

書的發展亦同此理。太平盛世，國富民安，寺院藏書發展就快，兵連禍結，寺院藏書就要遭難。唐、宋、元、明、清各朝都持續了較長的大一統局面，社會比較穩定，寺院藏書得到了迅速發展。

在唐代，儒、道、釋三教相容並蓄，盛極一時，朝廷專門建立譯經院，譯經基本上由國家主持，其規模甚為龐大，組織甚為嚴密，成就相當大。從太宗貞觀三年（629）開始，組織譯場，歷朝相沿，直至憲宗元和六年（811）才中止。而且達官貴人和尋常百姓紛紛加入抄經這一結大善緣的活動，同一部佛經往往被抄錄成千上萬卷，甚至唐太宗還親手抄寫梵經五十卷賜存南嶽福嚴寺。在這期間雖有會昌五年（845）唐武宗掀起滅佛運動，但這僅限於非敕建寺，藏書可以從非敕建寺轉移至敕建寺[4]。至兩宋時期，佛風丕顯，除宋徽宗外，宋代諸帝對佛教一般採取寬容態度。太祖建國之初，不但中止了北周毀寺抑佛政策，而且批准僧人行勤等157人去西域取經，並賜錢三萬以助其行。太宗時，恢復了唐德宗以來中斷已久的譯經事業。朝廷設立了譯經院和印經院，從太平興國七年（982）至仁宗景祐二年（1035）止，朝廷對內廷所藏的1,420夾梵本經捲進行整理翻譯，共譯出564卷佛典。開寶五年（972）宋太祖下令在四川雕印《大藏經》，至太宗太平興國八年（983）完成，歷時十二年。這是世界上第一部雕印的《大藏經》，後統稱「蜀藏」或「蜀版」，收佛典1,076部、4,048卷，後又在咸平二年（999）增印360部。元代又新雕《大藏經》一部（6,017卷），頒行天下。明代官刻《大藏經》四次、私刻三次以上，超過以往任何一代。清代雍、乾年間，國家完成《龍藏》的雕印，頒行天下[5]。

這裡面還有一點更重要的原因是，由於《大藏經》多次雕印，而且朝廷都是將《大藏經》免費賜給有關寺院，從而使雕印版《大藏經》的收藏成為寺院藏書的特徵。

4　王亞榮，〈隋唐譯場概論〉http://www.fjdh.cn/wumin/2009/04/19390373974.html

5　沈津〈大藏經〉，見《圖書館學與資訊科學大辭典》https://terms.naer.edu.tw/detail/1683637/?index=1

三、經濟因素

從寺院藏書的發展看，經濟發達，經費充足，寺院藏書就興旺；經濟落後，藏書的發展就緩慢，甚至出現倒退現象。

寺院藏書除了官頒捐獻而外，自刻自購是一個重要的管道。寺院之所以能夠籌到自刻自購所需的大量經費，與官府所採取的一系列優惠政策有關，這些政策保證了寺院藏書所必需的支出。歷史上，南朝的統治者篤信佛教，特別是梁、陳兩朝的統治者，在域內創建了大量的寺院，並頒賜大量經卷，賜田賜物賜產。宋代寺院經濟相當發達，朝廷對許多寺院賜田賜物，並免去稅收、徭役。寺院本身也擁有大量的田產，而田租收入成為寺院藏書發展的重要經濟基礎[6]。

寺院經濟還有另一個重要來源，就是善男信女的捐獻錢物和香火收入。有的佛教徒不但捐獻錢物，還有相當一部分親自編刻佛教典籍，以示功德，為此立功立德，經久不衰。香火收入也是寺院經濟的重要來源，香火盛的寺院，可以憑藉其豐厚的香火收入，自刻自購大量圖書。

四、人才因素

自古以來，很多高僧擁有很深厚的文學或其他學科的修養，有的出家前就已是成名文人，出家之後，修行之餘，留下了很多文字。這部分圖書類型多樣，除佛經以外，有詩文集、年譜、傳記、筆記、掌故、注書、志書等，內容涉及哲學、歷史、醫學、文學、文字、音韻等方面。

唐代，中國僧人的著述不斷增加，初唐僧人道世編成佛門最著名的類書《法苑珠林》，言及中國僧人著述有三千餘卷；中唐時期，江西廬山東林寺藏中國僧人著述五千餘卷，從全國範圍看，估計總數在萬卷以上。最

6　李向平，〈佛教發展之必需：中國的寺院經濟〉https://fo.ifeng.com/guanchajia/detail_2013_05/29/25827197_0.shtml

為奇特的當為清代僧人今釋為尚可喜所編年譜《平南王元功垂範》二卷，對尚可喜降清以後事蹟記載頗詳[7]。

寺院對文人儒士具有很大吸引力。這些文人儒士，無論功成名就或是落魄失意，總是喜歡將自己所讀的書籍留藏在寺院裡，文人書藏為寺院藏書增添了豐富的色彩。如宋代李常，少年時期在廬山五老峰下的白石庵刻苦攻讀，後中了進士，就將自己所讀之書存放在白石庵，遊宦之時，每得異書，也往往送至該寺寶藏，共有九千餘卷[8]。又如南宋學者洪諮夔因指斥時政而仕途失意時，回家鄉天目山寶福寺讀書，將為官時所得數千卷蜀版書和原有家藏共一萬三千餘卷，全部藏於該寺[9]。

另外，大儒名士憑藉自身的影響力，推動寺院藏書的發展。如江西義甯州是黃庭堅的家鄉，該處有一座雲岩禪院，原無經藏。元祐末年，黃庭堅憂居在家，建議該寺藏經。於是寺院長老紹陽老人親自書寫《轉輪蓮花藏》，又派僧希文去京師印刷經書[10]。同時又動員當地百姓，有山者獻木，有田者獻穀，群策群力，建起一座輝煌的藏經樓。

清嘉慶十四年，阮元、顧星橋等名士同遊杭州靈隱寺，阮元提議只要有人願意以其所著、所刊、所寫、所藏之書藏於靈隱寺，都應當接受，建立靈隱書藏。於是在靈隱寺大悲閣後造木櫥，一字一櫥，並制定管理措施[11]。嘉慶十八年，阮元又在鎮江焦山西麓海西庵內，建立焦山書藏[12]。

---

[7]　白文固，〈歷代僧道人數考論〉，《普門學報》第 9 期，2002 年 5 月，頁 1-15。

[8]　（元）脫脫撰，《宋史》三百四十四、列傳第一百三〈李常〉，明成化十六年（1480）兩廣巡撫朱英刊嘉靖間南監修補本。

[9]　（南宋）魏了翁撰，《重校鶴山先生大全文集》卷四十九〈洪氏天目山房記〉，清山陰沈氏鳴野山房影鈔明錫山安氏刊本。

[10]　（宋）黃庭堅撰，《豫章黃先生文集》卷第十八，《四部叢刊初編》本。百家諸子中國哲學書電子化計劃 https://ctext.org/wiki.pl?if=gb&chapter=334579#p24

[11]　（清）阮元撰，《揅經室三集》〈杭州靈隱書藏記〉，（臺北：臺灣商務印書館，1967.3），頁 577-578。

[12]　（清）阮元撰，《揅經室三集》〈焦山書藏記〉，（臺北：臺灣商務印書館，1967.3），頁 578-579。

五、興建寺院

　　古印度佛教傳播處於口耳相傳階段，沒有文字記載，因此，自然就談不上有寺院藏書了。然在漢傳佛教中，寺院建立基本上是與佛教傳入中國同時，漢傳佛教僧人奉行的是集體修行，寺院於是成了僧人生活、修行和進行其他佛教活動的集中場所，僧人對寺院的依賴性非常強，寺院的修行功能遠遠大於生活功能。同時，佛教經典是法寶的具體體現，從西域傳入的原始佛典與新譯出佛典自然需要統一珍藏，這樣，佛教寺院藏書就自然而然產生了。

　　寺院的另一個特點是它具有較強的穩定性，不易受外界政治、人事及王朝更替等干擾，這使其成為收藏文化典籍的最佳場所。歷史上，寺院藏書多次倖免於動亂和兵禍，保存了大量的佛教經典和非佛教圖書。於是，許多高明之士就將自己喜愛的圖書珍藏於寺院之中。如唐代白居易曾將自己最終編定的文集六十卷抄錄為幾個副本，分別藏於廬山東林寺經藏院中、洛陽聖善寺缽塔院律書庫樓中、蘇州南禪院千佛堂中、洛陽香山寺經藏堂中[13]。

六、完善的管理措施

　　中國古代佛教寺院藏書迅速成型的原因還包括一開始就單獨收藏，獨自管理。佛教藏書的管理完全以寺院為主，記錄、鑒別、比勘、編目、導讀之類藏書整理工作都由僧人來承擔。早在西晉時期，寺院的藏經就出現了《眾經目錄》，此為一部簡單的佛典目錄簿；以後歷代寺院所編藏書目錄近二百部，約占中國古代目錄總數的四分之一。

　　至隋唐時期，寺院藏書的經藏制度已經完善。大寺院都有經藏，或藏於樓閣，或藏於院堂。以樓閣形式出現的寺院經藏，一般位於佛殿旁側，

---

[13]　（唐）白居易撰，《白氏長慶集》卷七十，明萬曆丙午（三十四年，1606）松江馬元調刊本。

形成左鐘右藏的佈局。白居易說：「……乃做六藏，分而護焉……藏二門，啟閉有時，出納有籍[14]。」兩句話分別說明香山寺藏書有分類排架體系，而且圖書在流通時間、借閱手續上有嚴格的規定。唐朝僧人智昇編寫的《開元釋教錄》，為今存世佛教目錄之最早者，也創立了一個四大類的五級分類體系，堪稱是中國古代圖書分類的最高成就[15]。這些充分表明我國古代寺院藏書管理已成制度。有的寺院為保護佛經，還採取了秘藏方式。一種是在深山洞窟裡鑿刻石經。這樣如遭遇毀佛，可將此處經文充作經典底本以資傳寫流行。

　　中國佛經石刻的興起，應與時代背景有關，如最早的石刻佛經，為北齊的河南石窟石經。此時，除盛行開鑿石窟外，政治迭變、社會離亂，民生災禍頻仍，尤其北魏北周二武的先後滅佛，使僧侶感慨經論易毀，於是相率開鑿石窟摩崖，以刻鐫經典，祈求「正法久住」。所以佛經石刻，與當時立塔造像的風尚意義有異曲同工之妙。

　　在歷代所刻佛經中，以河北房山縣石經最大；此石經，由隋代靜琬（又作智苑）創刻，經唐為止，其後，遼、元、明相繼續刻，直到清初方告停止，歷時數百年，刻經八十五部，規模最宏偉，內容最豐富，為佛教文化中之巨擘[16]。另一種護經方式是將經籍藏在佛閣密室中。如舉世聞名的敦煌石窟，其中尤以莫高窟最為著名。

　　寺院藏書在我國已綿延一千七百餘年，其形成和發展有其獨特的規律和諸多的因素，只要人間還存在各種社會不公平現象，佛教就有其生存的社會基礎，寺院藏書就會繼續存在和發展下去。

---

[14] （唐）白居易撰，《白氏長慶集》卷七十一〈香山寺新修經藏堂記〉，明萬曆丙午（三十四年，1606）松江馬元調刊本。

[15] 昌彼得〈開元釋教錄〉，《圖書館學與資訊科學大辭典》https://terms.naer.edu.tw/detail/1680921/?index=8

[16] 蔡纓勳〈中國佛教石經〉，《教育大辭書》https://terms.naer.edu.tw/detail/1302348/?index=3

第二節 寺觀藏書的發展

　　中國的宗教作為一種文化現象，歷史悠久，影響深遠。我國的宗教有佛教、道教、伊斯蘭教、基督教、猶太教五大宗教。在長期的歷史發展中，五大宗教經過數百年、數千年的傳入與演變，不但沿襲了本身的特色，同時也深深紮根於我國，具有符合中國文化的宗教特點。隨著宗教的傳入和發展，相應的宗教出版和藏書機構也相繼建立起來。

　　在我國，影響最大的宗教是佛教和道教，因此，以收藏佛道教書籍為主的寺觀藏書也成為我國古代四大藏書機構之一。寺院與道觀作為藏書機構與官府、私家、書院藏書相互促進，互為補充，在中國古代藏書史上佔有重要的地位，取得了極其輝煌的成就。我國主要的寺觀以傳教佈道為基本活動，教義、經書為基本工具，因此寺觀一項重要的工作就是撰寫、搜集、儲藏、傳播教義、經書。據《高僧傳‧僧佑傳》記載，早在南北朝時的建康定林寺，在僧佑主持期間，集合眾力，「造立經藏，搜校卷軸[17]」，最多時藏經達四千餘卷。

　　寺院藏書以佛教經書為主，形成一大藏書體系。最早傳入我國的佛經是《四十二章經》。東漢桓帝、靈帝時期，越來越多的印度和西域佛學家及僧人相繼來到中國，以洛陽為中心從事譯經及傳教活動，譯出了不少佛教典籍。據唐釋智昇《開元釋教錄》統計，有漢代共翻譯佛經二百九十二部、三百九十五卷[18]。佛教藏書的主要收藏機構是寺院，一般認為，寺院藏書始於東漢時期。

　　東漢時期，明帝派遣使者往西土天竺求經，從月氏請來《四十二章經》及釋迦立像，並請得西僧攝摩騰、竺法蘭一起東歸。歸途以白馬負經，明帝因於洛陽立白馬寺。法蘭來到中國後，致力於譯經事業，明帝永平中譯

---

[17] 《高僧傳》卷第十一〈釋僧佑〉，百家諸子中國哲學書電子化計劃 https://ctext.org/wiki.pl?if=gb&res=712646&searchu=%E5%83%A7%E4%BD%91

[18] （唐）釋智昇撰，《開元釋教錄》卷十，明正統五年（1440）刊北藏本。

出《十住經》[19]。為了收藏這些佛典和翻譯經卷，佛教寺院開始設立藏書機構。

隨著寺院增多，佛經陸續譯出，寺院藏書漸成規模，魏晉南北朝時期的多個政權均將佛教典籍納入國家藏書體系。但由於佛教是一種外來宗教，在中國歷代的官修書目中一般都不著錄佛典，在一些私人編撰的目錄中佛典只處於附屬部分，因此佛教典籍的收藏和保存主要由寺院完成。

僧侶們是佛教經文的傳播者和學習者，在譯經、寫經的過程中，都需要豐富的文化知識作為基礎，而且佛教寺院出於吸引信徒的需要，也承擔了一部分的教育職能。佛教寺院藏書的來源主要有官頒、捐贈、自購和自抄自寫。官頒指借助國家力量抄寫佛教經典後頒發給各寺院收藏。捐贈指一些佛教徒親自抄寫佛經或直接贈書，以示功德。自寫自購是寺院充實藏書的另一個重要管道。

寺院藏書的主體是佛教經藏，還有部分非佛教書籍，如各種儒家經典。寺院為藏書的需要通常會開闢專門的藏經之所——藏經閣，或稱藏經殿、藏經樓，由寺院派專人管理，並建立了一套完整的管理制度。佛教寺院藏書最普遍的一種方式稱為櫃藏或壁藏。還有一種叫天宮藏。這兩種藏經方法當傳自印度。第三種藏經方式輪藏，又稱為轉輪藏，是中國特有的一種儲存經藏的方式。轉輪藏一般為六面或八面形大木龕，分為天宮樓閣、藏身、藏座。在《浦城縣志》中對於《轉輪藏》也有記載：「轉輪藏，高二丈，共三層。下層八大金剛浮雕；中層諸尊佛浮雕；上層小龕諸佛。藏中空，內八向。每向一十六層，每層放經書八箱，每箱二十卷，共藏經書二萬餘卷。底座為鐵圓盤，直徑丈許，盤中有鐵柱。藏體外圍立四個巨柱，手推可鏇轉。」[（清）李葆貞修、（清）梅彥騊纂，《浦城縣志》十二卷，據清順治八年刻本影印，收錄於《稀見地方志彙刊》第 31 冊，頁789-1096。]這種藏經方式專為供奉而作，不考慮閱讀的實用性，原則上只

---

[19]　《十住經》梵名 Daśabhūmika。凡四卷。後秦鳩摩羅什譯。收於《大正藏》第十冊。係《華嚴經》十地品之別譯，即七處八會中之第六他化自在天會之部分。摘自《佛光大辭典》（慈怡法師主編）。

能安放佛經。除了將佛經貯藏於藏經閣外，還出現了刻之於石上的經書，如北齊時期的山東泰山經石峪的《金剛經》、河北武安北響堂的《維摩詰經》等。

　　道教自東漢定型以後，經三國的發展，到兩晉時，道經的數目亦漸有增加。東晉初，葛洪《抱朴子・遐覽》著錄道書二六〇種，道經六七〇卷，符書五百餘卷，共一二九八卷，成為目錄學史上最早的道經目錄[20]。梁阮孝緒的綜合性圖書分類目錄《七錄》，外篇為佛法錄和仙道錄，歷史上第一次將佛道二教經典單獨列類。道士們在整理經書、編製目錄的過程中，創造並逐步完善了道教獨特的經書分類法，即三洞四輔十二類分類法。三洞經書多為六朝古經，四輔經書多為早期道書，七部經典各有傳承，並沒有主次關係。

　　隨著道經的增多，道經藏書也得到了相應的發展。一是道士個人藏書。二是道觀藏書。西晉著名道士鄭隱，藏書極豐，包括道教經、記、符、圖、文、律、儀、法、言等[21]。鄭隱的門徒葛洪著述很多，著有《神仙傳》《抱朴子》《西京雜記》《金匱藥方》等，其中尤以《抱朴子》對道教藏書貢獻最大。至南北朝時期，我國的道觀藏書已初步建立，北魏太武帝時設立了玄都觀，所藏道經達二〇四〇卷，北周武帝設立通道觀，校定道書，編撰目錄，收集眾經，猶及萬卷。但這一時期的道觀藏書不及佛教寺院藏書發展得快，也不如佛教藏書地位高。

　　隋唐兩朝，我國宗教事業發展到了全盛時期，佛教、道教興盛，各種宗派紛紛建立。寫經活動持久不衰和譯經活動的繁盛直接造成經本數量的增加。據《開元釋教錄》記載，自唐初至開元十八年間的一百多年間，共譯經三〇一部二一七〇卷[22]。

　　另據《貞元新定釋教目錄》記載，自唐初至德宗貞元十六年間，共譯

20　（晉）葛洪撰，《抱朴子》〈遐覽〉，百家諸子中國哲學書電子化計劃 https://ctext.org/baopuzi/zh

21　（元）脫脫撰，《宋史》列傳第一百二十一〈方技下〉，明成化十六年（1480）兩廣巡撫朱英刊嘉靖間南監修補本。

22　（唐）釋智昇撰，《開元釋教錄》《趙城金藏本》百家諸子中國哲學書電子化計劃 https://ctext.org/wiki.pl?if=gb&res=569482&searchu=%E8%AD%AF%E7%B6%93

經四三五部二四七六卷[23]。隋唐時期，道教的發展速度雖然沒有佛教快，但也處於加速發展的時期。《隋書‧經籍志》著錄道教典籍三七七部一二一六卷[24]。隨著佛道兩教的不斷發展，各自經本數量的增加，需要對經本進行整治彙集。經過整理結集起來的一套經書尚無成熟的名稱，一般被稱為「眾經」或「一切經」，也稱為大藏。

佛道兩教在隋唐時期的迅速發展與統治者的崇信分不開。隋朝文帝與煬帝都十分重視經本收藏，在宮苑之中設立專門的官府藏書處所。到了唐代，官府所收佛道經本主要存放在秘閣之中。唐代官府收藏佛道典籍以開元時期為盛，秘閣所藏佛道經本二千五百餘部九千五百餘卷，比隋朝東都內道場增加了二千餘卷。

佛教寺院逐步成為佛教藏書的主要處所，形成了以大藏為主的寺院藏書體系。京師大興善寺、京師大慈恩寺、京師西明寺、崇福寺、江都寶台經藏、廬山東林寺、五臺山金閣寺都有豐富的佛教藏書。玄都觀、京師昊天觀、京師太清宮等，也有豐富的道教藏書。

至宋代，宗教事業發展迅速。宋太祖下詔對後周世宗時所廢而未毀、或已毀寺院內的佛像加以保存。太宗時在五臺山、峨眉山等地興建佛寺，為寺院藏書提供了良好的條件。宋代寺院藏書較豐，如神宗元豐三年始至徽宗崇寧二年完成的《崇甯萬壽大藏》共六四三四卷。

宋代統治者亦十分注意對道教典籍的收集管理，這些道教典籍由朝廷收集整理現分賜給各地的宮觀，由各地宮觀抄錄，成為宮觀藏書的主要來源。至太宗時期已收集了道教經典七千餘卷。除了收藏佛教道教典籍之外，寺院與道觀還藏有皇帝的御書、御禮及一些文人文集。

遼代的寺院也是讀書藏書的重要場所。遼朝大量刊印佛經，還繼承前代勒經於石的做法，在房山雲居寺續刻石經。遼代的道教勢力和影響比佛

23　（唐）圓照奉敕著，《貞元新定釋教目錄》《趙城金藏本》。百家諸子中國哲學書電子化計劃 https://ctext.org/library.pl?if=gb&res=80666

24　（唐）魏徵撰，《隋書》卷三十二〈經籍四〉，元大德間（1297-1307）饒州路儒學刊明正德間修補本。

教小很多，藏書活動鮮有史料記載。

　　金代的寺院藏書在繼承遼宋的基礎上，又有了新的特點，一是表現在印經上，二是表現在寺院建設規模上。金代刻印的佛經中，規模最大的《趙城藏》共有七一八二卷。金代的佛寺在遼宋的基礎上新建設不少，為佛教讀物的散施、保存和閱讀增添了新的場所。金代的道教也十分盛行，印經量十分之大，如《大金玄都寶藏》共六四五五卷六〇二帙。

　　佛教的興盛以及佛經被大量輸入、翻譯和刻印，既形成了西夏文化的顯著特點，也帶來了西夏寺院藏書的空前繁榮。

　　元代佛教盛行也帶來了寺院藏書的繁榮，元代寺院藏書在繼承宋金西夏的基礎上又有了大規模的增加。元初，道教在北方流行，全真教勢力最大。全真道經經過幾代人的發展，為擴大影響、爭取道流的正統地位，由全真道主持刊刻了道藏《玄都寶藏》，計七千八百餘卷。

　　明代佛教的興盛促進了寺院藏書事業的繁榮。寺院藏書的興衰首先決定於佛經刻印的規模和狀況。據史料記載，明代曾先後 6 次刊刻佛藏。明代寺院藏書的內容也十分豐富，首先是以佛教經籍為主，其次還有經、史、子、集、百家著述。如傳燈法師所撰《天臺山方外志》卷七中，有《石室藏書》書目一份，共收錄圖書七十一種，其中儒部四十一種，仙部十九種，志部十一種。

　　道教在明代的復蘇也使得道觀藏書有所發展。道教經籍經過元朝統治者的幾次焚毀，流傳於世者寥寥。為復興道教，明成祖朱棣於永樂四年（1406）命天師張宇初纂輯道藏，稱《正統道藏》，收書一四二六種五三〇五卷。

　　滿州人的原始宗教信仰是薩滿教，在與漢人接觸的過程中，受到漢族宗教文化影響，佛教的思想和諸佛菩薩像乃至宗教儀式統統被薩滿教所吸收。清朝各代皇帝都篤信佛教，故佛教刊刻在清代極盛，官府主持的刻經、刻藏、譯經、賜經事業，一直沒有停止。清代刻有《乾隆版大藏經》一部，俗稱《龍藏》，較有特色的是滿文大藏經，又叫《國語譯漢全藏經》。伴隨著佛經數量的增加，佛經目錄的編制也達到一個新的高度，如清初的《閱

藏知津》、康熙年間的《如來大藏經總目錄》等。

　　清朝建立後，由於清朝貴族素無道教信仰，對道教的一些宗教活加以限制，使得道教日趨衰落，所以清代道觀藏書仍以明代所刻《道藏》為主。

　　古代寺觀藏書取得如此之大的成就，原因主要有以下幾個方面：首先是西漢末年佛教的傳入，以及稍後道教的產生，致使佛經的翻譯和道藏的出現，為寺觀藏書提供了物質基礎。隨著佛教的傳入，佛教經典的翻譯者逐漸增多並且譯經成就極高，如翻譯家安世高就是漢譯佛典的始祖。而外譯佛經的增多，本土佛學論著的產生，這些都有利於佛教典籍的收藏。東漢末年，道教產生並得到了一定的發展，道書也漸向道觀集中。

　　其次是封建統治者對佛道寺觀藏書事業的影響。統治者從自身統治需要出發，對於宗教或極為推行、或大加禁錮，因此，這些佛道藏書也隨之變化。梁武帝時，武帝親自撰寫佛經數百卷，流布各寺院，促進佛寺藏書事業的繁榮；隋代有佛寺 3985 所，寺寺有藏書，這是同隋政府極力推崇佛教，並用官費從事寫經譯經事業分不開的；而北宋開國君主注重扶植道教，召道士，搜道書，建宮觀，道教的發展也進入高潮。可見，在統治者推行宗教的情況下，寺觀的藏書事業得到了很好的發展。而元代曾兩次焚經，打擊道教，至元十八年，詔令除《道德經》外，所有的道書及經版統統銷毀，自兩宋以來所聚道教藏書蕩然無存，統治者的宗教禁錮使得宗教藏書事業也受到了破壞。

　　再次，寺院經濟決定著寺觀藏書事業的興衰。從寺觀藏書的發展歷史來看，經濟發達，經費充足，寺觀藏書就興旺；經濟落後，藏書的發展就緩慢，甚至出現倒退的現象。

　　此外，信教隊伍的壯大、寺觀藏書自身的發展軌跡，以及戰禍對寺觀藏書的影響都很大。太平盛世，國富民安，信教的人數就會增多，寺觀藏書發展就快；戰禍連連，人們都為生計奔波，寺觀藏書就要遭難，甚而至於受到毀滅性的打擊。

　　總之，我國古代的寺觀藏書事業對宗教的傳播和發展起到了極大的積極作用。首先，寺觀藏書保存了大量的宗教文化典籍，促進了古代教育事

業和宗教傳播事業，同時還推動了古代宗教翻譯事業的發展。其次，它還豐富了古代目錄學的內容，保存了幾百部的經藏目錄。此外，寺觀藏書事業推進了雕版印刷術的傳播，特別是宗教典籍、經卷的印刷，促進了中外文化的交流與發展。

第三節　寺觀藏書的貢獻

寺院藏書的廣泛流傳與普及，使其在與中華固有文明不斷交流與融合中所體現出來的對於中國文化史和文明史的價值與貢獻，歸納起來，大致有如下幾個方面：

一、保存文化典籍

在所有寺院藏書中，佛教圖書所占比例在百分之九十以上。這些佛教文獻類型多樣，包括大藏、大藏之外的單本譯經、大藏之外的中國僧人撰著、疑偽經、宣教通俗文書、一般寺院文書和其他文字佛教典籍。另有不到百分之十的非佛教圖書，大致有世間常見的經、史、子、集四部書、醫書、志書、字書、陰陽、法書、蒙學著作、通俗讀物、道教等其他宗教圖書，僧人自著的詩文等佛教著述、普通經濟文書、年譜、家譜等。

寺院所藏佛教圖書，通常來源於自譯、自著、自抄、自刻、購買、請贈、配補、信徒施經和政府頒贈等，但主要還是在功德心理支配下，僧俗兩界以極大的宗教熱情進行譯經、寫經、刻經雕藏，歷久不衰，才使寺院藏書獨具特色。在流傳至今的佛典中，對奉持佛典具有無限功德的記述比比皆是，因功德心理而導致的對佛教經典的崇拜，在漢傳佛教的民眾佛教中，表現尤為突出。於是，寫經造藏也就很自然地成為中國佛教僧俗信眾宗教生活的一件大事。由於歷朝歷代僧俗官民虔心收集、翻譯、整理、傳

寫、供養、修造佛經與大藏，使得各種形態的佛經與大藏得以存在和發展，也使得中國古代佛教寺院藏書得以產生和完善。寺院藏書中非佛教圖書的收藏，歸功於中華民族悠久深厚的文化傳統和藏書傳統。

　　中國的文化傳統和藏書傳統可以追溯到孔子之前的商周時代，那時已有了政府典籍的專門收藏處所。孔子以降，歷代官私藏書、整理、編目之舉，史不絕書。早在秦、漢時期就已形成的吸收、消化、融合外來文化的良好的社會文化意識與文化環境，和優秀的藏書傳統一道，為中國古代佛教寺院藏書的形成與發展提供了優越的外在條件。加之古代城市功能不全，佛教寺院大都是當地的文化中心；而佛教徒為了攻讀佛經，也必先學習文化知識；寺院較強的穩定性和不易受外界政治、人事及王朝更替干擾的特點，也使其成為收藏文化典籍的最佳場所。因此，寺院收藏各類非佛教圖書供與士人結緣也就在情理之中了。尤其值得一提的是，保存了寺院中的一大批中國僧人著述和非佛教圖書，對於瞭解和研究佛教者，提供了豐富的史料。所以，各個寺院的收藏，雖然亡佚很多，但至少重要佛典才能保存下來。

二、推動佛教教育與職能

　　中國古代佛教寺院藏書在其漫長的發展過程中，雖屢遭滅佛廢寺之災而不消亡，代代相延，護法捐贈之人不可勝數，其根本原因就在於寺院藏書中佛教圖書所記載和論述的佛學義理已深入人心，作為文獻保存的寺院藏書系統對佛教傳播的作用由此可見一斑，而佛教教育在佛教傳播中的地位舉足輕重。

　　自古以來，很多寺院都曾設立過寺學，兼授僧俗生徒，不但培養出劉勰、陸羽等一批具有深厚學養和佛學知識的文化，與豐富的寺院藏書結下了不解之緣。唐代敦煌地區尤重寺學教育，十六所佛寺中有十一所招生授業，當年率敦煌民眾光復敦煌的歸義軍領袖張議潮就曾在寺學中學習過。寺學的教授內容，除佛教知識外，還有儒經、史籍、書儀規範、文字書算、

詩詞歌賦等，不少僧人因從小學習六經、老莊，於是，譯場和寺院中一般
也備有諸如文字學，音韻學、訓詁學之類字典、辭典等工具書和其他反映
時代學術水準、學術重點的非佛教著作。凡在寺院中接受過佛教教育的人
對於佛教三寶的尊崇與維護都是極其虔誠的。所以，從某種意義上說，寺
院藏書推動了佛教教育的發展，而佛教教育又使得寺院藏書長久流傳。

三、激發翻譯事業發展

在佛經轉譯之前，中國古代的翻譯事業尚在蒙昧之中，其有限活動僅
限於華夏中原地區與邊疆少數民族之間文字交往的簡單互譯。中國最早對
外國作品進行翻譯實際上就是中外僧人對漢傳佛教典籍的轉譯。以東漢初
年大月氏國沙門迦葉摩騰和竺法蘭在洛陽白馬寺譯出的《四十二章經》為
代表，這部作品雖年代難考，證據不詳，但從東漢桓帝建和二年（148）
開始，即已有安世高和支婁迦讖從事較大規模的佛經翻譯工作。

當時的翻譯往往全憑口授，翻譯人員以外僧為主，或合譯，或注譯。
初期的譯經數量不大，品質不高，東漢時共譯五十四部、七十四卷；三國
時共譯二〇一部、四三五卷；西晉時共譯四五一部、七一七卷。東晉至南
北朝是佛經翻譯的發展階段，北方後趙、前後秦、北涼諸國皆重佛教，長
安五重寺和逍遙園因著名譯師道安和鳩摩羅什所主持的譯經活動而藏書
銳增；以後名僧南移，東晉王朝在廬山東林寺和建康道場寺形成一二二九
卷，南方譯經二六三部、五八五卷，總計四八六部、一八一四卷。整個六
朝之前，共翻譯佛經一二六六部、四七九〇卷；這是在佛經翻譯數量上成
績斐然。

南齊時佚名所編《眾經別錄》，首次對譯文品質與風格提出了「質」、
「文」、「文質均」等衡量標準。至唐代玄奘崛起，義淨、不空等著名譯
師出現，佛經翻譯事業如日中天，不僅譯經數量雄居各代榜首，譯經品質、
內容、範圍也空前絕後，翻譯理論、原則、方法、技巧日臻完善，在其他
類型翻譯作品還未被開掘和重視時，佛經翻譯已獨步譯林。中國古代佛經

翻譯事業的成就，為後世中國的翻譯事業提供了可資借鑒的寶貴經驗，從某種程度上帶動了中國翻譯事業的整體發展。

四、豐富了古典目錄學的內容

我國佛經目錄的編制最早始於晉代，南北朝時期得到發展，隋唐兩代進入佛經目錄編制的繁榮時期。因為寺院藏書時常需要清點、整理、配補、編目，由此而產生了近二百部目錄，占中國古代目錄總數的四分之一左右。這批目錄，無論在目錄類型、收錄範圍、分類體系、著錄方式、疑偽辨別，還是在目錄編制者的歷史感及對目錄功用的認識方面都極具特色，如梁僧祐《出三藏記集》的集序方法，為後代古籍目錄的輯錄體解題的出現樹立了楷模；阮孝緒在《七錄》中第一次正式給佛經設立「佛法錄」，成為綜合目錄七分法中的重要組成部分；唐代智昇發明的大藏經按千字文排序的方法，對後世道教藏書及公私藏書的影響也是巨大的。可以這麼說，隋唐以來的佛教目錄所取得的成就，遠遠超過了同時代普通目錄的成就，大大豐富了中國古典目錄學的研究內容。

五、加速推動了紙寫本書的風行

紙張的出現源於漢代，早期的龜甲、獸骨、竹木等笨重圖書載體漸被淘汰，代之以紙、帛等輕便載體。然而帛書貴重而紙書低廉，皇室貴族為追求豪奢往往選擇帛書作為收藏物件而對紙書不以為意。佛教傳入後，由於初始階段不為社會所重，因此，大量的譯經只能選擇低廉而易得的紙張作載體進行筆錄和抄寫。隨著佛教勢力和影響的不斷擴大，經書地位的日漸提高，社會供養的逐步增加，經書也有可能用縑帛抄寫，但在功德心理支配下的幾乎全社會的抄寫、供養佛經活動，當時的社會生產力不會，也不可能提供充足的縑帛材料來滿足這種需求，紙寫本佛經仍佔據佛經的主

流。紙寫本佛經的流行，逐漸改變了社會對帛書與紙書貴賤的觀念，加之與其他形式的載體相比較，紙書輕便、價廉、易得、易書寫、易閱讀，所占空間小，自然會取代其他載體，成為社會圖書的主要載體形式。

六、推進雕版印刷術的傳播

隋唐時期，社會對佛經的需求不斷增多，手抄經卷已難於應付，於是，雕版印刷術應運而生。從我國早期印刷品的內容來看，佛經數量為多；從品質上看，流傳後世的珍品也多為佛經文獻，現存最早的印本書《金剛經》無疑是一件佛經雕印的精品佳作。從九世紀初期至中期，佛教版刻印刷書籍已屬尋常，民間亦有字書、道書、曆日等書的雕印。北宋之後，歷代均有雕印大藏之舉，其規模和品質均達到相當高的水準，從而推進了雕版印刷術在整個社會的傳播和活字印刷術的最終發明。

七、豐富版本類型，加快書籍演化

在佛教文獻中有許多版本名稱，如異出本、舊本、真本、正本、誤本等。以雕版印刷術的產生及其在佛教圖籍中的應用為界限，又可將此前的佛經稱為寫本，此後的佛經稱為印本。寫本佛經多為墨書，此外還有朱書、多色書等，書寫形式分橫行、豎行兩種，有的還帶插圖，這些寫本佛經通常以卷子形式存在。印本佛經以刻印者區分為官刻、私刻、寺刻、坊刻；以流通方式區分為單本和藏經本（即通常所說的叢書本）；以印刷方式區分為單印本、套印本、插圖本；以裝幀形式區分為單頁、梵夾裝、卷軸裝、經折裝、旋風裝、線裝等。漢譯佛經由卷軸到折裝的演進，就是吸取梵本夾裝形製的特點並結合卷軸書籍而設計，以後逐漸普及到佛經以外的漢文書籍；而折裝書籍的出現，又為冊葉書籍的產生創造了條件。在書籍制度的演進過程中，佛教寺院藏書起到了推波助瀾的作用。

八、促進了中外文化交流

　　佛教寺院藏書中的主要典籍，諸如經、律、論、集、傳等，很多是由早期來華的印度及西域高僧依其所攜經卷翻譯而成。譯經活動促進了佛教文化的傳播，豐富了中原漢土文化典籍的內容與類型。以法顯、玄奘為代表的西行取經的中國僧徒，在帶回並譯出印度佛學經典的同時，也在異域傳播了古老中華悠久而深厚的文明。不僅如此，在整個佛教發展史上，漢文大藏傳至朝鮮、日本等鄰國者屢見不鮮，在海外保存完好的漢文大藏，也使中國佛教發展脈落有亦可循。至今流傳出去的不僅僅是佛經佛典教義教理，伴隨其中的，更有大量中國古代的文學、史學和哲學思想，雕版印刷、繪畫、造紙等科學技術乃至整個中華文明。而轉譯自印度佛藏，也對中國的哲學、醫學、邏輯學、聲韻學和雕造技藝產生了一定的影響。

第四節　歷代著名寺觀藏書

一、九江廬山東林寺

　　東林寺始建於東晉太元十一年（386）至今已有一千六百多年的歷史。開山祖師慧遠大師，也是蓮宗（淨土宗）始祖。由於結社念佛之風，形成了集修行、學術、研究、交流、翻譯於一體的中國化佛教的大趨勢。據歷史記載，大師派遣弟子法領、法淨西行取經事蹟，並有外來高僧佛陀跋陀羅等，來東林翻譯經典。

　　慧遠大師對釋、儒、道文化深諳其中，他將古印度文化和中國文化融會貫通，專弘淨土，潛護諸宗，成為當時南方佛教的領袖人物。遠公創建的白蓮社，一時廬山東林寺成為南方的佛教中心。

　　與東林寺結緣的名流高士代不乏人，諸如劉遺民、謝靈運、陶淵明、佛陀跋陀羅尊者、孟浩然、智者大師、鑒真大師、韓愈、白居易、柳公權、

李邕、王陽明、黃庭堅、周敦頤、王安石、蘇東坡、岳飛、陸游、范成大、王守仁、董其昌、王士禎、朱熹、康有為等。

寺內文物甚多，諸如：唐代尊勝陀羅尼經幢（683），為東林寺現存最古老的石刻；譯經台——昔日遠公請西域經師來東林寺譯經駐錫之地；柳公權殘碑；康有為題刻；李邕《東林寺碑》並序。聰明泉，出木池，護法力士，六朝松，謝靈運《廬山慧遠法師碑》，王陽明詩碑等[25]。

如此深厚的文化遺產，形成了獨特的東林淨土文化。中國的歷史文化經典很多出自東林，遠公時代的虎溪三笑——這個釋、儒、道的故事，在博大胸懷的遠公身上，實現了和諧的共處。

二、京師西明寺

西明寺是唐代長安的主要寺院之一，也是唐代御造經藏的國家寺院。西明寺隋時原為楊素宅第。據唐韋述《兩京新記》卷三云：「次南曰延康坊。西南隅西明寺。（注）本隋尚書令、越國公楊素宅，大業中，素子玄感誅後沒官；武德初，為萬春公主宅；貞觀中，賜濮恭王。恭王死後，官市立寺[26]。」《唐兩京城坊考》卷四載：「本隋尚書令、越國公楊素宅。大業中，素子玄感謀反，誅後沒官。武德中為萬春公主宅。貞觀中以賜魏王泰，泰薨後，官市之。顯慶元年，高宗為孝敬太子病癒立寺。大中六年，改為福壽寺[27]。」又據《唐會要》載：「延康坊本隋越國公楊素宅，武德初，萬春公主居住，貞觀中賜濮王泰，泰死，乃立為寺[28]。」考《長安志》

---

25 本文參考〈中國佛教協會〉之〈全國重點寺院—江西〉《九江廬山東林寺》http://www.chinabud dhism.com.cn/jiangxi/2021-07-01/43462.html

26 （唐）韋述撰，《兩京新記》卷三，清咸豐三年（1853）南海伍氏刊本。

27 （清）徐松撰，《唐兩京城坊考》卷四〈延康坊西明寺〉，清光緒五年（1879）定州王氏謙德堂刊本。

28 （宋）王溥撰，《唐會要》卷四十八〈西明寺〉，清康熙間（1662-1722）鈔本。

云：「次南延康坊，西南隅西明寺[29]。」

西明寺是仿天竺祇園精舍建築的唐代名刹。蘇頲《唐長安西明寺塔碑》寫道：

> 赫矣帝唐，發于天光，鴻勳鋪億載，盛業冠三代，欽明濬哲，以至高宗天皇紹元命而導要道也。時孝敬皇帝儲副承祧，晦明示疾，一物三善，稟人君之量，喜而又懼，聞王子之言，以大威力，作宏誓願，憑有為之基，獲無妄之吉；粤顯慶元年仲秋癸酉，詔於京兆延康裡置西明寺以報之。先是，三藏法師玄奘惟應真乎乃成果者，首命視延袤，財廣輪，往以繩度，還而墨順。次命少監吳興沈謙之，傾水衡之藏，徹河宗之府，制而縮版，參與懸欒，鈞北阜之槀，伐南山之枚，初歷落以星峙，忽穹崇以雲曼，攢拱炭業，騫甍宛轉，揆陰陽之中，居子午之直，叢倚觀閣，層立殿堂，虯鳳天矯而相承，鬼神睢盱而欲起，岡不珠綴窱，旋題照燭，琉璃洞徹，菡萏紛敷，白日為之隱蔽，丹霓為之舒卷者，凡十有二所，每動微風，滴細霤，窅然其來若和，鏗然其去有音，悉豐麗博敞，崢嶸曠朗，奕奕焉，耽耽焉，中國之莊嚴未有，《大荒》之神異所絕[30]。

據《大唐實際寺故寺主懷惲奉敕贈隆闡大法師碑銘序》載，高宗時懷惲曾奉敕於西明寺剃落。會昌滅佛，西明寺因其國家寺院的性質得以倖免。會昌五年（845）七月，武宗下令廢寺，長安每街留寺兩所，寺留僧三十人。上都左街留慈恩、薦福，右街留西明、莊嚴。唐宣宗即位後，西明寺一度更名為福壽寺[31]。

---

[29] （宋）宋敏求撰，《長安志》卷十〈唐京城四〉，清順治丁亥（4年）兩浙督學李際期刊本。

[30] 徐時儀〈長安西明寺與西明藏考探〉，出處：《首屆長安佛教國際學術研討會論文集第三卷下》http://www.sxlib.org.cn/dfzy/sxfjwhzybk/sxhcfjztysywh/yjwx_5241/201701/t20170122_623122.html

[31] 同上註。

西明寺是當時鑽研佛學的名寺，藏經豐富，高宗顯慶年間詔令西明寺寫經一部，收藏在西明寺菩提院東閣，號稱「一切經」。據釋靜泰《大唐東京大敬愛寺一切經論目序》，「顯慶四年，西明寺奉敕寫經，具錄入目。」又「顯慶年際西明寺成御造藏經，更令隱煉，區格盡爾，無所間然。律師道宣又為錄序[32]。」西明寺的藏經即《大唐大慈恩寺三藏法師傳》卷十和日僧槃譚《新雕慧琳藏經音義紀事》所說的「西明藏」，這部經藏是唐代最早也是最豐富的佛教典藏，此後陸續譯出的新經，經官定頒行天下後，也要補入西明藏。如《開元釋教錄》卷九載：「……手自書寫此新譯經，填續西明寺菩提院東閣一切經闕本[33]」。圓照在西明寺據此撰成《貞元新定釋教目錄》，即《貞元錄》。慧琳《一切經音義》亦據此撰成，贊甯《高僧傳》卷五《唐京師西明寺慧琳傳》稱其：

　　　　遂引用《字林》、《字統》、《聲類》、《三蒼》、《切韻》、《玉篇》，諸經雜史，參合佛意，詳察是非，撰成《大藏音義》一百卷。起貞元四年（788），迄元和五載（810），方得絕筆。貯其本于西明藏中。京邑之間，一皆宗仰[34]。

　　慧琳《一切經音義》音注佛經共計一千三百部，五千七百餘卷，始自唐玄奘譯的《大般若波羅蜜多經》，終於唐義淨撰的《護命放生法》，在某種程度上可以說是當時入藏佛經的縮影，由其所釋某部佛經的詞語可略窺這部佛經的一斑，由其所釋各部佛經則可略窺其時入藏佛經的經目概貌。全書大致依據圓照的《貞元入藏錄》編排為一百卷，分卷視收錄佛經卷數多少和需要解釋的詞語的多少而定。有一卷釋一部佛經的，如七十一卷只釋《阿毗達磨順正理論》八十卷；有一卷釋數部佛經的，如三十一卷

---

[32]　參考〈恒啟思書摘〉，http://www.gangeslog.com/content?bookid=2&parentid=91195

[33]　（唐）釋智昇撰，《開元釋教錄》卷九，明正統五年（1440）刊北藏本。

[34]　（宋）釋贊甯撰，《宋高僧傳》卷五《唐京師西明寺慧琳傳》，明萬曆辛亥（三十九年，1611）吳用先刊本。

釋《楞伽阿跋多羅寶經》四卷，《入楞伽經》十卷，《大乘入楞伽經》七卷，《菩薩神通境界經》三卷，《大薩遮尼乾子經》七卷，《密嚴經》三卷，《後譯密嚴經》三卷，《首楞嚴三昧經》三卷，《觀普賢行經》一卷，《諸法無行經》二卷，《諸法本無經》三卷，《無極寶三昧經》一卷，《慧印三昧經》一卷，《如來智印經》一卷，《寶如來三昧經》二卷，《大灌頂經》十二卷，共釋十六部經六十三卷；也有數卷釋一部佛經的，如一卷至八卷釋《大般若經》六百卷。每卷前，先列本卷注釋各經的名目，各經下一般都注明譯者、撰者，標明本卷注釋佛經的部數和卷數。卷前所標經名與正文或有同經異名或有具稱與略稱等不同。所釋各經每卷中選釋的詞語按其在經文中出現的先後次序排列。遇到某卷中文易，不要注釋的，則標出此卷，接著訓釋下一卷，如《大般若波羅蜜多經》第二卷（卷一）。或者標出某卷〈無訓釋〉，接著釋下一卷。如第五卷、第六卷、第七卷，下云「已上三卷並無訓釋」（卷一）。又如第十二卷至第三十五卷下云「經從第十二卷已下盡第三十五卷不要音訓，文易」（卷一）。有些真言梵語雖然錯訛，因難以找到梵文原本而無法重新譯解，慧琳亦予以標明，如釋《大寶積經》第十卷中所作說明云：「從此已下有諸天真言二十五道，古人譯為漢語，訛失聖意，文句蹇澀，讀誦甚難。今欲再翻，為闕梵夾，難為詳定，且依經本，以俟後賢。」（卷十一）共十三部。兩相對照，《慧琳音義》第十卷比《開元錄》增加了六部，且次序有所更換。《慧琳音義》第十六卷也比《開元錄》增加二部，次序亦有先後更換。類似的次序更換現象還出現在其他卷中。考慧琳編纂《一切經音義》時，圓照已在《開元錄》的基礎上於貞元十六年（800）編成《貞元錄》，比《開元入藏錄》多收一百八十二部佛經。《貞元錄》是當時官定經錄，依據當時的皇家官藏編定，具有一定的權威與示範作用，慧琳既然要為一切經編纂音義，自然要依據這部新編成的經錄。據方廣錩《慧琳音義與唐代大藏經》一文對《開元入藏錄》、《貞元入藏錄》和《慧琳音義》中〈大乘經·般若部〉和〈聖賢傳記錄·此方撰述集傳〉部分所收佛經的比較，《慧琳音義》比《貞元入藏錄》少收〈大乘般若部〉中的六部經和〈此方撰述集傳〉中的

十二部經,在〈此方撰述集傳〉增補了《貞元入藏錄》未收的十六部經。《慧琳音義》增補的十六部經為:《釋氏系錄》一卷、《利涉論衡》一卷、《道氙定三教論衡》一卷、《崇正錄》十五卷、《慧超傳》三卷、《無行法師書》一卷、《肇論》二卷、《止觀門論》二卷、《安樂集》二卷、《寶法義論》一卷、《寶王論》三卷、《金錍決瞙論》一卷、《觀心論》一卷、《群疑論》七卷、《十疑論》一卷、《浴像法》一卷。這十六部經似是當時經常閱讀的,也應是西明藏中收錄的,所以慧琳會為之音義。

　　《開元入藏錄》、《貞元入藏錄》和《慧琳音義》中諸經的編排次序既有前後繼承的關聯,又互有較大的不同。大致而言,慧琳確是以《貞元入藏錄》為基礎而編纂《一切經音義》,但也未完全依據《貞元入藏錄》,而是有所取捨,刪略了他認為不必為之撰寫音義的一些佛經,增補了他認為當時人們經常誦讀而有必要為之撰寫音義的一些佛經。

　　我國第一部有確鑿編纂年代的佛經目錄是東晉孝武帝甯康二年(372)釋道安編的《綜理眾經目錄》,南朝梁僧祐在此基礎上又編成《出三藏記集》,隋代費長房編有《歷代三寶記》,唐代道宣編有《內典錄》,智升編有《開元錄》,圓照編有《貞元錄》。道宣所撰《西明寺錄》是御造藏經的目錄,撰於顯慶年間(656-661)。圓照《續開元錄》著錄有《京師西明寺錄》三卷。湯用彤《隋唐佛教史稿》指出道宣在其所撰《西明寺錄》基礎上又撰成《大唐內典錄》。

　　方廣錩《佛教大藏經史》所載經錄,推論敦煌諸寺院當時以《內典錄・入藏錄》為目錄依據,指出「此時我國的漢文大藏經並不統一,皇家官藏、官方目錄流通到各地,對各地的大藏經有一定的示範作用,但各地寺廟並不是完全依照官方目錄去組織本寺藏經,而是根據實際情況,有所斟酌損益。」認為「《玄應音義》、《廣品曆章》、《慧琳音義》、《可洪音義》實際都是現前藏經的目錄,對於上述四種資料的個案研究,可以勾勒當時寫本藏經的全貌[35]」。《慧琳音義》可能依據西明寺的藏經目錄編纂,詮釋的一千三百部佛經大致上反映了中唐時入藏佛經的概貌。

---

[35]　方廣錩著,《佛教大藏經史》,北京:中國社會科學,1991。

　　《慧琳音義》增收了《開元錄》和《貞元錄》編成後新出的一些佛經，如《釋氏稽古錄》不見於《開元錄》，《道氤定三教論衡》不見於《貞元錄》等，這些佛經可能見於西明藏，可據《慧琳音義》所載比較西明藏與《開元錄》和《貞元錄》的異同。又如《慧琳音義》卷五十四轉錄玄應所釋《治禪病秘要經》三卷和《治禪病秘要法》一卷，慧琳在這四卷音義前注云：「以下四卷玄應依古經音訓，《開元目錄》無此經，且存而不遺。」

　　在這四卷音義後又注云：「已上四卷《開元目錄》中無此經。」據慧琳所注，《開元釋教錄》未著錄《治禪病秘要經》和《治禪病秘要法》這兩部經，而玄應所依據的藏經目錄則著錄有這兩部經。考證玄應和慧琳所據寫本藏經目錄與敦煌卷子所載經錄、《內典錄》、《開元錄》、《貞元錄》等經錄結構的異同，探討《慧琳音義》新增補的佛經及涉及到的經序，也可藉以勾勒出西明藏和唐代寫本藏經的概貌。

三、洛陽白馬寺

　　白馬寺，是中國佛教的發源地。創建於東漢永平十一年（68）。據記載：東漢永平年間的一天夜裡，漢明帝劉莊做了一個奇異的夢，夢見一位神異的金人。那金人身高六丈，背項發光，從空中飛行而來。明帝不知此夢是吉是凶，第二天便詢問眾臣。一位叫傅毅的大臣叩首答道：夢見的金人是天竺聖人。於是永平七年（64）漢明帝派遣蔡愔、秦景、王遵等十多人由洛陽出發，前往天竺國尋求佛法。這十多位西行求法者過天山、越蔥嶺，輾轉來到古大月氏國。在那裡，他們巧遇印度高僧攝摩騰和竺法蘭。乃同騰、蘭以白馬馱載佛經佛像于永平十年（67）返回中土。第二年漢明帝下令在洛陽城雍門（正西門）外，根據天竺佛寺式樣，建造了中國第一座寺院。鑒於佛經佛像由白馬馱載而來，遂以白馬寺為名[36]。

---

[36]　本文參考〈中國佛教協會〉之〈全國重點寺院-河南〉《洛陽白馬寺》http://www.chinabudd hism.com.cn/henan/2021-07-01/43470.html

　　白馬寺建成後便成為東漢最主要的譯經場所。攝摩騰、竺法蘭首先在這裡譯出了第一部漢文佛經《四十二章經》，之後天竺僧人曇柯迦羅又譯出了第一部漢文佛律《僧祇戒心》。隨著佛經漢譯本的逐漸增多，佛教在我國日益廣泛傳播開來。所以儘管後來佛教派系繁多，刹廟林立，但白馬寺一直被佛門弟子同尊為「釋源」，即中國佛教的發源地。

　　當時，佛教早已在中國民間流行了。這一次受到了王室的敬信，中國佛教才加速發達起來。所以佛教史上，都說這是佛教最初傳來，是中國正式有佛教、有寺院、有佛像、有沙門和經典譯出的開始。

　　《魏書》卷一一四〈釋老志〉記載：

　　　　孝明帝夜夢金人，項有日光，飛行殿庭，乃訪群臣，傅毅始以佛對。帝遣郎中蔡愔、博士弟子秦景等使於天竺，寫浮屠遺範。愔仍與沙門攝摩騰、竺法蘭東還洛陽。中國有沙門及跪拜之法，自此始也。愔又得佛經四十二章及釋迦立像。明帝令畫工圖佛像，置清涼臺及顯節陵上，經緘於蘭臺石室。愔之還也，以白馬負經而至，漢因立白馬寺於洛城雍門西。摩騰、法蘭咸卒於此寺[37]。

　　《後漢紀》卷十：

　　　　初明帝夢見金人，長大，項有日月光，以問群臣。或曰：西方有神，其名曰佛。陛下所夢，得無是乎？於是遣使天竺，問其道術，而圖其形像焉[38]。

　　大正新脩大藏經〈佛教西來玄化應運略錄〉載：

---

[37]　（南北朝）魏收撰，《魏書》卷一一四〈釋老志十第二十〉，南宋初期刊宋元明嘉靖遞修本。

[38]　（晉）袁宏撰，《後漢紀》〈後漢孝明皇帝紀卷第十〉，明嘉靖戊申（二十七年，1548）吳郡黃姬水刊本

> 後漢孝明帝永平七年正月十五日。帝夜夢金人身長丈六赫奕如
> 日。來詣殿前曰。聲教流傳此土。帝旦集群臣令占所夢。時通人傅
> 毅對曰。臣覽周書異記云。西方有大聖人出世。滅後千載當有聲教
> 流傳此土。陛下所夢將必是乎。帝遂遣王遵等一十八人。西訪佛法
> 至月氏國。遇摩騰竺法蘭二菩薩。將白氈上畫釋迦像及四十二章經
> 一卷載以白馬。同回洛陽。時永平十年丁卯十二月三十日也。因以
> 騰蘭譯經之所名白馬寺[39]。

　　根據上文中所見有關《四十二章經》的記載，蔡愔出使印度是在永平八年（65），回國後，於永平十年在洛陽建白馬寺。可是，當時中國與西域之間國交斷絕，而且，登場的人物因所依文獻而有所異同，再加上《四十二章經》可能是後世（大概是東晉時代）所輯纂的書，所以，白馬寺建於後漢明帝時的說法被懷疑是後人所杜撰的傳說而非事實。

　　白馬寺原來的建築規模極其宏偉壯觀，千百年來已幾度興衰，現存建築多為明清兩代修建。整個寺廟坐北朝南，為一長形院落，總面積約4萬平方米。主要建築有天王殿、大佛殿、大雄寶殿、接引殿、毗盧閣等，均列於南北向的中軸線上。雖不是創建時的「悉依天竺舊式」，但寺址都從未遷動過，因而漢時的台、井仍依稀可見。整個寺廟佈局規整，風格古樸，增添了佛國淨土的清淨氣氛。白馬寺山門採用牌坊式的一門三洞的石砌弧券門。「山門」是中國佛寺的正門，一般由三個門組成，象徵佛教「空門」、「無相門」、「無作門」的「三解脫門」。由於中國古代許多寺院建在山村裡，故又有「山門」之稱。明嘉靖二十五年（1546）曾重建。紅色的門楣上嵌著「白馬寺」的青石題刻，它同接引殿通往清涼台的橋洞拱形石上的字跡一樣，是東漢遺物，為白馬寺最早的古跡。山門左右兩側各立一匹青石圓雕馬，身高1.75米，長2.20米，作低頭負重狀。相傳這兩匹石雕馬原在永慶公主（宋太祖趙匡胤之女）駙馬、右馬將軍魏咸信的墓前，後

---

[39] （宋）程輝編，《佛教西來玄化應運略錄》 http://ccubk14.brinkster.net/greatbook/V39/1794_001.htm

由白馬寺的住持德結和尚搬遷至此[40]。

本寺初建時，採印度佛寺的形式。唐則天武后時，改為具有中國民族風味的建築。其後，宋、金、元、明、清歷代均有修葺。現存寺宇多為明‧嘉靖三十五年（1556）所建。寺內主要建築為天王殿、大佛殿、大雄寶殿、毗盧閣、接引殿、齊雲塔等。其中，大雄寶殿宏麗壯觀，殿內供有五千餘尊壁佛。齊雲塔位於山門外東側，原係後唐莊宗（923-925 在位）所建。後毀於宋代靖康之難（1126），金‧大定十五年（1175）重建。塔身十三層，為四方形的磚塔。外形中間粗、上下兩端細，風格別致，頗具藝術價值。

白馬寺現存佛像百餘尊，多為元明清代所造。其中大雄殿內的元代三世佛、十八羅漢和二天將像，堪稱「鎮寺之寶」。它們都是使用夾紵乾漆工藝製作，具有體輕質堅，經久不壞的特點。這種工藝發源於戰國，鼎盛於隋唐，宋代以後逐漸失傳，留存到現在的作品極其罕見，因此白馬寺的這些造像有著較高的歷史和藝術價值。

白馬寺內目前有歷代碑刻 40 餘方，其中最著名的是「趙碑」和「斷文碑」，分別位於山門內的東西兩側。趙碑是元代至順四年（1333）由趙孟頫書寫的《洛京白馬祖庭記》碑，碑文字體瀟灑，豐神秀骨，是書法藝術的珍品。斷文碑為一通高 1.7 米、寬 1.4 米的半截殘碑，名《重修西京白馬寺記》碑，該碑的碑文並非由上到下一長行通寫到底，而是用短行分成五組寫出，故稱「斷文碑」。此外還有北宋《摩騰入漢靈異記》、金代《釋源白馬寺舍利塔靈異記》、明代《重修古剎白馬禪寺記》、清代《白馬寺六景》等碑刻也頗為著名。

白馬寺建寺以來，歷經風雨，直到今天依然存在。其間更是幾度興廢、幾度重修，尤其是武則天時代的重修規模最大。如今我們看到的白馬寺古蹟是元、明、清時重修所留，寺內保存了大量珍貴的佛像。白馬寺是中國歷史上官方建立的第一座佛寺，是佛教在中國傳播的開端，在中國佛教史

---

[40] 本文參考〈中國佛教協會〉之〈全國重點寺院-河南〉《洛陽白馬寺》http://www.chinabuddhism.com.cn/henan/2021-07-01/43470.html

上占據了極其重要的地位。

四、杭州靈隱寺

　　靈隱寺又名雲林禪寺，位於杭州西北武林山（即靈隱山）麓，歷史悠久，是我國禪宗五山之一。

　　相傳晉咸和元年（326），印度高僧慧理雲遊至此，面山建寺，取名靈隱。山門舊題「絕勝覺場」，相傳為葛洪所書。靈隱寺初創時佛法未盛，一切僅初具雛形而已。至南朝梁武帝賜田並擴建，其規模稍有可觀。唐大曆六年（771）曾加修整，武宗會昌滅法被毀，後雖略有修葺，但規模不大。直至五代吳越王錢鏐，命請永明延壽大師重興開拓，並新建石幢、佛閣、法堂及百尺彌勒閣，並賜名靈隱新寺。

　　宋景德四年（1007），改寺名為靈隱山景德寺。天禧五年（1021），又改名景德靈隱寺。南宋時改名為靈隱山崇恩顯親禪寺。南宋建都杭州，高宗與孝宗常幸駕靈隱，主理寺務，並揮灑翰墨。宋甯宗嘉定年間，靈隱寺被譽為江南禪宗五山之一。

　　元順帝至正十九年（1359）毀於兵燹，後略事修補。明隆慶三年（1569），全寺毀於雷火，僅餘一堂；萬曆十年（1582）重修；二十八年（1600）復加增修；崇禎十三年（1640）又遭毀壞。清順治六年（1649）重建，寺貌煥然一新，規模大備，宗風重振，時稱「東南第一山」。康熙二十八年（1689）康熙帝南巡時，親書「雲林禪寺」。雍正十一年（1733）賜金齋僧。乾隆初重修大殿、堂閣等數十處，補飾五百羅漢。嘉慶二十一年（1816），復毀於火。道光八年（1828）修復。咸豐十年（1860），又毀於兵燹，僅存羅漢堂。宣統二年（1910），重建大雄寶殿。民國六年（1917）又建大悲閣。民國十九年（1930），陸續修復。民國二十五年（1936），羅漢堂又被焚。翌年，抗戰爆發，杭州淪陷，難民避居寺內，部分殿堂不慎失火被焚。1949 年 7 月，大殿遭蟻蛀部分倒坍，佛像壓毀。1954 年由

中國大陸撥款修復[41]。

寺內主要建築有山門、天王殿、大雄寶殿、聯燈閣、大悲閣、宋代石塔和石經幢、藥師殿、羅漢堂、雲林藏室等。

靈隱寺歷史上高僧輩出，著名的有慧理、智一、道標、皎然、贊寧、契嵩、重顯、如璧、慧遠、道沖、濟顛和尚、普濟、行端、德明、諦暉、巨濤、弘禮、弘一等。1983 年，靈隱寺被定為漢族地區全國重點寺院。

敦煌石室藏唐人書《摩訶般若波羅蜜多經》，靈隱藏品中最古的一件文物。通過端莊嚴謹而又精熟優美的書法字跡，我們仍然能夠感覺到佛法的莊嚴威儀和抄經手嫻熟的書寫技巧。這卷寫經紙張經黃檗染製，歷千餘年而依然堅韌完好、輕盈光潔，未受蟲蛀。這是目前所發現的靈隱寺所藏經卷中最古老的一件。

明董其昌書《金剛經》冊頁是一件有很高藝術價值的珍品。該冊頁起首兩頁是乾隆御題「香光法寶」、「永鎮雲棲」。此本冊頁原是雲棲寺的藏品，其上鈐蓋有「雲棲常住法寶」方形印，後歸靈隱寺所有。通過董其昌的題跋可知此冊書於萬曆二十年（1592），是為薦亡父母而捐給雲棲寺蓮池和尚的。字跡工整雋秀，應當屬於董其昌比較早年的作品。董其昌跋後還有崇禎己卯（1639）馮大淑觀跋；以及乾隆皇帝於辛未年（1751）到雲棲寺觀賞此冊頁所作題識。丁丑年（1757）乾隆又到雲棲寺再觀此冊，又題詩四首並識年款。

水陸畫是水陸法會不可或缺的聖物之一。靈隱寺這批水陸畫中的兩幅題有「崇禎十三年」款。描繪的內容有如來像、文殊菩薩像、普賢菩薩像、地藏菩薩像、諸阿羅漢像、天龍八部眾及金剛力士像等。有的還題有供養人姓名及諸佛菩薩羅漢名號等。佛菩薩造像端莊典雅，繪畫技法高妙，設色古雅；絹素既有典型的明代粗絹，也有幾幅質地格外精細的。各幅保存均基本完好。

22 幅明代菩提葉《莊嚴三寶圖》，其描繪對象包括諸佛菩薩羅漢，如

---

41 本文參考〈中國佛教協會〉之〈全國重點寺院-浙江〉《杭州靈隱寺》http://www.chinabuddhism.com.cn/zhejiang/2021-07-01/43421.html

釋迦牟尼佛、文殊菩薩、普賢菩薩、觀音菩薩、達摩祖師以及力士金剛等；故事內容為佛教典故，如洗象、伏虎、降魔、證果、面壁參禪、一葦渡江等。

明代弘治四年金書《佛頂心大陀羅尼經》也是彌足珍貴的。在烏金紙冊頁上以金粉書寫經文，經文上方則是插圖，描繪有各種佛教故事。書寫與畫都十分嫻熟精美。

此外，寺內藏有《花鳥圖》。董建中，清初人，字正度，松江人。董其昌裔孫。山水師董源，花卉宗黃筌。曾以國子生考授中同知。清聖祖南巡，以所繪蟠桃圖進呈，旋命畫扇稱旨，授湖北荊門知州。《婁縣誌》、《讀畫輯略》都記載有他的事蹟。這一幅花鳥畫畫法更接近周之冕和陳淳的畫法，也雜有一些惲南田的風格，雖然不像記載中所說的學習黃筌，但由於他是董其昌的後人，這件作品也是值得注意的。

貫休《十六羅漢圖》，原石在今杭州碑林，靈隱寺共有兩套拓片。這對研究宗教和石刻藝術具有一定價值。另有乾隆行楷書「雅宜清致」、康有為書法、吳昌碩書法繪畫、馬一浮書法、李叔同書法、章太炎書法、潘天壽繪畫、謝稚柳書畫、沙孟海書法、譚建丞書法、繪畫等以及大量拓片等等都是彌足珍貴的作品。還有一些作品，如（傳）宋人趙伯駒《人物山水圖》、（傳）元人趙孟頫《狩獵圖》、（傳）明文徵明隸書、（傳）明人董其昌行書詩等等，經鑒定系偽作，但對研究書畫作偽也有一定價值。靈隱自創建以來，高僧雲集，文人薈萃，儒釋交融，談禪論道，一吟一詠早已蔚然成為文化大觀。此外，寺內還存有不少年代久遠的佛像、法器、經幢、石塔、御碑、字畫等歷史文物為靈隱寺珍貴的佛教文化遺產。

五、鎮江定慧寺

定慧寺位於江蘇鎮江市焦山南麓。焦山又名「樵山」、「獅子山」、「雙峰山」、「乳玉山」，位於鎮江東面的長江之中，素有「中流砥柱」之稱。因東漢末年隱士焦光避居此地，故名「焦山」。山高 70.7 米，有東、

西兩峰之間又有一小峰，稱「別峰」。焦山與金山隔江相望，稱「姐妹山」。鎮江名勝向以金焦二山著稱，二山各有特色，古人曰：「金以巧勝，焦以拙勝；金為貴公子，焦似淡道人；金宜游，焦且隱；金宜月，焦宜雨。」焦山林木蔥蘢，滿山青翠，李白站在焦山上望松寥山，寫詩曰：「石壁望松寥，宛然在碧霄……仙人如愛我，舉手來相招。」焦山最多的是綺竹蒼松，翠色滴人。遠遠望去，焦山如一塊玉浮在江上，故焦山又稱名「浮玉山」寺庵樓閣皆掩隱於茂林修竹之中，有「焦山山裏寺」之說，與「金山寺裏山」相應[42]。

定慧寺始建於東漢興平元年（194），始名「普濟庵」，是中國最早的一批佛教寺院之一，為江南佛教勝地焦山最大的寺院。唐朝玄奘大師弟子法寶重建大雄寶殿。宋元佑年間（1086-1093）了元禪師（佛印）住持該寺，改名「普濟禪院」。元朝又更名為「焦山寺」。清康熙四十二年（1704）玄燁南巡時賜名「定慧寺」，並親筆題額。寺宇屢經興廢，明宣德年間重建，清康熙及道光年間又曾重建。對焦山定慧寺在歷史上的盛況，北宋蘇東坡曾有詩曰：「焦山何有有修竹，采薪汲水僧兩三。雲霾浪打人跡絕，時有沙戶祈春蠶[43]。」

定慧寺依山臨水，雕簷飛甍，建築雄偉，有大雄寶殿、天王殿、藏經閣、齋堂、念佛堂等，最盛時僧眾數百，現仍有房舍數百間。「海不揚波亭」為定慧寺山門，簡稱「不波亭」，系兩層門樓式建築，上層為方亭結構，下層僅有東西兩面牆，中間為大門通道，兩旁有清朝光緒年間巴州廖綸所書寫的一聯：「長江此天塹，中國有聖人」，門前一對明朝石獅。迎門影壁上刻有明朝書法家胡纘宗所寫「海不揚波」四個大字，贊焦山屹立江心，如鎮海之石，驅逐水妖，故海不揚波。亭之西，還刻有清道光年15歲童子王燮和所書「中流砥柱」四個大字。在天王殿前原有東、西兩座禦

42　本文參考〈中國佛教協會〉之〈全國重點寺院-江蘇〉《鎮江定慧寺》http://www.chinabuddhism.com.cn/jiangsu/2021-07-01/43419.html

43　（宋）蘇軾撰，《東坡全集》卷三〈自金山放船至焦山〉，《欽定四庫全書》本，百家諸子中國哲學書電子化計劃 https://ctext.org/library.pl?if=gb&file=3917&page=57

碑亭，現僅存東亭。亭系木結構，方形四面，上蓋琉璃瓦。亭中石碑正面
碑文是清乾隆帝第一次南巡時所作《遊焦山歌》，背面是乾隆第三次來焦
出時所作《遊焦山作歌疊舊作韻》。乾隆甚愛鎮江金、焦二山，並將二山
加以比較，覺得焦山尤勝於金山。其歌曰：「金山似謝安，絲管春風醉華
屋；焦山似義之，偃臥東床坦其腹；此難為弟彼難兄，元方季方各騰聲；
若以本色論山水，我意在此不在彼[44]。」

　　大雄寶殿建於南宋景定年間，元初毀於兵燹，明宣德年間（1462-1435）
重建，至今仍保持明朝建築風格。寶殿雕龍描鳳的屋頂不用釘子，皆用木
塊拼成，實為罕見，藻井彩繪，圖案甚美，飛簷斗拱，俱呈其妙。大殿內
有康熙所書「香林」二字。殿前兩株銀杏碩大蒼勁，已有四百餘歲。

　　觀瀾閣在焦山定慧寺東，為清乾隆帝南巡時行宮舊址。觀瀾閣建於道
光年間，系兩層樓閣，視野開闊，東、南、西三面皆為透明大窗，登閣可
近觀江濤，遠眺群山，故名「觀瀾」。觀瀾閣所在的院落，古樸雅致，花
木扶疏。院中有一株四百多年的楓楊，綠蔭滿院，冠如華蓋，曲幹盤枝，
古柯出牆。

　　東冷泉在焦山定慧寺西原海雲堂（又名「枯木堂」）院中，此泉本是
一口井，相傳是東漢隱士焦光煉丹取水處，稱「煉丹井」。鎮江金、焦二
山皆有名勝遙相呼應，金山寺有蘇江坡玉帶，焦山寺皆有楊一清玉帶；焦
山有吸江亭，金山有吞海亭；金山有名聞天下的的中冷泉，焦山定慧寺所
在的焦山有東冷泉。

　　此外焦山還珍藏有大量的文物。焦山素有「江南書法之島」的美譽，
為全國僅有的兩處碑林重點保護單位之一。碑林現有歷代碑刻四百多塊，
其中被譽為「碑中之王的」《瘞鶴銘》，為書法界所重焦山還完好地保存
了鴉片戰爭時期清軍抗英炮臺，炮臺規模巨集木，威鎮長江，已成為愛國
主義教育基地。

---

[44]　（清）乾隆、（清）蔣溥，《御製詩二集》卷二十三〈遊焦山作歌〉，百家諸子中國哲學書
　　電子化計劃 https://ctext.org/library.pl?if=gb&file=125083&page=63

六、天臺山桐伯宮

天臺山桐柏宮道教宮觀，金丹派南宗的祖庭，原名桐柏觀、桐柏崇道觀。三國吳赤烏元年（238），高道葛玄曾受吳主孫權之命在此地建法輪院。唐景雲二年（711），睿宗下詔在法輪院墟址上建立桐柏觀，擁有一堂（黃雲）、二台（鳳軫、從妙）、三壇（元晨、朝真、朝鬥及煉形室、龍章閣）。元和年間（806-820），馮惟良又建降真堂、白雲亭等。太和、咸通年間，徐靈府、葉藏岳先後重修此觀。五代後梁開平間（907年-910），桐柏觀升格為宮。宋大中祥符元年（1008），改名桐柏崇道觀[45]。

元明交替期間，因大量難民擁進桐柏宮，發生了致命的火災，桐柏宮焚燒怠盡。後經過艱難的掙扎，到了清初，由於雍正皇帝的支持和道士范青雲的努力，桐柏宮又獲得了當時全國少有的中興。先後沿中軸線建起了山門、靈官殿、真武殿、御碑亭、大殿、紫陽殿等六個層次的建築物，雕龍畫棟，龍紋巨礎。東西軸線依次還有東道寮、太極殿、迎仙樓；西道寮、真君殿、眾妙台、方丈樓等。桐柏宮有如此輝煌的歷史，究其原因，名山的依託無疑起了非常重要的作用。

政和六年（1116），建玄命殿，宮內建方丈、齋堂、雲堂等。南宋時，太尉曹勳建山門，觀中有經藏、三元、延賓等六個道院。北宋道士張伯端曾居此觀，並於觀中創道教南宗紫陽派，使其成為南宗祖庭，又改觀為宮。元明間多次修建。

新建的桐柏宮，從山門進去依次為靈官殿、真武殿、御碑亭、大殿、紫陽樓。兩旁各有配殿。大殿之左為太極殿，祀葛仙翁（玄），右殿祀右弼真君王子晉。紫陽樓塑張伯端像，兩側各有三間廳屋。東西道院前後亦各有廳三間，接以回廊。宿舍、伙房均在牆外。共有殿宇百餘間，置香火田八百餘石，龍門派第十代宗師清昱（東籬）住持，其徒方一定（蘭否）、閔一得（懶雲）等數十人協助觀事。南宗祖庭再次興盛。

45　本文參考〈道教文化中心資料庫〉《天臺山桐伯宮》，https://zh.daoinfo.org/index.php?title=%E5%A4%A9%E5%8F%B0%E5%B1%B1%E6%A1%90%E6%9F%8F%E5%AE%AE

　　紫陽真人融攝儒、釋、道三教理論精華，主張三教歸一。金丹南宗的出現，在中國道教史上具有劃時代的意義。中國社科院已故道家道教文化研究泰斗王明先生對中國道教內丹學說進行溯流尋源後說：「魏伯陽導其源，鍾（離權）呂（洞賓）衍其流，劉（海蟾）、張（伯端）、薛（道光）、陳（楠）揚其波，由外丹而內丹流變滋多。」所以說，南宗對道教內丹修煉作出了卓越的貢獻。紫陽真人的《悟真篇》是中國道教史上一部承先啟後的重要著作，與魏伯陽的《周易參同契》一起成為內丹學派的主要丹書，對宋朝以後道教的發展起著巨大的作用。《四庫全書總目》評價《悟真篇》時認為：「是書專明金丹之要，與魏伯陽《參同契》，道家並推為正宗。」

　　近代時局不靖，桐柏宮曾有所衰落，後經葉明倉、林至霞等贖田修殿，香火日盛。民國以來，時宗濱、伍止淵傳道，療疾救人，受到鄉鄰病家的感戴。1973 年，桐柏水庫建成蓄水，桐柏宮址沉於水底，部分建築和文物移往鳴鶴觀。

第七章　歷代藏書的管理

　　古代珍貴典籍由於人為破壞和自然災害，許多典籍早已無存。明葉盛說：「夫天地間物，以余觀之，難聚而易散者，莫書若也[1]。」歷代學者多有研究書厄者，故有五厄（隋牛弘）、續五厄（明胡應麟）、再續五厄（近人祝文白）之說，以為藏書之鑒。所以古人有許多保存書籍的好方法，非常值得借鑒，許多至今仍在採用，讓這些珍貴典籍永久流傳，為大眾使用。

　　事實上，我國古代文化與學術的發達和書籍的刊刻流傳，具有極為密切的關係，而刊刻與流傳即是藏書家最有價值的貢獻。至於對書籍的珍藏和保護，則可反映古人對知識的重視，以及在無法有效防治各種書害的情形下所作的因應措施。

第一節　書籍保存與書害防治

　　人類對於知識的追求，而引發出藏書、惜書、護書等行為，可是書籍以紙張為主要材料，材質相當脆弱，稍有疏失，便會引起書害，造成損傷，因此追求一套良好的藏書保管方法，長期以來，一直考驗著收藏單位。

　　我國古代對於圖書保存經驗的累積，如何避免書害的發生，發展出一套防治的方法。其中包括書籍材料的改進，來防止書害發生；典藏環境的改良與控制；擬訂藏書管理規則；修補與復原遭害書籍，達到長期保存的目的。這些防治書害的方法，也確能發揮相當作用；保存至今的古書，大半應歸功於前人的努力。而其中許多作法與觀念，更足資今日圖書典藏工作參考和取法。

---

[1]　（明）葉盛撰，《菉竹堂書目》序，清咸豐四年（1854）刊本。

一、書籍材料的改進

　　防治書害最根本的方法就是書籍材料的改進，我國早期的書籍材料，如木竹、石和獸骨，記錄文字材料少且使用不便，而漸被時代淘汰，在漢朝以後，紙張大大地推進了書籍抄寫和文化傳播的事業。在兩晉朝的需要，紙張的要求慢慢地提高。特別是在書法上，因為書法對紙筆的要求都是十分高的，所以紙張質素是有必要提高的。所以唐以後的書籍幾乎全是紙本形式。紙，雖然具有質輕薄、價廉且能大量生產的優點。但一遇水火蟲蠹極易毀壞，記錄其上的資料也隨之湮滅，遠不如甲骨、碑碣，在數千年之後出土，還能保持與製作當時類似的狀況。

　　紙張原料取自於自然界，製作紙漿過程是在自然環境中長期緩慢變化而成，因此能與環境的溫濕度與光線配合，絕少受其影響破壞，這是中國古紙的最大特色和優點。但是因為紙張的性質和自然物接近，又經過製漿時淨化處理，反而成為許多昆蟲或動物的最佳食物，導致生物性書害的產生[2]。

　　古人在製紙時，浸染香辛類植物的汁液，藉其特有的辛辣味與毒性，來驅趕書蟲，達到防蛀的目的。我國早已採用這種方法防蟲，裝裱書畫稱為「裝潢」的「潢」，即是染紙之意[3]。東漢時就有紙張染潢的記載，當時稱這種紙為典紙。魏晉時期，用紙盛行之後更為普遍[4]。敦煌經卷中也有許多是以黃紙寫成[5]。唐代黃紙係供皇室專用，宋代則用以印寫秘閣圖籍來防蠹[6]。除了印寫書籍外，染潢的紙箋也用於書畫。《齊民要術》記載潢汁的製法為：

---

[2]　澤田兼吉著，《書病考》，臺北：臺灣三省堂，昭和 17 年，頁 17。

[3]　林尹、高明主編，《中文大辭典》，臺北市：中國文化大學出版部，民國 71 年修訂版，頁 1558。

[4]　王重民〈說裝潢〉，《文史集林》三輯，臺北市：木鐸，民國 69 年，頁 237。

[5]　林貽俊著，《中國造紙史話》，臺北市：明文，民國 74 年，頁 134。

[6]　封思毅〈宋代秘閣黃本〉，《國立中央圖書館館刊》新 14 卷 1 期，民國 70 年，頁 1。

凡打紙欲生，生則堅厚，特宜入潢。凡潢，紙滅白便是，不宜太深，深則年久色闇矣。入浸藥熟即棄之，直用純汁，費而無益。藥熟後，漉滓擣而煮之，布囊壓花，復擣煮之，凡三擣二煮，添和純汁者，其省四倍，又彌明淨。寫書經夏熱後入潢，縫不綻解。其新寫者，須以熨斗縫縫，熨而潢之[7]。

這是一篇最早最詳細的潢紙法的記載。這個方法似早在紙普遍應用於書寫後不久便開始了。

藥汁即黃蘗（或稱黃柏樹）是芸香科的喬木，皮外白，內呈黃色，其效用能避蠹殺蛀蟲，故古人用來染紙，所以古紙多呈黃色。其樹皮所蒸煮出的汁液，其中含有小柏鹼、黃柏鹼和棕櫚鹼等多種生物鹼，是鹼性的含氯有機物，具有毒性，所以有殺蟲功用[8]。

除了黃紙外，《書林清話》中另載有：

宋時印書紙，有一種椒紙，可以避蠹。《天祿琳琅後編》三宋版類，《春秋經傳集解》三十卷杜預後序又刻印記云：「淳熙三年四月十七日左廊司局內曹掌典秦玉禎等奏聞，《壁經》、《春秋》、《左傳》、《國語》、《史記》等書，多為蠹魚傷牘，不敢備進上覽。奉敕用棗木椒紙各造十部，四年九月進覽。監造臣曹棟校梓，司局臣郭慶驗牘。」按此可考宋時進書之掌故。椒紙者，謂以椒染紙，取其可以殺蟲，永無蠹蝕之患也。其紙若古金粟箋，但較箋更薄而有光，以手揭之，力頗堅固。吾曾藏有陸佃《埤雅》二十卷，舊為汲古閣、季滄葦、陳仲魚諸家收藏，每卷有諸人印記。相傳以為金源刻本，似即以此種椒紙印者也。又縣人袁漱六芳瑛臥雪廬散出殘書中，有《史記》表傳數卷，亦是此紙印成。色有黃斑，無一

---

[7]　（南北朝）賈思勰撰，《齊民要術》卷三〈雜說第三十〉，明萬曆間（1573-1620）胡震亨刊秘冊彙函本。

[8]　林貽俊著，《中國造紙史話》，臺北市：明文，民國 74 年，頁 135。

蠹傷蟲蛀之處。是書今並歸吾架上，豈椒味數百年而不散歟。是皆
與蝴蝶裝之粘連不解，歷久如新者，同一失傳之秘制也[9]。

此種椒紙是以花椒（非辣椒）汁液染成，其皮含有檸檬烯、枯醇和香
葉醇等油脂，性熱味辛；果實含有香茅醛、水芹萜；根中有白鮮鹼、茵芋
鹼和小蘗鹼，均有殺蟲功用，且其所散發的強烈辛辣味也有驅蟲作用[10]。

除黃蘗和花椒外，「百部草的塊根中含有百部鹼、百部次鹼和異百部
次鹼等殺蟲作用的生物鹼。紙張經它的溶液浸染後，也有防蛀避蠹作用
[11]。」紙張浸染防蠹汁液，在印寫前後均可，也可在抄紙時直接加入紙漿。
除了防蟲的功用，防蠹汁液因具有頗強的鹼性，對於防止紙張的酸化反應
與防黴也有相當幫助。

另外一種染紙防蠹技術，將具有驅蟲效力的植物汁液或礦物質染在紙
上，以防止害蟲蛀蟲的方法。明清時期廣東海南一帶，則發明一種防蠹紙
「萬年紅」，即以鉛丹（或稱紅丹）的溶液塗浸紙張，將其染成鮮紅色或
橙紅色，其顏色持久，經年不褪，所以稱為「萬年紅」。鉛丹成分是四氧
化三鉛、鹼式硫酸鉛和氧化鉛，具辛辣味，且毒性極強。而鉛丹在空氣中
極為穩定，不易分解，所以經過數百年也能保持原有顏色和毒性，是極為
有效的防蠹紙[12]。然而紅紙不適宜印書，所以萬年紅紙都是用作書的護葉，
以保護內葉不受蟲傷，並有防水作用，能避免書籍受潮。同屬礦物的雌黃，
成分是三硫化二砷，半透明，檸檬黃色，有毒，能殺菌滅蟲。《史記·司
馬相如列傳》：「其土則丹青赭堊，雌黃白坿，錫碧金銀，眾色炫燿，照
爛龍鱗。」張守節正義：「雌黃出武都山谷，與雄黃同山[13]。」雌黃也可

9　（清）葉德輝著，《書林清話》卷六，民國七年（1918）長沙葉氏觀古堂刊本。

10　林貽俊著，《中國造紙史話》，臺北市：明文，民國74年，頁136-137。

11　林貽俊著，前引書，頁137。

12　蘭德生，趙萍著，《古今圖書收藏指南》，天津市：天津古籍出版社，2005，頁278。不著
　　撰人，〈明清防蠹紙的研究〉，《文史集林》四輯，臺北市：木鐸，民國70年，頁193-196。

13　（漢）司馬遷撰，《史記》第一百一十七卷〈司馬相如傳五十七〉，明嘉靖四年（1525）
　　金臺汪諒刊本。

作為防蠹之用，用法與黃蘗汁相同。

　　還有製糊防蠹技術，古書流傳既久必然破損，古人在修補過程中，首先想到用糊防蠹的問題，製糊防蠹就是指在製作糨糊的麵粉中，加入一些天然藥物，使之具有防蠹作用。孫從添再介紹毛晉汲古閣製糊的方法說：「糊用小粉、川椒、白礬，百部草細末，庶可免蠹[14]。」這些製糊、用糊的方法，在防治蟲蛀方面都能達到令人滿意的效果。

　　黏貼書冊的漿糊，日久容易脫爛或乾裂，使書葉散落，所以要加上「楮汁、飛麵、白芨（芨）三物，調和以黏紙，永不脫落[15]。」我國書籍裝訂形式，從全用黏貼的經折裝、蝴蝶裝和包背裝，進而至以紙撚絲線裝訂的線裝，除為便利翻閱外，並盡量避免使用吸引蠹蟲的漿糊，此應該也是其重要原因。

　　紙張所以被蛀，主要以其含有澱粉和膠質之類的書蟲食物。因之，選用木質素、膠質含量低，而纖維質含量高的麻紙或皮紙，也是防蛀方法之一，或在抄紙時，以明礬和植物黏液取代澱粉，作為施膠的材料，也能夠減少紙張中澱粉的含量。

　　就改進製書材料來防止書害的方法而言，還可在紙張表面塗蠟，以求防水、防蛀。此法常用於抄寫佛經或臨摹書畫的用紙。但塗蠟極為費工，塗蠟太厚則無法著墨，遇熱又會溶解，使紙頁黏結，所以書籍用蠟紙印寫者極為少見。最著名者是宋蘇州承天寺所造的金粟箋[16]，清張燕昌《金粟箋說》記載：「金粟箋之名，定自天府詞館。」又載：「吳槎客贈余藏經套合紙，四層為之，紙色與金粟箋同，面題《大方廣佛華嚴經》卷十八，凡十字，是墨印，下有秀州智覺大藏，小印亦墨印，又槎客自藏數幅，《大方廣佛華嚴經》卷十八，亦有秀州智覺大藏墨印，又有金粟山藏經紙印[17]。」

14　（清）孫從添撰，《藏書記要・裝訂》，清光緒二十二年（1896）刊本。（明）周嘉冑撰，《裝潢志》，臺北市：藝文印書館，百部叢書集成本。

15　（宋）王古心撰，《筆錄》，臺北市：藝文印書館，百部叢書集成本。

16　金粟箋，一種宋朝時歙州生產的具有濃淡斑紋的蠟黃藏經紙。因專供金粟山等處著名寺院刻印藏經之用，故稱為「金粟箋」。

17　（清）張燕昌撰，《金粟箋說》，清道光二十四年（1844）刊本。

金粟箋，為浙江海鹽縣古剎金粟寺書寫藏經時所用之紙。據稱該寺有
藏經千軸，皆用硬黃繭紙，其內外皆蠟摩光瑩，以紅絲闌界之法書之，墨
光黝澤，有如髹漆，其每幅紙背均加蓋小紅印，印文為「金粟山藏經紙」，
並間有宋神宗元豐年號，故知為宋代所製之古物。此紙原有黃、白二色，
白色即稱金粟箋，黃色雜有斑駁則稱為藏經箋。

金粟箋用硬黃繭紙兩面磨蠟，書寫佛經禹卷，藏於海鹽金粟寺中。至
於桐油之類的油脂染紙，雖然防水效果極佳，卻無法施墨，只供糊窗與製
傘之用。

二、藏書空間的設計

收藏的文獻典籍一多，自然需要有特定場所存放，才便於整理與使
用。歷代公私藏書處所，雖有館、閣、樓等不同名稱，但整理保存書籍的
目的則是一樣的。藏書樓的設置，既然有其特定目的，那就要考慮其地點
的適中和建築設計的合用，尤其要避免各種書害的發生而損及所藏。

《藏書十約》中說：「藏書立所，宜高樓；宜寬敞之淨室；宜高牆別
院，與居宅相遠。室宜近池水，引濕就下，潮不入書樓。宜四方開窗通風，
兼引朝陽入室[18]。」高樓與寬敞淨室，可避潮濕與灰塵；與住屋相遠的高
牆別院，則可防火災波及和家戶害蟲侵入；近池水，除了有利排水外，遇
火警可以就近取水撲救，排水良好的池塘還可以疏導水患。故選擇這種地
點做為藏書所在，對自然性和生物性的書害，可妥為事先防範，十分理想。
這種理想地點，固然不是到處都有；卻是前人經驗累積綜合歸納的結果。
例如宋朱敬之萬卷樓，「南則道人三峯，北則石鼓山，東南則白渚山。煙
嵐雲岫，洲渚林薄，更相映發，朝暮萬態[19]。」葉適《櫟齋藏書記》：「余
友衛君湜，清整而裕，淡泊而詳。酷嗜書，山聚林列，起櫟齋以藏之。夫

---

[18]　（清）葉德輝撰，《藏書十約》〈藏書九〉，清宣統三年（1911）湘潭葉氏刊本。

[19]　（宋）陸游撰，《渭南文集》卷二十一〈萬卷樓記〉，明末虞山毛氏汲古閣刊本。

其地有江湖曠逸之思，囿有花石奇詭之觀，居有台館溫涼之適，皆略不道。而獨以藏書言者，志在於學而不求安也[20]。」可見藏書人用心之苦。

在藏書樓的建築設計上，隋代觀文殿「每三間開方戶，垂錦幔，上有二飛僊，戶外地中施機發。帝幸書室，有宮人執香爐前行，踐機，則飛僊下收幔而上，戶扉皆自啟，帝出則復閉如故[21]。」其精巧如同今日的自動門窗。北宋崇文院則「輪奐壯麗，甲於內庭[22]」，四周並引水築池，廣植花木，以雕木作書架，用青綾為簾幕，也是極為華麗。然而書樓設計，總以實用為主。自宋代起，公私藏書樓的設計，大致都是書庫設於樓上，閱室置於樓下，四周開窗，內部高敞，以求明亮通風。書置樓上可免卑濕，並與樓下閱室相隔，以避開雜人等進入，兼有防盜、防塵、防蟲等功能。

明清藏書樓建築設計特點，主要在於解決藏書中的火、黴、蛀三害問題，同時兼顧環境設計，造成寧靜、優美的閱讀環境。因為是專用的性質，設計上沒有考慮公共閱覽的要求。如常熟錢謙益的絳雲樓、瞿鏞的鐵琴銅劍樓，湖州劉承幹的嘉業堂等。

古代書樓設計最為合用者，首推浙江寧波的范氏天一閣。在天一閣的選址及建築特色方面，從選址上講，天一閣坐北朝南，在范欽宅東，不與其他建築毗鄰，既有利於防火，又遠離生活垃圾，從而避免滋生蟲害。閣前築水池，蓄水防火，以備日後不時之需。閣北有假山古樹，樹木陰翳，綠色植物對空氣污染具有較強的淨化作用，對顆粒污染物有明顯的滯塵、過濾和粘附作用，從而減小有害氣體和灰塵對書籍造成的物理損傷和化學破壞。

天一閣為兩層結構，樓下取「地六成之」之意，分作六間，樓上取「天一生水」之意，為一大間。樓下為范欽招待賓客、詩文唱和之所，樓上才是收藏圖書和檔案之處。樓上大通間前後均設門窗，利於引風對流。大通

20　（清）葉昌熾撰，《藏書紀事詩》卷一，清光緒二十三年（1897）江標長沙刊本。

21　（元）馬端臨撰，《文獻通考》卷之一百七十四〈經籍考總敘〉，明正德己卯（十四年，1519）建陽劉氏慎獨齋刊本。

22　（宋）李燾撰，《續資治通鑑長編》卷第十九〈太宗皇帝紀三〉，清嘉慶己卯（二十四年，1819）海虞張氏愛日精廬活字本。

間以書櫥間隔，為了防潮，最西邊一間設為樓梯，最東邊一間因靠近牆壁怕受濕氣而空置，當中四間才放書櫥。書櫥頗大，均雙開門，其下各置一塊英石，以便吸收潮氣。

依據史料記載，天一閣的格局：

> 坐北向南，左右磚瓷為垣，前後簷上下均設門窗。其樑柱俱用松杉等木，共六間。西偏一間安置樓梯，東邊一間以近牆壁，並不貯書。惟居中三間，排列大櫥十口，內六櫥，前後有門，兩面貯書，取其透風。後列中櫥二口，小櫥二口。又西一間，排列中櫥十二口。櫥下各置英石一塊，以收潮濕。閣前鑿池，其東北隅又為曲池。傳聞鑿池之始，土中隱有字形如「天一」二字，因悟「天一生水」之義，即以名閣。閣用六間，取「地六成之」之義，是以高下深廣，及書櫥數目尺寸，俱含六數[23]。

總結並借鑒了歷代藏書樓的經驗教訓，在天一閣建閣之初及以後的延續之中都特別注意防火，天一閣防火措施有以下幾點：第一、藏書樓遠離生活區，杜絕火患。第二、嚴格的防火措施，樓中不准點燈、不准吸煙、樓的周圍不准放鞭炮，不給供火，杜絕一切火種。不論官銜、不論出身、不論品第、不論內外，所有的人都必須遵守書籍保管的規章制度。第三、閣前有一水池，水池終年綠水滿盈，一旦發現火情，可以及時利用。水池與藏書樓的距離不到五米，一旦發現險情，提水上岸後不幾步即可到位解決問題。第四、閣之兩旁有較高牆垣，以防鄰居失火延燒，而且房屋建築一律用防火牆。第五、天一閣樓下一層，房屋打基礎時，掘地四尺，內鋪木炭及石灰，形成一個隔水層，使地中水濕之氣不得上溯。一樓空朗，只有桌椅數把，柱間對聯數幅，又是一個隔潮層。天一閣樓上藏書之處為一大通間，用書櫥隔而為六，其中多設窗戶，空氣流通。

23　錢南揚〈天一閣之現狀〉，《國立北平圖書館館刊》5 卷 1 期，民國 21 年 1 月，頁 34。

　　文淵閣建築仿自天一閣，但其內部書架配置則有不同。自上而下為二樓、夾層、一樓。方格為書櫥，圓點為支柱；一樓大廳挑空，四周則有一凹形夾層。此為天一閣所無。

　　類似天一閣的建築設計，普通為明清藏書樓所採用；其優點是儲存與使用的功能並重，通風良好能避潮濕。但其藏書號稱四百年不散，實多得益於嚴密的管理制度，書樓應只占部分之功而已。

　　我國古代藏書保存與保護歷史上最早就有「金匱石室」之說。「金匱石室」之建築保存與保護觀念對中國古代藏書建築發展的影響深遠，其中尤以明皇史宬最具代表性。明弘治五年（1492），大學士丘濬上疏朝廷建議建造皇史宬，他說：

　　　　自古帝王藏國史于金匱石室之中，蓋以金石之為物，堅固耐久非土木比，又能扞格水火使不為患。有天下者斷石以為室，錮金以為匱，凡國家有秘密之記、精微之言，與凡典章事蹟，可以貽謀傳遠者莫不收其中，以防意外之虞[24]。

　　　　請于文淵閣近地，別建重樓，不用木植，但用磚石。將累朝實錄，御製玉牒，及干係國家大事文書，盛以銅櫃，庋於樓之上層。如詔冊制誥，行禮儀注，前朝遺文舊事，與凡內府衙門所藏文書，可備異日纂修全史之用者，盛以鐵櫃，庋之下層[25]。

　　丘濬的建議實為對「金匱石室」建築理念的實踐，建造純為石製的圖籍貯藏之所，用銅皮木櫃存放歷朝皇帝實錄、朝政文書、秘檔、敕詔、圖籍等。皇史宬是我國古代歷史上規模最大的石製檔案藏書建築，也是至今唯一一座保存完整的皇家檔案藏書建築，距今近五百年。

　　皇史宬的空間格局如下：

24　《明孝宗弘治實錄》卷六十三，臺北：中央研究院歷史語言研究所校印本，1962，頁1217。

25　陳登原著〈古書庫之防火建築〉，《古今典籍聚散考》，上海：上海書店，1983，頁482。

外院長方形，入其三座門則為內院。有北殿（正殿）廡七楹（應為九楹），東西殿廡各五楹。楹前各有高臺，惟均無廊。而屋簷至短，與其他宮殿式建築迥異。扉牖楹楣均以石代之。此（正）殿之扉牖，在其左右兩牆，而位置高，以致殿中光線極弱。殿有五門，其在中間之三門距離較近，左右二門則較遠。入門則見五尺餘之高臺，臺前有階，由階上臺，則金漆櫃也。櫃極美觀，以銅覆之而雕以龍，每行南北七櫃，東西二十三行，計得一百六十一櫃。……每櫃中則藏中文、滿文及蒙文之聖訓或實錄，均以紅綾包裹之。歷年雖久，而毫無潮濕或蟲嚙之患。……其東西兩殿廡各有三門，而扉牖具為小四方形，凡三十有一，緊接於房簷之下[26]。

皇史宬的建築，除屋頂結構用木材外，幾乎全用磚石，窗戶小而高，數量又少，所以光線陰暗，通風不良。此種石室最易生潮濕，故又設高臺以置書櫃。木質書櫃不免腐爛，所以用銅皮包覆密封，其中圖籍再以紅綾包裹，如此才能隔絕濕氣、蟲蟲。

清代藏書建築不僅充分繼承了前代磚石結構建築防護的思想精華，並在公、私藏書領域更有著進一步的發展和創新，形成了突出防火、防潮等功能的磚木結構建築模式。

孫從添在《藏書紀要》中說：「古有石倉，藏書最好，可無火患，而且堅久，今亦鮮能為之。惟造書樓藏書，四圍石砌風牆，照徽州庫樓式乃善。不能如此，須另置一宅，將書分新舊抄刻各置一室封鎖，匙鑰歸一經營，每一書室，一人經理，小心火燭，不致遺失，亦可收藏[27]。」孫氏所言「石倉」指的是漢代曹曾「石倉藏書」的典故，這一方式不失為保護書籍免於火患的有效方式。

皇史宬是純為典藏而建的書樓，防火性絕佳，書籍密封於銅櫃內，不輕易開啟示人，樓中亦不設閱覽座位。就保存而言，此為最好的設計，仍

---

26 袁同禮〈皇史宬記〉，《圖書館學季刊》2 卷 3 期，民國 16 年 10 月，頁 444。

27 （清）孫從添撰，《藏書紀要・收藏》，清光緒二十二年（1896）刊本。

不適合一般藏書樓採用。因為如此典歲，書籍無法供人閱讀，反而失去真正的價值所在。所以即使「石倉藏書最好，可無火患，而且堅久」，若用於一般書樓建築，通風不良，空氣晦悶、潮濕，又常常開箱取用翻閱，則不免蟲黴鼠嚙百病叢生。

另外，有關書樓中的書櫃門窗亦有講究，如《藏書紀要》與《藏書十約》中所述：

> 書櫃須用江西杉木或川柏銀杏木為之，紫檀花梨小木易於泛潮，不可用做一封。書式樸素精修為妙，請名手集唐句刻於櫃門上，用白銅包角裝訂，不用花紋，以雅為主，可分可併，趁屋高下置於樓上。
>
> 由上而下，以三櫥為一連，櫥寬工部尺一尺八寸，高二尺。每櫥列書三行。合三櫥一連，高六尺，並坐架一尺二寸，共七尺三寸，取閱時不至有伸手之勞。
>
> 四面窗櫺須要透風，窗小櫺大；樓門堅實，鎖要緊密，式要精工[28]。

書籍價於櫃中，目的在於防蟲、防塵與防潮，且便於搬運曝曬；窗窄柱寬，樓門堅實，可防止宵小潛入，書櫥置於樓上，則可免於卑濕水患及外人順手竊取。

三、藏書管理

藏書的整理，目錄的建立，還有日常的護理，是至關重要的，也是藏書管理體系當中最為重要的一個環節，這直接影響著藏書能保存的時間長

28　（清）孫從添撰，《藏書紀要》，清光緒二十二年（1896）刊本。（清）葉德輝撰，《藏書十約》，清宣統三年（1911）湘潭葉氏刊本。

短，品質的好壞，也為後面的借閱提供較為方便的條件。良好的藏書管理，有賴於完善的制度和確實的執行。書籍入藏後，舉凡編目、校勘、庋架、閱覽以至防蟲除黴、曝曬修補，都是繁瑣且持續的工作，需要詳密的規則和持之以恆的精神。古代藏書家能以管理完善而著稱於後世的，不過天一閣、鐵琴銅劍樓等幾家而已，可見只憑對書籍的熱愛與嗜好，無法建立完善的典藏制度，而欲使藏書能歷經種種書厄，傳留後世，是一件非常困難的事情。

（一）藏書的分類與編目

我國古代的藏書管理體制中，對分類編目相當地重視。分類編目是私家藏書有效的管理手段。通過對藏書進行分類編目，可以知道有多少藏書，家藏如何利用，哪些書在什麼地方。分類編目的基本要求是使藏書不致錯混顛倒、遺漏草率。其中六分法以其開創性在圖書分類中地位突出，四分法因其應用的廣泛性對圖書分類管理工作影響深遠，但分類之法，各家見解互異，部次類目多有不同，其源流變遷與優劣長短，已成中國目錄學的專門學問。

我國最早關於書籍分類管理的成果形成於西元前一世紀，為西漢劉向、劉歆父子所開創的「六分法」。劉向、劉歆父子作《七略》，是我國第一步系統的分類書目，收羅了當時幾乎所有的文獻。關於六分法的分類依據，學術界歷來有爭論，而劉向劉歆父子的分類工作似乎在一開始也依據也不甚明朗。對於分類的依據，余嘉錫先生認為根據整理文獻的人的不同而進行的分類。

東漢至魏晉時期的動亂使得圖書收藏和整理變得混亂，需要重新整理和編目。

此外西漢之後我國史學發展突出六分法已經無法滿足典籍分類的需要。自宋代開始，我國的藏書樓管理開始向規範化發展，宋朝藏書家具有極強的目錄版本意識，尤表的《遂初堂書目》詳細記錄了版本著錄的方法，翻開了我國目錄學史上的第一頁。及至明清進入我國古代圖書整理的時代，圖書分類管理達到巔峰。代表即《四庫全書》。《四庫全書》為我國

古代四部分類法的集大成作品。

天一閣延續幾百年，鑒於藏書的變化，故有范氏後人及外人所編多種天一閣書目。如清乾隆年間，范氏後人在向《四庫全書》獻書後所編之《四明天一閣藏書目錄》，著錄藏書四千八百十九部。嘉慶年間，阮元命范邦甸等編出《天一閣書目》，共著錄閣書三千三百九十三種、三萬八千五百二十七卷。1847 年，浙江布政使劉喜海編撰的《天一閣見存書目》，著錄圖書二千二百二十三種。同治十三年，薛福成重編《天一閣見存書目》，著錄藏書二千一百五十二部[29]。現存最早的天一閣藏書目錄是清初的抄本《天一閣書目》，其分類具有明代圖書分類的特點。

明代，以理學為禪學，學風空疏，正統史學意識淡薄。受學術文化的影響，明代書目分類體系，一是創立新法，打破傳統四分法之藩籬，創造眾多的新分類法，或沿用舊目、或把舊有子目用作大類、或把舊有子目作為一目與四部並列、或創造新類名詳分類目；二是因循四部法而大量增加子目，史、子、集三部設置大量子目，詳盡分類。《天一閣書目》把明代制書放在第一位，分為制書、諸經、四書、史、實錄、志、經濟、管制、出使、奏議、兵家、刑名、儒家、釋家、道家、子書、集、選詩、古文、類書、詞曲、策論、表賦、小說、禮樂、博古、陰騭、天文、雜技、書畫、地理、醫家、星相、農家、人物、姓氏、列傳 36 類。從其分類體系來看，它是打破了傳統的四部分類法之藩籬，創造眾多的新類名、詳分大類創立的新分類法，具有較積極因素，為後世分類提供了借鑒。

此處所稱編目，是指藏書家對書籍入藏後的著錄登記工作。編目方法，以《藏書紀要》記敘最為詳細：

> 藏書四庫，編目最難，非明於典籍者，不能為之。大凡收藏家編書目有四，則不致錯混顛倒遺漏草率，檢閱清楚，門類分晰，有條有理，乃為善於編目者。一編大總目錄，分經史子集，照古今收藏家書目行款，或照經籍考、連江陳氏書目俱為最好，可謂條分縷

---

29 駱兆平著，《新編天一閣書目》，北京：中華書局，1996，頁 4。

晰精嚴者矣。前後用序跋，每一種書分一類，寫某書若干卷，某朝人作，該寫著者、編者、述者、撰者、錄者、注者、解者、集者、纂者，各各寫清不可棍。書係宋板、元板、明板、時刻、宋元鈔、舊鈔、明人鈔本、新鈔本，一一記清，校過者，寫某人校本。下寫幾本或幾冊，有套無套。一種門類寫完後，存白頁以修增寫。新得之書，編成一部，末後記書若干部，共若干冊總數於後，以便查閱有無，將來即為留傳之本。其分年代不能全定，因得書先後不一，就其現在而錄之可也。釋道二氏之經典語錄，附於後，寫清裝成，藏於家。二編宋元刻本、鈔本目錄，亦照前行款式寫，但要寫明北宋、南宋、宋印、元印、明印本，收藏跋記，圖章姓名，有缺無缺，校與未校，元板亦然，另貯一櫃，照式行款寫之。櫃用封鎖，不許擅開。精鈔、舊鈔、宋元人鈔本、秘本書目，亦照前行款式寫，但要寫明何人鈔本、記跋圖章姓名、有缺無缺、不借本、印宋鈔本、有板無板。校過者，書某人校本，或底本臨本，錄成一冊。雖目錄，亦不可輕放，恐人借觀遺失。非常行書籍，皆罕有之至寶，收藏者慎之寶之。三編分類書櫃目錄一部，以便檢查而易取閱。先將書櫃分編字號，櫃內分三隔，櫃門背左，實貼書單三張，分上中下，各照櫃隔，寫書目本數於上，以便查取。右門背貼書數目，亦分三張，上中下另寫一長條於旁，記書總數目。而所編之書目，照櫃字號，亦分寫上中下三隔，先寫經部某字號，櫃內上隔某一部，若干卷、某人作、某板，共幾冊。上隔共書若干部，共若干本。二三隔照寫。一櫃則結總數。都寫完，則寫大總結數於末行後頁。如有人取閱借鈔，即填明書目上，某年某月某日某人借或取閱。一月一查，取討原書，即入原櫃，銷去前注。借者更要留心，若一月不還，當使催歸原櫃，不致遺失。此本書目，最為要緊，須託誠實君子經管，庶可無弊。四編書房架上書籍目錄，及未訂之書，在外裝訂之書，鈔補批閱之書，各另立一目，候有可入收藏者，即歸入櫃，增上前行各款書目內可也。寫書根，用長方桌一隻，坐身處桌面中挖一塊板，

中空五本書厚縫一條，夾書於中，紮緊，書與桌平，照書名行款卷
數，要簡而明，細楷書寫之，用墨，筆畫勻細清朗，乃為第一。虞
山孫姓行二者寫書根最精，一手持書，一手寫小楷，極工，今亦罕
有能者。書上掛籤用礬紙，或細絹，摺一寸闊，照書長短，夾籤於
首冊內，掛下一二寸，依書厚薄為之，上寫書卷名數，角用小圖章。
已上書目，如此編寫，可以無遺而有條目矣[30]。

　　其著錄的詳細程度，較今日圖書館使用的編目規則，有過之而無不
及。至於尚未入櫃之書，如「書房架上書籍，目錄未及訂之書，在外裝訂
之書，鈔補批閱之書，各另立一目，候有可入收藏者，即歸入櫃，增上前
行各款書目內可也[31]。」

　　庋架之前，以細楷書寫書名、卷數於書根，或襲古代卷軸插架之法，
另以紙籤以資識則，取閱時就不必逐本翻檢，開櫃即可一目了然。添寫書
根，也有其訣竅，《秘術海》一書中記其法為：

　　　　寫書根之字，若昧之下筆，上有油氣，墨滑走不附，而且濇筆，
　　莫想成佳書，舊書則尤甚。故無論新書與舊書，均以緩乾濕手巾，
　　揩拭一遍，使稍含濕氣，但過濕則墨散，過燥仍不著，總以不溫不
　　燥為宜，筆頭務須飽含墨汁，即能揮灑自如[32]。

　　宋代書籍係直立插架，「書背向上，灰塵下墜不侵書首[33]。」明清時
則多平放，外覆函套或夾板以防灰塵蟲黴。「書放櫃中或架上，俱不可併，

[30]　（清）孫從添撰，《藏書紀要》〈編目〉，清道光十三年（1833）刊本。

[31]　同上註。

[32]　汪翰編，《秘術海》二十卷，〈零玉碎金集刊；73〉，臺北市：新文豐，1980。

[33]　李文裿〈中國書籍裝訂之變邊〉，《圖書印刷發展史論文集》，臺北市：文史哲，民國 71
　　年，頁 451。

宜分開寸許，放後亦不可放足，書要透風則不蛀不黴[34]。」書櫃排列方法，則大體依分類部次順序，櫃門上書寫經史子集、甲乙丙丁或天地玄黃等[35]，以為前後次序。遇有「單本一二卷者，袖珍巾箱長不及五寸，大本過尺者，以別櫥度之[36]。」此種排架方法，與現代圖書館極為類似。

詳細的編目和井然有序的排架，可使藏書有完整的記錄與固定的放置所在，便於取閱和清點，如有損傷或遺失也易於查覺，是典藏管理的第一步工作。

（二）校勘排架

書籍不論抄刻是否精湛，精校之後，皆為至寶。書不校勘，不如不讀。大致說來，明清藏書家重視校勘，究其原因，一方面是以提高圖書質量上著眼。從先秦至唐宋，書籍主要靠傳抄，即用筆墨抄寫原書。這樣因為得到的原本之不同，自然有篇章、字句的異同，也會出現正誤的差異。故歷來官私藏書，必有校勘之事，以求得到較為精確的書籍。另一方面，就是唐末五代及宋以後我國書籍生產方式主要是雕版印刷，或是活字印刷，同樣也存在印本的取材是否無誤，刻印中出現差異與錯誤，甚至是流傳過程中散失脫落，這些都是要通過校勘的方法，予以解決。

孫氏在〈校讎篇〉中說：

> 古人每校一書，先須細心紬繹，自始至終，改正字謬錯誤，校讎三四次，乃為盡善。至於宋刻本，校正字句雖少，而改字不可遽改書上。元板亦然。須將改正字句，寫在白紙條上，薄漿浮簽，貼本行上，以其書之貴重也。凡校正新書，將校正過善本對臨可也。倘古人有誤處，有未改處，亦當改正。若明板坊本、新鈔本錯誤遺漏最多，須覓宋、元板舊鈔本、校正過底本或收藏家秘本，細細讎

---

[34] （清）孫從添撰，《藏書紀要》〈收藏〉，清道光十三年（1833）刊本。

[35] 陳登原撰，《天一閣藏書考》，臺北市：古亭書屋，民國59年，頁54。

[36] （清）葉德輝撰，《藏書十約》〈陳列四〉，清宣統三年（1911）湘潭葉氏刊本。

勘，反復校過，連行款俱要照式改正，方為善本。……所以書籍不論鈔刻好歹，凡有校過之書，皆為至寶。……惟葉石君所藏書籍，皆手筆校正，臨宋本，印宋鈔，俱借善本改正，博古好學，稱為第一。葉氏之書，至今為寶，好古同嗜者賞識焉[37]。

范氏不僅藏書，也對其所藏之書進行校勘、修訂。僅范欽修訂的刻本就有二十餘種，即《范氏奇書》。范氏通道刻書、論書，終於聚藏了大量高質量的圖書。

羅振玉的《玉簡齋叢書》中有范欽後人編的《四明天一閣藏書目錄》，目錄不分卷，也不分類，僅按櫥登記書名和冊數，我們可從中知道天一閣藏書排列的情形：書櫥編號用千字文，共有天地元黃、宇宙洪荒、日月盈庚、辰宿列張、寒來暑往、秋收冬藏、閏餘成歲、律呂調陽三十二大櫥，其中宇、寒、來、成、陽字號的五隻櫥是放《古今圖書集成》的。這種排列類似明代官修《文淵閣書目》，以方便檢索的千字文為序編排。明代一些私家目錄效法官修目錄「按樹立號」的做法，如《李蒲汀書目》就依其藏書屋朝東朝西、每屋幾櫃、每櫃幾層而加登錄，以便按櫃取書。

以千字文作為藏書和類目的標識符號，簡短、易記、次序固定，進一步發展了南北朝開始的以甲乙丙丁代表四部藏書的標識方法，使書目分類和藏書排列向科學化方向推進一大步[38]。

（三）藏室管理

古代中國的藏書機構與管理人員從何時開始設置，由於文獻不足，實難確定。

據史記所載，老子曾為周藏室史。所謂藏室史，就是藏書之史，或稱柱下史。藏室史為中國古代掌管圖書的職官名，即管理藏書的史官，相當

37　（清）孫從添撰，《藏書紀要》〈校讎〉，清道光十三年（1833）刊本。

38　趙萬里，重整范氏天一閣藏書記，《中國古代藏書與近代圖書館史料（春秋至五四前後）》，北京：中華書局，1982，頁436。，

於現今國家圖書館的管理員，至於是館長或館員，說法分歧。藏書史的職稱最早出現於周代，但在史料中，曾先後出現過許多不同的稱謂，包括：

（1）「柱下史」，簡稱柱史。因其常侍立殿柱之下，故以柱下史為官名。相傳老子曾為周柱下史，後以「柱下」為老子的代稱。例如《漢書·張蒼傳》亦言：「老子為柱下史[39]」；《史記·張丞相列傳》亦云：「張蒼乃自秦時為柱下史，明習天下圖書計籍[40]。」；又《老子西升化胡經·序說第一》曰：「康王之時，歲在甲子，亦同俗官，晦跡藏名，為柱下史[41]」。

（2）「藏室史」，或稱守藏史。「藏室」是指藏書之所。如司馬貞《索隱》詮釋，藏室史即「周藏書室之史也[42]」；另，《史記·老子列傳》稱老子是「周守藏室之史[43]」。

（3）「徵藏史」，徵是典掌之意，與「守」相同。例如《莊子·天道》載：「由聞周之徵藏史有老聃者，免而歸居，夫子欲藏書，則試往因焉[44]。」；《成玄英·疏》亦云：「徵藏史」猶今之秘書官，職典墳籍[45]。後特指老聃。章炳麟《原道上》所述：「孔父受業於徵藏史，韓非傳其書[46]。」

---

[39] （漢）班固撰，《漢書四十二·張蒼傳第十二卷》，明嘉靖八至九年（1529-1530）南京國子監刊本。

[40] （漢）司馬遷撰，《史記·張丞相列傳》，明正德戊寅（十三年，1518）建陽令邵宗週刊本十六年（1521）劉氏慎獨齋校訂本。

[41] 〈老子西昇化胡經序說第一〉，《老子化胡經》CBETA 電子版，資料底本：大正新脩大正藏經 Vol. 54, No. 2139。

[42] （唐）司馬貞撰，《史記索隱》卷十七，《光緒廣雅叢書》本。百家諸子中國哲學書電子化計劃 https://ctext.org/wiki.pl?if=gb&res=965748

[43] （漢）司馬遷撰，《史記·老子列傳》，明正德戊寅（十三年，1518）建陽令邵宗週刊本十六年（1521）劉氏慎獨齋校訂本。

[44] （周）莊周撰，《莊子》第五卷〈天道〉，清光緒二年（1876）浙江書局刊二十二子本。

[45] 《南華真經註疏》卷十五〈外篇天道第十三〉，《古逸叢書》本。百家諸子中國哲學書電子化計劃 https://ctext.org/wiki.pl?if=gb&res=832812

[46] （清）章炳麟撰，《國故論衡》下卷〈原道上〉，《章氏叢書》本。百家諸子中國哲學書電子化計劃 https://ctext.org/library.pl?if=gb&file=83932&page=14

（4）「侍御史」，簡稱「御史」，為秦朝的官名。秦代官制雖沿用前代，但有所變更，執掌書籍的官員是御史大夫。據載，秦時御史張蒼就是掌管秦宮廷藏書的官員。《通典‧職官六》曰：「侍御史，於周為柱下史，老聃嘗為之[47]。」；司馬貞《索隱》亦言：「周秦皆有柱下史，謂御史也。所掌及侍立恆在殿柱之下[48]。」；《漢書‧張蒼傳》所述：「（張蒼）秦時為御史，主柱下方書[49]。」；顏師古注：「柱下，居殿柱之下，若今侍立御史矣[50]。」

（5）「柱後史」，或稱「柱後」。為御史的別稱。如《通典‧職官六》曰：「侍御史，……一名柱後史，謂冠以鐵為柱，言其審固不橈也[51]。」；此外，《漢官儀》亦有類似的記載：「侍御史，……。一名柱後，以鐵為柱，言其審固不橈，常清峻也[52]。」

孫氏在《藏書紀要》中說：「收藏書籍不獨安置得法，全要時常檢點開看，乃為妙也。若安置雖妥，棄置不管，無不遺誤[53]。」書籍入藏後，仍要時時注意，防範蟲鼠滋生，水火災厄和宵小盜竊。從歷代藏書家藏室管理律例，不難窺知其預防書害之意矣。

明祁承㸁《澹生堂藏書約》：

> 入架者不復出，蠹嚙者必速補。子孫取讀者，就堂驗閱，閱竟
> 即入架，不得入私室。親友借觀者，有副本則以應，無副本則以辭，

---

[47] （唐）杜佑撰，《通典》卷二十四〈職官六〉，明嘉靖戊戌（十七年，1538）王德溢等廣東刊本。

[48] （唐）司馬貞撰，《史記索隱》卷十七，《光緒廣雅叢書》本。百家諸子中國哲學書電子化計劃 https://ctext.org/wiki.pl?if=gb&res=965748

[49] （漢）班固撰，《漢書四十二‧張蒼傳第十二卷》，明嘉靖八至九年（1529-1530）南京國子監刊本。

[50] 同上註。

[51] （唐）杜佑撰，《通典》卷二十四〈職官六〉，明嘉靖戊戌（十七年，1538）王德溢等廣東刊本。

[52] （漢）應劭撰，《漢官儀》卷上，清順治丁亥（4年）兩浙督學李際期刊本。

[53] （清）孫從添撰，《藏書紀要》〈收藏〉，清道光十三年（1833）刊本。

正本不得出密園外。書目視所益多寡，大較近以五年，遠以十年一
編次。勿分析、勿覆瓿、勿歸商賈手[54]。

范氏天一閣：

書葉內夾有芸草以避蠹，書架架底則又置有浮石，云可以免
於潮濕[55]。

不使持煙火者入其中，其能久一也。又司馬沒後，封閉甚嚴，
繼乃子孫各房相約為例。凡閣廚鎖鑰，分房掌之。禁以書下閣梯，
非各房子孫齊至，不開鎖。子孫無故開門入閣者，罰不與祭三次；
私領親友入閣及擅開廚者，罰不與祭一年；擅將書借出者，罰不與
祭三年；因而典鬻者，永擯逐不與祭[56]。

孫從添《藏書紀要》：

書分新舊鈔刻，各置一室封鎖，匙鑰歸一經管。每一書室一人
經理，小心火燭，不致遺失。亦可收藏。若來往多門，曠野之所，
或近城市，又無空地，接連內室、衙署、廚竈之地，則不可藏書，
而卑濕之地，不待言矣。藏書斷不可用套，常開看則不蛀；櫃頂用
皂角炒為末，研細鋪一層，永無鼠耗；恐有白蟻，用炭屑、石灰、
鍋鏽鋪地，則無蟻。櫃內置春畫避蠹魚，供血經於中可避火。書放
櫃中，或架上，俱不可並，宜分開寸許，放後亦不可放足。書要透
風，則不蛀不黴。書架宜雅而精，樸素者佳，下隔要高，四柱略粗，

54　（明）祁承㸁《澹生堂藏書約》，百家諸子中國哲學書電子化計劃 https://ctext.org/library.pl?
if=gb&file=82158&page=13

55　陳登原撰，《天一閣藏書考》，民國二十一年（1932）南京金陵大學中國文化研究所排印本。

56　（清）阮元撰，《揅經室集》二集卷第七〈寧波范氏天一閣書目序〉，景印上海涵芬樓藏原
刊本。

不可太狹，亦不可太闊，約放書二百本為率。安置書架，勿於近窗併壁之處。案頭之書，三日一整方不錯亂，收藏之法，惟此為善也[57]。

梁鼎芬《豐湖書藏四約》：

　　書箱布列，不可太密，宜疏行以通氣，箱腳宜用瓦器盛之，中藏石灰，可避濕，可去蟻。每日清晨，看守書藏之人，開樓窗，開箱門，日落時一一關閉完密，不得誤忽。……樓上禁吸水煙，晚間禁止上樓。燈燭要謹慎，晚間禁止借書。院內牆壁每生白蟻，最宜小心，凡安放書架切弗近牆。箱內書頭處有空地，易招鼠耗，小書本尤宜留心。箱內易生蠹魚，用辟蠹散最好，否則用香烈之品，亦可防禦。然終以人力為主，能勤檢理，所勝多矣。每格內放書不可太密，密則難取，高則逼緊，易於皺折。凡放書，每行末一本，卷尾最易抽壞，宜分工放好，要整齊，勿忙急。外省書籍多用布套紙套，最易生蟲，切弗有此。樓上兩廊可放書架，不宜庋箱，此處風日喧曝，易損書籍[58]。

葉德輝《藏書十約》：

　　書樓宜四方開窗通風，兼引朝陽入室。遇東風生蟲之候，閉其東窗。窗櫺俱宜常開，樓居尤貴高敞，蓋天雨瓦濕，其潮氣更甚於室中也。……春夏之交，宜時時清理，以防潮濕。四五月黃黴，或四時久雨不晴，則宜封閉；六七月以後至冬盡春初，又宜敞開。櫥下多置雄黃石灰，可避蟲蟻；櫥內多放香烈殺蟲之藥品，古人以芸

草，今則藥草多矣，肉桂香油或嫌太貴，西洋藥水藥粉品多價廉，大可隨時收用。食物引鼠，不可存留；燈燭字簍引火之物，不可相近。……閱過即時檢收，以免日久散亂。非有書可以互鈔之友，不輕借鈔；非真同志著書之人，不輕借閱。舟車行笥，其書無副本者，不得輕攜。遠客來觀，一主一賓一書僮相隨，僕從不得叢入。藏書之室，不設寒具，不著衣冠，清茗相酬，久淡則邀入廳室[59]。

另有專記藏書避蠹防蟲之法者，如：

《夢溪筆談》說：

古人藏書，辟蠹用芸。芸，香草也，今人謂之七里香是也。葉類碗豆，作小叢生，其葉極芬香，秋後葉間微白如粉汁。辟蠹殊驗，南人採置席下，能去蚤蟲。予判昭文館時曾得數株於潞公家，移植秘閣後，今不復有存。香草之類，大率多異向，所謂蘭蓀，蓀，即今蒿蒲是也；蕙，今零陵香是也；茝，今白芷是也[60]。

《文房四譜》說：

古人藏書多用芸香辟蠹，即今俗名七里香也；春時間細白花，滿樹清香逼人，葉類豌豆叢生，亦極香，秋後葉間微白如粉，採置席下，能去蚤虱，非楓脂白膠香也[61]。

《傳家寶》說：

59　（清）葉德輝撰，《藏書十約》〈收藏〉，清宣統三年（1911）湘潭葉氏刊本。

60　（宋）沈括撰，《夢溪筆談》卷三〈辨證一〉，明萬曆間會稽商氏刊本。

61　（宋）蘇易簡撰，《文房四譜》卷三，清道光辛卯（11 年）六安晁氏活字印本。

　　辟蠹之法極多，或用樟腦，或香蒿，或用煙葉，或用花椒，總
不若芸香薰之為第一。其法於伏日曬書之後，堆滿櫃櫥，預留火爐
空處，用炭火一爐。燒起芸香，使香煙繚繞，則蟲不生[62]。

　　以上三條，均以芸香為辟蠹妙品，惟可避蠹之物，尚不盡此。《行廚
集》云：麝香置書笈中，可以避蠹。又：蘭花陰乾藏書中，亦能避蠹[63]。

　　從上述所列藏書家的藏書管理方法，大致可歸納為幾點：

　　1.嚴出入。書籍入藏後，即編自列冊，非必要不出書樓，如有人借閱
取鈔，即填明書目，上某年某月某日某人借或取閱，一月一查，取討原書，
即入原櫃。取回時尤須注意有無裁割塗改變造等情形。范氏天一閣規矩最
嚴，私自將書攜出借閱者，可罰不與家祭三年，典賣商賈者，則逐出門牆。

　　2.禁外人。書樓如有閒雜外人時時出入，所藏不免遭人順手盜去，或
是汙損破壞。即是親友來訪借閱，也要由主人取至樓下閱室，旁人不得上
樓任意瀏覽。

　　3.避潮濕。書室高敞，四周開窗，書櫃相間，都是為了使空氣流通，
避免潮氣聚集，致使書籍黴爛生蟲。天一閣於書架下所置「浮石」（又名
英石），即乾燥之多孔之水成岩，具有若干吸濕效果。

　　4.防蟲鼠。古人藏書防蟲蠹鼠嚙的方法，除須避潮濕和禁於書室中飲
食，以防食物殘屑吸引蟲鼠外，主要是以各種藥物來防治，如芸草、樟腦、
煙葉、花椒、麝香、皂角末、炭屑、石灰、雄黃和肉桂等。這些防蠹藥品，
是以其異香、苦味或毒性，來達到除蟲的效果。其中以芸草最為著名，「古
者秘閣藏書置芸以避蠹，故號芸閣」，其別名又稱七里香或百花除蟲菊。
天一閣藏書即置有大量芸草，但其藥效時間有限，須時常更換，而天一閣
藏書因局鑰太嚴，後世子孫不能經常入樓整理更換，芸草和浮石都失去效
用，至清朝中葉，已有不少藏書為蟲蠹所傷。

　　5.慎煙火。藏書最忌火，書樓不得點燈、不近煙火，為各家通例。書

62　霍懷恕〈線裝書籍保護法〉，《學風》5 卷 5 期，民國 23 年 5 月，頁 9。

63　同上註。

用櫃裝，櫃相間隔，也有便於失火搶救的用意。

6.勤查檢。書籍經常翻動清點，可防佚失和蟲黴，遇有破損也可即時修補。天一閣藏書及清內閣大庫檔案，未能定期清點，任其堆置，是遭腐壞散佚的主要原因。

7.妥安放。書籍閱後，即依目錄歸於原位，以免堆積散亂。櫃中書籍放置不可太高太密，否則抽取歸放不易，容易傷及書葉裝訂，也容易滋生書蟲。

（四）曝書

藏書管理方法有多種，然以曝書最為主要。曝書可同時達到避潮濕、防蟲鼠、勤查驗等各項功效。我國古人很早就有曝書的習慣，這是一種去蟲防蟲蛀黴變的保護圖書的方法。早在漢代的生活指南書《四民月令》中已有曝書活動的記載，說的是每到七月七日，曝經書及衣裳，習俗然也[64]。東漢王充在《論衡》中說出了古人曝書之所以選在七月初七這一天的原因：「子日沐，令人愛之。卯日曬，令人白頭[65]。」他解釋道，當時的人認為，在七月初七這天，太陽很烈，書經太陽一曬，黴菌很快曬死了，書頁很容易曬透。如果錯過了這個日子，太陽就不那麼如人意了，曬了半天，書頁仍然曬不透，簡直是會急死人的，就連頭髮也會被急白。

就這樣，曝書的習俗一直延續到宋代，只不過此時的曝書變成了「曝書會」，由曝書活動發展成一項定期的文人聚會。曝書會，至宋時大盛，士大夫之間有曝書會，秘書省有曝書宴。此種集會，除定期曝曬整理藏書外，還有士大夫間聯絡情誼，切磋學問的意義。元代秘書監也有定期曝書之例。明代內府藏書如文淵閣、皇史宬亦於每年六月初六曝曬。清乾隆時，因文淵閣四庫全書「卷帙浩繁，非一時所能翻閱，而多人抽看曝曬，易致

64　（漢）崔寔撰，《四民月令》，百家諸子中國哲學書電子化計劃 https://ctext.org/library.pl?if=gb&file=98464&page=25

65　（東漢）王充撰，《論衡》卷二十四〈譏日篇〉，百家諸子中國哲學書電子化計劃 https://ctext.org/library.pl?if=gb&file=77796&page=83

損汙，入匣時復未能詳整安儲⁶⁶」，而免去曝書之例。

　　私人藏書則多有定期曝書之舉，如宋司馬光，「每歲以上伏及重陽，閒視天氣晴明日，設幾案於當日所，側群書其上，以暴其腦。所以年月雖深，終不損動⁶⁷。」天一閣范氏子孫「例於黃梅節後，公集曝書⁶⁸。」瞿氏鐵琴銅劍樓藏書，「每歲必取出一曝，而曝書有一定時日，故所藏書，因保存與曝書之得法，能歷久不蠹⁶⁹。」

　　曝書之法，《藏書紀要》「曝書」條所述最為詳盡：

　　　　曝書須在伏天，照櫃數目挨次曬。一櫃一日曬書用板四塊，二尺闊一丈五六尺長，高橫擱起，放日中。將書腦放上面，兩面翻曬，不用收起，連板抬風口涼透，方可上樓。遇雨，抬板連書入屋內擱起最便。攤書板上，須要早涼，恐汗手拿書沾有痕跡，放收入櫃亦然。入櫃亦須早，照櫃門書單點進，不致錯混。倘有該裝訂之書，即記出書名，以便檢點收拾。曝書初秋亦可。漢、唐時有曝書會，後鮮有繼其事者，余每慕之，而更望同志者之效法前人也⁷⁰。

　　其他如《考槃餘事》說：

　　　　藏書於未梅雨之前，曬取極燥，入櫃中，以紙糊門外及小縫，令不通風，蓋蒸氣自外而入也。納芸香麝香樟腦可辟蠹⁷¹。

　　《傳家寶》說：

⁶⁶　（清）王先謙，《乾隆朝東華錄》卷四十二，臺北市：大東書局，《十二朝東華錄》本。

⁶⁷　（明）祁承㸁，《澹生堂藏書約》，臺北市：新文豐，民國 73 年，頁 22。

⁶⁸　陳登原撰，《天一閣藏書考》，民國二十一年（1932）南京金陵大學中國文化研究所排印本。

⁶⁹　藍文欽，《鐵琴銅劍樓藏書研究》，國立臺灣大學圖書資訊研究所碩士論文，1984，頁 146。

⁷⁰　（清）孫從添撰，《藏書紀要》〈曝書〉，清道光十三年（1833）刊本。

⁷¹　（明）屠隆撰，《考槃餘事》卷一〈書〉，明萬曆間（1573-1620）繡水沈氏尚白齋刊本。

伏天晴日，早晨將書於有日空處，逐本展開。至午後，翻覆再
曬，將晚收起，俟冷透，疊入箱櫃，不可隨便收藏[72]。

又如《清嘉錄》記江南曝書風俗甚詳，文亦有趣，照錄於後，以見曝
書風氣在民間及官府流行之一般，其原文說：

曬書六日故事，人家曝書籍圖畫於庭，雲蠹魚不生，潘弈雋六
月六日曬書詩云。三伏乘朝爽，間庭散舊編，如遊千載上，與結半
生緣，讀喜年非臺，題驚歲又遷，呼兒勤檢點，家世只青氈。案語
云：按孫德符野獲編，六月六日，內府皇史宬曝列聖實錄御製詩文
集大函，為每歲故事。錢思元吳門補乘亦云：六月六日曝書畫；崔
實四月民令則以七月七日暴經書衣裳不蠹[73]。

曝書的時間，因各地風土氣候的不同，故有差異。另如《藏書十約》
所記：

古人以七夕曝書，其法亦未盡善，南方七月正值炎薰，烈日曝
書，一嫌過於枯燥，一恐暴雨時至，驟不及防。且朝曝夕收，其熱
非隔宿不退，若竟收放廚內，數日熱力不消，不如八九月秋高氣清，
時正收斂，且有西風應節，藉可殺蟲。南北地氣不同，不可不辨者
也[74]。

就上文所引看來，可得一結論：曝書時間，大約以芒種或未梅雨以前，
伏暑，及秋初等時為最好。曝書方法，宜將書腦朝上放置，兩面翻曬，這

---

[72] 霍懷恕〈線裝書籍保護法〉，《學風》5 卷 5 期，民國 23 年 5 月，頁 3。

[73] 顧鐵卿譔、樂爾勤校閱，《清嘉錄》卷六〈曬書〉，上海市：新文化書社，1934，頁 64。

[74] （清）葉德輝撰，《藏書十約》〈收藏九〉，清宣統三年（1911）湘潭葉氏刊本。

是各家所公認的。

　　書籍曝曬後，不能立即放回櫃中，因書葉的水分多已蒸發，須待其涼透，回吸部分水氣之後，紙張才不致變為焦脆易裂，墨色也才不易變質。而且餘熱尚存的書冊收回櫃中，溫度累積升高，會促使蠹蟲更加活躍，反而造成更嚴重的書傷。

（五）惜書

　　古代的讀書人對於購買回來的書籍，都非常珍惜它，書籍破損時也都會補書，一本書可能傳一、兩百年，經好幾代人讀。《梁溪漫志》記載：

> 　　吾每歲以上伏及重陽間，視天氣晴明日，即設几案於當日所，側群書其上，以暴其腦，所以年月雖深，終不損動。至於啟卷，必先視几案潔淨，藉以茵褥，然後端坐看之。或欲行看，即承以方版，未嘗敢空手捧之，非惟手汗漬及，亦慮觸動其腦[75]。

　　司馬光一生好書，讀書時非常愛惜書籍。司馬光的讀書堂藏書萬卷，他每天都在讀書，晨夕披閱，讀了很多年，他的書依然和新的一樣。記載說：「皆新落，手未觸者[76]。」新得像手都沒碰過一樣，可見司馬光非常愛惜書。司馬光在讀書前，必然先把几案打掃乾淨，用褥子鋪在書下面，然後端坐好才看書，有時候（無法端坐著看）需要邊走邊讀，就把書放在一塊方木板上讀，從來不會直接用手捧著書，因為怕手上的汗把書給浸壞了。

　　過去的書都是線裝，若線鬆動了，書就散了，所以司馬光經常補書。司馬光讀書時還有個規矩：「側右手大指面襯其沿而覆，以次指面撚而挾過，故得不至揉熟其紙[77]。」讀線裝書的一頁，要以大指面撚起，才不會

---

[75]　（宋）費袞撰，《梁溪漫志》卷三〈司馬溫公讀書法〉，清順治丁亥（4 年）兩浙督學李際期刊本。

[76]　同上註。

[77]　同註 75。

把紙弄爛，角也不會捲起來。

　　古人讀書都是很講究，如司馬光讀完書後，書還能像新的一樣。我們現在同樣要培養孩子愛惜書籍，乃至愛惜一切事物，對書籍，對前人的知識，保有尊敬和恭敬的態度如果對待書籍是這樣，日後對待任何東西也會愛惜。

　　元趙子昂書跋云：

> 聚書藏書良匪易事，善觀書者澄神端慮，淨幾焚香。勿捲腦，勿折角，勿以爪侵字，勿以唾揭幅，勿以作枕，勿以夾刺。隨損隨修，隨開隨掩。後之得吾書者，並奉贈此法，讀書者當作此觀。[78]

　　更有藏書家將其所藏珍善本，視為至寶，偶有翻開峙，珍惜愛護之心超越常情，如米元章《洗手帖》云：

> 每得一書背訖，入奩，印以米氏秘玩書印。閱書之法，二案相比，某濯手親取，展以示客。客拱而憑几案，從客細閱，某趨去於前，客曰：「展」，某展；客曰：「卷」，某卷。客據案甚尊。某執事甚卑，舍供執卑者，止不欲以手衣振拂之耳[79]。

　　《中國藏書家考略》載稱：

> 王定安，字鼎臣，清時人。嘗得宋槧《孟子》，舉以誇海寧陳其元。陳請一觀，則先令人負一櫝出，櫝啟，中藏楠木匣，開匣，乃見書。書之紙墨亦古，所刊筆畫，亦無異於今之監本，陳問之曰：獨此可增長知慧乎?曰：不能。可較別本多記數行乎?曰：不能。臣

---

[78]　（明）陳繼儒撰，《讀書十六觀》，明末高郵夏氏刊本。

[79]　霍懷恕〈線裝書籍保護法〉，《學風》5 卷 5 期，民國 23 年 5 月，頁 3。

笑曰：然則不如仍讀今監本知為愈耳，奚必費百倍之錢已購此耶？

王恵曰：君非解人，不可共君賞鑑。急收弃之，陳大笑而去[80]。

重視書籍，愛惜書籍，是歷代讀書人的優良傳統，但書籍總不免因兵火蟲蠹而散失，因此愛惜書籍的積極方法，就是別置副本，專供閱覽或典藏他處，以免一旦損傷即絕傳後世。《隋書·經籍志》載開皇年間將所得典籍，分錄為正副二本藏於宮中，煬帝時將秘閣之書，寫五十副本，分置西京、東都之宮省官府。宋真宗崎，將館閣所藏另寫兩部分置[81]。明永樂年間，將南京文淵閣書分鈔一部，以舟運至北京文淵閣庋藏。清代則以《四庫全書》分藏內外七閣之事，最為著名。

私人藏書別置副本的事例，如唐憲宗崎，柳公綽家藏典籍萬餘卷，皆有三本，一本尤華麗者鎮庫，次者平日閱覽用，再次者則供子弟頌讀學習。北宋王欽臣藏書四萬三千卷，每得一書，先以廢紙鈔之，與別本參校，至無誤差則善寫之，以此供借人及子弟觀之，另再別寫一本，以絹素褙之，號稱「鎮庫書」，不輕易示人。明祁承爜所藏書亦有別寫副本，以供親朋借閱。其目的不外是預防閱讀時汙損竊割，或遇水火之災，猶可補緝，不致全毀。

第二節　書籍的修護

古籍在長期的輾轉流傳中，都有不同程度地遭受到損壞，儘管原因很多，但歸根結底是兩種因素：一種是內在的，即屬於古書製作材料或製作方法而造成的，如紙張的質料所含酸鹼度；水墨、顏料；糨糊及印製方法等。另一種是外在的，即影響古書保存的各種客觀條件，其中又分為理化

---

[80] 楊立誠、金步瀛合編，《中國藏書家考略》，上海市：上海古籍，1987，頁23。

[81] （唐）魏徵撰，《隋書》卷三十二〈志第二十七經籍一〉，元大德間（1297-1307）饒州路儒學刊明嘉靖間南監修補本。

因素、維生素因素、生物因素、人為因素。由於以上兩種原因，一些倖存的古籍，有的殘缺不全，有的支離破碎，有的千瘡百孔，如果不經過重新修補，勢必影響典藏與閱讀效果。從收藏的角度看，輕者會降低它的收藏價值，重者甚至會完全失去它的收藏價值。殘破的古籍，只有經過精心的修補，才能延長書籍的壽命，恢復其特有的古樸風貌。這種為古籍修補技術，在我固古代社會就被廣泛應用。《裝潢志》中也說：「前代書畫傳歷至今，未有不殘脫者。苟欲改裝，如病篤延醫，醫善則隨手而起，醫不善隨劑而斃[82]。」可見書籍修補工作的重要，如此才能與其他的典藏管理方法配合，維護藏書的完整。

　　書籍裝裱修補的技術頗為專門，藏書家多半是交由專事裱褙的工匠處理，其程序大致可分為拆葉去汙、黏貼版心，補襯缺損、打孔裝撚、裁切整齊和穿線裝訂四個步驟。對於不同原因和程度的書傷，要有不同的處理方法，使用材料上，儘量要與原書一致，或是性質相近的紙張漿糊，使新舊合宜不致脫落，也不易看出破爛修補的痕跡。《藏書紀要》中所載書籍裝訂修補的原則與方法，是明清兩代藏書家經驗的歸納總結，值得參考：

　　　　裝訂書籍，不在華美飾觀，而要護帙有道，款式古雅，厚薄得宜，精緻端正，方為第一。古時有宋本、蝴蝶本、冊本各種訂式，書面用古色紙細絹包角，裱書面用小粉糊，入椒礬細末於內，太史連三層，裱好貼於板上，挺足候乾，揭下壓平用，須夏天做秋天用。摺書頁要摺得直、壓得久、捉得齊，乃為高手。訂書眼要細，打得正而小，草訂眼亦然，又須少，多則傷書腦，日後再訂，即眼多易破，接腦煩難。天地頭要空得上下相趁。副頁用太史連，前後一樣兩張。截要快刀截，方平而光，再用細砂石打磨，用力須輕而勻，則書根光而平，否則不妥。訂線用清水白絹線，雙根訂結，要訂得牢，嵌得深，方能不脫而緊。如此訂書，乃為善也。

　　　　至於修補舊書，襯紙平伏，接腦與天地頭，並補破貼欠口，用

82　（明）周嘉冑撰，《裝潢志》，清道光辛卯（11 年）六安晁氏活字印本。

最薄棉紙熨平，俱照補舊畫法，摸去一平，不見痕跡，弗覺鬆厚。真妙手也。而宋、元板有模糊之處，或字腳欠缺不清，俱用高手摹描如新，看去似刻最為精妙。書套不用為佳，用套必蛀。雖放於紫檀香楠匣內藏之，亦終難免。惟毛氏汲古閣用伏天糊裱，厚襯料，壓平伏，裱面用灑金墨箋，或石青、石綠、棕色、紫箋，俱妙。內用科舉連裱裏，糊用小粉，川椒、白礬、百部草細末，庶可免蛀。然而偶不檢點，稍犯潮濕，亦即生蟲，終非佳事。糊裱宜夏，摺訂宜春，若夏天摺訂，汗手並頭汗滴於書上，日後泛潮，必致黴爛生蟲，不可不防。凡書頁少者宜襯，書頁多者不必；若舊書，宋元鈔刻本，恐紙舊易破必須襯之，外用護頁方妙。書籤用深古色紙裱一層，籤要款貼，要整齊，不可長短闊狹上下歪斜，斯為上耳。虞山裝訂書籍，講究如此，聊為之記，收藏家亦不可不知也[83]。

此外，裝裱圖書還須注意所在地方的風土氣候，葉德輝《藏書十約》即說：

> 北方書喜包角，南方殊不相宜，包角不透風則生蟲，糊氣三五年尚在，則引鼠。余北來之書，悉受其害。又北方多用紙糊布匣，南方則易含潮，用夾板夾之最妥。夾板以梓木、楠木為貴，不生蟲，不走性，其質堅而輕，花梨、棗木次之，微嫌其重，其他皆不可用[84]。

至於不同原因受損書籍的修補方法，近人洪有豐在其《圖書館組織與管理》一書中，綜合古法，分為修補法和接襯法，他認為中國舊書受損，有風傷，蟲咬，黴爛，水濕，撕破之分，而水濕又有有漬無漬之別，故修

---

83 （清）孫從添撰，《藏書紀要》〈裝訂〉，清道光十三年（1833）刊本。

84 （清）葉德輝撰，《藏書十約》〈裝潢三〉，清宣統三年（1911）湘潭葉氏刊本。

補之法，各因其類而異。茲分述於下：

　　風傷。風傷者，書經烈風火逼紙色紅脆，手觸即麟片落地也。此種書大都經過北方之收藏，始能有之。欲修補之，須視其輕重。重者書之兩頭，須用極薄而有韌性之紙補之，然後再行襯紙。若不襯紙，則數十頁相集，兩端必高而中凹，惟襯可免。其傷輕者，只襯可也。

　　蟲蛀。蛀孔過多者，須補完候乾再襯。若一本祇有數頁，可補而不襯。補蛀孔時，若孔為數個相連者，可用一紙補之，若不相連續而距離稍寬者，須分補之。惟補孔之紙應與孔齊，若溢出範圍，則此孔與彼孔四周所餘之紙相疊，其地位必較他部為厚也。

　　黴爛。書經黴爛，若能揭開，尚可修理。惟揭時有難揭者，可用針挑之。揭開後下襯以紙，將墨線字跡對齊，方可下筆托裱。（若用乾補，書將隨筆而去）裱後將下層紙翻上揭去。（倘不將襯紙翻上，遽揭書頁，則書頁早經水濕，必受指揭之損害。）揭後用紙隔乾，約三四張隔書一頁。

　　水濕。書經水濕，須每頁攤開噴水，用棕刷刷平晾乾再釘。書為善本，水濕而有漬歷時不過十年者，可用下法洗之。即將鹼水燉於爐上，臨爐用筆醮鹼刷之（全張均要刷到），再用清水漂過至無漬為度，設仍不清，可用開水沖洗，清水漂之，淨後用紙隔乾[85]。

接襯法：

　　設書兩端，有一部分短小而不美觀，或後腦短小不敷釘演者，均須接之使長大，或書為配本。欲使與原有者相齊，亦須接之。惟接非用漿糊黏貼，乃係將紙襯入耳。襯法有二，一是古襯，為保存

---

[85]　洪有豐著，《圖書館組織與管理》，上海市：商務印書館，1926，頁 221-222。

古書顏色計，先將襯紙截比原書大約一線，再行襯入，故又名惜古襯。二是新襯，襯紙比原書長，襯好後再用刀截，故不克將原有書邊帶去。舊書經此一截，新象立顯。此襯法名曰金鑲玉，亦曰川袍套[86]。

藏書家修補破損的古籍，其意義不只是因為古籍內容的珍貴，許多後世精校精刻的善本，往往勝於原來的古本。古今藏書家都有所謂的「佞宋之癖」，而宋版書中亦有訛誤已是定論。重要的是，傳世的古籍，其存在與質料就是時代的見證，有時更是歷史演進的證據，換句話說，古籍所具有的年代和其形態，即有歷史價值存在，值得珍藏。所以在修補時，儘量採用與古代相同的方法和材料，使古籍能恢復原有的形貌，應是藏書修補復原的首要原則。現就介紹幾種比較常用的古籍圖書修補方法[87]：

一、開裂書頁修補法

「開裂書頁」，實際上是「開裂書口」。古籍的書葉大都是中間折疊的雙頁，中縫（書口）朝外。經過多年的翻閱，書口部位非常容易開裂。起初是半開裂，慢慢就會完全開裂，一張書葉就會變成兩張單頁，翻閱起來極不方便，往往翻兩頁才是一個有字的頁面。因為開裂的書口是毛茬，也極容易撕壞和粘連，對開裂的書口一定要進行修補。

修補開裂的書口稱為連口，北方也有人稱之為「溜口」。通俗地說，就是用紙張和糨糊將開裂的書口粘連，使兩個單葉仍然成為一個整葉。溜口是修補書葉的基本工序，無論書葉如何破爛，一定要先溜口。因為先補殘破之後再溜口，書口就很難對齊了。溜口前，拆開書葉，把要用的舊紙、糨糊等準備在桌子上，然後再準備一部分一塵米寬的棉紙奈。紙色一定要

---

[86] 同上註，頁 222-223。

[87] 蘭德生、趙萍著，《古今圖書收藏指南》，天津市：天津古籍出版社，2005，頁 284-289。

和書葉的顏色相協調，否則的話，就破壞了整部書的和諧美。

溜口時，將書葉正面向下展開，書口對齊，擺在桌面上。兩個半頁既不能對的太緊，又不能相互搭茬，弄不好折葉後就會出現毛茬的問題。書葉展開後，用左手中指和大拇指壓住書口，勿使其移動。溜口時先將書口上下端磨圓的地方；用同祥的方法補齊，再用右手持糨糊筆蘸稀糨順書口由中間向上抹，然後再向下抹，均勻地抹到一厘米寬。之後，取一條棉紙，右手持上端，左手持下端，貼在書口上，用一張吸水紙墊在書口上。左手掌在紙上撫按，使紙條和書口粘得牢固而平整。就這樣，一張書葉的溜口就完成了。

有的書葉由於紙質的原因，稍一沾糨水紙張就會迅速鬆脹，使書口兩側很難對齊，過到這種情況，沒有別的辦法，除調整糨水稠度，以減少其對紙張的鬆脹作用外，最關鍵的是以快取勝。即快抹糨，快溜口，快夾乾，力求在書葉鬆脹前就完成溜口這一道工序。

二、孔洞書葉修補法

書葉孔洞大多是由蟲蛀和鼠嚙造成的，修補之前，先要清除書葉上的蟲屎和破損紙張的渣，或用毛刷輕輕刷去，或用小刀輕輕刮掉，或用砂紙輕輕磨光，使孔洞周圍顯露出纖維來。

修補書葉孔洞時，先要將待補的書葉正面朝下平鋪在桌子上，然後左手拿著配紙，右手拿著糨筆，在破洞周圍均勻地塗抹糨水，寬窄以能粘得住破補的地方為標準。塗抹後，再將配紙平放在塗有糨水的破洞上，用右手食指撤住被補的地方，用手指撕去配紙多餘的部分。假如是較厚的紙或不易撕斷的紙張，就用筆蘸點水在破洞四周劃一水印，撕起來就比較容易了。在修補書葉孔洞的過程中，有幾個問題需要特別注意：一是取出配好的紙張後，先要看看紙張邊是不是光的，若是光邊，要先撕掉，因為光邊不易與書葉粘牢，又不易捶平；二是先補靠近書口處的孔洞，再補書葉外部的孔洞；先補大洞，再補小洞。按照這個順序修補，有利於粘牢平整；

三是書葉半邊損害比較嚴重，半邊較好，一定要先補損壞嚴重的那半葉，這樣修補起來才會感到順手。

一般蟲蛀鼠咬的孔洞都可以修補，但是蛀咬嚴重、無法修補的書葉，也可以採用整葉裱補的辦法。具體做法是：先墊上浸濕後的塑料薄膜，用抹布擦去表面的水分，然後將書葉整面朝上鋪放在薄膜上，稍微噴點水，再用小檔排筆蘸足糨水，均勻地在書葉上刷糨。整張書葉刷滿糨水後，再拿配好的裱補紙輕輕地蓋在書葉上，然後才用棕刷輕輕地刷平，蓋上吸水紙，再用力刷幾下。之後，連塑料薄膜一起揭下來，翻轉過來後，平放在吸水紙上，再用棕刷用力刷幾下，這時就可以揭掉塑料薄膜了，一張書葉也就被補好了。但到這時還沒有完，還要在裱補好的書葉的一端抹點糨水，由下往上貼在裱板上，晾至半天再揭下來，夾在吸水紙裡，直到壓平為止。

三、撕裂書葉修補法

對於撕裂書葉的古書，要區別不同的情況，採用不同的方法進行修補。一般地說，撕破書葉的損壞程度無外乎以下幾種情況：一是一張或幾張書葉被撕破；二是撕破書葉的裂口不長；三是整個書冊被攔腰撕斷。針對這三種情況，可以採用這樣三種方法進行修補。

如果是第一種情況，用不著拆散整冊書籍，採用簡易的修補方法即可。未修補之前，準備一張塑料軟片和稍微硬朗一點的光滑紙，再準備一些隨手可用的棉紙條和糨水。這些東西準備齊了後，就用手和竹籤將書葉的夾層掀開，襯上一張塑料軟片，並將紙條鋪在光滑的墊板上，塗以少件糨水，再小心翼翼地將墊板連同塗上糨水的棉紙條，一起從掀開的書葉夾層裡伸到書葉撕裂的地方，上下對準貼緊，在上面再覆蓋一張吸水紙，用手掌撳按幾下，直到棉紙條和書葉貼牢了，再把墊紙和塑料軟片抽出來，此時還需要用一張吸水紙襯在正面裝著，乾爽後再撤掉夾墊的吸水紙，剪掉多餘的棉紙條，一張撕裂的書葉就修補好了。

　　假如是第二種情況，修補起來更為簡便。先把書本平攤在桌子上，然後也像前述那樣用手或竹籤把破損書葉的夾層挑起來，最好是用一個圓形木棒伸進夾層裡，再用手擾捋幾下，使其抽出圓形木棒後，夾層呈現一個筒狀。為了防止其復原，也可以找一塊木板之類的東西把它支撐起來，然後用左手的食指和大拇指撳住撕裂之處，用右手拿毛筆蘸取糨水塗抹在連口的棉紙上，再將這棉紙伸進書的夾層裡粘在撕裂處，墊上吸水紙，使書葉恢復原狀，用重物壓好。書葉乾爽後，再把吸水紙撤掉，剪去棉紙條的多餘部分，這張書葉就修補好了。

　　比較而言，遇到第三種情況，恐怕要麻煩一些，必須把整個書葉拆散，一張張地攤平在桌子上，像溜口一樣，用棉紙條遊行修補，為防止凹凸不平，採用全葉裱補的方法也可。全部修補完後，再重新避行裝訂。

四、糟朽書葉修補法

　　有的書籍由於保管不善，受潮濕後發酵，因紙張糟朽變質而破爛不堪。稍一翻動即粉碎掉落，甚至變成粉末狀。對這樣的書葉應該進行裱補。所謂裱補，又稱托裱，即選配與書葉相當的紙張，用糨水對整張書葉進行托裱加固。

　　裱補書葉須用拉力強的薄棉紙，殘缺的地方先用同樣的紙修補。裱補時要在油紙上進行，如無油紙也可以用一塊塑料薄膜代替。操作時，先用鑷子輕輕揭取一張書葉，有字一面向下，鋪在油紙上，用噴水壺輕輕噴潮。噴水時，先用尺板將書葉壓住，並盡量避免直對書葉呼氣和咳嗽，以免空氣震動將書葉吹亂。如果書葉有折痕或卷角的地方，須用筆蘸水抹擦平整。書葉破口地方也要用筆蘸稀糨塗勻，以同樣的紙補齊。補齊後，再用排筆蘸稀糨糊，在整個書葉上均勻地刷一層，將一張書葉稍大的薄棉紙裱在上面，然後兩手持書葉下端，提起翻過來放在吸水紙上。揭去油紙，上面再墊一張油紙，用兩手鋪拉平整，放在桌面上，再裱補第二葉。

　　在裱補糟朽書葉時，必然堅持「三要」原則。即糨糊一定要稀，刷糨

糊一定要輕，蘸糨糊一定要足。因為刷糨糊時，手稍重或糨糊稍稠，就容易將書葉刷歪，或將書葉粘掉一塊，手輕糨糊足才能在書葉上自由滑動。

五、焦脆書葉修補法

　　古籍圖書的焦脆，大致有兩個原因。如竹紙歷經年久，會發生不同程度的焦脆；二是一些書長期保存在外面的書架上，或擺放在書桌上，經過風吹日曬，烟薰火燎，紙張就會變得焦脆。焦脆的書葉一碰就碎，可以按損壞程度的不同，採取不同的修補方法。

　　輕度焦脆的書葉，只須用水沖洗一下，去掉其脆性，使書葉紙張變得柔軟些，夾乾之後，稍作修補即可。而對嚴重焦脆的書葉，必須用裱補的方法進行修復。先將書葉破爛的地方修補整齊，再將背後裱一層紙，最好用薄而有韌性的棉紙裱，因為焦脆書葉缺少韌性。具體裱補程序與裱補糟朽書葉一樣，也是用塑料薄膜或油紙墊底，再在它的下端放一條浸濕的長紙條，固定好，然後把焦脆的書葉正面朝下，輕輕地鋪放在塑料薄膜上進行修復。

　　如果書葉破損嚴重，也可用整張與書葉相同的紙裱，待書葉乾後，再把有孔洞的地方補上一層紙，在背面圍繞孔洞添補一層紙，以免書葉有凹凸不平的現象，特別是對於四周焦脆中間還很堅固的書葉，也可以在書葉四周塗抹上稀糨糊，粘棉紙條，不必全裱。四周貼紙條的書葉，乾爽後，在每張書葉上襯一張素紙，也完全可以避免成為凹形。當然，不用全裱而用襯紙的方法也是因為材紙的書葉比較柔軟，而被裱的書葉紙硬發挺，如同一張薄紙板，所以要盡量採用襯紙，少用裱紙的方法。

第三節　藏書的利用與刊佈

　　藏書的管理體制中，除了藏書徵集，管理，目錄建立，日常保護之外，在漫長的藏書管理發展過程之中，藏書的借閱制度是一直沒有變的。不管是中國古代，還是西方國家，藏書院和圖書館設立的目的，並不是對珍貴圖書的收藏，自娛自樂，而多數是用於教育方面，也就是在藏書的使用上，中外是達成一致的。書作為文化的傳播媒介，一直長久地擔負著人們賦予它的使命。

　　藏書家們尋找、收藏圖書的過程，已體現出對藏書的使用。絕大多數的藏書家都有刻苦抄書的經歷，他們抄書的藍本就是從別的藏書家那裡借來的。藏書的利用體現在藏書家活動的方方面面，天一閣藏書的利用也體現著藏書主人的藏書思想、藏書心態及文化修養。

　　我國歷代藏書，常有珍秘過甚之弊，明末曹溶《流通古書約》說：

> 　　自宋以來，書目十有餘種，粲然可觀。按實求之其書，十不存四五，非盡久遠散佚也。不善藏者，護惜所有，以獨得為可矜，以公諸世為失策也。故入常人手，猶有傳觀之望，一歸藏書家，無不綈錦為衣，旃檀作室，扃鑰以為常。有問焉則答無，有舉世曾不得寓目，雖使人致疑於散佚，不足怪矣[88]。

　　此種愛之反而害之的藏書態度，在史料中不乏其例，無形之中也形成另一種書害。但為藏書而藏書的藏書家究屬少數，有志藏書者大半讀書惜書，甚少有將其藏書與蠹魚同享歲月的，而多利用所藏以求自身學問深造，或鈔刻流傳以利好學之士。

　　其功德正如吳晗《江蘇藏書家小史》序言中所說：

---

[88]　（清）曹溶撰，《流通古書約》，清光緒二十二年（1896）刊本。

其精讎密勘，著意丹黃，秘冊借鈔，奇書互賞，往往能保存舊籍，是正舛譌，發潛德，表幽光，其有功於社會文化者至鉅[89]。

又如洪有豐《清代藏書家考》：

各藏書家之經營網羅也，或費手金會之勤，或節衣食之費；得之艱而好之篤，情壹志專，珍獲逾甚。儲藏裝修一切整理保管之法，無不加意考察，力求至善。雖聚散無常，而楚弓楚得，苟非如降雲之炬及裹物代薪之不幸，其他大抵轉相售購，仍多歸於好之而有力者之庫，其愛惜保護一如前也。……故今日之至今藏，實幸往昔藏書家，互相保留，以迄於今也[90]。

所以說士子學人的讀書、校書、著書、刻書等種種學術工作與貢獻，實皆源於藏書；歷代學術文化得以薪傳發揚，也有賴於無數藏書家的點滴聚集，校勘鈔刻，才能在朝代更迭，或人事變遷中，藉典籍的保存，維繫民族文化於不墜。藏書家對所藏的保管以防散佚的消極措施，至於其對藏書利用的積極作為，則可析為：所收書籍的校讎鈔補、藏書的借閱流通、善本的刊刻流傳三者。

一、校讎鈔補

校讎或曰讎校，其名起於西漢劉向，《太平御覽》卷六一八引〈別錄〉云：「讎校者，一人讀書，校其上下，得謬誤曰校；一人持本，一人讀書，若怨家相對，故曰讎也[91]。」其原意為審訂文字的異同本甚明晰，唯因劉

[89]　吳晗著，《江蘇藏書家小史》，香港：中山圖書公司，1972，頁 1。

[90]　洪有豐著，《清代藏書家考》，香港：中山圖書公司，1973。

[91]　（宋）李昉撰，《太平御覽》卷六一八引〈別錄〉，明隆慶間（1567-1572）閩人饒氏等活字本。

氏向歆父子整理西漢內府藏書，自校訂文字異同始，到撰寫敘錄，編成分類目錄《七略》，這整個過程，後人以校讎一辭來統括之。而研究這一門的學科，稱之為校讎學。宋鄭樵著《通志》二百卷，內有〈校讎略〉一卷，發揮校讎的學理，以訪求遺籍、校正文字、詳類例、明編次等工作，為校讎的主要任務。清章學誠著《校讎通義》三卷，更是推闡向歆的校讎之學，淵源流別，最為推見古人大體，認為校訂字句，其小焉者也。近人范希曾為校讎學下一定義，曰：「故細辨夫一字之微，廣極夫古今內外載籍之浩瀚，其事以校勘始，以分類終，明其體用，得其鰓理，斯稱校讎學[92]。」蓋以校讎學統括校勘與目錄之學，近人撰著如胡樸安的《校讎學》，孫德謙的《校讎學發微》、劉咸炘的《校讎述林》等，皆是此類廣義的校讎學。

　　唯自清乾隆中因世重版本，校勘學極盛，較鑑學衍分為目錄學與校勘學，校勘學亦即狹義的校讎學。故現代的校讎學以是正文字為本稱，專研究校勘的方法，如向宗魯、王叔岷所著的《校讎學》，皆是也。

　　藏書家重視藏書的校補工作，因書籍在流傳之間，常遞經多人多次傳鈔或傳刻，而歷次鈔書、刻書或校書之人，學識有高下優劣，態度有謹慎疏忽，以致同樣一書，時有字句不同，章卷互異的情形發生。如果不詳加校訂，改正錯誤，則以訛傳訛，後世之人閱讀利用難免導入歧途，誤會其義，反而有害所學，故葉德輝有說：「書不校勘，不如不讀[93]。」另外，抄錄書籍是古代藏書家蒐集圖書最常用的方法，即便是在雕版印刷普遍流行的宋、元、明、清等朝代，仍是如此。另一方面，歷代文人還把抄書當作讀書時幫助記憶的有效辦法，只要手抄一遍就可以加深印象，得到事半功倍的效果。所以，手工抄寫不會因為雕版印刷的發明與普及而遭到廢止，既是求知自學、積累知識的基本手段，也是書籍製作和文獻整理的基本工作，更是古代典籍傳播和流通的主要方式。

　　藏書家親手校訂鈔補所藏，事屬尋常，乃為藏書必須的工作，如：

---

[92] 昌彼得〈校讎學〉，《圖書館學與資訊科學大辭典》https://terms.naer.edu.tw/detail/1681717/?index=10。

[93] （清）葉德輝撰，《藏書十約》〈校勘七〉，清宣統三年（1911）湘潭葉氏刊本。

　　宋王欽臣，每得一書，必以廢紙，草傳之，又求別本參校，至無差誤，乃繕寫之[94]。

　　宋宋綬博學好文，藏書皆手自校讎，一書每經三、四校。嘗謂校書如掃塵，一面掃、一面生。其子敏求有乃父風，藏書亦均校三、五遍[95]。

　　南宋岳王珂刻《九經三傳》，自言：「偏旁必辨，圈點必校，不使有毫釐訛錯[96]。」其方法為廣徵副本，精審字畫，詳訂音釋，勘定句讀。校讎的精密謹慎，堪為模範。

　　元袁易好藏書，築靜春堂儲之，堂中有書萬卷，悉手所校定[97]。

　　明史兆斗，喜蓄書，所購率皆秘本，或手自繕錄，積至數千百卷，齋居肅然，惟事讎校，或偶有所得，輒作小行楷疏注其旁[98]。

　　清代考據學大興，成為學術主流，書籍校讎自然發達。清代藏書家又好刊刻叢書，以自家所藏珍善秘本輯印示眾，以較藏書之盛，故藏書家輯佚校讎之精嚴為歷代之冠。章學誠於《校讎通義》自述其校書方法為：

　　　　古者校讎書，終身守官，父子傳業，故能討論精詳，有功墳典。而其校讎之法，則心領神會，無可傳也。近代校書，不立專官，眾手為之，限以程課，畫以部次，蓋亦勢之不得已也。校書者，既非專門之官，又非一人之力，則校讎之法，不可不立也。竊以典籍浩繁，聞見有限，在博雅者，且不能悉究無遺，況其下乎？以謂校讎之先，宜盡取四庫之藏，中外之籍，擇其中之人名、地號、官階、書目，凡一切有名可治，有數可稽者，略仿《佩文韻府》之例，悉偏為韻，乃於本韻之下，注明原書出處，及先後篇目。自一見再見，以至數千百，皆詳注之，藏之館中，以為群書之總類。至校書之時，

94　（清）葉昌熾撰，《藏書紀事詩》卷一，清光緒二十三年（1897）江標長沙刊本。

95　范鳳書著，《中國私家藏書史》，武昌：武漢大學出版社，2013，頁 92。

96　潘銘燊〈宋代私家藏書考〉，《華國》六期，1971 年 7 月，頁 218。

97　范鳳書著，《中國私家藏書史》，武昌：武漢大學出版社，2013，頁 143。

98　（清）葉昌熾撰，《藏書紀事詩》卷二，清光緒二十三年（1897）江標長沙刊本。

遇有疑似之處，即名而求其編韻，因韻而檢其本書，參互錯綜，即
可得其至是。此則淵博之儒，窮畢生年力，而不可究殫者，今即中
才校勘，而坐收於幾席之間，非校讎之良法歟？[99]

　　此種方法雖繁瑣費事，但極為科學客觀，亦足代表清代學者治學的踏
實態度。至於實際的校書工作程序，孫氏《藏書紀要·校讎》綜合各家之
法，詳記如下：

　　　　古人每校一書，先須細心紬繹，自始至終，改正錯誤，校讎三
　　四次，乃為盡善。至於宋刻本，校正字句雖少，而改字不可遽改書
　　上，元版亦然。須將改正字句，寫在白紙條上，薄漿浮簽，貼本行
　　上，以其書之貴重也。

　　　　凡校正新書，將校正過善本對臨可也。倘古人有誤處，有未改
　　處，亦當改正。若明版坊本、新鈔本，錯誤遺漏最多，須覓宋元版、
　　舊鈔本、校正過底本或收藏家秘本，細細讎勘，反覆校過，連行款
　　俱要照式改正，方為善本。若古人有弗可考究，無從改正者，今人
　　亦當多方請教博學君子，善於講究古帖之士。又須尋覓舊碑版文
　　字，訪求藏書家秘本，自能改正。

　　　　然校書須數人相好，聚於一處講究討論，尋釋舊文，方可有成，
　　否則終有不到之處。所以書籍不論鈔刻好歹，凡有校過之書，皆為
　　至寶。至於字畫之誤，必要請教明於字學聲韻者，辨別字書音釋，
　　方能無誤。

　　　　若校正刊刻，非博雅君子有力而好古者不能也。書籍上版，必
　　要名手校正，方可刊刻。不然枉費刻賢，草率刻成，不但遺誤後人，
　　反為有識者所笑。惜乎古今收藏書籍之人，不校者多，校者甚少。
　　惟葉石君所藏書籍，皆手筆校正，臨宋本，印宋鈔，俱借善本改正，

99　（清）章學誠撰，《校讎通義》卷一〈校讎條理第七〉，百家諸子中國哲學書電子化計劃
　　https://ctext.org/wiki.pl?if=gb&chapter=832796

博古好學，稱為第一。葉氏之書，至今為寶，好古同嗜者賞識焉[100]。

由上可知，古人校讎，不只要對照不同版本的字句訛異，還要旁徵博引，考據其典故來源，多方引證後，才定其正誤。這與現代書籍的「校對」工作，在觀念和作法上都有很大差異。因此，一部經過名家精校的書籍，即使為近代所重刻，去古不遠，也會被藏書家視為善本而珍藏。

校書之際，古人抄書的時候如發現文字錯誤，便須將錯字塗滅重新改正。唐宋時期，重要冊籍多用黃紙寫印，故用雌黃塗字。《齊民要術》卷三〈雌黃治書法〉條：

> 先於青硬石上，水磨雌黃令熟；曝乾，更於磁碗中研令極熟；曝乾，又於磁碗中研令極熟。乃融膠清，和於鐵杵臼中，熟擣。丸如墨丸，陰乾。以水研而治書，永不剝落。若於碗中和用之者，膠清雖多，久亦剝落。凡雌黃治書，待潢訖治者佳；先治入潢則動[101]。

其含義為將雌黃先在青硬石上用水研磨後曝乾，再經過兩次在磁碗中研磨曝乾，然後調以膠，用杵臼擣熟製成丸陰乾，用時以水研磨即可，如此即可永不剝落。因為雌黃的顏色與裝潢過的色紙相似，可以塗滅字跡，所以古人用來校書，將改正的字寫在所塗的雌黃的上面。即為此方法。《夢溪筆談》有記：

> 館閣新書淨本有誤書處，以雌黃塗之。嘗校改字之法，刮洗則傷紙，紙貼之又易脫，紛塗則字不沒，塗數遍方能漫滅。唯雌黃一

---

[100] （清）孫從添撰，《藏書紀要》〈校讎〉，清道光十三年（1833）刊本。

[101] （南北朝）賈思勰撰，《齊民要術》卷三〈雌黃治書法〉，明萬曆間（1573-1620）胡震亨刊秘冊彙函本。

漫則滅，仍久而不脫。古人謂之鉛黃，蓋用之有素矣[102]。

　　雌黃顏色又能與紙色配合，塗後無明顯痕跡。明清時鈔刻書籍俱用白紙，所以改用淡色青田石磨細和膠，製成青石錠，磨塗紙上用以改字。也有以鉛紛塗抹改字的，但鉛易受潮而氧化，終不免變為黑色，並不適用。

　　藏書聚散流傳，不免有殘缺不全，或是遭抽改刪減的書籍，凡此等書籍，於校讎之外，有時還要參配別本以行鈔補，才能重現書籍原貌，故鈔補也是藏書家工作之一。鈔補往往包含於校讎過程之中，二者實為一體兩面，《藏書十約》記鈔補之法為：

　　　　舊書往往多短卷、多缺葉，必覓同刻之本影抄補全。或無同本，
　　則取別本覓傭書者錄一底本，俟遇原本，徐圖換抄，庶免殘形之憾。
　　若遇零編斷冊，尤宜留心，往往有多年短缺之卷，一旦珠還合浦，
　　仍為一家眷屬者。然此在明刻、國朝人所刻則有之，若宋元刻本，
　　乃希遇之事。前人不得已而集百衲本，亦慰情聊勝於無耳。凡書經
　　手自抄配者最佳，出自傭書之手，必再三覆校，方可無誤。己抄之
　　書，則人校之；人抄之書，則己校之。多一人寓目，必多校出二三
　　處誤字、脫文。經史更不得草率，一字千金，省後人多少聚訟，豈
　　非絕大功德哉。凡抄補之卷，苟其書不必影寫，當依原書行格，刻
　　一印板。所費不過千文，抄者既有範圍，可以隨寫隨校。如某行某
　　字起，至某字止，一行抄畢，訛脫朗然。省事惜陰，覆校亦易。使
　　抄而不校，校而不精，不如聽其短缺，尚不至魚目混珠也。傭書人
　　未有能為唐人碑志體者，無已，取其無破體、無俗字者。破體、俗
　　字，令校者不改不能，遍改不盡，至為眼花敗興之事，余受此厄多
　　矣[103]。

---

[102] （宋）沈括撰，《夢溪筆談》卷一〈故事一〉，明萬曆間會稽商氏刊本。

[103] （清）葉德輝撰，《藏書十約》〈抄補五〉，清宣統三年（1911）湘潭葉氏刊本。

　　鈔補之後，尚須注明何處接何本所補，記於注釋或題跋之中，使後人知其來源所自。

　　校讎與鈔補是歷代藏書家極為重視的工作。漢代劉向整理群書工作，即由補闕訂偽開始；我國目錄學在清以前都稱為校讎學，足見目錄之學，乃由校讎是正、鈔補遺佚發展而來。今日得見的古書，還能保有千百年前原貌，歷代藏書家孜孜不倦躬自校讎，應居首功。

二、借閱流通

　　古代藏書家最為今人所詬病者，不外是將所藏視為珍秘，不得借閱，更有將書借人為不孝，以此訓示子孫，讓他們有惜書的觀念。其實我國古代不論公私藏書，都有出借流通的史實記載。至於藏書家個人之間，相互傳鈔秘本以通有無，或親朋好友借閱共賞，更被視為當然的聚書方法。《澹生堂藏書約》中引鄭樵的求書八法，其中「因家以求」、「求之公」、「求之私」、「因人以求」等四種，就是借鈔於其他公私藏書，以充實自家所藏的聚書方法。

　　天一閣的管理制度之森嚴，在中國圖書館史乃至世界圖書館史上都是少有的。天一閣從建立那一天起就是一個藏書樓，范欽建立天一閣的目的就是收集、珍藏圖書。創建人范欽為了保護自己苦心搜集的藏書，以先見之明，立下了分家不分書的嚴訓，採取了非常嚴格的措施，制定了「代不分書、書不出閣」的藏書樓族規。藏書歸子孫共同管理，且藏書只准閣內閱讀。

　　范氏族規規定天一閣藏書由范氏祖中子孫共同管理，閣門鑰匙分房掌管，非各房集齊，任何人不得擅開，並且還規定，違反閣禁，一至三年內不得參加祭祖大典。這樣相互制約就避免了書籍的散失，為藏書保存長久提供了有力的保證。

　　最早將藏書公開，供士人學者閱覽研讀見於記載的，為南北朝時人范蔚。《武林藏書錄》記其人「家世好學，有書七千餘卷，遠近來讀者常百

餘人，蔚為辦衣食[104]。」

　　宋代藏書風氣大盛，藏書家亦多不私其所藏者。北宋大中祥符二年，應天府鹽民有曹誠者，即同文舊居廣舍百五十楹，聚書千餘卷，以延學者，真宗嘉之，賜名曰應天府書院[105]。

　　北宋胡仲堯，構學舍於華林山別墅，聚書萬卷，大設廚廩，以延四方遊學之士，子弟及遠方之士肄學者常數十人，歲時討論，講席無絕。李昉，原仕後漢，後歸宋，所藏亦富，而且闢學館以延士大夫，不特見主人，而下馬直入讀書，供牢餼以給其日力[106]。

　　北宋陳巽為江南藏書名家，別墅建家塾聚書，延四方學者，伏臘皆資焉，江南名士皆肄業於其家[107]。

　　北宋宋敏求，父子皆好聚書，藏書達三萬卷。家居春明坊，士大夫喜讀書者，皆賃居居其側，以便借置善本，致使當時春明坊宅地價，比他處常高一倍，可見其盛況[108]。

　　北宋陳景元，藏書數萬卷。所居以道儒醫書，各為齋館以區別之，四方學者來從其遊，則隨所類齋館，相與校讎，於是人人得盡其學，而所藏號為完書，主客互利，傳為美談[109]。

　　南宋蔡端，念族人多貧，不盡能學，始買書置石庵，增其屋為便房，願讀者處焉，買田百畝助之食。南宋潘景憲，買地於金華之別麓，號葉山，以營其二內之藏，左則曰庶齋，右則曰省齋，二齋儲書且萬卷，以待朋友之習，市良田畝以為講習聚食之資[110]。

　　明李如一，好古嗜書，收買書籍盡費先人之產，嘗云：「天下好書，

---

[104] （清）丁申撰，《武林藏書錄》卷中，摘錄國學大師 https://m.guoxuedashi.net/a/6370e/74216y.html

[105] （宋）曾鞏撰，《隆平集》卷十三〈侍從〉，清康熙四十年（1701）南豐彭氏刊本。

[106] 潘美月著，《宋代藏書家考》，臺北市：學海，民國69年，頁41-47。

[107] 同前註，頁66。

[108] （清）葉昌熾撰，《藏書紀事詩》，清光緒二十三年（1897）江標長沙刊本。

[109] 潘美月著，《宋代藏書家考》，臺北市：學海，民國69年，頁125。

[110] 潘美月著，《宋代藏書家考》，臺北市：學海，民國69年，頁195-196。

當與天下讀書人共之。」故能慷慨借書，不自珍秘[111]。

明末清初時，曹溶的《流通古書約》和丁雄飛的《古歡社約》，更進而為友朋同好間的借閱互鈔，訂下明文規矩。曹氏《流通古書約》說：

> 彼此藏書家，各就觀目錄，標出所缺者，先經注，次史逸，次文集，次雜說。視所著門類同，時代先後同，卷帙多寡同，約訂有無相易。則主人自命門下之役，精工繕寫，校對無誤，一兩月間，各齊所鈔互換。此法有數善，好書不出戶庭也，有功於古人也，己所藏日以富也，楚南燕北皆可行也。敬告同志，鑒而聽許。或曰，此貧事也，有力者不然，但節讌遊玩好諸費，可以成就古人，與之續命，出未經刊佈者，壽之棗梨。始小本，訖鉅編，漸次恢擴，四方必有聞風接響，以表章散帙為身任者[112]。

丁氏《古歡社約》也說：「探千古之密，或彼藏我缺，或彼缺我藏，相互質證，當有發明，此天下最快心事[113]。」

私人藏家除相互流通借鈔外，也有置於家塾、義塾，或捐贈各地書院，以供子弟學生閱讀的，如宋朱熹於白鹿書院初成時，送藏《漢書》，以備學者看讀；郭欽正構書院於石洞之下，徙家之藏書以實之。元李幼常建石岡書院以儲書備讀。明劉惠庭建仁山書院，聚古今圖書以待來學者。

古人藏書不吝通假的例證已如前述，而藏書不但供人借閱，還代辦衣食，提供住宿，甚至發給零用金，如此殷勤周到，勸學弘道的盛情，遠勝於今日圖書館。近世的藏書家能有此古風者，當推瞿氏鐵琴銅劍樓。覺迷《談鐵琴銅劍樓藏書》一文說：

> 平日有人管理，每歲必取出一曝，而曝書有一定時日，故所藏

[111] 陳登原著，《古今典籍聚散考》，上海：商務，1936，頁406-407。
[112] 陳登原著，《古今典籍聚散考》，上海：商務，1936，頁408-409。
[113] 陳登原著，《古今典籍聚散考》，上海：商務，1936，頁407。

書，因保存與曝書之得法，能歷久不蠹。又因管理有人，歷久不失，即宋元舊槧，視之一如新裝，而無一不散佚。此為海內藏書家所未見者也。至嗜書之人，有欲得觀珍秘者，瞿氏亦許入樓參閱，但不許假出，而於閱書之人，瞿氏闢有專室，且供茶水膳食[114]。

官府藏書，亦有准許借讀之例。《書林清話》卷八「宋元明官書許士子借讀」條中有說：「刻書以便士人之購求，藏書以便學徒之借讀，二者固交相為用。宋明國子監及各州軍郡學，皆有官書以供眾讀[115]。」州郡學所置官書可供借閱，宋初已行之，元明沿其制未改。宋國子監藏書，冊末紙背有印記云：「國子監崇文閣書籍，借讀者必須愛護，損壞闕汙，典掌者不許收受。」明代府學官書也有「許生員觀看，不許帶出學門」之例[116]，足見當時官方藏書，准予生員學子借讀，但是不能借出。

內府所藏，如宋崇文院藏書，也可以公開借出。北宋神宗熙寧七年，崇文院孔目官孟壽安曾建議：「將借本書庫原書籍添入經史子集，俾書數足備及準備閱覽[117]」，可見當時內府三館藏書，不但准予外借，還特設有「借本書庫」。哲宗元祐四年，因外借書籍遺失損毀甚多，秘書省奏准，將集賢院書庫充作專門的「外借書庫」，其餘各庫此後不准借出[118]。其書籍外借管理制度，據徽宗政和年間蔡攸所奏：「諸處關借書籍，並係庫于勾管。今來以降指擇，書籍出入，並監門具單子搜檢出入等[119]。」

---

[114] 原載《中國新書月報》一卷四期，民國 20 年 3 月；此轉引自陳登原著，《古今典籍聚散考》，上海：商務，1936，頁 362-363。

[115] （清）葉德輝撰，《書林清話》卷八〈宋元明官書許士子借讀〉，民國九年（1920）長沙葉氏觀古堂刊本。

[116] 同上註。

[117] 《宋會要輯稿》〈職官〉十八，百家諸子中國哲學書電子化計劃 https://ctext.org/library.pl?if=gb&file=89813&page=9

[118] 《宋會要輯稿》〈職官〉十八，百家諸子中國哲學書電子化計劃 https://ctext.org/library.pl?if=gb&file=89813&page=19

[119] 黃潮宗〈宋代的國立圖書館〉，《大陸雜誌》46 卷 2 期，1973 年 02 月，頁 31。

　　可知當時借書有專人管理，稱為「庫子」，借出時憑所填具的「單子」由「監門」檢查，然後才可攜出。此項手續和今日圖書館的借書程序，幾乎完全相同。

　　清乾隆時，所敕編修的《四庫全書》，分貯江南三閣的副本及翰林院的底本，亦允供土人鈔閱。乾隆五十五年六月上諭：

> 　　文宗、文匯、文瀾三閣。應貯全書，現在陸續頒發庋藏。該處為人文淵藪，嗜奇好學之士，自必群思博覽，藉廣見聞。從前曾經降旨，准其赴閣檢視鈔錄，俾資蒐討。但地方有司，恐士子繙閱汙損，或至過有珍秘，以阻爭先快覩之忱，則所頒三分全書，亦僅束之高閣，轉非朕蒐輯群書津逮譽髦之意。即武英殿聚珍版諸書，排印無多，恐士子等亦未能全行購覓。該督撫等諄飭所屬，俟貯閣全書，排架齊集後，諭令該省士子，有願讀中秘書者，許其呈明到閣鈔閱，但不得任其私自攜歸，以致稍有遺失。至文淵閣等禁地森嚴，士子等固不便進內鈔閱，但翰林院現有存貯底本，如有情殷頒習者，亦許就近鈔錄，掌院不得勒阻留難。如此廣為傳播，俾茹古者得睹生平未見之書，互為鈔錄，傳之日久，使石渠、天祿之藏，無不家弦戶頌，益昭右文稽吉，加惠士子之盛事，不亦善乎[120]。

　　傳鈔借閱之外，清代名士袁枚更能看破書籍有形之聚散，將藏書散於天下，曾撰〈散書記〉明其志：

> 　　乾隆癸巳，天子下求書詔，余所藏書，傳鈔稍稀者，皆獻大府，或假賓朋，散去十之六七。人卹然若有所疑，余曉之曰：天下寧有不散之物乎？要使散得其所耳，要使吾身親見之耳。古之藏書人，當其手鈔縑易，侈侈隆富，未嘗不十倍於余，然而身後子孫有以《論

---

[120] （清）紀昀纂，《欽定四庫全書總目》卷首，臺北市：藝文印書館，1997印刷。

語》為薪者，有以三十六萬卷沈水者。牛宏（弘）所數五厄，言之
慨然，今區區鉛槧，得登聖人之蘭臺石渠，為書計，業已幸矣，而
且大府因之見功，賓朋因之致謝，為余計更幸矣。不特此也，凡物
恃為吾有，往往度置焉而不甚研閱，一旦灑然欲別，則鄭重審締之
情生，予每散一帙，不忍決捨，必窮日夜之力，取其宏綱巨旨，與
其新奇可喜者，腹存而手集之，是散於人，轉以聚於己也[121]。

　　所謂「天下寧有不散之物，要使散得其所耳。」「是散於人，轉以聚
於己也」，確為天下第一等胸襟；如此散書，雖散而猶存，且能發揮書籍
的最大功用。此種散書，可與贈書予學館書院，以供眾閱的事蹟相互輝映。
其風亦可上溯於宋。南宋晁公武《郡齋讀書志》自序云：

　　　南陽公天資好書，自知興元府至領四川轉運使，常以俸之半傳
錄。時巴、蜀獨不被兵，人間多有異本，聞之未嘗不力求，必得而
後已。歷二十年，所有甚富。既罷，載以舟，即廬山之下居焉。宿
與公武厚，一日貽書曰：某老且死，有平生所藏書，甚秘惜之。顧
子孫稚弱，不自樹立，若其心愛名，則為貴者所奪；若其心好利，
則為富者所售，恕不能保也；今舉以付子，他日其間有好學者歸焉，
不然則子自取之。公武惕然從其命。書凡五十篋，合吾家舊藏，除
其復重，得二萬四千五百卷有奇[122]。

　　藏書家能有藏書不能永久且終必散佚的自覺，而將其整理校讀過的冊
籍，借與他人閱讀鈔錄，或是贈送有需要的親朋學子，使書散得其時、散
得其所，這才是真正瞭解到聚書藏書的意義所在。

---

[121] （清）袁枚撰，《小倉山房文集》卷二十九〈散書記〉，清光緒十八年（1892）上海圖書集
成印書局排印本。

[122] （宋）晁公武撰，《昭德先生郡齋讀書志》序，清光緒甲申（十年；1884）長沙王先謙校刊
本。

三、刊刻流傳

藉由文字的書寫以及書籍的刊刻印製，人類的文明得以傳承，中華文化的傳承與發展，是以漢字作為表達的載具，先後透過抄寫、刊刻印刷來傳播，後人得以經由書籍的閱讀，進行文化的沿習的承續，產生悠久的中華文化。

許多藏書家藏而優則刻，學者間互通藏書，勤於校勘，為刻書提供優質底本，此外，興盛的刻書風氣培養出一批具豐厚經驗、技藝精良的寫工及刻工，明時學者、寫工及刻工的關係密切，彼此相互配合提高刻印品質，為珍貴典籍留下佳本，廣為流傳。

世事難測，蠹蟻難防，水淹火厄又無時不至，藏書家耗竭心力也難永保所藏。《齊東野語》說：「世間萬物未有聚而不散者，而書為甚[123]。」消極的保護，既然不能達到完全保存的效果，積極的流通鈔借，其功用與影響又有限，使書籍傳之久遠、不毀不佚的最佳方法，莫過於付梓刊刻，流傳四方；不但能化私為公，廣澤天下，千百冊中也總有三數本能倖免而得以傳於後人。若遇有心之士，再次槧版，其書又如逢新生，如此生生不息，又何懼於種種書害肆虐。故《書林餘話》云：

> 乾嘉以來，黃蕘圃、孫伯淵、顧澗薲、張古餘、汪閬源諸先生影刊宋、元、明三朝善本書，模印精工，校勘謹慎，遂使古來秘書舊槧，化身千億，流布人間。其裨益藝林，津逮來學之盛心，千載以下，不可得而磨滅也。然古書形式易得，氣韻難具，諸家刻意求工，所謂精美有餘，古拙終有不及。摸印精工，校勘謹慎，遂使古來秘書舊槧，化身千億，流布人間。其裨益藝林，津逮來學之盛心，

---

[123]　（宋）周密撰，《齊東野語》卷十二〈書籍之厄〉，明正德十年（1515）鳳陽知府胡文璧刊本。

千載以下，不可得而磨滅也[124]。

《書林清話》亦說：

> 昔宋司馬溫公云：積金以遺子孫，子孫未必能盡守；積書以遺
> 子孫。子孫未必能盡讀。不如積陰德於冥冥之中，以為子孫無窮之
> 計。……積金不如積書，積書不如積陰德，是固然矣。今有一事，
> 積書與積陰德皆兼之，則刻書是也[125]。

古代公私藏書的刊刻，有為廣流傳者，有為彰顯其學者，有為博令名
者，有為誇耀所藏者，也有為貨利者。原因雖然不同，而有益於書林則一。

雕版印刷術發明之後，首先以藏書刊刻流傳者，為後蜀人毌昭裔。《資
治通鑑》後周廣順三年載：

> 自唐末以來，所在學校廢絕，蜀毌昭裔出私財百萬營學館，且
> 請刻板印九經，蜀主從之，由是蜀中文學復盛[126]。

毌氏少年貧賤，向人借書遭拒，因而發憤立志，日後顯貴，必廣刻群
書以供學子。後仕蜀為相，除奏請刻印九經外，又刻有《文選》、《初學
記》及《白氏六帖》等書，可惜都沒流傳下來。

據王明清《揮塵錄》記載，毌昭裔貧賤時，嘗借《文選》、《初學記》
等書籍，其人面有難色。這件事對他印象很深，他嘆道「恨余貧不能力致，

---

124 （清）葉德輝撰，《書林餘話》卷下，摘錄〈維基文庫〉https://zh.m.wikisource.org/zh-hant/
書林餘話。

125 （清）葉德輝撰，《書林清話》卷一〈總論‧刻書之益〉，民國九年（1920）長沙葉氏觀古
堂刊本。

126 （宋）司馬光撰，《資治通鑑》卷二九一〈後周紀二〉，明嘉靖乙巳（二十四年，1545）孔
天胤等杭州刊本。

他日少達，願刻板印之，庶及天下學者。」他發誓：「異日若貴，當版以鏤之，以遺學者」。後來他仕蜀為相，遂踐其言，薪俸有餘之後，感慨道「今可酬宿願矣」[127]。

他開創了私人刻印圖書之始，為中國的雕版印刷有重要貢獻。蜀版圖書在書籍出版史上占有重要的一頁。毋昭裔事後蜀兩主，以遠見卓識，勤謹審慎著名當時。他去世之後，其子孫還因其所刻之書版而加官晉爵。家中藏書甚多，《宋史》記其人「性好藏書，酷好古文，精經術[128]」，所刻諸書當是發其家藏為之。

五代之後，私家刊書至兩宋日趨發達，《書林清話》卷三「宋私宅家塾刻書」條，收有傳本者近五十家，而北宋刻本傳世甚少，故其數應不止於此[129]；當時書坊刻書亦盛，書賈如陳起父子[130]等，家藏書也有達萬卷的，其中不少當可稱為藏書家。此種藏書家所刻書籍，由於能取所藏的各種善本相互讎校，其目的未必在於牟利，因之底本好，校勘精，刊工良，紙墨都是上乘[131]，故被後世視為善本而珍藏或翻刻。著名者如岳珂相臺家塾所刻《九經三傳》；廖瑩中世綵堂所刻五經及韓柳集；蜀廣都費氏進修堂所刻大字本《資治通鑑》；黃善夫宗仁家塾所刻《史記》、《漢書》；眉山程舍人宅所刻《東都事略》及臨安陳氏經籍舖所刻諸書等[132]。

127　王明清撰，《揮麈錄餘話》卷二，百家諸子中國哲學書電子化計劃 https://ctext.org/wiki.pl?if=gb&res=821994&searchu

128　（元）脫脫撰，《宋史》卷四七九〈列傳二三八〉，明成化十六年（1480）兩廣巡撫朱英刊嘉靖間南監修補本。

129　（清）葉德輝撰，《書林清話》卷三〈宋私宅家塾刻書〉，民國九年（1920）長沙葉氏觀古堂刊本。

130　南宋臨安陳起父子所刻的書，稱之書棚本。陳氏刻書，多有木記，題「臨安府棚北大街陳宅書籍舖印行」，或題「臨安府棚北大街睦親坊南陳宅刊本」等等。書棚本之名，即由此而來。陳氏父子刻書甚多，清代諸家藏書志記載的，大多為說部及唐宋人文集。傳世的書棚本大都為唐人文集，均為歐體字，10 行行 18 字，白口，左右雙欄。此即書棚本之特色。

131　劉國鈞〈宋元明清刻書事業〉，《中國圖書版本學論文選輯》，臺北市：學海，民國 70 年，頁 393。

132　（清）葉德輝撰，《書林清話》卷三〈宋私宅家塾刻書〉，民國九年（1920）長沙葉氏觀古堂刊本。

　　元代藏書家刻書風氣亦極一時之盛，質量俱佳，私家刻書之多，蓋難僂指數。其最著名，則有陳忠甫宅所刻之《楚辭集注》；吉州安福彭寅翁所刻之《史記》；孫存吾益友書堂所刻之《范德機詩集》；范氏歲寒堂所刻之《范文正公集》；而刻於黃河以北者，則有平陽府梁宅所刻之《論語注疏》；平水曹氏進德齋所刻巾箱本《爾雅郭注》；平陽道參幕段子成所刻之《史記集解附索隱》等[133]。以上所舉，北方諸家，或為坊肆，未必盡未私宅。要知，黃河以北，刻書之盛如此，則迥異於兩送者也。

　　明代去今不遠，故明槧圖書，傳於今者眾多。麻沙坊毀於元季之兵燹，弘治十二年建陽書肆復被火災，古今書版盡毀，閩中惟存崇化書坊；故明代閩本流傳反不及原本之多。明中葉而後，書業漸聚於蘇州，晚明時南京、杭州，及歙縣三地，書坊亦蔚然興起，此各地書業盛衰之大較也。正嘉以還，覆刻宋本之風彌盛，尤以集部書為多，其精者僅下宋本一等。然隆萬以來，刻書者復多臆校，乃至任意刪節，於是謬種流傳，致後人發「明人刻書而書亡」之嘆[134]。此明人刻書風氣之大較也。

　　明代藏書家刻書最值得稱道的，一為諸藩府刻書，一為毛晉汲古閣刻書。明代鑑於「靖難」的先例，分封各地的皇子既無兵權也無政權，與一般富人無異；其好學者，即以藏書刻書為志，如寧獻王朱權、周定王朱橚、晉莊王朱鐘鉉、靖王朱奇源、鎮國中尉朱睦㮮等十餘人，都是明代著名藏書家，所藏多達數萬卷。諸藩府頗有餘財，所聚或受賜之書，又多有宋元善本，可供翻雕，於是藩府刻書蔚然成風。寧王朱權刻書一百三十七種之多；秦藩所刻宋本黃善夫《史記》、德藩刻《漢書》等，皆為士林所重；吉藩刻諸子、益藩刻諸茶書、晉藩所刻諸總集，更是有計畫的刊刻同類書籍；此外如代、崇、肅、周、徽、潘、伊、楚、遼、潞、鄭、怡、衡、榮、淮、襄、靖江、博平、弋陽等藩府，皆有刻本傳世。此種風氣，實前無古

[133] 屈萬里、昌彼得著；潘美月增訂，《圖書板本學要略》，臺北市：文化大學華岡出版部，2009，頁73-74。

[134] 屈萬里、昌彼得著；潘美月增訂，《圖書板本學要略》，臺北市：文化大學華岡出版部，2009，頁74-75。

人後無來者[135]。在明代圖書版刻史上，固應大書特書者也。

藏書已屬不易，刻書更須財力支持，明藩府以刻書傳名，不外有錢有閑，且能招賢納士精校細雕。毛晉汲古閣也是如此。毛氏世居常熟迎春門外之七星橋，家富而好行善，少為諸生，後乃絕意舉業，專力於收書刻書。《書林清話》引〈汲古閣主人小傳〉記其人：

> 性嗜卷軸，榜於門曰：有宋槧本至者，門內主人計葉酬錢，每葉出二佰。有以舊鈔本至，每葉出四十。有以時下善本至者，別家出一千，主人出一千二百。於是湖州書舶雲集於七星橋毛氏之門矣，邑中為之諺曰：「三百六十行生意，不如鬻書於毛氏。」前後積至八萬四千冊，構汲古閣、目耕樓以庋之[136]。

毛晉刻有《十三經注疏》、《十七史》、《津逮秘書》、唐宋元人別集，以至《道藏》、詞曲等，遍傳天下。毛氏本人深知讀書須求善本的可貴，所藏冊籍亦多宋元善本，刻書原意也是「患經史子集率漫漶無善本」，但其所刻諸書，卻不盡依據所藏宋元舊本，校勘亦不甚精。此點頗為後人譏評[137]。孫從添《藏書紀要》即說：「毛氏汲古閣十三經、十七史，校對草率，錯誤甚多。」「毛氏所刻甚繁，好者僅數種[138]。」但毛氏刻書之多，確為前代私家藏書者所無。

清乾嘉時代考據學興起之後，私人刻書又分為藏書家和校勘學家刊刻的書。一些著名藏書家以其所藏宋元善本，或者影摹上版或重行校勘付印；校勘學家也往往以其手校勘正的書開雕付印。前者如黃丕烈的《士禮

135　同註34，頁77。

136　（清）葉德輝撰，《書林清話》卷七〈汲古閣主人小傳〉，民國九年（1920）長沙葉氏觀古堂刊本。

137　（清）葉德輝撰，《書林清話》卷七〈汲古閣主人小傳〉，民國九年（1920）長沙葉氏觀古堂刊本。

138　（清）孫從添撰，《藏書紀要》〈鑒別〉，清道光十三年（1833）刊本。

居叢書》，後者如鮑廷博的《知不足齋叢書》，都是最有名的。二者性質
雖有不同，但其底本則都來自於所藏。清代家刻本以叢書形式刊印即其一
大特色，如專門蒐輯已經失傳著作的輯逸叢書；專門蒐集同一地方著作的
郡邑叢書；專門蒐集一姓一家著作的氏族叢書；專門蒐集同類學問著作的
專類叢書或就所藏珍善本輯印的一般叢書[139]。

　　官府藏書的刊刻方面，自五代後唐國子監刻九經三傳起，宋元明清均
沿為定例。自北宋起，除中央政府刻書外，地方上的州路府縣也都有刻書。
中央政府刻書，大多依據國子監及內府所收圖書為底本，如宋元明國子
監、明代司禮監、禮部、清代武英殿等。宋國子監所存書板還提供士人自
納紙墨錢自印；官刻書亦有定價出售。地方官府刻書則多按其所設官學的
藏書校刻。官府刻書視主事者的學養與態度，品質高下優劣差異甚大。南
宋國子監本與地方官署刻本，因校勘多能謹慎，刊工用料又講究，故為後
世所重。而明代內府經廠本，則因以閹人主事，校勘不精，向為藏書家所
詬病，而有「雖紙潔如玉，字大如錢，亦徒耗費楮墨而已」的惡評[140]。

---

[139] 劉國鈞〈宋元明清刻書事業〉，《中國圖書版本學論文選輯》，臺北市：學海，民國70年，
頁393。

[140] 屈萬里、昌彼得著，《圖書板本學要略》，臺北市：文化大學華岡出版部，2009，頁76。

第八章　結論

　　歷代的藏書事業，無論官藏、私藏或是寺觀藏書、書院藏書均對中華文明的發展、社會的進步作出了不可替代的貢獻，這應是確定無疑的事實。在歷史悠久的藏書活動中，「藏」與「用」的問題始終是中國藏書文化理論的兩個基本點。從整個中國藏書史的發展過程來看。古代時「藏」佔有重要地位，而「用」往往處於次要地位。隨著時代的發展，「用」的地位漸漸上升，逐步朝著以用為主的方向發展。

　　歷史上改朝換代，興衰治亂的交替，經常會造成公私藏書的散失與毀損。所以，在以藏為主的理論指導下，歷代統治者都非常重視藏書建設，大力搜集散失的書籍。充實官府藏書。如隋朝開國之初。典籍流散的情況很嚴重。為了迅速充實國家藏書，政府派遣專使到各地訪求異本，凡是獻出異本書一卷者，就賞賜一匹絹作為報酬。民間獻上朝廷的書被校定繕寫以後·仍將該書歸還原主。由於採取了這種卓有成效的做法。使得散失在民間的圖書不斷被收集上來，官府藏書逐漸地充實起來。當時，抄書是補充複本的重要手段·於是政府進行有組織地大規模抄書錄副。民間也興起抄書之風。如此使得隋朝初年的圖書總量不斷增多。

　　為了延續與傳播前代的典籍。私人藏書家以自己的藏書為樣本刻印書籍，因此。歷代出版家中藏書家占了相當大的比例和重要地位。五代後蜀的毋昭裔由藏書起而後轉為刻書，起了一個很好的帶頭作用，此後。歷代藏書家中有不少熱衷於書籍刻印者。他們充分利用自己豐富的藏書與雄厚的財力。刻印了大量品質上佳、種類多樣的書籍。在眾多的藏書家心目中，刊刻古籍是流傳藏書的最好方式，也是服務社會、青史留名的至高境界。

　　隨著雕版印刷業的興盛，出版方式與出版物多種多樣。種類繁多。公私藏書越來越豐富，藏書措施逐漸完備，以藏為主、藏用結合的藏書文化基本理論初步形成。在近代以前，藏書活動以及藏書事一直由這一基本理

論指導。促使藏書文化持續發展，綿延不絕。由於中國古代的大多數藏書家們對自己擁有的藏書，特別是孤本善本密不外宣，束之高閣，再加上藏書通常由於戰爭或自然災害的原因而遭到毀損，使得一些古籍失傳。針對這種現象，明末清初的藏書家曹溶指出，這是不珍惜古人勞動成果、遺棄文化遺產的行為，是不利於社會發展的。所以，曹溶撰寫了《流通古書約》，提出了在流通中保存古書的主張。他主張藏書家之間應根據各自不同的情況將自己的藏書進行交流，互通有無，並希望有財力的藏書家將未刊佈的古人著作刊刻發行，使社會上形成家刊秘籍的風氣，有利於圖書的流通與保存。但這種做法只適用於藏書量大體相等的藏書家之間的交換流通，對全國範圍內的圖書流通與保存收效不大。總的來說，他的圖書流通理論強調了藏書文化中的藏以致用，使藏書文化的基本理論進一步充實提高。隨著社會生產力水平的提高，以及紙張的發明和印刷術的不斷改進，文獻典籍被大量生產出來，到宋代大量興建書院，出現了藏書家和藏書世家群體，他們的藏書處所──藏書樓（閣）也成為了中國傳統文化一道靚麗的風景。

另外，寺廟、道觀、清真寺、教堂等宗教機構以及書院，為了保存自己的經典，傳承教義，也都設有專門的藏書機構──藏經閣等。經過幾千年的發展，在中國逐漸形成了官府藏書、民間藏書、寺觀藏書、書院藏書的四大藏書體系。其中私人民間藏書在保存文化典籍、延續文化傳統、發展圖書事業等方面，功不可沒。其所積澱的圖書文化遺產無私捐贈給公辦圖書館的行為，對 20 世紀初在我國出現的現代意義圖書館事業的發展奠定了堅實基礎。

中國古代藏書，與中國古籍的傳承、典藏、整理、研究和學術文化傳播發展密切相關，胡應麟對於歷代藏書，提出了「八盛」、「八衰」的說法：

　　篤而論之，則古今書籍盛聚之時、大厄之會各有八焉，春秋也、西漢也、蕭梁也、隋文也、開元也、太和也、慶曆也、淳熙也，皆

　　盛聚之時也；祖龍也、新莽也、蕭繹也、隋煬也、安史也、黃巢也、女真也、蒙古也，皆大厄之會也[1]。

　　從這一段話可以看出，藏書鼎盛的時期，皆在太平盛世，或者是在動盪不安結束的時期。政局穩定，有利於藏書事業的發展；在社會混亂結束初時，政府通常有廣求天下遺書之舉，故藏書亦富。而從事學術研究，培養專業人才，往往需要大量的圖書，無論經學、史學、小學、文學等，均必須依靠豐富的資料才能著手進行研究。

　　在這三者相輔相成的條件之下，政治局面越是安定，學術越是昌盛，也越是需要大量的文獻以供參考應用，因而成就了無數著名的藏書大家，也開創了在各個學術研究領域上均有豐碩成果的時代。

　　中國藏書是一種內涵極其豐富的文化現象，它有藏書樓、藏書章、書板等物態文化；又有因藏書活動而形成的風尚文化；還有藏書家的個人特色、刻書的地域文化等，這樣如此學厚的內容，決定了中國藏書必然成為中國文化研究上的一個重要課題。

　　古代藏書管理的方法，是由經驗累積中歸納而出的，其中的原則和作法雖然多是知其然，不知其所以然，處理方式也未盡完善正確，但如以現代知識深入研究分析，並結合科技工藝應用於今日的典藏工作，仍是可供取法借鏡。

　　一、在書籍材料方面，紙質文物的劣化原因非常複雜，而且各項因素經常呈現相互作用。為了降低紙張之劣化至最小程度，除了選擇優良的造紙原料之外，在製漿及造紙過程中，盡量減少對纖維本質的破壞。此外，儲存環境也必須嚴密的控制。如此，紙質文物之使用壽命便可大為延長，以達到保存的目的。

　　二、古代藏書樓的設計，最大的特色就是注重安全性與實用性。南宋

---

[1]　（明）胡應麟撰，《少室山房筆叢》卷一，百家諸子中國哲學書電子化計劃 https://ctext.org/library.pl?if=gb&file=60989&page=32

《館閣錄》中記載內府藏書的防火建築與措施[2]。明清時范氏天一閣左右兩牆以「磚瓷為垣」，另有「讀者不許夜登，不嗜煙草」、「不使持煙火者入內」等規定[3]。孫從添《藏書紀要》也有：「古有石倉藏書最好，可無火患，而且堅久。今亦鮮能為之。惟造書樓藏書，四圍石砌風牆，照徽州庫樓式乃善。」「接連內室、衙署、廚竈之地，則不可藏書」的原則[4]。以上這些方法，可以歸納為：阻絕外來火災波及，防止內部滋生火苗。此原則同樣適用於今日的圖書館建築。

　　三、藏書環境的管理與控制，在古代藏書管理的作法，仍有許多可以參考的地方。古人藏書管理，防火之法由禁絕火源著手，如：范氏天一閣，平日「不使持煙火者入其中」。外人登閣，則「約不攜星火[5]」。

　　葉德輝《藏書十約》：

　　　　燈燭字簍，引火之物，不可相近。絳雲之炬，武英殿之災，此太平時至可痛心之事也。閱過實時檢收，以免日久散亂。非有書可以互抄之友，不輕借抄。非真同志著書之人，不輕借閱。舟車行笥，其書無副本者，不得輕攜。遠客來觀，一主一賓，一書童相隨，僕從不得叢入藏書之室，不設寒具，不著衣冠，清茗相酬，久談則邀入廳事[6]。

　　梁鼎芬《豐湖書藏四約》：「樓上禁吸水煙，晚間禁止上樓，燈燭要

<hr />

2　（宋）陳騤撰，《中興館閣錄》卷二〈省舍〉，傳鈔宋嘉定三年（1210）刊寶慶咸淳間（1225-1274）增補本。

　　（宋）陳騤撰，《中興館閣錄》卷十〈職掌〉，傳鈔宋嘉定三年（1210）刊寶慶咸淳間（1225-1274）增補本。

3　陳登原撰，《天一閣藏書考》，臺北市：古亭書屋，民國59年，頁32、47。

4　（清）孫從添撰，《藏書紀要》〈收藏〉，清道光十三年（1833）刊本。

5　陳登原撰，《天一閣藏書考》，臺北市：古亭書屋，民國59年，頁32。

6　（清）葉德輝撰，《藏書十約》〈收藏九〉，清宣統三年（1911）湘潭葉氏刊本。

謹慎，晚間禁止借書[7]。」凡此種種皆是阻絕火源於樓外，以免不慎失火延燒。嚴格管制火源，至今仍為防火的最佳方法。

古人以芸草、石灰、皂角等天然藥物來防蠹殺蟲，謝肇淛《五雜俎》中說：「書中蠹物，無物可辟，惟逐日翻閱而已[8]。」可見藏書想要徹底防蠹，並非易事，要靠管理之人勤加檢點，隨時留心。古人以鉛丹染製的「萬年紅」紙，做為書的護葉以防蠹，證明效果極佳。

如何防止書籍的失竊，古人有一簡易方法，可供參考，如丁申《武林藏書錄》所載：

> 黃樹谷（設廣仁義塾）義塾地武林門外東馬騰北，少參貞傅先生故第，即其居開塾，聚書其中，供四方來學者閱誦。每書全部版心折縫處，斜蓋廣仁義塾四大字為記，使人不能巧偷豪奪。書多精本，亦藏書家之變體也[9]。

此法雖然沒有絕對的效用，但使藏書易於辨識，對覬覦之人也有若干嚇阻的功效。

四、古代藏書借閱規則，仍然有其可取之處。如：元國子監崇文閣《藏書規定》：借讀者必須愛護，損壞闕汙，典掌者不許收受。

孫從添《藏書紀要》：

> 有人取閱借鈔，則填明書目上，某年某月某人借或取閱。一月一查，取討原書，即入原櫃，銷去前注。借者更要留心，若一月不

7　梁鼎芬，〈豐潮書藏四約〉，見劉伯驥《廣東書院制度》，頁 362-363。

8　（明）謝肇淛撰，《五雜俎》卷九〈物部一〉，百家諸子中國哲學書電子化計劃 https://ctext.org/wiki.pl?if=gb&chapter=589188

9　（清）丁申，《武林藏書錄》卷下〈廣仁義塾〉，摘錄中華典藏 https://www.zhonghuadiancang.com/xueshuzaji/wulincangshulu/

還，當使催歸原櫃，不致遺失[10]。

梁鼎芬《豐湖書藏四約》：

借書之期，限以十日，如過期不繳，記其姓名，後不復借。……借書不得過三種。汙損卷面，罰令重訂；破爛遺失，罰令賠償，後不復借[11]。

清安徽中江書院〈藏書規條〉：

諸生借閱，掌書者先將書頁當面數清，如有脫頁，即於書頭上蓋戳記。收還亦須當函數過，倘有缺損，須借書補鈔。若妄加圈點批評，亦須面斥，以後不准借書。史漢三國及各種類書，只准偶爾翻查，不准借出。……若類書一查即了，不必借出，且恐常有人來查，至於孤本、鈔本，尤不准借[12]。

清大梁書院〈藏書閱書規則〉：

每次取書，每人只許一種，不得過五卷。至遲十日交還，不得逾期。交還後再取。取出各書交還後，司書吏即於閱書簿內注明某日交還。並查明原書有無損壞，無則歸架，有則詢明呈監院官核辦[13]。

10　（清）孫從添撰，《藏書紀要》〈編目〉，清道光十三年（1833）刊本。

11　梁鼎芬，〈豐潮書藏四約〉，見劉伯驥《廣東書院制度》，頁362-363。

12　李希泌、張椒華，《中國古代藏書與近代圖書館史料：春秋至五四前後》，臺北市：仲信，民國72年，頁71-72。

13　同上註，頁74。

　　上面所述的各項借閱規則，至今仍為各圖書館所使用，只是寬嚴互有不同而已。

　　五、我國浙江寧波，明朝人范欽在此建有著名藏書樓天一閣，藏書不但豐富，並具有特色，又因得益於謹慎的管理方法和嚴厲的處罰制度，所以能夠世守不絕。清人謝聖《春草堂集》卷三十二記載嘉慶年間有錢姓女子嗜書兼喜繡芸草，聞天一閣藏芸草一本，使書不生蠹，錢姓女子為此嫁與范氏後人，婚後始生日家規禁止婦女上藏書樓，最後病重，含恨離開人世。范氏子孫不忘祖訓，嚴守家藏善本，雖不能兼顧人情，亦無可奈何[14]。

　　我國古代藏書家為維護所藏珍籍，除留意災前防治、災後修復等正式方法及各項措施外，還會刊印以廣流傳。古代藏書鈔錄副本，或是刊刻留傳，都是頗為費時耗財的工作，所以除毛晉汲古閣等數家，能有能力大規模從事刊印工作的並不多見，鈔刻的也限於少數珍善典籍。

　　將藏書重新刊印，是保存圖書最積極有效的方法。古人以刊佈古書為不朽之盛事，所謂「其書終古不廢，則刻書之人終古不泯[15]。」其中更含有保存文化，傳揚學術的深意。

　　古代藏書的保守作法，是有其時代背景與環境因素，也是圖書館發展史上的必然現象。嚴文郁先生在所撰《中國圖書館發展史》一書說：「（藏書樓）是圖書館專業發展的歷史基礎和實際支柱。圖書館專業的發展是漸進的，藏書樓是必經的階段，各國皆然。換句話說，圖書館專業的韌造開展，遂以藏書樓為根據[16]。」

　　藏書樓在歷史及文化上，實有其不可磨滅的貢獻與地位，亦為一國圖書館事業發展不可摒棄的傳承。中國古代雖無圖書館學之名，但就前人對書籍的蒐集、整理、分類、編自、校讎、庋藏及利用的工作和理論來看，確已具有圖書館學之實。惟自清中葉以來，目錄版本學已自成一家，校勘

---

[14] 盧錦堂〈古籍版本鑑賞：古籍善本的維護與流通〉，《全國新書資訊月刊》，民國 94 年 6 月號，頁 7。

[15] （清）葉德輝撰，《書林清話》卷一〈總論・刻書之益〉，民國九年（1920）長沙葉氏觀古堂刊本。

[16] 嚴文郁著，《中國圖書館發展史》，新竹市：楓城出版社，民國 72 年，頁 1。

學也成獨立學問，而少數中國圖書館史的著述，大體只是史料的搜集排比，或僅可稱為藏書史而已。然而「歷史學是建立在對史料的疏解分析，而重建並解釋人類過去的一門學問。」圖書館史當不例外。因此史料的搜集排比，應是圖書館史研究的第一步，如何經由疏解分析，綜合歸納，以期重現中國圖書館學的歷史軌跡和淵源背景，建立完整的圖書館史研究，以作為現今發展的基礎，是我們應所努力的方向。

　　我國古代藏書，其間經歷三千年沿革，公私藏書可考者不下兩千家，地域遍及各地，事蹟可供參考者，實在無從計數。我們當承襲先人維護學術文化資產的精神，做好書籍文獻的典藏與利用工作，達到知識傳播，資源共用的目的。

　　古代藏書樓的歷史使命在現代圖書館崛起以後逐漸宣告結束，但藏書樓所蘊涵的文化精神和文化遺產，卻因融入現代圖書館而得以永續流傳。梳理私人藏書發展的歷史脈絡，可以很清楚地看到歷史發展、社會變革對藏書行為的深切影響。中國私人藏書家對中華典籍保存、護惜、流傳的功德，是現代圖書館賴以生存和發展的基礎，私人藏書對現代圖書館的貢獻，不僅加厚了現代圖書館事業的文化底蘊，而且還在緩解經費緊張、保護傳統文化遺產方面做出了巨大貢獻。

參考書目

一、圖書部分

1. （清）丁中等撰，《武林藏書錄》等六種（臺北市：成文出版社）。
2. （元）玉士點撰，《秘書監志》（臺北市：商務印書館，四庫珍本）。
3. 王秋桂、王國良編，《中國圖書文獻學論集》臺北市：明文書局，民國 72 年。
4. 王餘光著，《藏書四記》（武漢：湖北辭書出版社，1998）。
5. 王紹仁主編，《江南藏書史話》（上海：上海古籍出版社，2009）。
6. 不著撰人，《館閣續錄》（臺北市：商務印書館，四庫珍本）。
7. 中國圖書館學會出版委員會編，《圖書館學》（臺北市：臺灣學生書局，民國 63 年）。
8. 白新良著，《中國古代書院發展史》（天津：天津大學出版社，1995）。
9. 世界書局編，《書林雜話》（臺北市：世界書局，中國學術名著第三輯）。
10. 古籍鑑定與維護研習會專集編輯委員會編，《古籍鑑定與維護研習會專集》（臺北市：中國圖書館學會出版，民國 74 年）。
11. 史梅岑著，《中國印刷發展史》（臺北市：商務印書館，民國 55 年）。
12. 包遵彭著，《博物館學》（臺北市：正中書局，民國 59 年）。
13. （宋）米芾撰，《書史》（臺北市：藝文印書館，百部叢書集成本）。
14. 肖東發，趙連穩編著，《中國書院藏書》（貴州：貴州人民出版社，2009）。
15. 朱漢民主編，《嶽麓書院》（湖南：湖南大學出版社，2004）。
16. （明）祁承㸁等撰，《澹生堂藏書約外八種》（臺北市：新文豐出版

公司，民國 73 年）。

17. 宋建成撰，《清代圖書館事業發展史》，中國文化大學史學研究所碩士論文（民國 61 年）。

18. （明）宋應星撰，董文校，《校正天工開物》（臺北市：世界書局，中國學術名著第五輯）。

19. 李希泌、張淑華編，《中國古代藏書與近代圖書館史料》（北京：中華書局，1982）。

20. 李國均等著，《中國書院史》（湖南：湖南教育出版社，1994）。

21. 李書華著，《造紙的傳播及古紙的發現》（臺北市：中華叢書編審委員會，民國 49 年）。

22. 李瑋著，《書畫裝祿與修復》（臺北市：名山出版社，民國 73 年）。

23. 杜定友著，《校讎新義》（臺北市：盤庚出版社，民國 68 年）。

24. 袁詠秋、曾季光編，《中國歷代圖書著錄文選》（北京：北京大學出版社，1995）。

25. 袁詠秋、曾季光編，《中國歷代國家藏書機構名家藏讀敍傳選》（北京：北京大學出版社，1997。）

26. 季嘯風主編，《中國書院辭典》（杭州：浙江教育出版社，1996）。

27. 桑良至著，《中國藏書文化》第二版（北京：中國財政經濟出版社，2012）。

28. 吳哲夫著，《如何利用版本學知識以從事古書的編目工作》（行政院 72 年度研考經費補助專案研究報告）。

29. 吳哲夫著，《清代禁版毀書目研究》，嘉新水泥公司文化基金會，1969 年 8 月。

30. 吳哲夫著，《書的歷史》（臺北市：行政院文建會，民國 73 年）。

31. 吳晗著，《江浙藏書家史略》（臺北市：文史哲出版社，民國 71 年）。

32. 吳晗著，《江蘇藏書家小史》（香港：中山圖書公司，民國 61 年）。

33. 毛春翔著，《中國古書版本研究》（臺北市：盤庚出版社，民國 68 年）。

34. 余嘉錫著，《目錄學發微》（臺北市：盤庚出版社，民國 68 年）。

35. 林啟昌著，《造紙工程與印刷用紙》（臺北市：五洲出版社，民國 72 年）。

36. 林貽俊編，《中國造紙史話》（臺北市：明文書局，民國 74 年）。

37. 昌彼得著，《中國目錄學講義》（臺北市：文史哲出版社，民 62 年）。

38. （明）周嘉胄撰，《裝潢志》（臺北市：藝文印書館，百部叢書成本）。

39. 屈萬里、昌彼得著，《圖書板本學要略》（臺北市：中國文化大學出版部，民國 68 年）。

40. 范鳳書著，《中國私家藏書史》修訂版（武漢：武漢大學出版社，2013）。

41. 范鳳書著，《中國著名藏書家與藏書樓》（鄭州：大象出版社，2013）。

42. 姚名達著，《中國目錄學史》（臺北市：臺灣商務印書館，民國 73 年，臺八版）。

43. 孫毓修著，《中國雕板源流考》（臺北市：盤庚出版社地，民國 68 年）。

44. 郭玉吉著，《臺灣昆蟲生態大覽》（臺北市：印刷出版社，民國 72 年）。

45. 張舜徽著，《中國文獻學》（臺北市：木鐸出版社，民國 72 年）。

46. 張舜徽著，《中國古典文獻學》（臺北市：木鐸出版社，民國 72 年）。

47. 張正藩著，《中國書院制度考略》第二版（江蘇：江蘇人民出版社，1981）。

48. （清）張燕昌撰，《金粟箋說》（臺北市：藝文印書館，百部叢書集成本）。

49. 陳登原，《天一閣藏書考》（南京：金陵大學中國文化研究所，民國 19 年）（臺北市：古亭書室影印本）。

50. 陳登原著，《中國歷代典籍考》（臺北市：盤庚出版社，民國 68 年）。

51. 宋彬龢著，《中國書史》（臺北市：盤庚出版社，民國 68 年）。

52. （宋）陳騤撰，《南宋館閣錄》（臺北市：商務印書館，四庫珍本）。

53. 陳元暉、尹德新、王炳照編著，《中國古代的書院制度》（上海：上海教育出版社，1981）。

54. 陳谷嘉、鄧洪波主編，《中國書院史資料》（杭州：浙江教育出版社，1998）。

55. 陳谷嘉、鄧洪波主編，《中國書院制度研究》（杭州：浙江教育出版社，1997）。

56. 焦樹安著，《中國藏書史話》（北京：商務印書館，1997）。

57. 喬衍琯、張錦郎編，《圖書印刷發展史論文集》（臺北市：文史哲出版社，民國 68 年）。

58. 喬衍琯、張錦郎編，《圖書印刷發展史論文集續編》（臺北市：文史哲出版社，民國 71 年）。

59. （清）葉昌熾撰，《藏書紀事詩》（臺北市：世界書局，中國學術名著第二輯）。

60. 黃玉淑、於鐵丘編著，《趣談中國藏書樓》（西安：百花文藝，2003）。

61. 黃建國、高躍新主編，《中國古代藏書樓研究》（北京：中華書局，2002）。

62. 葉松發著，《中國書籍史話》（高雄市：白莊出版社，民國 67 年）。

63. 葉德輝撰，《書林清話》（臺北市：世界書局，中國學術名著第三輯）。

64. 楊立誠、金步瀛合編，《中國藏書家考略》（臺北市：文海出版社，民國 60 年）。

65. 楊布生，彭定國編著，《中國書院與傳統文化》（湖南：湖南教育出版社，1992）。

66. 楊平世編，《臺灣的昆蟲》（臺北市：渡假出版社，民國 69 年）。

67. 潘美月著，《宋代藏書家考》（臺北市：學海出版社，民國 69 年）。

68. 鄧雲特著，《中國救荒史》（臺北市：臺灣商務印書館，民國 67 年，台三版）。

69. 蔣元卿著，《校讎學史》（臺北市：盤庚出版社，民國 68 年）。

70. 蔣伯潛著，《校讎目錄學纂要》（臺北市：盤庚出版社，民國 68 年）。

71. 盧震京著，《圖書學大辭典》（臺北市：臺灣商務印書館，民國 68 年，修訂台二版）。

72. 學海出版社編輯部騙，《中國圖書版本學論文選輯》（臺北市：學海出版社，民國 70 年）。

73. 錢存訓著，《中國古代書史》（香港：香港中文大學，民國 64 年）。

74. 藍文欽撰，《鐵琴銅劍樓藏書研究》，臺灣大學圖書館學研究所碩士論文（民國 73 年）。

75. 蘇精著，《近代藏書三十家》（臺北市：傳記文學出版社，民國 72 年）。

76. 嚴文鬱著，《中國圖書館發展史》（臺北市：中國圖書館學會，民國 72 年）。

77. （日）澤田兼吉著，《書病考》（臺北：臺灣三省堂，昭和 17 年）。

78. 虞浩旭著，《天一閣論叢》（寧波：寧波出版社，1996）。

79. 謝灼華著，《中國圖書和圖書館史》（武漢：武漢大學出版社，1987）。

80. 顧志興著，《浙江藏書史》（杭州：杭州出版社，2006）。

二、期刊論文部分

1. 也珍，〈中國著名書樓與四庫全書〉，《新天地》，五卷一一期（民國 56 年 1 月），頁 6～7。

2. 王重民〈說裝潢〉，《文史集林》，三輯（民國 69 年 2 月），頁 237～238。

3. 不著撰人，〈對明清時期防蠹紙的研究〉，《文史集林》，四輯（民國 70 年 1 月），頁 193～196。

4. 李小緣，〈圖書館建築〉，《圖書館學季刊》，二卷三期（民國 16 年 10 月），頁 385～400。

5. 李甲學，〈中國人用紙的故事〉，《中國文化故事》，第一集（臺北市：綜合月刊社，民國 64 年），頁 9～16。

6. 李孟晉，〈中國歷代書厄概觀〉，"HKLA Journa l"五期（民國 69 年），頁 77～86。

7. 李清志，〈善本圖書的保管方法〉，《教育資料科學月刊》，一七卷一期（民國 69 年 3 月），頁 15～17。

8. 李學智，〈談談清朝的檔案——內閣大庫檔劫餘秘辛〉，《出版與研究》，四十期（民國 68 年 2 月），頁 6～13。

9. 李耀南，〈中國書裝禎考〉，《圖書館學季刊》，四卷二期（民國 19 年 3 月），頁 207～216。

10. Lee, Mary M.著，李鳳生譯，〈圖書保管的理論與實際〉，《國立中央圖書館館刊》，新六卷一期（民國 62 年 3 月），頁 59～62。

11. Jesse, Williaw H 著，余小曼譯，〈新式圖書館建築的優點與缺點〉，《圖書館學報》，七期（民國 54 年 7 月），頁 319～322。

12. 余敦平，〈淺談酸性對紙張的破壞和化學處理方法〉，《雄獅美術》，一五七期（民國 73 年 3 月），頁 92～93。

13. 林慶彰，〈知識的水庫——歷代對圖書文獻的整理與保藏〉，《中國文化新論》，〈學術篇〉，（臺北市：聯經出版公司，民國 72 年），頁 539～585。

14. 周駿富著，〈古代四川刻書考（一）唐末五代四川刻書考略〉，《圖書館學刊》第 3 期，1976 年 6 月，頁 221～296。

15. 施廷鏞，〈故宮圖書記〉，《圖書館學季刊》，一卷一期（民國 15 年 1 月），頁 53～60。

16. 封思毅，〈宋代秘閣黃本〉，《國立中央圖書館館刊》，新一四卷一期（民國 70 年 6 月），頁 1～7。

17. 高禩熹，〈清季藏書四大家考〉，《教育資料科學月刊》，九卷二期至十卷三期（民國 65 年）。

18. 班書閣，〈書院藏書考〉，《國立北平圖書館館刊 》，五卷三期（民國 2 年 7 月），頁 53～72。

19. 袁同禮，〈宋代私家藏書概略〉，《圖書館學季刊》，二卷二期（民國 16 年 4 月），頁 179～187。

20. 袁同禮，〈明代私家藏書概略〉，《圖書館學季刊》，二卷一期（民國 16 年 1 月），頁 1～8。

21. 袁同禮，〈皇史宬記〉，《圖書館學季刊》，二卷三期（民國 17 年 3

月），頁 443〜444。

22. 殷登國，〈藏書癖〉，《新書月刊》，三期（民國 72 年 12 月），頁 27〜29。

23. 張世賢，〈漫談文物保存〉，《科學月刊》，一二卷五期（民國 70 年 5 月），頁 28〜33。

24. 張璉，〈明代中央政府圖書的收藏與散佚〉，《中國圖書館學會會報》，三六期（民國 73 年），頁 197〜204。

25. 張璉，〈明代國子監刻書〉，《國立中央圖書館館刊》，新一七卷一期（民國 73 年 6 月），頁 73〜83。

26. 陳樂素，〈宋初三館考〉，《圖書季刊》，三卷三期（民國 25 年 9 月），頁 107〜116。

27. 項士元，〈浙江藏書家考略〉，《文瀾學報》，三卷一期（民國 26 年 3 月），頁 1689~1720。

28. Lribolet, Harold W.著，黃玉燕譯，〈圖書館書籍保存之趨勢〉，《圖書館學報》，七期（民國 54 年 7 月），頁 331〜334。

29. 黃章明，〈如何使善本書延年益壽〉，《出版與研究》（民國 66 年 7 月 16 日），二版。

30. 黃潮宗，〈宋代的國立圖書館〉，《大陸雜誌》，四六卷二期（民國 62 年 2 月），頁 20〜36。

31. 黃寶端，〈熱帶地區圖書館的書籍保存與維護〉，《教育與文化》，二六三期（民國 50 年 6 月 22 日），頁 41〜44。

32. 梁子涵，〈中國書藏的側面〉，《圖書館學報》，七期（民國 54 年 7 月），頁 103〜112。

33. 梁容若，〈中國歷代佚亡典藏的總合觀察〉，《東海學報》，九卷二期（民國 57 年 7 月），頁 19〜30。

34. 劉淦芝，〈中國害蟲防治史〉，《中國科技史演講記錄選輯（2）》，（臺北市，自然科學文化公司出版部），頁 224〜242。

35. 劉廣定，〈中國古代的紙和造紙術〉，《科學月刊》，一二卷二期（民

國 70 年 2 月），頁 20～26。

36. 潘美月，〈宋代私家藏書之特色〉，《書府》，三期（民國 70 年 4 月），頁 33～38。

37. 潘銘燊，〈宋代私家藏書考〉，《華國》，六期（民國 60 年 7 月），頁 201～252。

38. 樋口末廣撰，周炳鑫譯，〈書籍之保存與溫濕度調整裝置〉，《圖書月刊》，一卷二期（民國 35 年 9 月），頁 5～6。

39. 霍懷恕，〈線裝書籍保護法〉，《學風》，五卷五期（民國 23 年 5 月），頁 1～15。

40. 錢南揚，〈天一閣之現狀〉，《國立北平圖書館館刊》，五卷一期（民國 19 年 10 月），頁 33～38。

41. 藍乾章，〈古今中外私家藏書對於文化建設的貢獻〉，《社會教育論叢》，二輯（民國 70 年 11 月），頁 60～66。

42. 蘇雪林，〈中國圖書的厄運〉，《最古的人類故事》，臺北市，傳記文學社（民國 59 年），頁 87～94。

43. 蘇瑩輝，〈從考古學上的新發現論圖書館起源〉，《圖書館學報》，二期（民國 49 年），頁 31～43。

國家圖書館出版品預行編目(CIP) 資料

古籍之美：古籍文獻典藏與管理/張圍東著.
-- 初版. -- 新竹縣竹北市 ： 方集出版社股
份有限公司, 2022.04
　　面；　　公分

ISBN 978-986-471-334-9 (平裝)

1.CST: 圖書學 2.CST: 古籍 3.CST: 蒐藏管理

011　　　　　　　　　　　　111001673

古籍之美：古籍文獻典藏與管理

張圍東　著

發 行 人：賴洋助
出 版 者：方集出版社股份有限公司
聯絡地址：100 臺北市中正區重慶南路二段 51 號 5 樓
公司地址：新竹縣竹北市台元一街 8 號 5 樓之 7
電　　話：(02) 2351-1607　　傳　真：(02) 2351-1549
網　　址：www.eculture.com.tw
E - m a i l ：service@eculture.com.tw
主　　編：李欣芳
責任編輯：立欣
行銷業務：林宜葶
出版年月：2022 年 4 月 初版
定　　價：新臺幣 480 元

ISBN：978-986-471-334-9 (平裝)

總經銷：聯合發行股份有限公司
地　　址：231 新北市新店區寶橋路 235 巷 6 弄 6 號 4F
電　話：(02)2917-8022　　　　傳　真：(02)2915-6275